读李白诗文，
扑面而来的正是诗人充盈的生命精神、
清醒的生命意识，
支撑起其风骨形神的，
也是他勃郁的生命力。

诗仙 酒神 孤独旅人

李白诗文中的生命意识

詹福瑞 著

生活·讀書·新知 三联书店 生活書店 出版有限公司

图书在版编目（CIP）数据

诗仙·酒神·孤独旅人：李白诗文中的生命意识 / 詹福瑞著. —北京：生活书店出版有限公司, 2021.11（2023.11 重印）
ISBN 978-7-80768-357-5

Ⅰ. ①诗… Ⅱ. ①詹… Ⅲ. ①李白（701–762）–传记 Ⅳ. ①K825.6

中国版本图书馆 CIP 数据核字 (2021) 第 166582 号

责任编辑 李方晴
封面设计 刘 洋
版式设计 罗 洪
责任印制 孙 明
出版发行 生活書店出版有限公司
（北京市东城区美术馆东街 22 号）
邮 编 100010
经 销 新华书店
印 刷 北京隆昌伟业印刷有限公司
版 次 2021 年 11 月北京第 1 版
2023 年 11 月北京第 8 次印刷
开 本 635 毫米 × 965 毫米 1/16 印张 36.75
字 数 362 千字
定 价 99.00 元
（印装查询：010-64052066；邮购查询：010-84010542）

目 录

引 言

一

人的生命是一切人文之始，亦是文学的最终源头。因此自从有了人类，就有了哲学对生命的探索，就有了文学对生命的表现。由此，欧美有以生死作为研究对象的生死哲学。“死亡哲学作为哲学的一个分支，是对死亡的哲学思考，它虽然也以人的死亡作为研究对象，虽然也十分关注与人的死亡有着密切联系的种种自然现象和社会现象，但却旨在凭借哲学概念或哲学范畴对这些事实或现象进行总体的、全方位的、形上学的考察。换言之，它是以理论思维形式表现出来的关于死亡的‘形而上学’，或曰‘死而上学’。因此，在死亡哲学里，我们讨论的是死亡的必然性与偶然性（亦即死亡的不可避免性与可避免性）、死亡的终极性与非终极性（亦即灵魂的可毁灭性与不可毁灭性）、人生的有限性与无限性（亦即‘死则腐骨’与‘死而不朽’）、死亡的必然性与人生的自由（如‘向死而在’与‘向死的自由’）、生死的排拒与融会诸如此类有关死亡的形而上的问题。”[1]“谢利·卡根《死亡哲学》说：“我们将讨论什么呢？我们将讨论开始思考死亡的本质时出现的哲学问题，诸如：我们死亡时发生了什么？不过，为了着手讨论这一问题，我们首先要思考：我们是什么？人是怎样的一个实体（entity）？尤其是，我们有灵魂（soul）吗？”[2]由中外两位学者的论述看，死亡哲学所讨论的主要问题，依然是生命的问题：生命的本质、生命的有限性、生命的自由、死后有无灵魂等。所以，按照中国人的理解，这就是生命哲学。

然而，生命哲学是19世纪末20世纪上半叶流行于西方的特定的哲学流派。最早由德国哲学家W.狄尔泰提出，并经齐美尔、柏格森发展而形成。它研究人生命的性质、意义，以此作为哲学研究的基点，进而推及对整个世界的揭示。“我们所需要的哲学必须把生命理解和解释为经验形式以及经历——和知识形式，只有这样才能说这门哲学是从新的角度出发进行思考的哲学。”[3]“生命哲学是一种信念，相信人只能通过生命这个媒体了解和得到自己。”[4]它虽然也研究生命，但其目的却不在生命本身，而是把生命作为认识世界的一种知识形式，不同于我们所理解的关于生命的哲学思考。

中国哲人对生命亦有全面的探索与解释，虽然不似西方哲学那样建构成了庞大的理论体系，但是却有其思想的深刻与智慧。中国的生命哲学与西方生命哲学关注点亦有所不同。西方的生命哲学重死，重点讨论灵魂问题；中国的生命哲学则主要讲生，很少论死，关注死后更少。孔子说：“未知生，焉知死。”[5]“他直接以人生问题来解答人死问题，与其他宗教以人死问题来解答人生问题者绝不同”〔6〕，代表了中国古代士人对于死后的态度。所以，如果说西方生命哲学是“死而上学”，中国生命哲学则是“生而上学”，关注的是生命当世的有限存在，当世存在的状态，当世存在的价值与意义。中国人所讲的不朽，不完全是灵魂的永在①，而是肉体生命的延长与精神的永在，精神存在于人死后继续流传的德名、功业与著说中。“西方人的不朽在灵魂，故重上帝与天堂。中国人的不朽，不在小我死后之灵魂，而在小我生前之立德、立功、立言，使我之德、功、言，在我死后，依然存留在此社会、在此人群之中，故重现世与人群。”〔7〕实则还是在强调当世生命的价值意义，因为立德、立功、立言的三不朽都是生命存在时所创造的，因此精神的存在就是当世生命的延续。就此而言，如果说西方的生命哲学是“向死而生”的哲学，则中国的生命哲学就是“向生而死”的哲学，所追求的是虽死犹生。

中国人对待生命所生成的理解和见解，表现为哲学形式的不是很多，更多的是在诗文中，即以文学的形式表现出来，并且多是一种意识。所以本书提出生命意识这一概念，作为研究李白有关生命诗文的一种理论。

生命意识不同于生命哲学或生死哲学。生命意识承认生命不仅可以从理论上认识，亦可以感受和体验到。生命哲学或生死哲学是

① 佛教传入中国后，中国人亦开始有了灵魂永在的观念。

基于对生命的理性思考而构建的形而上的理论体系，而生命意识则是人对生命的感性认识，具体说，就是对于生命的感受、体验与感悟。无论是对生命本质的把握，还是对生命目的、生命价值、生命状态的认识，都建立在自我经验与感知的基础之上，甚至就出自自我的生命状态、自我内心生命脉搏的节律，出自内心的激动、情感的不安，如同身体感受疼痛一样直接、感性而又具体。也就是说生命意识是通过个体对生命的感性认识告诉人们“这就是生命”的。

卡西尔说：“任何所谓关于人的定义，如果没有基于人的经验并为这种经验所证实，都不过是缺乏根据的猜想而已。要认识人，只有去了解人的生活和行为这一条途径。”[8]此说证明了经验对人的生命认识之重要。生命意识植根于人之活生生的生命经验，从百年生命中的日出月落、春暖冬寒感知光阴，体验生命的长度；从生活的喜怒哀乐、生老病死感受生命的存在及其目的；从人在社会群体中的地位和作用，从人所创造的文化，领悟生命的价值和意义；从人之信仰的得与失中，从人之情与欲、灵与肉的冲突和挣扎中，抑或从人生与死、过去与未来的玄想中，领悟精神的沉沦与提升。

一般认为，感性认识和理性认识是人的认识的两个阶段，感性认识是初级阶段，理性认识是高级阶段。生命意识虽然属于对于生命的感性认识，却与生命哲学分属于两种不同的认识形式，而非两个阶段。感受和体验虽然是对生命形而下的认识，但表象的认识、个性化的认识，尤其是感悟，亦可以超越经验，由形而下的认识达到形而上的哲理层面，直达生命的真谛，而无须概念与抽象等哲学形态的思维方式。李白对光阴的认识多是从其对日月轮回、四季转换与人的容颜变化的深刻感受而来，但是他“万物兴歇皆自然”的生命自然观，却揭示了对生命规律的感悟。因此，生命意识是在形象的感受中揭示生命性质的感知形式，是在感性认识之中融入了理性结果的认识形式。中国古代诗文关于生命的主题，多属于生命意识，李白的诗文亦如此，并且其生命意识集中表现出以感性为主又融入理性思考这一特征。

二

中国古代文学学术界不乏生命主题的研究，如王瑶先生40年代关于中古文人的研究，就涉及生命问题，但这些研究多比较零散且缺乏清晰自觉的生命意识。上个世纪90年代，袁行霈先生撰写并发表陶渊明系列研究文章，1997年结集为《陶渊明研究》由北京大学出版社出版。此集文章对陶渊明的自然、委运思想以及生命主题都有深入揭示。尤其是《陶诗主题的创新》一文，专门讨论了陶渊明的生死主题。文章指出，陶渊明的生死主题既有继承前人之处，又有不同的地方：“他不再限于哀叹人生的短促，而是以‘纵浪大化中’的智慧化解人生短促所带来的忧愁，迎接死亡的到来。在他看来，人本是禀受‘大块’之气而生，死亡无非是回归本原：‘有生必有死，早终非命促。’‘死去何所道，托体同山阿。’《拟挽歌辞》

三首开头的两句和最后的两句，最能表现他的生死观。不但生与死无所谓，生命的长短也无所谓，死去即是回归大地，这是自然而然的。人只能顺应自然，顺应了自然也就排解了各种苦闷。"[9]《陶渊明的哲学思考》一文亦探讨了陶渊明"顺化"的生死观："陶渊明对生死问题本来就很关切，而且越来越关切，他的内心存有对死亡的恐惧和死后的困惑。"[10]他"努力驱赶死亡的阴影，用理性的思考说服自己、宽慰自己，于是找到了'顺化'。宇宙间万事万物无不处在'化'中，人也不能例外，这是不可抗拒的。既不能'腾化'便只能'顺化'，不必为死亡的到来而忧虑，也不必为死后的未知而困惑。死虽不可知，但生是可以由自己掌握的，以自然的态度对待生，以泰然的态度对待死，这就是陶渊明的生死观"[11]。这就准确地概括出陶渊明的生命观。

90年代较早从思想史和文学史角度研究死亡问题的著作是张三夕的《死亡之思与死亡之诗》(华中理工大学1993年版)。书分上、下两篇，上篇分析儒释道的死亡意识，下篇分析中国古代文学作品中的死亡主题。此书显然受了西方死亡哲学的影响，故其长在于中西比较，思想史的梳理较细，但文学史的梳理较粗。90年代还有两部集中研究唐前生命观和文学生命主题的著作，一为钱志熙1997年在东方出版社出版的《唐前生命观和文学生命主题》，一为1998年南京大学徐荣国的博士论文《中古文士生命观及其文学表达》(又名《中古感伤文学原论》)。钱著系统研究神话时代到南北朝时期生命观念和文学生命主题，分六大阶段探究每一时期的生命观发展和文学表现，既勾勒出生命观和生命主题的发展史，又专题性质地深入分析了每一个时期或阶段生命观和生命主题的特征，多有开创性，为文学生命主题研究的一部力作。徐著研究的范围缩小到汉魏六朝，研究内容是此一时期文学所表现出的感伤情调。然而他是从生命意识进入，揭示感伤文学内在机制的，所以书之主要篇幅讨论的是生死与超越、丧葬文化和生命安顿、哀悼文的体制等问题，研究生命意识与钱著各有千秋。

在古代文学研究中，李白生命意识的研究相对较早，上个世纪30年代就开始了，这也说明，李白诗文中所表现的生命意识十分突出，异常醒目，故引起了学者的注意。

最早从生命意识研究李白的当是李长之。1939年，他于《再生》第15期以何逢之名发表《李白：寂寞的超人》文章，介绍李白的情感生活和友谊、李白与杜甫、李白的风度、李白与一般诗人的共同点。最后一节“李白之痛苦”，即从生命之角度切入，分析了李白痛苦的原因：李白现世的生命观与现世终归于无常的矛盾。1941年重庆商务印书馆出版了李长之《道教徒的诗人李白及其痛苦》一书，又展开论述了此一观点。李长之曾在清华大学学习哲学，颇受康德和尼采思想影响，所以他能够激赏李白的浪漫，从李白身上体验到超人的生命力，并且认识到李白的本质是热爱生命和生活。此书的价值不仅在于研究了李白与道教的关系，勾勒了李白成为道教徒的过程以及道教对其影响，还在于对李白生命力的研究，并从生命力出发对李白人生矛盾与痛苦的揭示：“李白的精神是现世的，但他的痛苦即在爱此现世而得不到此现世上，亦即在想象保留此现世，而此现世终归于无常上。”[12]“我们总括了看，李白的痛苦是一种超人的痛苦，因为要特别，要优待，结果便没有群，没有人，只有寂寞的哀感而已了；李白的痛苦也是一种永久的痛苦，因为他要求的是现世，而现世绝不会让人牢牢的把握，这种痛苦是任何时代所不能脱却的，这种痛苦乃是应当先李白而存在，后李白而不灭的，正是李白所谓‘与尔同销万古愁’，这愁是万古无已的了；同时李白的痛苦又是没法解脱的痛苦，这因为李白对于现世在骨子里是绝对肯定的。”[13]“这痛苦根深于生命力之中，为任何人所不能放过的。”[14]书中“由现世虚无而更现世”，分析李白纵酒的生命意识；又从“能够操持命运”，探究李白游仙的心理，都颇深刻。李长之研究李白，不仅接受了尼采超人哲学的启发，亦受了叔本华虚无主义人生哲学的影响，从生命意识入手，对李白内在世界做了深刻而又富有个性的发掘。

此一时期的另一篇文章亦论及李白的生命意识，即萧望卿发表于《京沪周刊》1948年第4卷第6期的《李白的宇宙意识与人生观》。此文很短，但分析李白的生命意识颇为精彩。文章抓住庄子“独与天地精神往来”的宇宙观阐述李白的生命解脱之道：“盛唐像个浪漫的青春的梦，天然成为道教和佛教繁殖的沃土。当时诗人们的人生观确实是‘放纵、爱自由、求自然的’，李白也就观空安命，追慕齐生死，万物一体，直遥自适的境域。这样就摆脱了现实世界和它给自己的苦恼，也摆脱了生与死这些问题给心灵痛苦的纠缠，整个的超脱了现实与生命本质的困惑，而与万物冥合。这种以逃避的态度解决现实与玄学问题的思想，就是道家任自然的理论，而形成了李白极重要的思想本质。”独与天地精神往来的实质就是任自然，正是此一思想成为李白摆脱生死困扰、进入自适境界、自由享受生命快乐的灵丹妙药。文章进一步分析：自然的极致，便求绝对的超脱，飘然超世，享受绝无拘碍的自由的快乐，只有游仙。“可是，李白终不能就飘摇仙去，人间繁华的光彩不断的引诱他，他继续追求着功业和快乐。富贵和神仙都是他所憧憬的理想，富贵是人间的，暂时的，神仙就是天上的，永恒的。他想象仙境里也有人间的享受：醇酒、美人和歌舞。他梦想着功业一成就，即回到天上去。他放情的追求着强烈的享乐。”这正是李长之所说的现世精神。萧文发掘李白现世享乐精神生成的原因：“李白这样纵情于眼前的享乐，可能也受了一点儿杨朱的影响，可是，若说这全由杨朱的影响形成，却是不真实的，杨朱大约也不会有那么大的魔力。盛唐原是个精神最自由解放的时代，当时汉民族最富于再生的青春的生命力，他们行为显得放荡一点，正是原始的健康的生命力的表现。而且像李白那样浮华放浪，原是当时新进的文人们共有的习气，与礼法名门不同的野气，李白不过更狂更野，惊动千古罢了。”这就把李白的生命意识与盛唐精神联系到了一起。

1949年以后的李白研究，尤其是80年代后的李白研究，广及各个方面，研究李白的思想性格、研究李白诗歌的艺术个性，也会涉及其功业理想、游侠、游仙、山水、饮酒等问题，但从生命意识入手的研究尚不多见。有的书偶有涉及，而且颇有启发意义。

首先是罗宗强的《李杜论略》。其中“李白与杜甫生活理想之比较”一章，谈到李白理想，有基本判断：“李白追求一种既非凡响而又可以随意享乐的生活。”[15]此书在分析李白追求的任侠、求仙学道、建立功业三种生活时，正是从生命意识解释其原因的。分析李白的游侠，认为它反映着更为本质的一面：寄生、享乐。而这一面，实际上远远超过济困扶危的任侠的本来宗旨。“他们沉溺于酒色之中，醉心于逸乐生活，幻想着永远享有这种生活，而现实又是如此无情地摆在面前：一方面是无法违抗的自然法则，时光流逝，生命不能永存。一方面是盛唐社会内部孕育着的衰败即将到来，惊恐之雾笼罩在正在寻欢作乐的地主阶级心头。于是才有人生无常的叹息。这人生无常的哀叹不是乱世的人们朝不保夕的厌世、避世的叹息，乃是盛世的人们迷恋于享乐的现世的一种变态表现。他们愈哀叹人生无常，就愈发渴望及时行乐，愈沉溺酒色之中，愈追求于享受的实有。李白就是属于这样的人。”[16]生命无常，所以才渴望及时行乐，“才如此强烈地渴望不死，幻想着神仙的世界是一个可以永生的世界”[17]。李白所追求的生活理想，都从其生命意识找到原因。虽然所占篇幅不长，却是80年代以来研究李白的论著中最具有生命意识的成果。

另一部是日本学者松浦友久著作《李白——诗歌及其内在心象》。从“对过去的爱惜，就是对时间的爱惜，对时间的爱惜就是对生命的爱惜”[18]这一基本认识出发，此书“怀古——惜时之歌”

一章即把怀古诗看作了表现生命意识的诗。怀古诗是中国古代诗歌中的传统主题，也是李白诗歌重要主题之一。此书论述道："入世，风云多变；人生，短暂虚幻；自然，永恒不变；神意，似磐石坚。通过两者的对比，便会作为一个不可动摇的事实，或者使人们从痛感之中醒来，把感情寄托于对人生的咏叹和悲哀的作品之中；或者使人们在痛感中昏睡，把感情寄托于描写欢乐、耽溺生活的作品之中。"〔19〕"一般地说，'怀古诗'都是以历史上的人物或事件作为主题的。而在论及作为这些人物和事件的象征的人间的行为时，往往被说成它们究竟不过是时光流逝的长河中的一个瞬间的梦幻而已。"〔20〕此论从生命的瞬间性与自然的永恒性，揭示出李白怀古诗的生命意蕴。

90年代研究李白的论著中，孟修祥的《谪仙李白》提出从生命体验的角度审视李白及其诗歌。此书研究李白，多从生命的角度切入分析，如从生命力和生命哲学，研究李白的诗酒精神；从表现生与死的主题，考察游仙诗；论述李白的山水诗，亦注意到了自然山水与李白主体精神的契合，视其为李白生命意义的体现。此书虽非专门研究李白的生命意识，但是在研究饮酒诗、游仙诗和山水诗时，已经开始自觉地从生命体验角度展开论述。

研究李白的生命意识，杨义的《李杜诗学》应该引起重视。此书未走古代文学研究的传统套路，文多感悟之论，因此并未深入古代文学研究界，引起李白研究者乃至古代文学研究者的重视。然而正是此书，把李白诗学定性为充盈着生命意识的诗学，并对李白的生命诗学给予了感悟式的揭示。此书中提到了诸多与生命意识相关的话语，如“生命力”“生命意义”“生命激情”“生命辐射力”“生命意识”“生命结构”“生命哲学”“生命的本原”“生命的现实”“生命形态”等等，因是感悟式的，所以多为随性而发、即时而用，未做展开论述。但是书中论述李白的醉态思维时，有些片段不乏深刻而具启发意义，尤其是“生命哲学特殊形态”一节，其话语涉及以下与生命意识相关的话题：其一，生命的有限性与无限性。“这种丰富多彩的真生命，具有两个相当集中的焦虑点：生命的有限性，以及生命的强悍性。”〔21〕“李白抒写诗酒因缘的篇章，不时地飘散着人生有限性的迷雾。他未尝超越这种人类不可避免的生命困惑，却以他的特殊方式执着地领略着‘使生活值得一过的东西’。”〔22〕“他可以通过诗使有限的生命转化为永恒。”〔23〕“人生有限性的认知，可能造成困惑和颓废，也可能刺激着把生命的全部潜能，集中在时不我待的短暂中猛然爆发的欲望，刺激着以生命的强度弥补长度不足的缺陷。”〔24〕杨义感受到了李白所受的生命有限性的困惑以及李白超越有限性的努力。其二，生命形态与自然的关系。“人的生命形态与自然的关系，是李白的醉态诗学思维中的一个重大的命题，这类诗表面看来，多言醇酒美人、游山玩水，但在深刻的层面上却渗透着对人的生存困境和生命忧患的带本体论意味的精神探索。”〔25〕这些论述都有其深度，可惜未能展开，往往甫一接近生命意识，却又滑入醉态思维的论述了。

本书作者在90年代曾集中开展李白生命意识的研究，发表《李白诗歌的生命意识》[26]、《试论李白的孤独意识》[27]、《李白的英雄意识》[28]、《李白诗的自然意识》[29]等系列文章，对李白的生命意识做了初步的探索。

总之，百年来关注李白生命意识的研究有之，但颇零散且不多。而读李白诗文，扑面而来的正是他充盈的生命精神、清醒的生命意识，支撑起其风骨形神的也是他勃郁的生命力。我们的研究，未能从生命意识切入诠释李白诗歌的内容，揭示李白诗歌个性的成因，应该说是有缺失的。

三

本书共列八章，后六章讨论的主体就是李白的生命意识。

研究李白的生命意识，自然首先要面对个体生命本质的问题。对于个体生命本质，李白没有提出任何理性的概念，但是，他通过个人的感受、体验和艺术表现，不仅触及个体生命本质问题，而且极为深刻。李白对个体生命本质的体认，是通过光阴而获得的。《古风五十九首》其十："黄河走东溟，白日落西海。逝川与流光，飘忽不相待。春容舍我去，秋发已衰改。人生非寒松，年貌岂长在？"[30]他的诗文用逝川、流光、石火、春荣、秋蓬、逆旅、春殿、古丘等意象表现个体生命的本质，说明个体生命的本质在于瞬间的存在而终归虚无。李白对个体生命本质的深刻体认，给其心理带来巨大的焦虑，同时也为其人生注入了强大的生命动力。

个体生命的本质既然是瞬间的存在而终归虚无，那么生命的目的何在？李白将其归之于快乐。《少年行》："男儿百年且乐命，何须徇书受贫病？男儿百年且荣身，何须徇节甘风尘？衣冠半是征战士，穷儒浪作林泉民。遮莫枝根长百尺，不如当代多还往。遮莫姻亲连帝城，不如当身自簪缨。看取富贵眼前者，何用悠悠身后名。"〔31〕这种快乐主义的生命观又多以及时行乐的形式出现，《拟古十二首》之五："今日风日好，明日恐不如。春风笑于人，何乃愁自居？吹箫舞彩凤，酌醴脍神鱼。千金买一醉，取乐不求余。"〔32〕生命有限，追求快乐就是唯一目的。

关于生命的目的，西方有赎罪说，中国亦有固穷守道说。中西哲学自然也有快乐说，然而，对快乐主义，无论中西都持谨慎甚至批评的态度。其实快乐是生命的唯一或曰终极目的，它合于生命的本质，无论是追求物质的快乐，抑或精神的快乐。李白的诗歌表明，快乐因缘于他对生命的珍惜，他对生活的热爱。他的任侠，他的携妓，他的纵酒，他的荣华梦，都带有青春的气息、蓬勃的生命力和创造力。快乐或可使人流于颓废，丧失生命力和创造力。李白则不然，即使是他的及时行乐，亦是他挥发生命力的表现。

个体生命的本质虽然在于瞬间的存在而终归虚无，但人生命的存在，既是生物的存在，也是文化的存在，创造文化是人的生命的重要体现，"我"是自己的一个过程，人可以在瞬间创造文化以体现生命的存在或证明曾经的存在。因此，个体生命的本质既体现为存在的瞬间性，亦体现于生命价值的永在性，生命的意义是通过创造生命的价值而呈现的，人是通过生命价值的追求与实现而改变生命的悲剧命运的。

李白对生命的认识是彻底的，“旷野多白骨，幽魂共销铄”[33]，他以为人生而必死，而且灵魂亦随着肉体一同消逝。所以，他同中国哲人的认识一样，都把生命的价值和意义放在当世，即在生命的瞬间创造个人的生命价值与意义。“人非昆山玉，安得长璀错？身没期不朽，荣名在麟阁。”[34]创建垂名于后世的功业是在当世，创作使声名永在的著述亦在当世，他是立足于现世来追求生命的最高价值和生生不息的不朽之生命意义的。他的一生表现出强烈的入世渴望：“殷王期负鼎，汶水起垂竿。莫学东山卧，参差老谢安。”[35]功名心甚强。崇拜英雄，建功立业，追求声名的不朽，这是李白为个人生命找到的最为重要的价值所在，也是李白诗歌的主调，是李白作品中最能感发人的意志的内容之一。

李白由于太重现世，所以入世甚深。他一生重交友，呼朋唤侣，上至王侯，下至酿酒的庶民；重场面，浪迹天下，或欢聚，或离别，多有赠别赠答诗，似乎一生都在与世沉浮。但是从生命意识角度考察李白真实的精神世界，他却是极为孤独的。如《春日独酌》其一所描述的：“孤云还空山，众鸟各已归。彼物皆有托，吾生独无依。”[36]万物皆有所托，而诗人却一生孤独无侣，漂泊无依。李白的孤独，并不表现为独钓寒江、离群索居的隐士行迹，而首先表现为天才诗人对生命的独特体验：“生者为过客，死者为归人。天地一逆旅，同悲万古尘”[37]，他通过诗塑造了人类在天地之间独行客的形象，以表现生命的孤独感。其次，他通过作品，表现了个人人生的飘零感和政治上的遭人抛弃感。《门有车马客行》：“叹我万里游，飘摇三十春。空谈霸王略，紫绶不挂身。雄剑藏玉匣，阴符生素尘。廓落无所合，流离湘水滨。”〔38〕空有济世安民的怀抱志向和王霸之略，却终不被人所识，所以在政治上诗人感到了绝世的孤独。更有意义的是，他的诗反映出一种旷代无知音的寂寞与孤独感，《古风五十九首》其四十：“凤饥不啄粟，所食唯琅玕。焉能与群鸡，蹙促争一餐！朝鸣昆丘树，夕饮砥柱湍。归飞海路远，独宿天风寒。”〔39〕这种寂寞感是阳春白雪、和者盖寡的孤独，是诗人孤高傲世、目中无人、不愿与世同流的孤独，此心理非常人所有，是天才诗人自我放逐的孤独，因此是李白对生命独特的体验。

人生除了生命苦短这一终极苦闷，其生存还会遇到诸多问题，苦难与波折，痛苦与失意，如何排解，如何解脱，使精神获得自由快适，寻找到理想的生命状态？中国士人积累了丰富的经验，这可从魏晋士人的玄言、山水、田园诗中看出。李白一生的主要困扰是强烈的功名心与怀才不遇的矛盾，这种矛盾又加深了他生命苦短的焦虑，造成心灵的极大困扰。在此情况下，李白习惯于求助庄子，追求精神的自由放旷，以此来达到一种快乐的生命状态。李白对生命被束缚、心灵遭困扰的现实生活，采取了两种解决方式：首先是以诗文不朽作为精神寄托，想象生命不朽的快乐。“屈平词赋悬日月，楚王台榭空山丘。兴酣落笔摇五岳，诗成啸傲凌沧洲。功名富贵若长在，汉水亦应西北流。”〔40〕荣华富贵随肉身而消逝，唯诗文可以传世不朽，此为人生命之大快乐。其次是追求超越现实束缚的精神自由，以取得精神上的快适。反映了这种解脱和超越意识的主要有游仙诗、山水诗和饮酒诗。“我有紫霞想，缅怀沧洲间。且对一壶酒，澹然万事闲”〔41〕“而我游名山，对之心益闲。无论漱琼液，且得洗尘颜。”〔42〕李白的游仙诗、山水诗和饮酒诗，都表现出了心灵无拘无束、自由自在、陶然忘机的境界，即审美的境界，生命得到了极大释放。

自然，这种种解脱形式都是暂时的，真正从思想之源解决生命困扰的是哲学。李白在思想上接受了道家的尚自然思想。这种思想的核心是自然无为，具体到生命观上就是顺天无为，或曰顺天而为，使主体的精神与自然相合，心是天地自然之心，行迹亦如行云流水，求取功名是为了满足诗人实现生命价值的本然需要，栖隐山林也是为了生命的本然需要，自由来去于功名与山林之间。任自然的思想，从根本上解决了李白如何获取个人身心的最大自由、不受羁约、不受束缚、自由适意的人生问题。

四

李白自然是千年独出无二的天才诗人，他诗文中所表现的生命意识，亦有其独特性。但是梳理历史可知，李白的生命意识不是无本之木、无源之水。唐之前的哲学对生命有过深刻探讨，魏晋南北朝的诗文表现生命者亦占相当篇幅，而且形成某些固定的主题或传统，这些都影响了李白的生命意识及其表现，此书前二章所论即此。

中国的生命哲学缺少关于生命本体论的探讨，集中于生命价值的论述，形成了儒墨的轻生观、老庄的重生观和列子的厚生观，此三者都影响了李白的生命意识。

魏晋南北朝诗文以生命为表现对象，形成了几个很稳定的主题。

反映个体生命本质的忧生之作，其主旨是哀叹时光易逝、生命短暂。此类作品，以“挽歌”为主：“昔居四民宅，今托万鬼邻。昔为七尺躯，今成灰与尘。金玉素所佩，鸿毛今不振。丰肌飨蝼蚁，妍姿永夷泯。”〔43〕直面并描写死亡成为悼亡的主线，表现出士人惜生、重生的情感。李白亦以时光意象表现生命的本质，抒发他生命的焦虑。但他的作品止步于老：“春容舍我去，秋发已衰改。人生非寒松，年貌岂长在？”〔44〕叹老，畏老，却不及死亡。所以李白的诗绝少垂死之绝望情感，更少见死亡之衰败气息，其叹老、畏老之中，即涌动着永葆青春的渴望，洋溢着生命的创造力，此正是盛唐诗人与魏晋南北朝诗人的生命意识之重大区别。

“对酒当歌，人生几何！”〔45〕“骋哉日月逝，年命将西倾。建功不及时，钟鼎何所铭？收念还书房，慷慨咏坟经。庶几及君在，立德垂功名。”〔46〕面对生命苦短的天命，采取建功立业或及时行乐的生活态度，是魏晋南北朝士人主要人生取向，亦是中国古代士人的一般选择。所以，建功立业与及时行乐成为魏晋南北朝诗文中交替出现的两个主题。所谓的“建安风骨”，就是生命苦短的悲慨、建功立业的渴望，以及及时行乐的迫切情调所形成的慷慨悲凉的诗风。这两个主题传统都对李白产生了直接影响。李白表现功业的诗歌主要传承了曹植和鲍照，激荡着对抗宿命、对抗现实的悲慨和磊落不平之气。不过与魏晋南北朝诗人相比，李白表现功业思想的作品，也有其鲜明的独特性，那就是李白建立在功业理想上的英雄崇拜，大济天下舍我其谁的自许、自负所形成的超拔、豪迈气调。李白追求快乐的生命观中自然包含了及时行乐思想，但主调则是如其游侠诗所表现出的快意人生的渴望，尤其是个性的自由、放旷而不受羁约。

魏晋南北朝士人为寻求心灵的慰藉与解脱，找到了几条路径：谈玄、饮酒、游仙以及徜徉田园山水，表现于诗文则是玄言诗、饮酒诗、游仙诗、山水诗和田园诗，这的确与西方文人只关注天堂颇有不同。李白欣然接受了这一传统，除玄言诗外，都有大量作品，而且写得极好。李白无论游仙、饮酒还是山水之游，多是为了排遣现实生活的苦闷，为精神寻找到舒缓、释放、解脱之境。其诗文中神仙之境、山水之境的塑造，达到了审美的自由境界；甚至用来排泄苦闷的饮酒诗，也达到了同样的境界，他把魏晋以来诗文的此一传统发挥到了极致。

李白自其生活的当世就被人评论，亦被人塑造，经过一千三百余年之经典化，已然定型。李白的塑形，涂抹最多的是道德色彩，中唐以来，爱国与非爱国，现实与非现实，以及女人与酒之论，或毁或誉，多出于此。而所谓诗仙之论，豪放诗人、飘逸诗人、浪漫诗人之说，则多在艺术上塑造李白。此书从生命角度观照李白，重在分析其诗文文本，试图呈现一个肉体与精神的李白、一个天才诗人与俗世凡人的李白。这样的李白，也许如歌德喊出的那样："一个鲜活的生命，那是多么奇妙和珍贵的东西！与其处境多么的契合和协调，多么的真实，多么的有存在感！"[47]

第一章　死生亦大矣

唐前生命哲学

一　生死与时间

唐前关于生命的认识，集中于对生和死的认识，中心在生命价值和生命意义。类似于哲学的理性思考，主要在两个时段：先秦和汉魏。此章集中论述的是，对李白生命意识产生了重要影响的儒家、道家、墨子以及王充、《列子》的生命观。

1

可以这样说，人类一旦认识到个体生命的存在与消失，生命意识也就产生了。然而这种生命意识究竟产生于何时，仍是人类学家探讨的问题。西方人类学家一般认为，“自然死亡对于原始人是一个极其陌生的观念”[1]，即原始人把生与死视为偶然的灾祸而非必然，因此对生命自觉意识的重要标志是认识到自然死亡。

认识到自然死亡，的确是对生命自觉意识的重要标志。问题是原始人是否就没有自然死亡的意识。从原始宗教、神话的产生根源分析，宗教、神话的产生，其根源之一即出于原始人对死亡的恐惧和对生命的崇拜。而这种恐惧之中，就很难分清是对自然死亡的恐惧还是对偶然死亡的恐惧。如我国古代《山海经·海外南经》中记载的不死民、《天问》王逸注引《括地象》所说的不死之国等，应该说就是来自面对自然死亡这一现象后对长生不死的想象。我国的甲骨文中就已有了“死”字。商承祚《殷墟文字类编》释甲文象：“生人拜于朽骨之旁，‘死’之谊昭然矣。”〔2〕由此甲骨造文之象，可以看出当时人不仅有了生死的意识，而且有了重死的文化。《周易》占卜的核心内容是基于生死之上的吉凶之断。如《易·豫》“六五，贞疾，恒不死”〔3〕，是为占问疾病之卦，其结果是“恒不死”，反映出此时人对死的恐惧、对不死的期待。这种对恒不死的期待，是否即出于对自然死亡的恐惧呢？回答应该是肯定的。又《尚书·秦誓》，公曰“我心之忧，日月逾迈，若弗云来”〔4〕，也明显是对自然死亡的反应。王肃注云“年已衰老，恐命将终，日月遂往，若不云来，将不复见日月”，不仅为年迈将终而惧，而且有了日月遂往的时间意识。又《左传·文公十三年》：“死之短长，时也。”〔5〕《昭公二年》：“子产曰：人谁不死？”〔6〕《论语·颜渊》：“子夏曰：商闻之矣，死生有命，富贵在天。”〔7〕又：“自古皆有死。”《荀子·宥坐》：“死生者，命也。”〔8〕又《强国》：“人之命在天。”〔9〕说明春秋战国时期，不仅已经有了十分明确的自然死亡意识，并且已经把生死看作任何人都无法改变的必然。

秦汉以后，对生命更有了清醒的认识，把生死视为必然已经成为比较普遍的观念。《吕氏春秋·节丧》：“凡生于天地之间，其必有死，所不免也。”[10]《吕氏春秋·安死》：“人之寿，久之不过百，中寿不过六十。”[11]不仅认识到了死的必然性，而且对人的寿命的长短，也积累了一般的经验。汉武帝时人杨王孙云：“且夫死者，终生之化，而物之归者也。归者得至，化者得变，是物各反其真也。反真冥冥，亡形亡声，乃合道情。”[12]死亡是物之归，即物返回其真，返回其真就是物化为无。扬雄等人明确地提出生死是自然之道，《法言·君子》：“有生者必有死，有始者必有终，自然之道也。”[13]桓谭《新论·祛蔽》：“生之有长，长之有老，老之有死，若四时代谢矣。”[14]《后汉书·赵咨传》赵咨将终，写给其子书云：“夫含气之伦，有生必终，盖天地之常期，自然之至数。是以通人达士，鉴兹性命，以存亡为晦明，死生为朝夕，故其生也不为娱，亡也不知戚。”[15]所谓的自然之道，就是自然规律，如桓谭所言，人的生和死，与春夏秋冬四时代谢一样，是不可抗拒的规律。王充更明确地总结出这样一个道理，凡是有血脉的动物，都会有生和死，而且是有生才有死，《论衡·道虚》云：

有血脉之类，无有不生，无有不死。以其生，故知其死也。天地不生，故不死；阴阳不生，故不死。死者，生之效；生者，死之验也。夫有始者必有终，有终者必有死。唯无终始者，乃长生不死。人之生，其犹冰也。水凝而为冰，气积而为人。冰极一冬而释，人竟百岁而死。人可令不死，冰可令不释乎？[16]

在《论衡·论死》中，王充不仅重申了死犹冰释的比喻，而且又把人死比作火灭："人之死，犹火之灭也。"[17]这都是在强调死的必然性。《论衡》特设《论死篇》及《死伪篇》，"明死无知，不能为鬼"[18]。在这里，王充驳斥了人死为鬼的说法：

> 世谓人死为鬼，有知，能害人。试以物类验之，人死不为鬼，无知，不能害人。何以验之？验之以物。人，物也；物，亦物也。物死不为鬼，人死何故独能为鬼？……人之所以生者，精气也，死而精气灭。能为精气者，血脉也。人死血脉竭，竭则精气灭，灭而形体朽，朽而成灰土，何用为鬼？[19]

这是对生和死最为理性的认识。生死是自然的，也应自然处之，既无人死为鬼之说，亦无须做求仙等必不成之为。与子夏所云死生在于命运相仿，都是对于生命的理性认识。《汉书·杨王孙传》杨王孙为欲裸葬答祁侯书亦解释何为鬼："精神离形，各归其真，故谓之鬼。鬼之为言归也，其尸块然独处，岂有知哉？"[20]这些思想对李白的生命自然观产生了很大的影响。他的万物兴与歇皆为自然的思想即与以上诸说相近。

但死亡的自觉毕竟给人带来死亡的恐惧，也给人带来生命的痛苦。叔本华说：

> 对人来说，唯有死亡才是真实的，这一事实使得人生的境

> 况越发陷入痛苦的深渊之中。动物从不真正知道死亡为何物，因而也从不像人那样以某种自然方式对死亡沉思默想；它仅凭本能来摆脱死亡的魔爪——然而人不行，死亡的惨状总是浮现在他的面前。[21]

其实并不仅仅是死亡的惨状，死后的虚无实则更令人恐惧。“齐景公游于牛山之上，而北望齐，曰：美哉国乎，郁郁泰山。使古而无死者，则寡人将去此而何之？俯而泣下，沾襟。”[22]即所谓牛山之泣。因此乐生恶死、趋生避死也就成为人的普遍行为。春秋战国以来，这一普遍现象也得到了揭示。《左传·昭公二十五年》云：“生，好物也；死，恶物也。好物，乐也；恶物，哀也。”[23]《鹖冠子》云：“所谓人者，恶死乐生者也。”[24]《吕氏春秋·论威》：“人情欲生而恶死，欲荣而恶辱。”[25]说明贪恋生命而害怕死亡是人的共同心理，而且是人的好恶中最为根本、最为自然的情感态度。

当然，在中西方哲人中也有不承认死亡痛苦的人。古希腊哲学家伊壁鸠鲁说：

> 所有烦恼中最可怕的死亡与我们毫不相干。我们活着时，死亡尚未来临；死亡来临时，我们已经不在了。因而死亡对于生者和死者都没有干系。对于生者来说，它是不存在的；而死者根本就是不死的。[26]

这真是智者对死亡痛苦的辩解。在所有的痛苦中，死亡应该是极限。但是伊壁鸠鲁却辩解说，人与死亡是不相干的，因为无论你活着还是死去，都不会与死亡的痛苦相遇。你既然活着，当然无法知道死亡之痛；而当你死去时，你已经不复存在了，死了的人又怎么会感受死的烦恼呢？无独有偶，我国汉初的著作《淮南子·俶真训》中也有类似的议论：“始吾未生之时，焉知生之乐也？今吾未死，又焉知死之不乐也。”〔27〕由未出生而不知生的快乐，推出人之未死又如何知道死亡必然痛苦而不是快乐。《淮南子》的这种观点来自《庄子·齐物论》：

> 予恶乎知说生之非惑邪！予恶乎知恶死之非弱丧而不知归者邪？丽之姬，艾封人之子也。晋国之始得之也，涕泣沾襟。及其至于王所，与王同筐床，食刍豢，而后悔其泣也。予恶乎知夫死者不悔其始之蕲生乎！〔28〕

但是这种不承认死亡之痛、或甚而推论死亡之乐中，恰恰可以看出这些哲学家消解死亡恐惧的努力。“楚人有乘船而遇大风者，波至而自投于水，非不贪生而畏死也，惑于恐死而反忘生也。”〔29〕过于恐惧死亡反而害生，所以要以人不可能经历、了解死亡的痛苦来消解死亡的恐惧。中国古代的伟大思想家孔子对待死亡也是采取一种回避的态度。据《论语·先进》：“季路问事鬼神。子曰：‘未能事人，焉能事鬼？’‘敢问死。’曰：‘未知生，焉知死？’”〔30〕这实际上是一种非常现实的态度：重生的态度。孔子虽然不说死，但在现实生活中，却不可避免地承受着巨大的死的悲痛。《论语·先进》："颜渊死，子哭之恸。"连呼"噫！天丧予！天丧予！"。〔31〕而对于时光的流逝，孔子也表现出极大的震撼："子在川上曰：逝者如斯夫，不舍昼夜。"〔32〕正因为孔子对死有着如此痛苦的感受，所以他才更重视生。

魏晋时期，随着生命的自觉，圣人有情无情之辨成为玄学的重要命题。王弼有《戏答荀融书》，以自然之性作为立论的基础，说明即使是圣人贤者也不可避免死亡的痛苦。书云："夫明足以寻极幽微，而不能去自然之性。颜子之量，孔父之所预在，然遇之不能无乐，丧之不能无哀。"〔33〕这说明恋生与畏死是人的自然本性。而要想克服这种自然本性，则必须有待于人对于生死的必然性有了更为深刻的认识。

2

只有认识到了生与死的必然性，古人才会在死亡之痛外，对生和死采取一种更为客观的理性态度。儒家认为生死是命，命就是必然，是人所不免的。所以儒家以强调生的意义和死的价值来超越死亡之痛。道家则开始认识到生命的物质性，把死亡物化，对待生和死，也就有了比较超然的态度。庄子一方面说"死生亦大矣"〔34〕，认为生和死对于人来说是件大事；另一方面又强调："死生，命也。

其有夜旦之常，天也。”[35]“明乎坦涂，故生而不说，死而不祸，知终始之不可故也。”[36]因为认识到事物是变动不居的，死与生是正常的，所以要顺应自然，如《养生主》篇所言：“适来，夫子时也；适去，夫子顺也。安时而处顺，哀乐不能入也。”[37]《大宗师》篇亦云：“且夫得者，时也，失者，顺也；安时而处顺，哀乐不能入也。”[38]适时而生，顺时而逝，不为生而喜，亦不以死为祸。庄子对待生死还有一个重要的思想，即生命产生于气的思想，《庄子·知北游》：

> 生也死之徒，死也生之始，孰知其纪！人之生，气之聚也。聚则为生，散则为死。若死生为徒，吾又何患！[39]

把生命看作是气的聚散，这实则是把生命视为物质的一种努力。视生命为气化，是生死观的重要发展。其意义有二：首先，它破除了鬼神的宗教迷狂，使人们对生死的认识趋于理性；另外，也正由于这种理性的生死观，才让人们更重视生命，并且从容面对死亡。正是因为把生命看作是物质的气的聚散，所以才有庄子生死相续、生死为一的思想。而这种思想是庄子从容面对死亡、不为生死所动的主要原因。《至乐》篇记载了庄子妻死鼓盆而歌的故事。对于这种矫激的行为，惠子颇为不解：“与人居，长子老身，死不哭亦足矣，又鼓盆而歌，不亦甚乎！”庄子正是从生死由气而回答惠子的：

不然。是其始死也，我独何能无概然？察其始而本无生，非徒无生也而本无形，非徒无形也而本无气。杂乎芒芴之间，变而有气，气变而有形，形变而有生，今又变而之死，是相与为春秋冬夏四时行也。人且偃然寝于巨室，而我嗷嗷然随而哭之，自以为不通乎命，故止也。〔40〕

庄子为我们描绘了人由生前到出生、又到死亡的过程。这样的过程，就是由无形、无气，到有气、有形、有生，再回到无生、无形、无气的过程。这个过程是一个自然的过程，因而生而不足喜，死而不必悲，此谓“通乎命”。通乎命，所以庄子不为妻子之死而哭而悲。在《大宗师》篇庄子还写了子来将死的故事：

俄而子来有病，喘喘然将死，其妻子环而泣之。子犁往问之，曰：“叱！避！无怛化！”倚其户与之语曰：“伟哉造化，又将奚以汝为？将奚以汝适？以汝为鼠肝乎？以汝为虫臂乎？”子来曰：“父母于子，东西南北，唯命之从。阴阳于人，不翅于父母；彼近吾死而我不听，我则悍矣，彼何罪焉！夫大块载我以形，劳我以生，佚我以老，息我以死。故善吾生者，乃所以善吾死也。〔41〕

在这里，庄子虽然没有提到气化，实则深化了气化的思想。庄子认为气化可以使人为人，也可以使人为物。而这一切的根本在于造化，即大自然。人的生和死是由大自然所决定的，所以人对待生死应顺应自然，采取一种坦然的态度。

庄子的气之聚散决定人的生命的思想，对后代产生了很大影响。汉代董仲舒认为“人之受命于天”[42]，“人生于天，而取化于天”[43]。天有阴阳二气，阳善而阴恶；人亦禀赋了阴阳二气，所以也就有了善恶、仁贪二气。人的喜怒哀乐之气，亦禀天而来：“喜气取诸春，乐气取诸夏，怒气取诸秋，哀气取诸冬，四气之心也。”[44]这里，显然是接受并改造了庄子“人之生，气之聚”的思想。

汉代王充论人的生命，也发挥了庄子的气的思想。他认为人“寿命修短，皆禀于天”[45]。“人禀元气于天，各受寿夭之命，以立长短之形，犹陶者用土为簋廉，冶者用铜为柈杅矣。器形已成，不可小大；人体已定，不可减增。用气为性，性成命定。体气与形骸相抱，生死与期节相须。”[46]人之命是受气于天的，具体说是夫妻合气而有了后代，所以人的生死寿命皆决定于气。《论衡·气寿》说：

> 强寿弱夭，谓禀气渥薄也。……若夫强弱夭寿，以百为数，不至百者，气自不足也。夫禀气渥则其体强，体强则其命长；气薄则其体弱，体弱则命短，命短则多病寿短。[47]

《命义》篇以此为基础，对所谓死生有命做了新的解释：

> 死生者，无象在天，以性为主。禀得坚强之性，则气渥厚而

体坚强，坚强则寿命长，寿命长则不夭死。禀性软弱者，气少泊而性羸窳，羸窳则寿命短，短则蚤死。故言有命，命则性也。[48]

什么是命？王充剥去了命的神秘面纱，把它物质化。他认为，命就是人所禀受的性，性有坚强和软弱之分，具体表现在人禀气的厚薄。人寿命的长短即决定于气的厚薄。这是汉代人寻找死生与寿命长短的理性尝试与努力，这种尝试和努力是很深刻并十分有益的。

受庄子影响的《列子》也把生死说为命，《天瑞》篇云：

人自生至终，大化有四：婴孩也，少壮也，老耄也，死亡也。其在婴孩，气专志一，和之至也；物不伤焉，德莫加焉。其在少壮，则血气飘溢，欲虑充起，物所攻焉，德故衰焉。其在老耄，则欲虑柔焉，体将休焉，物莫先焉；虽未及婴孩之全，方于少壮，间矣。其在死亡也，则之于息焉，反其极也。[49]

此论与《庄子·大宗师》篇“佚我以老，息我以死”颇为相近，而强调欲虑与德的互为消长是一个自然的过程。其婴孩“和之至”的思想与老庄一脉相承。《力命》篇云：“然而生生死死，非物非我，皆命也，智之所无奈何。”[50]什么是“命”？命就是庄子所说的“造化”，就是今人所说的自然规律。人之生、之长、之老、之死，都是自然规律，不是人自己所能改变的。所以《列子·天瑞》篇主张：“死者，人之终也。处常得终，当何忧哉！”[51]应顺其自然。既得顺其自然，那么也就不会为死而忧悲了。

3

随着人类的发展与进步，人内心世界的日趋丰富，除生与死、存在与虚无这一生命意识最原始也最永恒的内容外，生命意识也相应有了更丰富的内涵。如人类从个体的人由少及老、由盛而衰，又由春夏秋冬周而复始的无限轮回而认识到与人生命的有限相关的时间问题。叔本华在《悲情人生》一书中说：

> 生存的全部痛苦就在于：时间不停地在压迫我们，使我们喘不过气来，并且紧逼在我们身后，犹如持鞭的工头。倘若什么时候时间会放下他悬鞭的巨手，那只有当我们从令人心烦的苦悲中完全解脱出来。[52]

生命过程的有限、死亡的恒定、悲剧的必不可免的全部痛苦，就在于时间。时间不停流逝，而且是无限地来，无限地消失，永无止极。而人占有的时间却极为短暂，并且是一次性的占有。所以，时间似高悬鞭子的工头，紧逼在人的后面，穷追不舍。

其实时间是客观的存在，从哲学的角度看，是物质世界的存在形式。它从连绵不绝的过去而来，又向无限的未来而去，不依人而存在，也不以人的意志而转移。然而这样的时间与我们所考察的生命意识没有关系。我们所考察的时间，是人们在生命的过程中而逐渐形成的时间观念，即中国人所说的“光阴”，它也是人的生命意识的组成部分。

无论中外，对时间的确认，都是从日月开始的。如英国哲学家洛克所说：“日月的循环是计算时间的最好尺度——日的日转和年转自创世以来，就是恒常的、有规则的、为一切人类所观察到的，而且人们假定日转同日转、年转和年转都是前后相等的，因此，人们就很合理地用它们来计算绵延。”[53]从我国来看，人们对时间的认识是从事物的变化而开始的，而且是从与人的生活密切相关的天象和地理开始的。由日出日落认识到天，由花开花败认识到季节，由庄稼的生长和收获认识到年。《说文》释“昼”：“日之出入，与夜为界。”[54]什么是白天？白天就是太阳从升起到落下的一段时间。这里面就反映出古人以太阳出入作为一天的时间单位的认识。[55]古人也在这样的时间单位里形成了日出而作、日入而息的生活习惯。另外，从中国古代对时间的形容如“时光”“光阴”，也可以看到古人对时间的感受一部分是来自天象的。

然而，对四时的认识，仅凭观察天象是无法形成确切的时间计算的。首先，仅凭对太阳的观察，对时间的计量仅限于一天。日出日落，周而复始，今天的太阳与昨天的太阳并无二致。所以，以太阳的升起和降落只能计算一天的时间单位，再长的时间，仅仅观察太阳就无效。幸运的是天上并非只有一个太阳，还有一个与太阳如影相随的月亮。聪明的古代人又发现了月亮的圆缺规律，可以把一天的时间计量扩展到一个月。一个月就是一个月亮的圆缺轮回。这样，时间的计量就有了延长。古人是在什么年代认识到了月的时间计量单位？尚无确切的记载。殷商甲骨文字中有了“今月”“来月”和“之（去）月”之分，而殷代历法已经明确有了一年和一月之分，这足以说明至少到了商代人们对时间的认识和界定已经十分明确，不仅可以以日月计时，也能够以年来计时了。原始人对“年”的时间单位认识，是从庄稼的生长周期而得到的。《春秋穀梁传·桓公三年》“五谷皆熟，谓有年也”〔56〕，很清楚地说明“年”的概念是从何而来的。与年的时间单位的认识相近，古人以春秋作为一年的代名词，也与植物的荣枯密切相关。

认识到日月年，还只能说是对有形的、有限的时间，即阶段性时间的认识，而时间的本质属性则是无限的。也只有认识到时间的这一本质属性，才会深化对生命的理解，由宇宙的无限，感受到人生的有限。

中国古代人对时间无限的认识，最早似可追溯到春秋时期。《文子·自然》引老子语：“往古来今谓之宙，四方上下谓之宇。”〔57〕这一说法又见于战国时期的《尸子》：“天地四方曰宇，往古来今曰宙。”〔58〕所谓的“往古来今”，就是对时间的无限性的描述。《文子》所引不敢遽断即为老子语。但是老子有“天长地久”之说。《易·临》：“《象》曰：……君子以教思无穷，容保民无疆。”〔59〕《墨子·经说下》：“久有穷，无穷。”〔60〕天长地久和无穷、无疆，都是时间无限的概念。《庄子·秋水》云：“夫物，量无穷，时无止，分无常，始终无故。”〔61〕《庄子·齐物论》又云：“有始也者，有未始

有始也者，有未始有夫未始有始也者。”[62]《庄子·庚桑楚》：“有实而无乎处者，宇也；有长而无本剽者，宙也。”[63]郭庆藩释：“家世父曰：……天地六合曰宇，宇以言乎其广也；古往今来曰宙，宙以言其长也。”[64]郭象注：“宇者，有四方上下，而四方上下未有穷处。”“宙者，有古今之长，而古今之长无极。”[65]也是认识到了时间的无始无终。

而这种时间无限、宇宙无穷的认识，一旦与时间不可挽留的思想结合到一起，就会产生对人生命渺小、短暂的深刻体认。如《论语·子罕》中所见孔子在河上的无限感慨：“子在川上曰，逝者如斯夫，不舍昼夜。”又《文选·赠王粲》李善注引墨子语：“时不可及，日不可留。”[66]战国时期，人们对时间的无限性不仅有了普遍的认识与理解，而且更进一步与人生命的有限性认识结合到了一起，转化为对个体生命本质的深刻体认。从宇宙之无限，感受到人类之渺小；从时间之无穷，感受到人生之有限，以致时间之无穷以及它的无情逝去，形成对古人尖锐的精神催逼。《庄子·盗跖》说：“天与地无穷，人死者有时，操有时之具而托于无穷之间，忽然无异骐骥之驰过隙也。”[67]天地就是宇宙，它代表的是时间的无穷无尽。把人的生命与天地相比较，有了人生瞬间的认识。另外，《庄子·知北游》“人生天地之间，若白驹之过隙，忽然而已……已化而生，又化而死，生物衰之，人类悲之”[68]，则表达了人类对于生命、对于时光的普遍悲感。庄子把人生与天地相较，有了人生瞬间的感觉。对宇宙无限的认识与人生有限的认识，是一种互为因果的关系。人生之短暂，使人认识到了天地之长久；天地之无穷，又使人倍感一生的迅疾。所以说，时间概念最初应该是与人的生命意识相伴而生的认识，正是时间意识的产生，使人加倍认识到了生命的有限，从而接近生命的本质，因此而倍感光阴流逝给人生带来的沉重压迫。

不仅如此，庄子从齐物的观念出发，还揭示了不同事物与时间的相对关系。彭祖活八百岁，是人之长寿者；而“朝菌不知晦朔，蟪蛄不知春秋”，他们的生命与时光形成了不同的相待关系。而与无穷的天地相比，他们的命运又是相同的。正是这样的齐物观，使庄子超越了普通人的时光悲感，从相对论中获得了心灵的解脱。

我们常常把庄子列入中国古代哲学家之列。而从文学的角度看，庄子又是一个诗人。他对时间的感受与认识，首先是来自对人生的诗人般的悲感，而后升华到了哲人的认识理性。而他解脱生命焦虑的途径，又陷入诗人的浪漫，逍遥于无何有之乡，只是想象而已，非一般人所能做到，缺少实践的理性。战国时期的伟大诗人屈原，是从个人的身世遭际出发，感受时光、感受宇宙时空的。然而当他思考宇宙、天道以及生命之初的问题时，也有了哲人式的思考与诘问。在他的绝世奇诗《天问》中，屈原对宇宙之无垠、天道之运行以及人之生命，都有类似于哲学家追根索源式的探问：“延年不死，寿何所止？”〔69〕“彭铿斟雉，帝何飨？受寿永多，夫何久长？”〔70〕“日月安属，列星安陈？”〔71〕“夜光何德，死则又育？”〔72〕在《离骚》和《九章》中，屈原则又从个人对理想的追求、对个人人格的完善，感受时光的流逝：“日月忽其不淹兮，春与秋其代序。”〔73〕“时缤纷其变易兮，又何可以淹留？”[74]“岁忽忽其若颓兮，时亦冉冉而将至。”[75]并且形成了此后文人抒写时光感受的一种传统，即从时光易逝，更增强了建功立业和修身的紧迫感：“纷吾既有此内美兮，又重之以修能。扈江离与辟芷兮，纫秋兰以为佩。汩余若将不及兮，恐年岁之不吾与。朝搴阰之木兰兮，夕揽洲之宿莽。”[76]他从日月如梭、光阴不居而感受到人生的短暂，从而生成修身与实现理想的紧迫感。这样的感受和抒情方式，在汉末和建安文人那里演变为一种比较突出的抒情范式，并且在唐代诗人尤其是李白那里得到最为集中的表现。

二　儒、墨生命观

关于生命的认识，除了以上所论对于生和死的认识和体验，即生命本质的问题，还有对于生命价值与意义的认识，即所谓生命价值观。人类不仅怀着巨大的恐惧和不安思考个体为什么有生有死，还要理性地思考如何对待死亡，如何消解虚无的恐惧，以及如何占有生活等从生和死衍生且又深化的生命价值和意义之问题。对于此类问题，古人有着十分丰富的思想。

1

儒家以“修身齐家治国平天下”为人生理想，所以特别强调人的社会性和伦理性。儒家关于生命意义的认识，也就格外重视人生的社会价值和伦理意义。儒家关于生命价值和意义的思想，最著名的是“三不朽”观念，《左传·襄公二十四年》载，鲁大夫叔孙豹到晋国，范宣子迎接叔孙豹，问叔孙豹古人所说的“死而不朽”何意，叔孙豹说：

> 鲁有先大夫曰臧文仲，既没，其言立，其是之谓乎？豹闻之，大上有立德，其次有立功，其次有立言，虽久不废，此之谓不朽。〔77〕

这是关于人的生命价值比较集中的概括，代表了儒家的生命价值观。在先秦诸子里，孔子虽然只谈生不言死，而实则儒家的生命观是重生又重死的生命观。儒家重视生死，不是重视生命本身，而是生命的价值和意义，表现出轻生重义的倾向。所以他们既重视人生前的人生价值，又强调人死后的意义，甚至提倡舍生取义，视死如归。《论语·里仁》：“朝闻道，夕死可矣。”〔78〕道重于生命。《论语·卫灵公》：“子曰：志士仁人，无求生以害仁，有杀身以成仁。”〔79〕仁重于生命。《春秋左传·文公十五年》：“远礼不如死。”〔80〕礼重于生命。又《宣公二年》载，鉏麑奉命杀宣子，麑叹而言曰：“贼民之主，不忠。弃君之命，不信。有一于此，不如死也。”〔81〕触槐而死。忠、信重于生命。《孟子·告子上》对于儒家的这一思想有更为精辟的阐述：

> 生，亦我所欲也；义，亦我所欲也。二者不可得兼，舍生而取义者也。生亦我所欲，所欲有甚于生者，故不为苟得也；死亦我所恶，所恶有甚于死者，故患有所不辟也。如使人之所欲莫甚于生，则凡可以得生者，何不用也？使人之所恶莫甚于死者，则凡可以辟患者，何不为也？由是则生而有不用也，由是则可以辟患而有不为也，是故所欲有甚于生者，所恶有甚于死者，非独贤者有是心也，人皆有之，贤者能勿丧耳。〔82〕

儒家并非不重视生，也并非不害怕死，但是，儒家认为有比物质生命的生和死更为重要的人生意义和生命的社会价值，反对苟且偷生，认为生就应有意义，既要使自己成为一个道德完善的人，又要有益于社会。所以儒家认为仁、道、义、忠、信这些道德规范或信仰比人的生命更重要，如果需要在二者间取其一，那就应毫不犹豫地取前者。司马迁有一句名言："人固有一死，或重于泰山，或轻于鸿毛。"这句话典型地概括了儒家的生死观。儒家认为人的生命固然重要，但是只要为信仰和伦理道德去死，就死得其所。所以儒家赋予了生命更为强烈的社会性。儒家生死观，在人的肉体之上，设立了更高的目标，即人生的目的，而把肉体视为达到生命价值的手段。这无疑是理想主义的人生观，它对中国古代文人产生了很大的影响，并与道家重生、养生的生命观相对，形成了对待生命和生命价值的两大不同观念。

2

与儒家的重义生命观相近，墨子也把义置于生死之上，《墨子·天志上》：

> 天下有义则生，无义则死；有义则富，无义则贫；有义则治，无义则乱。然则天欲其生而恶其死，欲其富而恶其贫，欲其治而恶其乱，此我所以知天欲义而恶不义也。[83]

与儒家不同的是，墨子并不似儒家那样，把义作为个体人对生死价值的抉择，而是把人重义轻生的选择，归之于天，认为这是人与生俱来的天性。墨子这种生命观，对我国古代侠义之士重然诺、轻死生的精神产生了很大的影响，是与儒道不同的生命价值观。

三　老、庄生命观

“道法自然”。道家以道为本，崇尚自然。从这一根本思想出发，道家呵护自然的人，反对社会对人的自然本性的侵蚀和异化。与儒家的生命观相比，道家的生命观是齐死生的生命观。

道家的生命观实则是重生命的生命观。道家是把人的生命意义和价值放在了生命存在的本身，生命的存在、而且是自然的不受异化的存在，即是生命最根本的意义与价值。这一点，道家的思想接近于西方有价容器理论。此理论认为："生命本身是值得拥有的。我活着这件事的好处，凌驾于我生命里发生的事之上和之外。这些人声称，仅仅是我活着这一事实使我的生命有了附加值。"[84]所以道家一概反对儒家所提倡的舍生取义的生命价值观，而保生、养生、全生，使生命不受戕害、不被异化，也就成为道家所固守的生命意义。

1

老子对待生命，主张摄生，反对厚生。《老子》五十章：

> 出生入死。生之徒十有三，死之徒十有三。人之生，动之死地，十有三。夫何故？以其生生之厚。盖闻善摄生者，陆行不遇兕虎，入军不被甲兵。兕无所投其角，虎无所用其爪，兵无所容其刃。夫何故？以其无死地。[85]

老子实际上是把人对生的态度归为两类：一类称为贵生，亦称厚生；一类称为摄生。认为，人之生，有的人长寿，有的短寿，这不决定于个人。但是也有的人本来可以活得长些，却自蹈死地，为什么？是其不善于摄生。所以他特别强调摄生，甚至把善于摄生之人描绘得出神入化。摄生即养生。但是这种养生不是一般人所理解的厚生，花天酒地，奢侈淫逸，或服食药饵以求长生，此种厚生恰恰是动之死地之机。清人高延第《老子证义》解释说：

> "生生之厚"，谓富贵之人厚自奉养，服食药饵，以求长生，适自蹈于死地，此即动之于死地者之端。缘世人但知戕贼为伤生，而以厚自奉养者为能养生，不知其取死者同也，故申言之。〔86〕

由此可见，老子批评的生命观，是以追求物质享受、厚自奉养及餐石服药以求长生的生命观。这种生命观是一种世俗的带有普遍性的生命观。秦汉以来的黄老神仙思想以及列子的及时行乐思想，就是这种生命观的突出表现。

老子的哲学是以弱胜强的哲学。老子的养生之说也是建立在尚弱的基础之上。他认为弱则活，强则死，这是天之道，所以养生应遵循天之道。《老子》第七十三章云：

> 勇于敢则杀，勇于不敢则活。此二者，或利或害，天之所恶，孰知其故？〔87〕

而对于养生来说，弱以养生的根本就是恬淡寡欲，不为物扰，亦不自扰。《老子》第七十五章云："夫唯无以生为者，是贤于贵生。"〔88〕河上公注："夫唯独无以生为务者，爵禄不干于意，财利不入于身。"〔89〕养生的最高境界就是自然无为，老子的所谓摄生实际上就是自然无为，老子把尚自然无为的人称为含"德"的人。《老子》第五十五章：

含德之厚，比于赤子。毒虫不螫，猛兽不据，攫鸟不搏，骨弱筋柔而握固。未知牝牡之合而朘作，精之至。终日号而不嗄，和之至。知和曰常，知常曰明。益生曰祥，心使气曰强，物壮则老，谓之不道，不道早已。[90]

赤子即未被异化的自然之子。这样的人混沌无知，看似处弱，但元气淳和，精气充足，与天地为一，是最不易伤生的。老子虽然把含德的人神化了，但这里强调的仍然是自然，讲自然是最根本的摄生，是合于道的摄生。不是如此无知无欲，偏偏要纵欲逞强，就会衰老、死亡。老子认为死亡的根本原因就是不合于道。

2

庄子的生命观是建立在道即自然基础之上的守性保真的生命观。庄子把老子的养生思想进一步深化和具体化，强调以自然无为为养。庄子认为，除社会因素外，对于人的生命的伤害主要来自个人的欲求。这些欲求既有物质方面的，又有精神方面的。《庄子·天地》：

且夫失性有五：一曰五色乱目，使目不明；二曰五声乱耳，使耳不聪；三曰五臭熏鼻，困惾中颡；四曰五味浊口，使口厉爽；五曰趣舍滑心，使性飞扬。此五者，皆生之害也。[91]

这是物质方面的追求，使人伤生害性。也有来自精神方面的追求给人的生命带来的伤害，《庄子·骈拇》：

自三代以下者，天下莫不以物易其性矣。小人则以身殉利，士则以身殉名，大则以身殉家，圣人则以身殉天下。故此数子者，事业不同，名声异号，其于伤性以身为殉，一也。……伯夷死名于首阳之下，盗跖死利于东陵之上，二人者，所死不同，其于残生伤性均也。[92]

小人、士、大夫与圣人所做之事虽然有为名为利的不同，即有精神和物质的区别，但都是以伤害本性和牺牲生命为代价的。《庄子·庚桑楚》说得更具体：

彻志之勃，解心之谬，去德之累，达道之塞。贵富显严名利者，勃志也。容动色理气意六者，谬心也。恶欲喜怒哀乐六者，累德也。去就取与知能六者，塞道也。此四六者不荡胸中则正，正则静，静则明，明则虚，虚则无为而无不为也。[93]

所以庄子主张要放弃所有物质与精神上的欲念与追求，进入一种无视、无听、无知、无欲、无情，忘物、忘己、忘形、忘生、忘死的境界。庄子认为，只有这样，才能做到德全、神全、形全。“夫恬惔寂漠，虚无无为，此天地之平而道德之质也。故曰，圣人休休焉则平易矣，平易则恬惔矣。平易恬惔，则忧患不能入，邪气不能袭，故其德全而神不亏。”[94]在《庄子》中论述养生之处甚多，归纳起来看，主要是强调体性抱神，顺应自然。具体来说，要坚持两点：

其一是外物无为。《庄子·天道》云：

> 夫虚静恬惔寂漠无为者，天地之平而道德之至，故帝王圣人休焉。休则虚，虚则实，实则伦矣。虚则静，静则动，动则得矣。静则无为，无为也则任事者责矣，无为则俞俞，俞俞者忧患不能处，年寿长矣。[95]

在这里，虚静是根本，实则是道的体现。虚静才能无为，无为方心情愉悦，不被忧患所扰，年寿才得长久。所以无为是养生之本。《庄子》中，多处谈不材之木的不用之用，《人间世》写曲辕栎社树，其大可蔽数千牛，干围百尺，高与山齐，观者如市。然匠石却以为是不可用的散木。于是栎社托梦对匠石说：

> 女将恶乎比予哉？若将比予于文木邪？夫柤梨橘柚，果蓏之属，实熟则剥，剥则辱；大枝折，小枝泄。此以其能苦其生者也，故不终其天年而中道夭，自掊击于世俗者也。物莫不如是。且予求无所可用久矣，几死，乃今得之，为予大用。使予也而有用，且得有此大也邪？[96]

在同篇中，庄子又写了宋国荆氏楸、柏、桑树和商丘的不材之木。荆氏之树，以其有用，所以才长拱把粗，就被人砍下做系猴子用之木栓，三四围的树被伐做房屋之栋梁，七八围的则被富贵人家砍去做了棺材。“故未终其天年，而中道之夭于斧斤，此材之患也。”而商丘之大木，大可荫千乘车马，但“仰而视其细枝，则拳曲而不可以为栋梁；俯而视其大根，则轴解而不可以为棺椁；咶其叶，则口烂而为伤；嗅之，则使人狂酲，三日而不已”[97]。“此果不材之木也，以至于此其大也。”所以庄子总结道：

> 山木自寇也，膏火自煎也。桂可食，故伐之；漆可用，故割之。人皆知有用之用，而莫知无用之用也。[98]

这两则故事意在说明，物只有无用，才得天年。对于人而言，无用即是无为，无为才有善终，是为无用之用。

其二，无知心忘。心忘与无知，是讲人要心神专一，保持内心的清静，不唯不为外物所动，而且要主动地忘却一切，进入一种形神俱忘的大通境界。首先是忘却情感。《庄子·德充符》：“吾所谓无情者，言人之不以好恶内伤其身，常因自然而不益生也。”[99]其次，忘却是非毁誉。《庄子·天地》：“天下之非誉，无损益焉，是谓全德之人哉。”[100]再次是忘生死。《庄子·大宗师》：“古之真人，不知说生，不知恶死；其出不䜣，其入不距，翛然而往，翛然而来而已矣。不忘其所始，不求其所终；受而喜之，忘而复之，是之谓不以心损道，不以人助天，是之谓真人。”[101]进而进入到忘却一切、停止一切心智活动的境界，《庄子》称其为“坐忘”。《庄子·大宗师》：“堕肢体，黜聪明，离形去知，同于大通，此谓坐忘。”[102]或曰“心养”，《在宥》：“意！心养。汝徒处无为，而物自化。堕尔形体，吐尔聪明，伦与物忘，大同乎涬溟，解心释神，莫然无魂。”[103]又谓之“入天”，《天地》：“忘乎物，忘乎天，其名为忘己，忘己之人，是之谓入于天。”[104]而实则就是进入到了道的极致，《庄子·在宥》有极生动的描述：

> 至道之精，窈窈冥冥；至道之极，昏昏默默。无视无听，抱神以静，形将自正。必静必清，无劳女形，无摇女精，乃可以长生。目无所见，耳无所闻，心无所知，女神将守形，形乃长生。慎女内，闭女外，多知为败。[105]

所谓的窈冥昏默，实际上是在描绘道的混沌如一、深静无为之状，意在说明道的本质是清净无为，所以治身之道亦应遵循道的本质，断绝外界的干扰，停止精神活动，完全进入无视无听、亦无心智活动的必静必清的境界，这样才可以长生。

外在的无用无为，内在的无心无知，用《庄子·齐物论》中的一句话来形容，就是形如枯木，心如死灰。说到底就是停止人类的一切物质与精神活动，所以有人说庄子是以不养为养。这样的养生是做不到的。细味庄子的养生理论，庄子的深意在于反对人为名利是非等外物所左右，提倡人要超然于物外，无所计较，顺应自然，释放心神，保持心神的宁静，如此，才有益于生命的健康。

综上所述，生命意识经过儒家和道家的哲学体认，达到了前所未有的全面与深入的程度。儒家重生命价值与生命意义，道家重生命的淳如、不被异化，追求精神的自由，二者恰恰形成了生命意义的两端，而两端的互补，则形成了中国古代生命哲学丰富的内涵。

四 《列子》生命观

论及生命哲学，不能不谈到《列子》。这是因为《列子》成书的魏晋时期，被学术界普遍认为是人的觉醒时期，其实更确切地说，是个体生命意识的高扬时期。《列子》一书所反映的生命观，在一定意义上代表了当时士人对生命的体认。同时，《列子》的生命观对李白也有着深刻的影响。

1

《列子》对生命的论述集中在《杨朱》一篇，《天瑞》《力命》等篇也有涉及。《列子》同庄子一样对死亡作一种自然的观照，认为生死是命定的："然而生生死死，非物非我，皆命也，智之所无奈何。"[106]所谓"命"，就是人不可抗拒的自然规律。而且人死之后即化为物质，庄子认为重新转为物，而《列子》更为直接地认为人死即化为腐骨。这种对待死亡的现实态度，使庄子和《列子》都重生，而《列子》尤其重视人当世的生存状态。“腐骨一矣，孰知其异？且趣当生，奚遑死后？”〔107〕而且与庄子表面上很相近，《列子》也视礼义荣禄为害生之物，并对追求身前身后声名及人之长生的行为提出了质疑，《杨朱》篇云：

> 杨朱曰：生民之不得休息，为四事故：一为寿，二为名，三为位，四为货。有此四者，畏鬼，畏人，畏威，畏刑：此谓之遁民也。可杀可活，制命在外。不逆命，何羡寿？不矜贵，何羡名？不要势，何羡位？不贪富，何羡货？此之谓顺民也。天下无对，制命在内。〔108〕

所谓遁民，就是违反自然之性的人，而顺民则是顺从自然之性的人。顺从自然之性的人，其生命把握在自身，不受外物的支配。反之，为名位财富权势所制，其生命就无法自己把握。此篇还借杨朱之口批评了伯夷、柳下惠、原宪、子贡：“伯夷非亡欲，矜清之邮，以放饿死。展季非亡情，矜贞之邮，以放寡宗。清贞之误善若此。”“原宪窭于鲁，子贡殖于卫。原宪之窭损生，子贡之殖累身。”〔109〕伯夷和柳下惠之损生在精神，即名。他们不是没有感情和欲望，但是却克制感情和欲望，为清高和坚贞而损害了生命。而原宪和子贡之害生却是因为物质，即财富。原宪损生于过度的贫寒，子贡则累身于过分地追求财富。以上四人实际上都是制命于外的人。这些观点与庄子的思想颇为相近。

《列子》还从生命的角度对儒家所说的圣人和顽凶做出了新的也是惊世骇俗的评价。《列子》认为，无论圣人还是凶愚，皆同归于死：

> 万物所异者生也，所同者死也。生则有贤愚、贵贱，是所异也；死则有臭腐、消灭，是所同也。虽然，贤愚、贵贱非所能也，臭腐、消灭亦非所能也。故生非所生，死非所死，贤非所贤，愚非所愚，贵非所贵，贱非所贱。然而万物齐生齐死，齐贤齐愚，齐贵齐贱。十年亦死，百年亦死。仁圣亦死，凶愚亦死。生则尧、舜，死则腐骨；生则桀、纣，死则腐骨。腐骨一矣，孰知其异？[110]

在这里，《列子》发挥了庄子的齐死生思想，以死的同一性泯灭了生的贤愚、贵贱的差异。在此基础上，《列子》又向前迈进一步，从生当快乐的思想出发，对尧、舜、周、孔与桀、纣做出了与儒家也是与世人完全不同的评价。世人都把尧、舜、周、孔赞誉为圣人，然而他们的实际情况又怎么样呢？舜耕田河阳，制陶雷泽，身不得安闲，口不得美味。尧禅位给他时，他已年老智衰，儿子又无能，只好把帝位让给禹，“戚戚然以至于死，此天人之穷毒者也”。禹继承其父治水的事业，路过家门而不入，劳而成疾，身体偏瘫。受舜禅让后，卑宫室，美绂冕，“戚戚然以至于死，此天人之忧苦者也”。周公辅佐成王，为流言避居东都三年，后来诛兄放弟，平治了叛乱，才保全了自己的清白，“戚戚然以至于死，此天人之危惧者也”。孔子精通治国之道，却在宋国遭桓魋砍树的威胁，在卫国被人造谣中伤，在商周被囚禁，在陈、蔡被围困，“戚戚然以至于死，此天人之遑遽者也”。他们生前没有一天欢乐，死后却有万世声名，然而这名声与树桩土块又有什么两样？而对夏桀和殷纣两个最受非议的暴君，《列子》是怎样看的呢？夏桀高居帝位，恣情欢纵，为所欲为，“熙熙然以至于死，此天民之逸荡者也”。商纣王也是凭借祖宗的基业，高居南面之尊，肆情于宫中，纵欲于长夜，不受礼义的约束，“熙熙然以至于诛，此天民之放纵者也”。这两个人生有纵欲之欢，死后背上了愚暴的恶名。然而这恶名对他们来说又与树桩土块有什么两样呢？《列子》最后总结道：“彼四圣虽美之所归，苦以至终，同归于死矣。彼二凶虽恶之所归，乐以至终，亦同归于死矣。”〔111〕由此两相比较中，否定了圣人的人生，肯定了桀纣的人生。

2

由《列子》对儒家所认为的圣人和暴君的评价中，可以看出《列子》与庄子生命观的分野。

表面看来，庄子与《列子》同样从热爱生命出发，反对礼义名声荣禄，但是归宿却大不相同。庄子从重生出发，走向无情无欲，归之自然无为。而《列子》却从重生出发，走向任情纵欲，归之为所欲为。“以难遇之生，俟易及之死，可孰念哉？而欲尊礼义以夸人，矫情性以招名，吾以此为弗若死矣。为欲尽一生之欢，穷当年之乐，唯患腹溢而不得恣口之饮，力惫而不得肆情于色，不遑忧名声之丑，性命之危也。”〔112〕

《列子》生命观的核心是追求生命的快乐。《列子》认为，百年是人的极限，却又很少有人达到。即使长寿，有效的时日也不多，“孩抱以逮昏老，几居其半矣。夜眠之所弭，昼觉之所遗，又几居其半矣”〔113〕，而剩下的时间，人的疾痛哀苦、亡失忧惧，又几乎占去了一半，剩下的好日子实在不多。那么人的一生究竟为了什么呢？就是为了快乐。“为美厚尔，为声色尔”。也正是从这个意义上，《列子》否定了声名与死后的荣禄：“徒失当年之至乐，不能自肆于一时。重囚累梏，何以异哉？”〔114〕所以《列子》要人向太古之人那样，“知生之暂来，知死之暂往，故纵心而动，不违自然所好”，“从性而游，不逆万物所好”。《列子》也谈养生，但与庄子迥异其趣：

晏平仲问养生于管夷吾。管夷吾曰：“肆之而已，勿壅勿阏。”晏平仲曰：“其目奈何？”夷吾曰：“恣耳之所欲听，恣目之所欲视，恣鼻之所欲向，恣口之所欲言，恣体之所欲安，恣意之所欲行。夫耳之所欲闻者音声，而不得听，谓之阏聪；目之所欲见者美色，而不得视，谓之阏明；鼻之所欲向者椒兰，而不得嗅，谓之阏颤；口之所欲道者是非，而不得言，谓之阏

> 智；体之所欲安者美厚，而不得从，谓之阏适；意之所欲为者放逸，而不得行，谓之阏性。凡此诸阏，废虐之主。去废虐之主，熙熙然以俟死，一日、一月、一年、十年，吾所谓养。拘此废虐之主，录而不舍，戚戚然以至久生，百年、千年、万年，非吾所谓养。[115]

《列子》的所谓养生，就是顺从人的自然欲求，放任人的感官享受，哪怕是一天、一月，也要痛痛快快地活着。如果不是这样，阻塞人的自然欲求，那就是残害人的身心，也就违背了《列子》的养生之道，未明生死之理。

由此看来，《列子》的养生与庄子的养生截然不同。庄子的养生，强调的是精神之养，即把心灵的放任天然作为生命的最佳状态。所以庄子反对一切物的欲求，认为对物的欲求会改变人的自然状态，扭曲人的本性。庄子主张无为，并在此基础上进一步摒弃一切精神上的拘束与烦累，使人真正达到自由无碍的境界。而《列子》的养生恰恰与庄子的主张相反，它把欲求的满足视为人生的最大快乐，认为这是人最好的养生。所以在《列子》看来，似庄子那样的养生，不仅不是养生，反而是虐生，“凡此诸阏，废虐之主”，似此生活，虽有百年、千年之寿，也是无益的。当然，《列子》也谈自然之性，但《列子》的自然之性与庄子的自然之性却有根本的不同。庄子的自然之性是指未经社会异化的无知无欲无情无思如赤子自然人的本性，而《列子》的自然之性显然是指社会人的有知有欲有情的本性。所以同是强调以顺性为养，其行为指向却相反。一走向无为与无欲，一走向有为与纵欲。

3

《列子》享乐主义生命观的产生并非偶然。

人应该怎样活着？为什么活着？怎样活着才有意义？围绕着这些有关生命目的和生命意义的问题，古人有十分丰富的思想。然而总其大端无外乎以儒家为代表的“轻生派”，以道家为代表的养生派，再一个就是以《列子》为代表的厚生派。

儒家的轻生并不是不重生命、视生命为可有可无。孔子的哲学以仁为核心，而仁的内涵之一就是“爱人”。关心人的生命也就成为仁的应有之义。但是儒家把人看作社会的人，肉体本身并非人生的目的，人之生是承担了社会责任与义务的，每一个人都要为家国负责、为社会负责。人的生命只有负载了这些责任与义务才有价值和意义。就此而言，肉体仅仅是实现目的的手段。所以当个人的生命与社会的责任和义务发生矛盾和冲突时，生命就退居其次，要肯于舍生取义。儒家的生命观是建立在人是社会人的基础之上的，在儒家看来，人如果失去了仁、义、礼、智、信等社会道德、社会责任，就与动物没有什么区别。人之所以成为人就在于他的社会性，所以儒家强调生命的社会担当。而这种生命的社会担当，毫无疑问是人生命价值的重要内容，因此儒家强调人的生命的社会价值与意义，应该说代表了中国古代生命观的主流。

道家的生命观是建立在对于社会对生命的戕害或异化的深刻认识基础之上的，而庄子的生命观则明显是建立在对儒家生命观批判的基础之上。儒家以礼、乐、仁、义规范社会，试图以此建立起人与人之间的伦常关系。儒家认为这种礼、乐、仁、义比个人的生命更重要。客观说，儒家的礼、乐、仁、义为维护一种正常的伦理关系和社会秩序发挥了重要的作用。但是正如庄子所看到的那样，礼、乐、仁、义的社会规范不仅会被统治者利用为统治百姓的工具，所谓大盗者“并与仁义而窃之”；而且儒家倡导的礼、乐、仁、义，开始使人迷失朴素真常的本性，使人汲汲于名利：“屈折礼乐，呴俞仁义，以慰天下之心者，此失其常然也。”〔116〕“自虞氏招仁义以挠天下也，天下莫不奔命于仁义，是非以仁义易其性与？故尝试论之，自三代以下者，天下莫不以物易其性矣。”〔117〕“及至圣人，屈折礼乐以匡天下之形，县跂仁义以慰天下之心，而民乃始踶跂好知，争归于利，不可止也。”〔118〕人性发生了异化。正因为这样，庄子主张保护人的本性，其养生论力主自然无为。不仅如此，还要彻底去除人的欲望，做到心忘，以此而达到精神完全自由的境地。由此可见，道家把生命本然状态，即自由的、不被外物牵累的状态，视为人生的终极意义，所以道家强调的是人对生命本身的担当。

儒道两家代表了中国古代生命观的两端。儒家重视人的生命的社会价值，而道家则把生命自身的自由视为唯一的意义。但庄子强调的仅仅是个体生命的精神自由，而忽略了生命的物质属性，因此对生命价值和意义的认识还不完全。《列子》的生命观恰恰是儒道生命观的重要补充。它同庄子相近，也是强调人对生命本身的担当，但它更强调生命的物质属性。以庄子为代表的养生派张扬生命的精神属性，把精神的绝对自由作为生命的唯一意义。而以《列子》为代表的厚生派的生命理论是建立在生命的绝对快适基础之上的，因而把物质享受所获得的快乐看得高于一切。就人生的整体而言，《列子》的生命观合于生命的目的，有其合理性。“肉体生命，如同整体而言的生命，既是达到目的的手段，又以自身为目的。”〔119〕“倘若人的肉体唯独被当作达到目的之手段使用，从而夺取了人的肉体欢乐的可能性，那么，就发生了对肉体生命的原始权利的侵犯。”〔120〕但是《列子》生命理论一味追求人体自身的快乐，其偏颇是显然的。人区别于动物正在于人的社会属性和精神属性。因此无论是儒家强调人的生命的社会意义也好，还是道家强调生命的精神自由也好，无疑都会提升人的生命价值与意义。而《列子》片面强调物质享受的快乐，其受到论者的诟病与批评也就在情理之中了。不过话又说回来，《列子》的厚生理论实际上代表了中国古代士人对生命意义的另一方面重要认识和实践，其理论的形成实属必然。

《列子》厚生思想的产生，有深刻的社会原因和思想基础。前文已言，魏晋时期不能说是生命意识的觉醒时期，而是个体生命意识的高扬时期。这是因为生命意识的觉醒远远早于魏晋，而高扬个体生命意识则在魏晋。

魏晋个体生命意识的高扬，首先表现在对生死必然规律的清醒认识：

> 夫生之必死，成之必败，天地所不能变，圣贤所不能免。然而惑者望乘风云，与螭龙共驾，适不死之国……然死者相袭，丘垄相望，逝者莫反，潜者莫形，足以觉也。〔121〕

尽管此一时期的士人颇有服食导引以求长生者，但绝大多数士人都以不死为虚幻之事，或如曹操、曹植辈半信半疑。所以曹丕这一段关于生死的认识，是颇有代表性的。

然而仅仅如此，还不足以说明个体生命意识的高扬。魏晋个体生命意识的高扬，主要表现为对生命个体的高度关注，尤其是对个体生命状态的关注，对每一个体生命意义的终极追求。而魏晋时期最有代表性的无非是重生命的精神追求和物质追求两端。精神的追求如清谈、山水之游等，近庄。而物质的追求如石崇与王恺斗富①、元康贵游子弟之纵欲②、王戎之嗜钱如命③，则近《列子》。其实从理论上提倡并论证厚生之合理性的不仅仅是《列子》，还有竹林名士向秀。其《难嵇叔夜养生论》：

---

①《世说新语·汰侈》："石崇与王恺争豪，并穷绮丽，以饰舆服。武帝，恺之甥也，每助恺。"

②《晋书·五行志》："惠帝元康中，贵游子弟相与为散发裸身之饮，对弄婢妾，逆之者伤好，非之者负讥，希世之士耻不与焉。"

③《晋纪》："王戎殖财贿，家童数百，计算金帛，有如不足，以此获讥于时。"

夫人受形于造化，与万物并存，有生之最灵者也……有生则有情，称情则自然得。若绝而外之，则与无生同，何贵于有生哉？且夫嗜欲，好荣恶辱，好逸恶劳，皆生于自然。夫天地之大德曰生，圣人之大宝曰位，崇高莫大于富贵。然则富贵，天地之情也……且生之为乐，以恩爱相接，天理人伦，燕婉娱心，荣华悦志。服飨滋味，以宣五情。纳御声色，以达性气。此天理之自然，人之所宜，三王所不易也。〔122〕

这是谈人的嗜欲生于自然，论证了人对物质享受的追求的合理性。向秀又论证了生之欢乐对于人生的重要意义：

今若舍圣轨而恃区种，离亲弃欢，约己苦心，欲积尘露以望山海，恐此功在身后，实不可冀也。纵令勤求，少有所获。则顾影尸居，与木石为邻，所谓不病而自灸，无忧而自默，无丧而疏食，无罪而自幽。……故相如曰："必若此长生而不死，虽济万世犹不足以喜。"言悖情失性，而不本天理也。长生且犹无欢，况以短生守之耶？〔123〕

有嗜欲才有人生的欢乐，有了这欢乐，人生才有意义，去除了欢乐，人生也就变得毫无意义可言。由此可见，似《列子》这样重物质情欲者大有人在，《列子》的理论是有广泛代表性的。

第二章　纵浪大化中

魏晋南北朝诗文中的生命意识

以上，从哲学的层面考察了先秦诸子对于一些生命基本问题的认识，这些思想对李白的生命意识都有不同程度的影响。影响李白生命意识的不仅仅来自哲学思想，还来自文学。如前所言，生命意识不同于生命哲学乃是对生命的理性思考，生命意识的特征表现为人对生命的一种体验和感悟，感性多于理性，或者更确切地说，是感性中蕴含着理性，诗性中流露出思想。所以研究李白诗中所表现出来的生命意识，还要考察此前诗歌作品中所表现出的生命主题，尤其是汉魏以降的诗歌。

中国古代文学，自先秦时期起，就有了伤美人之迟暮、悲落叶于劲秋的主题。尤其是汉末至魏晋时期，随着儒家思想大一统局面的崩溃、士人个体意识的高扬，对于虚无的困惑与恐惧，以及对于现世的近乎无奈的享受，对于无限的带有悲剧色彩的追求，构成了这一时期感伤主义的文学思潮。王瑶先生说："我们念魏晋人的诗感到最普遍、最深刻，能激动人心的，便是那在诗中充满了时光飘忽和人生短促的思想与情感。"[1]魏晋及刘宋诗文，都表现出了强烈的生命意识。这些诗因具体时期、作家思想及生活遭际的不同，对生命的感受、体验、态度，以及作品的情感基调和作品风貌等都有所不同，对李白的诗歌都有很大影响。

一　感时悼逝的忧生之嗟

“汩余若将不及兮，恐年岁之不吾与。”[2]“日月忽其不淹兮，春与秋其代序。惟草木之零落兮，恐美人之迟暮。”[3]自先秦以降，春秋代序、日月不留的忧思就充满诗歌中。在魏晋及南朝的作品里，亦多有感念时光飞逝、生命无常的作品。如李泽厚《美的历程》一书所言：“从东汉末年到魏晋，这种意识形态领域内的新思潮即所谓的世界观人生观，和反映在文艺上的同一思潮的基本特征，是什么呢？简单说来，就是人的觉醒。”[4]“这种对生死存亡的重视、哀伤，对人生短促的感慨、喟叹，从建安直到晋宋，从中下层直到皇家贵族，在相当一段时间中和空间中弥漫开来，成为整个时代的典型音调。”[5]

1

论述魏晋南北朝诗文中的生命主题，不能不往上延伸到汉末的《古诗十九首》。这是因为魏晋诗文直接承汉末而来，尤其是《古诗十九首》，生命色彩极强，是魏晋诗文生命主题的直接源头。

一般认为《古诗十九首》是东汉末期下层文人所写的诗。这些文人由于受当时取士制度的影响，背井离乡，到京城或他地游学与游宦。岁月之蹉跎，功名之难得，家乡之难归，亲人之久别难见，使他们产生了强烈的生命意识，虽只有十九首，但是咏叹生命主题者竟有七首之多。这些诗对时间的感受刻骨铭心，如第十一首：

回车驾言迈，悠悠涉长道。
四顾何茫茫，东风摇百草。
所遇无故物，焉得不速老？
盛衰各有时，立身苦不早。
人生非金石，岂能长寿考？
奄忽随物化，荣名以为宝。〔6〕

此诗当是诗人离家远行时之作。“驾”者，出游。“迈”者，远行也。意者诗人当是出门求学或游宦之士。长路之上，所见茫茫草盛，所谓东风催绿，又是一春，眼前景物，已非昨日了。于是诗人由自然的迁化，而生“焉得不速老”和“奄忽随物化”的震撼。“物化”出自《庄子·齐物论》：“昔者庄周梦为胡蝶，栩栩然胡蝶也。自喻适志与！不知周也。俄然觉，则蘧蘧然周也。不知周之梦为胡蝶与？胡蝶之梦为周与？周与胡蝶，则必有分矣。此之谓物化。”〔7〕庄子之意乃谓物与我、梦与醒，皆是相对的，实则并无二致。由此而看生与死，亦是如此。死实则就是生转换的另一种形式。如果按照庄子之意，死并非意外，当然也不必为死而焦虑或忧伤。作者此诗用“物化”一语，显然只用其生而化为物之意，并未接受庄子超然于生死之上的思想，故有奄忽而逝去，立身苦于不早的感慨，生不得志，而希望能扬名于后世，以为不得已之托，良可慨也。又第十二首：

东城高且长，逶迤自相属。
回风动地起，秋草萋已绿。
四时更变化，岁暮一何速！
晨风怀苦心，蟋蟀伤局促。
荡涤放情志，何为自结束？
燕赵多佳人，美者颜如玉。
被服罗裳衣，当户理清曲。
音响一何悲，弦急知柱促。
驰情整中带，沈吟聊踯躅。
思为双飞燕，衔泥巢君屋。[8]

前首诗是由春而感时光飞逝，此诗是写岁月易逝，则是由秋感发。旧注以“东城”为洛阳，而此诗则为士人客游洛阳之诗，是为得之。诗人登东城而远望，忽然感到秋天已经悄然临近。“动地起”，言秋风之劲；“萋已绿”，言草虽绿，却已凄然萧瑟矣。自古诗人就感怀于此，故《诗经》中有《晨风》《蟋蟀》的感物伤怀。诗人由此而感到四时变化之快、一年结束之速，产生了放任情志的念头，由此想到如玉的美女和她演奏的感人音乐，即所谓的声色之享，这也是极为自然的。好在此诗人还是个良人君子，并未停留在享受声色，还想娶其为妻子，以做比翼双飞之燕子。

在《古诗十九首》中，最令人触目惊心的是诗人对坟地、对死亡的描写，它把诗人和读诗的世人直接拉到生死界上，直面两个世界，感受死的寂寞、死的虚无，感受生的可贵。其十三：

驱车上东门，遥望郭北墓。
白杨何萧萧，松柏夹广路。
下有陈死人，杳杳即长暮。
潜寐黄泉下，千载永不寤。
浩浩阴阳移，年命如朝露。
人生忽如寄，寿无金石固。
万岁更相送，圣贤莫能度。
服食求神仙，多为药所误。
不如饮美酒，被服纨与素。[9]

此诗当是写实。上东门，洛阳东之最北门。洛阳北门外就是北邙山，汉、晋时王公贵族死后多葬于此地，晋时张协《登北邙赋》写此地“坟陇崀叠，棋布星罗”，可见景物一般。此诗先写墓地白杨萧萧、松柏森森的凄冷萧瑟，进而写墓中人长眠地下的沉寂，的的确确是惊心动魄。由此而思人生如寄，人寿难有金石之坚，即使是圣者贤人，亦难免一死。而服食成仙之说，又虚无缥缈，多为骗人之术，由是逼出被服饮酒的及时行乐思想。诗之佳处在“唤得醒，点得透”（孙鑛语）[10]。点得透什么？生命脆弱、短暂，人概莫能外。唤得醒什么？迷恋神仙的虚幻。描写相似的还有第十四首：

去者日以疏，生者日以亲。
出郭门直视，但见丘与坟。
古墓犁为田，松柏摧为薪。
白杨多悲风，萧萧愁杀人。
思还故里闾，欲归道无因。[11]

去者，乃故去之人。当其离世之时，亲友何其悲哀，然而随着时间的推移，逝去之人终究被人忘却，因为生者要不断地面对来到世上的新人。生命的转换就是如此无情。此诗起句实为全诗定了主调，下面对坟地的描写较之上首就更进了一步，它不仅如上首写了墓场的萧萧白杨，更写出了古墓因日久而犁为平地、松柏因年深而摧折为柴薪的岁月沧桑，使无常之感更为深重。在汉乐府中，类似的诗有《蒿里》：“蒿里谁家地？聚敛魂魄无贤愚。鬼伯一何相催促，人命不得少踟蹰。”[12]《薤露》：“薤上露，何易晞！露晞明朝更复落，人死一去何时归？”[13]据崔豹《古今注》：“《薤露》《蒿里》，泣丧歌也。本出田横门人。横自杀，门人伤之，为作悲歌。言人命奄忽，如薤上之露，易晞灭也。亦谓人死魂魄归于蒿里。至汉武帝时，李延年乃分为二曲，《薤露》送王公贵人，《蒿里》送士大夫庶人，使挽柩者歌之，亦谓之挽歌。”[14]从汉代挽歌，可见其时上至王公贵族下至庶民，弥漫着浓郁的人生易逝、死不复生的悲情。但是在我国的古代诗歌中，似《古诗十九首》这样直接描写坟地的作品本来就很少，如上二诗这样描写如此之凄怆悲凉的则更是罕见。

2

建安及曹魏诗人，均处于易代之际，连年的战争和频繁发生的瘟疫，剥夺了成千上万人的生命，人的生活亦漂泊如转蓬。建安文人面对“白骨露于野，千里无鸡鸣”的现实以及亲友从身边突然消逝的痛苦，时光易逝与生命无常之感甚深。建安文学作品感叹生命的短暂，其悲凉程度不逊于《古诗十九首》。“对酒当歌，人生几何！譬如朝露，去日苦多。慨当以慷，忧思难忘。何以解忧？唯有杜康”[15]，曹操《短歌行》中的这几句名诗几乎成为建安文学生命内容的主调。又《精列》：“厥初生，造化之陶物，莫不有终期。”[16]“周孔圣徂落，会稽以坟丘。会稽以坟丘。陶陶谁能度？”[17]《秋胡行》其二：“天地何长久，人道居之短。”[18]孔融《杂诗二首》其一：“人生有何常？但患年岁暮。”[19]陈琳《柳赋》：“天机之运旋，夫何逝之速也！”[20]《游览诗二首》其二：“骋哉日月逝，年命将西倾。”[21]徐幹《室思》：“人生一世间，忽若暮春草。”[22]感慨时光之速与生命之短，都成为此一时期诗歌的常调。

不独曹操，曹丕、曹植及建安七子等文人对生命之短促、死亡之不可避免，都有过深深的喟叹。曹丕《典论·自叙》记载初平年间的董卓、黄巾之乱给百姓带来的灾难："乡邑望烟而奔，城郭睹尘而溃，百姓死亡，暴骨如莽。"[23]建安二十年所写《柳赋序》云："昔建安五年，上与袁绍战于官渡。是时余始植斯柳，自彼迄今，十有五载矣。左右卜御已多亡，感物伤怀，乃作斯赋。"赋曰："嗟日月之逝迈，忽亹亹以遄征。昔周游而处此，今倏忽而弗形。感遗物而怀故，俯惆怅以伤情。"[24]建安二十二年，他在《与王朗书》中又言："生有七尺之形，死惟一棺之土，惟立德扬名，可以不朽，其次莫如著篇籍。疫疠数起，士人雕落，余独何人，能全其寿？"[25]《与吴质书》：

每念昔日南皮之游，诚不可忘。既妙思六经，逍遥百氏，弹棋间设，终以六博。高谈娱心，哀筝顺耳。驰骛北场，旅食南馆。浮甘瓜于清泉，沉朱李于寒水。白日既匿，继以朗月。同乘并载，以游后园。舆轮徐动，参从无声。清风夜起，悲笳微吟，乐往哀来，凄然伤怀。余顾而言，斯乐难常。足下之徒，诚以为然。今果分别，各在一方。元瑜长逝，化为异物，每一念至，何时可言。[26]

建安二十三年《又与吴质书》：

昔年疾疫，亲故多离其灾，徐、陈、应、刘，一时俱逝，痛

> 可言邪！昔日游处，行则连舆，止则接席，何曾须臾相失？每至觞酌流行，丝竹并奏，酒酣耳热，仰而赋诗。当此之时，忽然不自知乐也。谓百年己分，可长共相保，何图数年之间，零落略尽，言之伤心。顷撰其遗文，都为一集。观其姓名，以为鬼录，追思昔游，犹在心目，而此诸子化为粪壤，可复道哉！[27]

在其书信和文章中，亲友的逝世，成为主要话题，说明死亡已经给其心灵造成很大阴影。

建安七子亦如此，面临生老病死的现实，他们的作品充满了悲伤与绝望。刘桢有无题诗："天地无期竟，民生甚局促。为称百年寿，谁能应此录？低昂倏忽去，炯若风中烛。"[28]念天地之悠悠，感人生之短暂，情感甚为悲凉。阮瑀有失题诗描写人之老态："白发随栉坠，未寒思厚衣。四肢易懈倦，行步益疏迟。常恐时岁尽，魂魄忽高飞。自知百年后，堂上生旅葵。"[29]白发脱落，畏寒畏热，倦怠无力，行走迟缓，可谓惟妙惟肖，是此类诗中极少见的作品。这样的描写，在晋代陆机《百年歌》中才能见到。《怨诗》："民生受天命，漂若河中尘。虽称百龄寿，孰能应此身？犹获婴凶祸，流离恒苦辛。"[30]此诗不但言人的寿命苦短，更言在此短暂的人生中，又有灾祸随之，使人不免常受流离之苦，可谓苦上加苦。又《七哀诗》："丁年难再遇，富贵不重来。良时忽一过，身体为土灰。冥冥九泉室，漫漫长夜台。身尽力气索，精魂靡所能。嘉肴设不御，旨酒盈觞杯。出圹望故乡，但见蒿与莱。"[31]阮瑀写生命之诗甚为独特，失题诗写衰老之态，十分逼真；而此诗则写死后埋葬于地下、生命消失灵魂亦尽之情境，更令人恐惧，对此后陆机和鲍照的挽歌诗很有影响。在此类诗中，孔融的《杂诗二首》其二写丧子之痛，感受生命之无常，也比较独特：

远送新行客，岁暮乃来归。
入门望爱子，妻妾向人悲。
闻子不可见，日已潜光辉。
孤坟在西北，常念君来迟。
褰裳上墟丘，但见蒿与薇。
白骨归黄泉，肌体乘尘飞。
生时不识父，死后知我谁？
孤魂游穷暮，飘摇安所依？
人生图嗣息，尔死我念追。
俯仰内心伤，不觉泪沾衣。
人生自有命，但恨生日希。[①]

① 此诗《古文苑》《广文选》《诗纪》并作孔融诗。俞绍初《建安七子集》从之，见其书第2页。逯钦立辑校《先秦汉魏晋南北朝诗》《汉诗》卷十二《古诗》，案云："此伤子之诗。亦原属李集。《文镜秘府》引或曰云。五言之作，《召南·行露》，已有滥觞，汉武帝时屡见全什，非本李少卿也。少卿以伤子为宗。文体未备，意悲辞切，若偶中音响，十九首之流也。据此，本篇与前诗一致，实出于李集。原本《古文苑》此二诗与李陵录别诗等均在第四卷，李陵之后即为孔融，以相毗近，故易有此窜乱耳。"然尚缺文献依据，故不从。

以上诸诗全是写成人，此写短命儿。此儿当是其父外出时所生、其父未归时夭折，生不见其身父，死不知己是谁的子息，“孤魂游穷暮，飘摇安所依？”即是灵魂亦无家可归，更见苦悲。

而此一时期最为杰出的诗人曹植，既处于与建安七子相同的社会环境，同时又因为曹丕父子的政治猜忌，拘于藩国，不唯抱负不得施展，人身亦失去自由。这种特殊的个人遭际，更激发了曹植强烈的生命意识，他对生命的感受比起同时期的诗人来更加深刻。对于飞逝的时光，他不仅仅是感受而已，而是惊惧。所以他写时间往往令人感到惊心动魄。《赠徐幹》：“惊风飘白日，忽然归西山。”〔32〕《箜篌引》：“惊风飘白日，光景驰西流。”〔33〕《名都篇》：“白日西南驰，光景不可攀。”〔34〕白日西驰，如风之劲吹，其速若飘。这样的意象，对李白诗歌影响甚大。

其诗的内容，一方面是感喟时间之快，另一方面是哀叹人命短浅。《送应氏》其二：“天地无终极，人命若朝霜。”〔35〕《闲居赋》：“何岁月之若骛，复民生之无常。”〔36〕都是哀叹生命之无常。尤其是面对亲人的死亡，他的作品中充满了生离死别之痛。曹植一生留下多篇诔文，除了《光禄大夫荀侯诔》《王仲宣诔》《大司马曹休诔》外，《武王诔》《文帝诔》《卞太后诔》《任城王诔》《平原懿公主诔》等都是写给亲人的诔文，另有《金瓠哀辞》《仲雍哀辞》《行女哀辞》三篇哀辞。这些作品中都表达了亲人亡故的悲凉：“悼晏驾之既往兮，感容车之速征。浮飞魂于轻霄兮，就黄墟以灭形。背三光之昭晰兮，归玄宅之冥冥。嗟一往之不返兮，痛闷闼之长扃。”〔37〕也表达了对亲人的怀念："物不毁故，而人不存。"[38]"如何奄乎，命不是与。仁者悼没，兼彼殊类，矧我同生，能不憯悴！目想官墀，心在平素。仿佛魂神，驰情陵墓。"[39]而《金瓠哀辞》《仲雍哀辞》《行女哀辞》则是为早亡的女儿和侄子所写：曹仲雍为曹丕之子，"三月而生，五月而亡"；金瓠是曹植首女，生一百九十天而夭折；行女是金瓠去世三年后所生，"生于季秋，而终于首夏"，即生于头年的九月，逝于次年的四月，也只活了八个月。三个孩子皆"早背世而潜形"，"不终年而夭绝"，故曹植对"天长地久，人生几时"之人生无常，有了更深刻的感受；同时又从寿夭之不均，感受到天命之无情，表达出极大的无奈："伊上帝之降命，何修短之难裁？或华发以终年，或怀妊而逢灾。感前哀之未阕，复新殃之重来。方朝华而晚敷，比晨露而先晞。感逝者之不追，怅情乎而失度。天盖高而无阶，怀此恨其谁诉？"[40]深感在生命修短的命运上，人是无力回天的。《赠白马王彪》其五哀任城王曹彰之死：

太息将何为？天命与我违。
奈何念同生，一往形不归。
孤魂翔故域，灵柩寄京师。
存者忽复过，亡殁身自衰。
人生处一世，去若朝露晞。
年在桑榆间，景响不能追。
自顾非金石，咄唶令心悲。[41]

此诗有序："黄初四年五月，白马王、任城王与余俱朝京师，会节气。到洛阳，任城王薨。至七月，与白马王还国。"〔42〕任城王曹彰，是卞太后所生，为曹植同母兄弟。《三国志·魏书·任城王彰传》："字子文。少善射御，膂力过人，手格猛兽，不避险阻。数从征伐，志意慷慨。"〔43〕《世说新语·尤悔》："魏文帝忌弟任城王骁壮，因在卞太后阁共围棋，并啖枣。文帝以毒置诸枣蒂中，自选可食者而进。王弗悟，遂杂进之。既中毒，太后索水救之，帝预敕左右毁瓶罐，太后徒跣趋井，无以汲。须臾，遂卒。"〔44〕此说虽为小说家言，但也可说明曹彰之死，十分可疑，应是非正常死亡，故曹植诗中所说的"天命"，不仅是决定人之寿夭的上帝，似也暗含着制造任城王惨剧的魏文帝。曹彰之死，既带来了"奈何念同生，一往形不归"的兄弟生死离别之痛，也使曹植更加清醒地认识到生命之短促、个人命运的不可把握。

对于生命，先秦以来的思想家做过认真思考，对于生与死的必然性得出理性的认识。建安及曹魏诗人亦有理性的思考，其根本目的是为了消解人对死亡的恐惧与焦虑。曹操《精列》云：

厥初生，造化之陶物，莫不有终期。莫不有终期。圣贤不能免，何为怀此忧？愿螭龙之驾，思想昆仑居。思想昆仑居。见期于迂怪，志意在蓬莱。周孔圣徂落，会稽以坟丘。会稽以坟丘。陶陶谁能度？君子以弗忧。年之暮奈何，时过时来微。〔45〕

此诗与《古诗十九首》“万岁更相送，圣贤莫能度”同义，但作为乐府，反复咏叹，渲染至极。年纪已迈，时间日少，令人感到无可奈何，所以期待成仙。但此诗充满了理性思考：造化造物，无不有始有终，人亦如此，生而必死，虽是圣贤也不例外。因此不应为此而忧虑。曹丕对生命也得出一个终极式的认识：“夫生之必死，成之必败，天地所不能变，圣贤所不能免。”〔46〕与其父的思想同出一辙。曹植写《辩道论》云：“生之必死，君子所达，夫何喻乎！夫至神不过天地，不能使蛰虫夏潜，震雷冬发，时变则物动，气移而事应。”〔47〕曹植与曹操、曹丕一样认识到了生之必死的自然规律，提出要君子达命。

在曹植的作品中，有一深刻表现了其生死观的《髑髅说》，对人之死做出似是荒诞实则充满理性的审视：

> 曹子游乎陂塘之滨，步乎蓁秽之薮，萧条潜虚，经幽践阻。顾见髑髅，块然独居。于是伏轼而问之曰：“子将结缨首剑殉国君乎？将被坚执锐毙三军乎？将婴兹固疾命殒倾乎？将寿终数极归幽冥乎？叩遗骸而叹息，哀白骨之无灵。慕严周之适楚，倘托梦以通情。于是砰若有来，恍若有存，景见容隐，厉声而言曰：“子何国之君子乎？既枉舆驾，愍其枯朽。不惜咳唾之音，而慰以若言，子则辩于辞矣。然未达幽冥之情，识死生之说也。夫死之为言归也。归也者，归于道也。道也者，身以无形为主，故能与化推移。阴阳不能更，四节不能亏，是故洞

于纤微之域，通于恍惚之庭。望之不见其象，听之不闻其声。挹之不冲，注之不盈。吹之不凋，嘘之不荣。激之不流，凝之不停。寥落冥漠，与道相拘。偃然长寝，乐莫是喻。”曹子曰：“予将请之上帝，求诸神灵，使司命辍籍，反子骸形。”于是髑髅长呻，廓然叹曰：“甚矣，何子之难语也！昔太素氏不仁，无故劳我以形，苦我以生。今也幸变而之死，是反吾真也。何子之好劳，我之好逸乎！子则行矣，予将归于太虚。”于是言卒响绝，神光雾除。顾将旋轸，乃命仆夫：拂以玄尘，覆以缟巾。爰将藏彼路滨，壅以丹土，翳以绿榛。夫存亡之异势，乃宣尼之所陈，何神凭之虚对，云死生之必均。〔48〕

此篇文章受了庄子和张衡的影响，《庄子·至乐》：

庄子之楚，见空髑髅，髐然有形，撽以马捶，因而问之，曰：“夫子贪生失理，而为此乎？将子有亡国之事，斧钺之诛，而为此乎？将子有不善之行，愧遗父母妻子之丑，而为此乎？将子有冻馁之患，而为此乎？将子之春秋故及此乎？”于是语卒，援髑髅，枕而卧。夜半，髑髅见梦曰：“子之谈者似辩士。视子所言，皆生人之累也，死则无此矣。子欲闻死之说乎？”庄子曰：“然。”髑髅曰：“死，无君于上，无臣于下；亦无四时之事，从然以天地为春秋，虽南面王乐，不能过也。”庄子不信，曰：“吾使司命复生子形，为子骨肉肌肤，反子父母妻子闾里知识，子欲之乎？”髑髅深矉蹙颎曰：“吾安能弃南面王乐而复为人间之劳乎！”[49]

张衡《骷髅赋》：

张平子将游目于九野，观化乎八方。星回日运，凤举龙骧。南游赤野，北陟幽乡。西经昧谷，东极扶桑。于是季秋之辰，微风起凉。聊回轩驾，左翔右昂。步马于畴阜，逍遥乎陵冈。顾见髑髅，委于路旁。下居淤壤，上有玄霜。平子怅然而问之曰：“子将并粮推命，以夭逝乎？本丧此土，流迁来乎？为是上智，为是下愚？为是女人，为是丈夫？”于是肃然有灵，但闻神响，不见其形。答曰：“吾，宋人也，姓庄名周。游心方外，不能自修。寿命终极，来此玄丘。公子何以问之？”对曰：“我欲告之于五岳，祷之于神祇。起子素骨，反子四肢。取耳北坎，求目南离；使东震献足，西坤受腹。五内皆还，六神尽复。子欲之不乎？”髑髅曰：“公子之言殊难也。死为休息，生为役劳。冬水之凝，何如春冰之消？荣位在身，不亦轻于尘毛？巢、许所耻，伯成所逃。况我已化，与道逍遥。离朱不能见，子野不能听。尧舜不能赏，桀纣不能刑。虎豹不能害，剑戟不能伤。与阴阳同其流，元气合其朴，造化为父母，天地为床褥。雷电为鼓扇，日月为灯烛。云汉为川池，星宿为珠玉。合体自然，无情无欲。澄之不清，浑之不浊。不行而至，不疾而速。”于是言卒响绝，神光除灭。顾盼发恤，乃命仆夫：假之以缟巾，衾之以玄尘，为之伤涕，酹于路滨。[50]

张衡的《骷髅赋》显然是从《庄子·至乐》中化出，而曹植的《骷髅说》则是受了两家的直接影响。关于这三篇文章所表达的思想，一般认为是乐死恶生。马积高《赋史》即认为，张衡赋“对死亡发出了赞叹，表现了严重的悲观厌世思想。……这是社会矛盾激化时期封建士大夫精神极端苦闷的一种反映。从这一角度看，他的这篇赋同《思玄》《归田》的精神是相通的，它们都从一个侧面表现东汉王朝正在腐朽、沉落，只是这篇赋中作者的情绪更为颓唐和激愤罢了”[51]。其实，庄子、张衡和曹植写骷髅的目的，是为了消除死亡给生人造成的恐惧与痛苦。此处所表达的向死而乐的思想，同基督教的天堂、佛教的来世以及道教仙境的作用一样，都是为了让人能够平静地面向死亡，不再把死亡视为人的最大痛苦。郭象《庄子》注是深得庄子深意的：“旧说云庄子乐死恶生，斯说谬矣！若然，何谓齐乎？所谓齐者，生时安生，死时安死，生死之情既齐，则无为当生而忧死耳。此庄子之旨也。”[52]庄子主张齐生死，就是要化解人忧死的情结。而张衡之赋，关键在称死为“化”。何为“化”？“化”即“合体自然”，“与阴阳同其流，与元气合其朴”，就是回归自然。如此方无影无形，无情无欲，才能不受生之役劳，即庄子所说的生之“累”，做到“与道逍遥”。张衡赋所演绎的仍是庄子齐生死以逍遥之意。如此看来，曹植的骷髅说是直接承张衡以死为化、与道逍遥的思想而来，所以他把死视为归于道，并以此来阐释幽冥之情、死生之说。道之本性是无形，是虚廓，人死亦然。正由于无形，所以它才能与化推移，不为外所损益，“劳我以形，苦我以生”，自然也无受外物影响之苦乐，这样就从根本上解除了死给人带来的痛苦，这是此一时期诗人面对人——甚至就是身边的亲人、友人——大量死亡，不得不直面死亡这一残酷现实而寻找到的解脱之道。

3

正始时期的生命意识充满了感性体验，又最具有深刻的哲思。这一时期，一方面是战乱未平，另一方面曹魏政权内部权力之争愈发加剧，司马氏集团与曹氏集团之间的权力之争充满了腥风血雨：“正始十年，司马懿杀曹爽；嘉平三年，杀扬州刺史（镇寿春）王凌及楚王曹彪（曹操子）；嘉平六年，司马师杀太常夏侯玄、中书令李丰、皇后父光禄大夫张缉，废魏主曹芳，立高贵乡公曹髦（曹丕孙）；正元二年，杀镇东大将军（镇寿春）毌丘俭；甘露三年（258），司马昭又杀大将军诸葛诞；甘露五年，杀魏主曹髦，立曹奂（曹操孙）。经过一系列阶级内部政治集团的残酷斗争，历时十五六年（249—264）之久，结果，亲司马氏的一派才把亲曹氏的一派彻底击垮了。”[53]此时的士人面对“天下名士少有全者”的政治险局，更加深刻地感受到了生命危浅。而此一时期，又正是玄学兴起的时期，玄学所要解决的核心问题，就是生命如何安置的问题。名教与自然之争、养生之论、圣人有情无情之辩，都直指生命的本质，这也使此时期的文学作品，既不乏感性的体验，又多有深刻的思考。

如《晋书·阮籍传》所言，正始士人生活在“魏晋之际，天下多故，名士少有全者”的时期，对生命无常的体验更加敏锐深刻。与建安文人相比，他们的生命意识中时光飞逝、生命轻微的感受仍在。嵇康《兄秀才公穆入军赠诗十九首》其八：“人生寿促，天地长久。百年之期，孰云其寿？”〔54〕阮籍《四言诗十首》其一：“感往悼来，怀古伤今。生年有命，时过虑深。何用写思，啸歌长吟。谁能秉志，如玉如金。处哀不伤，在乐不淫。”〔55〕其二：“立象昭回，阴阳攸经。秋风夙厉，白露宵零。修林凋殒，茂草收荣。良时忽迈，朝日西倾。有始有终，谁能久盈？”〔56〕其七：“仰瞻景曜，俯视波流。日月东迁，景曜西幽。寒往暑来，四节代周。繁华茂春，密叶殒秋。盛年衰迈，忽焉若浮。逍遥逸豫，与世无尤。”〔57〕其十：“日月运往，岁聿云暮。……命非金石，身轻朝露。”〔58〕阮籍四言《咏怀诗》十首中竟然有四首感慨生命与日月一同流逝，在时间面前人的生命是如此之轻微易逝！由盛年到衰迈，如同春去秋来，是人不可更改的命运。“生年有命”，犹言人生命的时限如同铁律，不可改变，因此每每因时光之逝而增深深的忧虑，感时光之易往，悲来日之时迫，怀古伤今，慨叹没有人能够秉志坚毅如同金石，处哀不伤，在乐不淫。在其五言《咏怀诗》里，此种感慨依然。其四：

天马出西北，由来从东道。
春秋非有托，富贵焉常保。
清露被皋兰，凝霜沾野草。
朝为媚少年，夕暮成丑老。
自非王子晋，谁能常美好？[59]

早上还是少年，晚上已成老者，青春如同春秋一样易逝。阮籍诗多内涵丰富，此诗中所表现的人生无常，不仅指年寿，亦涉及人的命运，富贵穷贱也是变化无常的。其十八：

悬车在西南，羲和将欲倾。
流光耀四海，忽忽至夕冥。
朝为咸池晖，濛汜受其荣。
岂知穷达士，一死不再生。
视彼桃李花，谁能久荧荧。
君子在何许？叹息未合并。
瞻仰景山松，可以慰吾情。[60]

此诗旧说多以为讽盛衰其速、魏之国祚将移的。唯黄侃之说差得其旨："日入当再旦，岂若人死不复生。春华有零落，正类含灵有殂谢。先民已往，吾谁与归？必寿如凌云之松，乃足以慰吾志也。穷达虽殊，终尽则一，故相挈为言。"[61]还是感叹无论贵贱穷达，人终有一死。至于前六句，是否为黄侃所说以日落还会再升对比人死不复生，还可再推敲。玩诗意，实乃云日出日落，时光迅疾。“忽忽”二字即形象地表现出了时光飞逝的样子。其三十二亦可证之：

朝阳不再盛，白日忽西幽。
去此若俯仰，如何似九秋。
人生若尘露，天道邈悠悠。
齐景升丘山，涕泗纷交流。
孔圣临长川，惜逝忽若浮。
去者余不及，来者吾不留。
愿登太华山，上与松子游。
渔父知世患，乘流泛轻舟。[62]

上诗是用六句形容时间，而此则用二句形容之，其意思一样。此诗虽然以遗世慕仙为结语，但诗的主体则是写时间易逝、人生短暂之忧的。生命是如此短暂，但人是不觉悟的，如同朝荣暮谢的木槿和朝生暮死的蜉蝣，不知死之将至，都在努力地生活着，如其七十一所写：“木槿荣丘墓，煌煌有光色。白日颓林中，翩翩零路侧。蟋蟀吟户牖，蟪蛄鸣荆棘。蜉蝣玩三朝，采采修羽翼。衣裳为谁施？俯仰自收拭。生命几何时？慷慨各努力。”[63]不知生命之迅速归于寂灭，为生活而努力操劳，这也许是人之本性使然，但这种努力终究是可悲的。

与建安文人相比，正始诗人的生命体验中，不再仅仅是时光飘忽的时间易逝感，更增添了对世事变化无常、生命不可把握的恐惕，由此而形成了此一时期特有的忧生之嗟。

自汉末以来，生命之死就不仅仅是一种自然的消失，战争与瘟疫夺去了成千上万人的生命，这是建安时期生命诗歌的主题。而到了正始，士人的非自然死亡又加上了政权之争而造成的阴谋杀戮，很多士人成为争夺权力的牺牲品。“吉凶虽在己，世路多险巇。”〔64〕“世务何缤纷，人道苦不遑。”〔65〕社会复杂险恶，使诗人感到无力应对，“生命无期度，朝夕有不虞”〔66〕，他们对个人的生命充满忧虑。阮籍“常率意独驾，不由径路，车迹所穷，辄恸哭而返”〔67〕，似乎所有安全的大路都封闭了，找不到任何出路。如李善注《文选》所言：“嗣宗身仕乱朝，常恐罹谤遭祸，因兹发咏，故每有忧生之嗟。”〔68〕他的诗歌主旋律已不在叹逝悼亡，开始转移到对人生祸福无端、命运更加诡异而难以驾驭的深深忧虑上。从表面看，阮籍放纵越礼，生活潇洒快意，实则不然，其内心充满恐惧与焦虑，这在其诗中有充分表现。《咏怀》其一：“夜中不能寐，起坐弹鸣琴。薄帷鉴明月，清风吹我襟。孤鸿号外野，翔鸟鸣北林。徘徊将何见？忧思独伤心。”刘礼解释云：“此嗣宗忧世道之昏乱，无以自适，故托言夜半之时起坐而弹琴也。”〔69〕可见阮籍因忧虑而常无法成眠。其七十七：“咄嗟行至老，僶俛常苦忧。临川羡洪波，同始异支流。百年何足言，但苦怨与雠。雠怨者谁子？耳目还相羞。声色为胡越，人情自逼遒。招彼玄通士，去来归羡游。”〔70〕百年之中最苦者是人间的仇怨相逼，这是阮籍一生所得到的结论。其十四："开秋肇凉气，蟋蟀鸣床帷。感物怀殷忧，悄悄令心悲。多言焉所告，繁辞将诉谁。微风吹罗袂，明月耀清晖。晨鸡鸣高树，命驾起旋归。"〔71〕黄侃云："凡可以言语宜达者，非诚忧也。至于无所告诉，则其思苦矣。归欤！归欤！岂有淹留之意哉！"〔72〕此之殷忧，正是无法与他人言说的生命之忧。所以，阮籍的生活状态就是孤独而恐惧的："徘徊空堂上，忉怛莫我知。"〔73〕"殷忧令志结，怵惕常若惊。"〔74〕"挥涕怀哀伤，辛酸谁语哉！"〔75〕《咏怀诗》其十七对此生活状态有集中描写："独坐空堂上，谁可与欢者！出门临永路，不见行车马。登高望九州，悠悠分旷野。孤鸟西北飞，离兽东南下。日暮思亲友，晤言用自写。"〔76〕独坐无侣，出门无人，登高亦仅面对空旷之四野，其处境不异孤鸟与离群之兽。《咏怀》其三十三真正说出了阮籍所怀何忧及给其身心带来的摧残：

一日复一夕，一夕复一朝。
颜色改平常，精神自损消。
胸中怀汤火，变化故相招。
万事无穷极，知谋苦不饶。
但恐须臾间，魂气随风飘。
终身履薄冰，谁知我心焦。〔77〕

又其三十四："一日复一朝，一昏复一晨。容色改平常，精神自飘沦。”[78]一朝一夕，日复一日，阮籍都陷入精神高度恐惧与焦虑之中，心中如汤浇火焚，以致身心憔悴。所为者何？黄侃的解释切中要害：“衰老相逼，由于忧患之众。而知谋有限，变化难虞，虽须臾之间，犹难自保。履冰之喻，心焦之谈，洵非过虑也。”[79]精神时时高度紧张的原因，是万事变化难料，生命随时毁灭，面临危险的社会自己深感智谋不足，难以化解风险。

在对待外界风险的问题上，比起嵇康，阮籍还是颇有智谋的。作为名士，他们即使想远离政治亦不可得，无论曹氏集团还是司马氏集团，都希望得到他们的支持，都要用这些名士装点门面。对此，从表面看，阮籍和嵇康都应之以“越名教而任自然”，但嵇康是认真的。他以批评名教、背离礼教的激烈行为，对抗以名教为幌子而行篡权之实的司马氏集团，“每非汤、武而薄周、孔”，[80]公开对抗礼教；并不把时贵如钟会之流放在眼里，甚至公开拒绝司马氏集团的任用。司马昭聘嵇康为大将军幕府之属官，嵇康逃到河东郡去躲避征辟。山涛为吏部选郎，时将去职，荐嵇康自代，嵇康作书与山涛绝交，这些都显示出他决不与司马氏合作的态度。“非薄汤、武，中马昭之祸心；散发倨锻，致钟会之贝谮”[81]，所以为司马氏所不容。而阮籍则以“越名教而任自然”为手段，化解权力之争给他造成的威胁，就是所谓的“佯狂”。《世说新语·德行》注引王隐《晋书》说阮籍“嗜酒荒放，露头散发，裸袒箕踞”[82]。其中最有效的手段是不说话，“口不臧否人物”，“口不论人过”，再者就是醉酒。《晋书·阮籍传》：“籍本有济世志，属魏晋之际，天下多故，名士少有全者，籍由是不与世事，遂酣饮为常。文帝初欲为武帝求婚于籍，籍醉六十日，不得言而止。钟会数以时事问之，欲因其可否而致之罪，皆以酣醉获免。”[83]阮籍醉酒实质上也是为了逃世，躲避政治的风险。《历代名贤确论》引苏轼语：“嗣宗虽放荡，本有意于世，以魏晋间多事，所以放于酒耳。”[84]一语即点透了阮籍纵酒的真实目的。当然，以玩世不恭、放浪形骸来逃避黑暗的政治、黑暗的现实，有时可以奏效，却也有限，阮籍最终还是不能自免。公元263年，魏元帝在司马氏集团的胁迫下加封司马昭为晋文公，并加九锡之礼，此为篡位之关键。“会帝让九锡，公卿将劝进，使籍为其辞。籍沉醉忘作，临诣府，使取之，见籍方据案醉眠。使者以告，籍便书案，使写之，无所改窜。”[85]司马昭辞让九锡之虚伪，阮籍是清楚的，前有车后有辙，不过是曹丕篡汉故伎的重施。但写与不写，都考验阮籍的名节与生命。写劝进笺，于名节有大亏，不写则生命受到威胁，因此阮籍又试图以沉醉逃避之。但此次却未能幸免：“公卿将校当诣府敦喻。司空郑冲驰遣信就阮籍求文。籍时在袁孝尼家，宿醉扶起，书札为之，无所点定，乃写付使。”[86]由此可见，《为郑充劝晋王笺》显然是受人胁迫下的违心之作。阮籍保住了生命，却丧失了名节，遗下了耻辱，他还是未能自保，这也许是阮籍一年后郁郁而终的主要原因。“知谋苦不饶”，是阮籍一生用生命换来的一声无奈的叹息。

当然，嵇康和阮籍并非徒然感叹生存环境之险恶、生命之不易。以阮籍、嵇康为代表的正始名士，对生命有过理性思考，并创造了生命自然论。这种理论认为："死生自然理"[87]，人之生死是自然的，人之生活亦应顺应自然，由此形成了他们的人生态度，其基本主张就是去欲、节欲，清心寡欲，"恬于生而静于死"①。从自然的生命理论出发，他们认真思考了社会异常、生命异化给人生带来的悲剧。

首先是政治环境异常所造成的人生多舛。竹林名士，尤其是嵇康和阮籍，是自觉地把个人生命放置在当时的政治大环境中来考量的。他们强烈认识到政治之黑暗给生命带来的威胁，诗中深刻地表达了他们对现实的不安全感，黑暗政治如同撒开的天网，随时可使人遭难。阮籍《大人先生传》借大人先生之口，揭示了社会上下相残的事实："今汝造音以乱声，作色以诡形。外易其貌，内隐其情。怀欲以求多，诈伪以要名。君立而虐兴，臣设而贼生。坐制礼法，束缚下民。欺愚诳拙，藏智自神。强者睽眂而凌暴，弱者憔悴而事人。假廉以成贪，内险而外仁。罪至不悔过，幸遇则自矜。驰此以奏除，故循滞而不振。""今汝尊贤以相高，竞能以相尚，争势以相君，宠贵以相加，驱天下以趣之，此所以上下相残也。竭天地万物之至，以奉声色无穷之欲，此非所以养百姓也。于是惧民之知其然，故重赏以喜之，严刑以威之，财匮而赏不供，刑尽而罚不

① 嵇康《养生论》："善养生者则不然矣。清虚静泰，少私寡欲。知名位之伤德，故忽而不营，非欲而强禁也；识厚味之害性，故弃而弗顾，非贪而后抑也。外物以累心不存，神气以醇白独著，旷然无忧患，寂然无思虑。又守之以一，养之以和，和理日济，同乎大顺。然后蒸以灵芝，润以醴泉，晞以朝阳，绥以五弦，无为自得，体妙心玄，忘欢而后乐足，遗生而后身存。若此以往，庶可与羡门比寿，王乔争年，何为其无有哉！"（《嵇康集校注》，上册，第255页。）阮籍《达庄论》："至人者，恬于生而静于死。生恬则情不惑，死静则神不离，故能与阴阳化而不易，从天地变而不移。生究其寿，死循其宜，心气平治，不消不亏。"（《阮籍集校注》，第144页。）

行，乃始有亡国、戮君、溃败之祸。”[88]此传深受庄子思想影响，借大人先生之口，否定了以君臣为中心的礼法制度，表达了阮籍“超世而绝群，遗俗而独往”“好乐非世又无争，人且皆死我独生”的遗世观。但也正是大人先生对礼法制度所造成的社会动乱的描述，让人们认识到阮籍所洞察之严酷社会现实：那就是君主暴虐，欲望无穷，而臣子诈伪，争势夺宠。整个社会皆假廉成贪，内险外仁，恃强凌弱，欺压下民。“豺虎贪虐，群物无辜，以害为利，殒性亡躯。”[89]既害百姓亦害己。同时，阮籍也切肤感受到政治失范而形成的阴暗的气氛：“阴阳失位日月隤，地坼石裂林木摧。”[90]在这样险恶的政治环境中，人要想保全生命谈何容易！

阮籍的咏怀诗，“言在耳目之内，情寄八荒之表”，“厥旨渊放，归趣难求”，[91]虽然知道其诗颇多感慨，但感慨什么，却晦涩难懂，鲁迅即言：“阮籍作文章和诗都很好，他的诗文虽然也慷慨激昂，但许多意思都是隐而不显的。宋的颜延之已经说不大能懂，我们自然更很难看得懂他的诗了。”[92]对阮籍的诗臆解颇多，更多的是以当时魏晋政治之争来索解。其实，咏怀诗中有相当部分确切解释就是忧生之嗟。其中之一是写人心叵测，政坛风云莫测，处此之中，人人自危。《咏怀诗》其十一：

湛湛长江水，上有枫树林。
皋兰被径路，青骊逝骎骎。
远望令人悲，春气感我心。

三楚多秀士，朝云进荒淫。
朱华振芬芳，高蔡相追寻。
一为黄雀哀，涕下谁能禁。[93]

旧注以为讽曹芳荒淫以致误国之事。①解此诗虽不必如此凿实，但从其用《战国策·楚策四》庄辛讽楚襄王以黄雀故事，知道此诗所讽对象当是君王。即使是以君王之贵，如听信佞臣，放纵情欲，淫逸侈靡，为所欲为，亦有黄雀在前、王孙挟弹于后之虞。所以在政治这个绞肉机里，任何人都不能幸免。《咏怀诗》还具体描写了朝中的谗邪小人，其三十："单帷蔽皎日，高树隔微声。谗邪使交疏，浮云令昼冥。"[94]其五十六："贵贱在天命，穷达自有时。婉娈佞邪子，随利来相欺。孤恩损惠施，但为谗夫嗤。鹡鸰鸣云中，载飞靡所期。焉知倾侧士，一旦不可持。"[95]他们谋权追利，搬弄是非，挑拨离间，使统治者疏离正直之人，朝中被其搅得乌烟瘴气。在这样的政治生态中如鱼得水的只能是谗佞小人，而正直的人却时刻处于危险之中。阮籍的《咏怀诗》有诸多作品虽然未曾明言政治环境的险恶，但从诗句中却可强烈感受到他所处的生存环境之恶劣："感慨怀辛酸，怨毒常苦多。"[96]"萧索人所悲，祸衅不可辞。"[97]"苟非婴网罟，何必万里畿！"[98]"纶深鱼渊潜，矰设鸟高翔。"[99]"天网弥

① 刘履："按《通鉴》：正元元年，魏主芳幸平乐观，大将军司马师以其荒淫无度，亵近倡优，乃废为齐王，迁之河内，群臣送者皆为流涕。嗣宗此诗，其亦哀齐王之废乎？"（见《阮籍集校注》，第253页。）

四野，六翮掩不舒。随波纷纶客，汎汎若浮凫。生命无期度，朝夕有不虞。”[100]他感到人的一生充满怨毒，满布祸端，如同飞鸟陷入四面密密织起的罗网之中，又如同游鱼四周悬满钓钩，虽想高飞深隐，灾祸亦无法躲避。这个网罟，这个矰罗，不是别的，就是正始时期被司马与曹氏政权之争所覆盖的充满阴谋与暴力的政治。

嵇康《兄秀才公穆入军赠诗十九首》其一亦表达出世上云网高罗、此身多危的担忧：

双鸾匿景曜，戢翼太山崖。
抗首嗽朝露，晞阳振羽仪。
长鸣戏云中，时下息兰池。
自谓绝尘埃，终始永不亏。
何意世多艰，虞人来我疑。
云网塞四区，高罗正参差。
奋迅势不便，六翮无所施。
隐姿就长缨，卒为时所羁。
单雄翻孤逝，哀吟伤生离。
徘徊恋俦侣，慷慨高山陂。
鸟尽良弓藏，谋极身必危。
吉凶虽在己，世路多险巇。
安得反初服，抱玉宝六奇。
逍遥游太清，携手长相随。[101]

此为嵇康赠兄嵇喜参军之诗。嵇喜《嵇康传》云："长而好老庄之业，恬静无欲。"[102]兄弟二人本来志在避世，如庄子所言"弃事则形不劳，遗生则精不亏"[103]，保全自然之我，"形精不亏"。嵇康的《忧愤诗》亦云："抗心希古，任其所尚。托好老庄，贱物贵身。志在守朴，养素全真。"[104]然而人世多艰，仍然逃不过尘世可怕的罗网。其兄被征从军，所以他嘱咐其兄要晓得鸟尽弓藏、谋极身危的道理，及时从尘世抽身。从嵇康的诗中可以感受到他对世事充满危险、人世多艰的忧虑。即使如此，嵇康还是没有逃过险恶政治的劫难。

其次是沉溺于声色、追求功名利禄，亦使人多生祸衅，伤及性命。嵇康《养生论》对此有专论："而世人不察，惟五谷是见，声色是耽，目惑玄黄，耳务淫哇。滋味煎其府藏，醴醪鬻其肠胃，香芳腐其骨髓，喜怒悖其正气，思虑销其精神，哀乐殃其平粹。夫以蕞尔之躯，攻之者非一涂，易竭之身，而外内受敌，身非木石，其能久乎？"[105]在《答难养生论》中，嵇康又提出对生命损害之五难：名利不灭，喜怒不除，声色不去，滋味不绝，神虑消散。"五者必存，虽心希难老，口诵至言，咀嚼英华，呼吸太阳，不能不回其操，不夭其年也。"[106]认为，人生最大的异化是无度的嗜欲，此是人不得天年的主要原因。嵇康《六言十首惟上古尧舜》之《名与身孰亲》："哀哉世俗殉荣，驰骛竭力丧精。得失相纷忧惊，自是勤苦不宁。"[107]《名行显患滋》："位高势重祸基，美色伐性不疑。厚味腊毒难治，如何贪人不思？"[108]《重作四言诗七首》其一："富贵尊荣，忧患谅独多。"[109]其四："纵体淫恣，莫不早徂。"[110]《与阮德如》："荣名秽人身，高位多灾患。"〔111〕《杂诗》："得失自己求，荣辱相蚕食。"〔112〕都是在说明声色名利对人生命会造成严重的损害。名利之于人生命的戕害，嵇康《与山巨源绝交书》有更详细的描述：

有必不堪者七，甚不可者二：卧喜晚起，而当关呼之不置，一不堪也；抱琴行吟，弋钓草野，而吏卒守之，不得妄动，二不堪也；危坐一时，痹不得摇，性复多虱，把搔无已，而当裹以章服，揖拜上官，三不堪也；素不便书，又不喜作书，而人间多事，堆案盈机，不相酬答，则犯教伤义，欲自勉强，则不能久，四不堪也；不喜吊丧，而人道以此为重，已为未见恕者所怨，至欲见中伤者，虽惧自责，然性不可化，欲降心顺俗，则诡故不情，亦终不能获无咎无誉，如此，五不堪也；不喜俗人，而当与之共事，或宾客盈坐，鸣声聒耳，嚣尘臭处，千变百伎，在人目前，六不堪也；心不耐烦，而官事鞅掌，机务缠其心，世故烦其虑，七不堪也。又每非汤、武而薄周、孔，在人间不止，此事会显，世教所不容，此甚不可一也；刚肠疾恶，轻肆直言，遇事便发，此甚不可二也。以促中小心之性，统此九患，不有外难，当有内病，宁可久处人间邪？〔113〕

从此"七不堪"的描述看，人获得天年之道，是顺从自然，遵从天性，行为不拘，心性自由。而为官恰恰背违人之本性，限制人的自由，以致损害人的生命，不得寿终。《兄秀才公穆入军赠诗十九首》

最后一首集中表达了嵇康以自然抗拒逐物世俗的思想："流俗难悟，逐物不还。至人远鉴，归之自然。万物为一，四海同宅。与彼共之，予何所惜。生若浮寄，暂见忽终。世故纷纭，弃之八戎。泽雉虽饥，不愿园林。安能服御，劳形苦心。身贵名贱，荣辱何在。贵得肆志，纵心无悔。"〔114〕所谓"物"就是社会加给人的外在的名利，它使人劳形苦心，损害了生命，所以要回归自然，使身心皆获得自由。

阮籍对害生之行为，亦多有论述。《达庄论》："咸以为百年之生难致，而日月之蹉无常，皆盛仆马，修衣裳，美珠玉，饰帷墙，出媚君上，入欺父兄，矫厉才智，竞逐纵横。家以慧子残，国以才臣亡，故不终其天年而夭，自割系其于世俗也。"〔115〕因为生年短暂，就竞其才智，媚君欺父，谋求利益，因此人不得善终。

生命之危，既来自政治的险恶，又缘于人的追名逐利，沉溺于声色犬马。阮籍的《咏怀诗》对此亦有较多表现。其八：

灼灼西颓日，余光照我衣。
回风吹四壁，寒鸟相因依。
周周尚衔羽，蛩蛩亦念饥。
如何当路子，磬折忘所归！
岂为夸与名，憔悴使心悲。
宁与燕雀翔，不随黄鹄飞。
黄鹄游四海，中路将安归？〔116〕

此诗旧解或肢解其意，或不得其要，唯沈约得之：“天寒，即飞鸟走兽尚知相依，周周衔羽以免颠仆，蛩蛩负蟨以啮美草，而当路者知进趋不念暮归，所安为者惟夸誉名，故致憔悴而心悲也。”〔117〕当权者知进而不知退，为虚名而憔悴，其结果是中路铩羽，无所归依。又其五十三：

自然有成理，生死道无常。
智巧万端出，大要不易方。
如何夸毗子，作色怀骄肠。
乘轩驱良马，凭几向膏粱。
被服纤罗衣，深榭设闲房。
不见日夕华，翩翩飞路旁。〔118〕

其七十二：

修涂驰轩车，长川载轻舟。
性命岂自然，势路有所由。
高名令志惑，重利使心忧。
亲昵怀反侧，骨肉还相雠。
更希毁珠玉，可用登遨游。〔119〕

上述诗涉及两种人，一是沉溺于名利、利令智昏的人，一是机巧万端、靠谄媚权贵而获得荣华富贵并追逐享受的夸毗子。其结果是亲戚反侧，骨肉相雠，不得善终："肆侈陵世俗，岂云永厥年。"〔120〕"岂效缤纷子，良马骋轻舆。朝生衢路旁，夕瘗横术隅。欢笑不终晏，俯仰复唏嘘。"〔121〕如《大人先生传》所说，"李牧功而身死，伯宗忠而世绝，进求利以丧身，营爵赏而家灭"，其下场殊为可悲。

远离名利，来自阮籍对世界及人生形而上的认识，即其生命自然论。其二十八：

若木耀西海，扶桑翳瀛洲。
日月经天涂，明暗不相雠。
穷达自有常，得失又何求。
岂效路上童，携手共遨游。
阴阳有变化，谁云沉不浮。
朱鳖跃飞泉，夜飞过吴洲。
俯仰运天地，再抚四海流。
系累名利场，驽骏同一辀。
岂若遗耳目，升遐去殷忧。〔122〕

在阮籍看来，日月更迭，阴阳晦明，系乃宇宙变化之常；人生亦如此，或穷或达，也是其常态，所以世上并无永浮不沉或永沉不浮之理。再者，生死有其自然之理，"贫富、贵贱、死生、祸福，皆有自然之理，虽智巧万端，不能逃出范围之外”（黄节引曾国藩语）[123]。正是基于这种认识，阮籍主张人不应计较得失，耽情穷达，驰逐于名利场中，心有殷忧，“荣名非已宝，声色焉足娱”[124]；甚至也不要逞才炫能，“膏火自煎熬，多财为患害。布衣可终身，宠禄岂足赖？”[125]所以阮籍推崇大人先生“应变顺和，天地为家。运去势隤，魁然独存”[126]的处世态度，“与造物同体，天地并生，逍遥浮世，与道俱成”[127]。叔本华说：“若要做到泰然自若地面对灾难，默默地忍耐不幸，最好的办法莫过于确实明白万物的存在，无论其是至大的还是至小的，它们所发生的一切都是必然的。一个人顺应不可避免的命运——亦即顺应必然如此的东西；如果他知道万物无一能够逃脱必然性的法网，他也就明白了事物只能是此而非彼”，“当我们了解到这一切都是不可避免的，都是必然性的产物时，将会感到一种真正的慰藉”。[128]生死的自然说，就是死之必然性的认识，顺应自然，就是理性地承认死之不可避免，由此才能摆脱死亡的困惑、虚空的折磨，使心灵得到慰藉。

正始之后似嵇康、阮籍那样的忧生之嗟声息渐渐减少。虽然两晋南朝政治仍然极不安定，朝廷如走马灯似的变易，士人的地位更加不稳定，然而表现社会险恶和个人危机感的作品却很少见。

4

两晋及南朝时期，悼时伤逝的主题不绝如缕。张华《轻薄篇》：

“人生若浮寄，年时忽蹉跎。促促朝露期，荣荣遽几何！念此肠中悲，涕下自滂沱。”[129]傅玄《放歌行》：“灵龟有枯甲，神龙有腐鳞。人无千岁寿，存质空相因。朝露尚移景，促哉水上尘。丘冢如履綦，不识故与新。”[130]张协《杂诗十首》其二：“人生瀛海内，忽如鸟过目。川上之叹逝，前修以自勖。”[131]谢灵运《长歌行》：“徂龄速飞电，颓节骛惊湍。览物起悲绪，顾己识忧端。朽貌改颜色，悴容变柔颜。变改苟催促，容色乌盘桓。亹亹衰期迫，靡靡壮志阑。”[132]《豫章行》：“短生旅长世，恒觉日月欹。览镜睨颓容，华颜岂久期？苟无回戈术，坐观落崦嵫。”[133]这几首诗所咏主题甚至情感基调都比较接近，以飞鸟、飞电、惊湍意象形容飞逝的时光，以朽貌、悴容、颓容形容人之容颜老去，这些都直接为李白表现时光的诗所接受。

嵇康、阮籍之后，写感时悼逝主题最为集中而且有其特色的当属陆机与鲍照。

陆机为太康之英，“百代文宗，一人而已”[134]，是西晋艺术成就最高、在历代最有影响力的文学家。很耐人寻味的是，同李白相似，陆机也对生命有深刻感受，并在其作品中有较多表现，生命主题在其文集中占有相当篇幅。陆机《文赋》云：“遵四时以叹逝，瞻万物而思纷。悲落叶于劲秋，喜柔条于芳春。”[135]这说明陆机是一位敏感的文人，他感受生命极为深刻，与此相关。再一个原因是其动荡不宁的身世。陆机为江东世族子弟，祖父逊吴丞相、其父抗吴大司马，皆为东吴重臣。陆机少有异才，袭领父兵，为牙门将军。以此身世，他自然年少即有很强的功名之心，“自以智足安时，才堪佐命”〔136〕。然遭吴覆亡，北迁入洛而仕晋，这在其人生中，是至为重要的转折。遭此巨变，集天才与敏感文人于一身的陆机，对生命、对人生便会有非常人所能感受到的认识和体验。

人的生命过程究竟如何？陆机之前无人询问亦无人回答，陆机之后也少有人问津，而陆机却对此有过全景式的观照，写有绝无仅有的《百年歌》①。此乐府歌词以十年为一个人生阶段，描写了每一阶段人的状态。十岁时：“颜如舜华晔有晖，体如飘风行如飞。”〔137〕“终朝出游薄暮归，六情逸豫心无违。”不仅容色鲜艳，体态轻盈，而且任情游玩，心情愉悦。二十时人已长成，有了成人之美姿：“肤体彩泽人理成，美目淑貌灼有荣。”其生活也有了青年人的特点：“被服冠带丽且清，光车骏马游都城，高谈雅步何盈盈。”衣冠清丽，高谈阔论，仪态美好。三十而立，志气干云，力可扛鼎，“辞家观国综典文，高冠素带焕翩纷”，辞家远行，到都城居官，已经有了朝臣气象。四十体力强壮，志气方刚，“跨州越郡还帝乡，出入承明拥大珰”，已经在州郡功业卓著，在朝中风光无限了。一般认为，人过五十就已经进入老年，叔本华说：“如果说人生前半段的主要特征是对幸福的永无止境的渴求，那么，后半段则是以对不幸的恐怖为特征的。因为，随着我们身体的日渐衰老，我们也或多或少地认识到：一切幸福都是虚妄不实的，唯有痛

① 《太平御览》卷五百七十三《百年歌》注：“晋王道冲、陆机并作。”

苦才是真实的。”[138]然而，在陆机那里，五十正是事业的盛年，“荷旄仗节镇邦家”，作为一方诸侯，钟鸣鼎食，享尽荣华。六十才进老年，但“骖驾四牡入紫宫，轩冕纳那翠云中，子孙昌盛家道丰”，事业方隆，子孙昌盛。从七十开始，呈现衰老之态，“精爽颇损膂力愆，清水明镜不欲观。临乐对酒转无欢，揽形羞发独长叹”，身体和心态都出现了显著变化。八十完全进入老境，“明已损目聪去耳，前言往行不复纪”，人体功能退化，耳聋眼花，记忆减退，只好告老还乡。九十则体衰多病，生命日渐告危，“日告耽瘁月告衰，形体虽是志意非。多言谬误心多悲，子孙朝拜或问谁。指景玩日虑安危，感念平生泪交挥”，数着手指过日子，心中已是无限悲凉。百岁完全是苟延残喘的样子：“盈数已登肌肉单，四支百节还相患，目若浊镜口垂涎，呼吸嚬蹙反侧难，茵褥滋味不复安。”几如骷髅卧于床上，凄惨之状不忍睹。此时“死亡是等待他的唯一的事情”[139]。魏晋士人寿命都比较短，陆机也只四十二岁，因此五十以后人的生命状态，多来自他的观察，缺少个人切身体会；不仅如此，作为士人，陆机对人生的描写只能局限于他所熟悉的士人阶层，其人生轨迹亦是青少年的游玩、成长，到建功立业以及告老还乡。但是《百年歌》首次表现出人一生的自然过程，此诗的确告诉人们“开端与终点是如何相遇的，生命与死亡是如何紧密而明显地联接在一起的”[140]。此诗既是对人的生命的客观描写，也是对生命过程的充满感情的礼赞，在以生命为主题的文学作品中占有特殊地位。

人之一生，由青壮而衰老，是一自然过程，不可避免亦不能逆转，此是《百年歌》所提示的。基于此，陆机认为应该会平心静气地对待时光流逝，理智地面对人生短暂、岁月催逼。陆机《大暮赋序》说得甚好：

夫死生是得失之大者，故乐莫甚焉，哀莫深焉。使死而有知乎，安知其不如生？如遂无知耶，又何生之足恋？故极言其哀，而终之以达，庶以开夫近俗云。〔141〕

他写此赋之目的是告诉人们要达观地看待生与死，极写死亡之哀，不是要人畏惧死亡，而是要人改变世俗贪生怕死的传统观念。陆机如此写，既是自劝，亦是劝人，要人看开生死。但分析其作品，陆机对待生死并非看开，而是看重，故其赋有《大暮赋》《叹逝赋》《感丘赋》三篇专门写生命主题，其乐府《短歌行》《长歌行》《豫章行》《折扬柳行》《梁甫吟》《驾言出北阙行》等也以生命为主要内容。而其基本内容则是天地无垠、人生苦短。《大暮赋》：

夫何天地之辽阔，而人生之不久长。日引月而并陨，时惟岁而俱丧。谅壮岁之挥霍，岂人生之可量！知自壮而得老，体自老而得亡。观细木而闷迟，睹洪櫕而念槥。顾黄墟之沓沓，悲泉路之翳翳。挫千乘犹一毫，当何数乎智慧？徒假愿于须臾，指夕景而为誓，忽呼吸而不振，奄神徂而形弊。顾万物而遗恨，收百虑而长逝。[142]

日月并陨，时岁俱丧，时间不断消逝，人亦自壮而老，自老而亡，无论贵贱，无论贤愚，都归一死。《叹逝赋》亦写道：

伊天地之运流，纷升降而相袭。日望空以骏驱，节循虚而警立。嗟人生之短期，孰长年之能执！时飘忽其不再，老晼晚其将及。怼琼蕊之无征，恨朝霞之难挹。望汤谷以企予，惜此景之屡戢。悲夫！川阅水以成川，水滔滔而日度。世阅人而为世，人冉冉而行暮。人何世而弗新，世何人之能故？野每春其必华，草无朝而遗露。经终古而常然，率品物其如素。譬日及之在条，恒虽尽而弗寤。虽不寤其可悲，心惆焉而自伤。亮造化之若兹，吾安取夫久长？痛灵根之夙陨，怨具尔之多丧。悼堂构之颓瘁，愍城阙之丘荒。亲弥懿其已逝，交何戚而不忘。咨余今之方殆，何视天之芒芒。伤怀凄其多念，戚貌瘁而鲜欢。幽情发而成绪，滞思叩而兴端。惨此世之无乐，咏在昔而为言。[143]

此赋为陆机四十岁所作，如《叹逝赋序》所言，是有感“平生同时亲故，或凋落已尽，或仅有存者”，“懿亲戚属，亡多存寡；昵交密友，亦不半在。或所曾共游一涂，同宴一室，十年之内，索然已尽”而作。即在现实中，陆机亲历了亲友的凋亡殆尽而感受到时光之飘忽、生命之无常，“以是哀思”。表达此类情感的作品在其所写乐府中时有所见。《短歌行》："置酒高堂，悲歌临觞。人寿几何，逝如朝霜。时无重至，华不再阳。苹以春晖，兰以秋芳。来日苦短，去日苦长。"[144]此感慨人生苦短。《长歌行》："逝矣经天日，悲哉带地川。寸阴无停晷，尺波岂徒旋。年往迅劲矢，时来亮急弦。远期鲜克及，盈数固希全。容华夙夜零，体泽坐自捐。兹物苟难停，吾寿安得延？俯仰逝将过，倏急几何间。"[145]此叹息时光迅疾，人生只在俯仰之间。《豫章行》："寄世将几何，日昃无停阴。前路既已多，后涂随年侵。促促薄暮景，亹亹鲜克禁。"[146]此言"寿短景驰，容华不久"[147]。《折扬柳》："邈矣垂天景，壮哉奋地雷。丰隆岂久响，华光但西陨。日落似有竟，时逝恒若催。仰悲朗月运，坐观璇盖回。盛门无再入，衰房莫苦开。人生固已短，出处鲜为谐。"[148]诗人仰观天象，见日落月升，璇玑运转，感慨时光流逝，催人致老。《驾言出北阙行》："驾言出北阙，踯躅遵山陵。长松何郁郁，丘墓互相承。念昔徂殁子，悠悠不可胜。安寝重冥庐，天壤莫能兴。人生何所促，忽如朝露凝。辛苦百年间，戚戚如履冰。仁知亦何补，迁化有明征。求仙鲜克仙，太虚不可凌。良会罄美服，对酒宴同声。"[149]此言"人生如寄，寄慨于丘墓间也"，"盖言人无智愚贤不肖，亦皆有死。服食求仙之说，亦不可信。惟有美服饮酒以求暂时之欢而已"。[150]《君子有所思行》："命驾登北山，延伫望城郭。廛里一何盛，街巷纷漠漠。甲第崇高闼，洞房结阿阁。曲池何湛湛，清川带华薄。邃宇列绮窗，兰室接罗幕。淑貌色斯升，哀音承颜作。人生诚行迈，容华随年落。善哉膏梁士，营生奥且博。

宴安消灵根，酖毒不可恪。无以肉食资，取笑葵与藿。”[151]此以人生诚短，冷眼看膏粱之士的宴安生活之非。《齐讴行》：“营丘负海曲，沃野爽且平。洪川控河济，崇山入高冥。东被姑尤侧，南界聊摄城。海物错万类，陆产尚千名。孟诸吞楚梦，百二侔秦京。惟师恢东表，桓后定周倾。天道有迭代，人道无久盈。鄙哉牛山叹，未及至人情。爽鸠苟已徂，吾子安得停。行行将复去，长存非所营。”[152]此又以自然迭代的天道论历史盛衰之人道。

总之，在陆机的诸多作品中，都以感慨时光与生命为主题。在这些作品中，亦时常表现出诗人以生死为自然的达观思想。《长歌行》：“慷慨亦焉诉，天道良自然。”吴淇评曰：“容之华主外，体之泽主内。兹二物者，吾命所寓。二物难停，吾寿曷长？前之去者，俯仰已过，后之来者，倏忽几何！此乃天道之常，夫复何恨？”[153]人生只在俯仰之间，所以要顺应自然，不为生命短暂而抱恨。《感丘赋》是陆机在洛阳沿黄河行旅途中，见沿途之坟墓感赋。陆机见丘墓之垒垒，“于是徘徊洛涯，弭节河干。伫眄留心，慨尔遗叹。仰终古以远念，穷万绪乎其端”[154]。眼前的景象使其沉思于人的生命，生发了下面的理思：“伊人生之寄世，犹水草乎山河。应甄陶以岁改，顺通川而日过。生矜迹于当世，死同宅乎一丘。翳形骸于下沦兮，飘营魄而上浮。随阴阳以融冶，托山原以为畴。妍媸混而为一，孰云识其所修？必眇代以远览兮，夫何徇乎区陈。”[155]自人之坟茔看过去，无论贵贱美丑皆有一死，混归一体，融入阴阳，托体山阿。所以对于生命，必须玄观远览，才把握其本质。这就是要人看透人生，不为生所喜，不为死而悲。《叹逝赋》中的此一段则有了更多的哲学意味："悲夫！川阅水以成川，水滔滔而日度。世阅人而为世，人冉冉而行暮。人何世而弗新，世何人之能故？"河因为有了源源不断的流水注入才成为河，故河水自然要日夜滔滔流逝。人亦然，世间因为有了无数的人加入才称为世间，所以人要旧人走新人来。正因为如此，任何时候世间所见都是新人，任何人都不会成为世间永久的故人。这就揭示了人类代逝的规律。

理智上虽如此，但面对生命的消逝，陆机仍不免充满悲情，这既是陆机在一个一个消失的生命面前抑制不住的惊恐情感，亦可看作他珍爱生命的一种表现。陆机写了多首挽歌辞，是魏晋南北朝文人中写挽歌最多的诗人，也是继曹植之后写哀辞最多的作者。曹植的哀辞多为具体的人而写，陆机的挽歌则写的是一种普遍的人死后之哀。"舍爵两楹位，启殡进灵輀。饮饯觞莫举，出宿归无期。帷袵旷遗影，栋宇与子辞。周亲咸奔凑，友朋自远来。翼翼飞轻轩，骎骎策素骐。按辔遵长薄，送子长夜台。呼子子不闻，泣子子不知。"〔156〕"流离亲友思，惆怅神不泰。素骖伫輀轩，玄驷骛飞盖。哀鸣兴殡宫，回迟悲野外。魂舆寂无响，但见冠与带。备物象平生，长旌谁为旆。悲风徽行轨，倾云结流蔼。振策指灵丘，驾言从此逝。"〔157〕"死生各异方，昭非神色袭。贵贱礼有差，外相盛已集。魂衣何盈盈，旟旐何习习。父母拊棺号，兄弟扶筵泣。灵輀动轇輵，龙首矫崔嵬。挽歌挟毂唱，嘈嘈一何悲。浮云中容与，飘风不能回。渊鱼仰失梁，征鸟俯坠飞。念彼平生时，延宾陟此帏。宾阶有邻迹，我降无登辉。”〔158〕陆机《挽歌诗》所写内容与传统挽歌的主调基本相合。据《乐府诗集》卷二十七《薤露》题解引崔豹《古今注》，挽歌传为出自田横门人，然《春秋左氏传》哀公十一年言鲁哀公会吴伐齐，“将战，公孙夏命其徒歌《虞殡》”。杜预注：“《虞殡》，送葬歌曲，示必死。”孔颖达疏：“送葬得有歌者，盖挽引之人为歌声以助哀，今之挽歌是也。”〔159〕由是可见挽歌是挽灵柩者歌，所歌内容是生命短浅，人生必死，战国时即有，汉代仍为殡葬风俗。①不过到了魏晋时期，唱挽歌竟然成为士人时尚。李公焕注陶渊明诗引赵泉山：“晋桓伊善挽歌，庾晞亦喜为挽歌，每自摇大铃为唱，使左右齐和。袁山松遇出游，则好令左右作挽歌。类皆一时名流达士，习尚如此。”〔160〕在此情况下，有了文人借挽歌旧题而作描写死亡的诗，即拟挽歌。汉末曹操写有《薤露》《蒿里行》，然离开乐府旧义，是用挽歌写时事。魏缪袭的《挽歌》才真正是写死亡：“生时游国都，死没弃中野。朝发高堂上，暮宿黄泉下。白日入虞渊，悬车息驷马。造化虽神明，安能复存我？形容稍歇灭，齿发行当堕。自古皆有然，谁能离此者。”〔161〕可注意者，“形容稍歇灭，齿发行当堕”，始写死后身体之变，这也成为此后挽歌的一大内容。陆机的《挽歌诗》显然是由此而来。诗之重点是描写人死后肉身腐败、精神涣散无知之状。不过，陆机显然考虑到了挽歌为殡葬时挽灵柩之人所歌的原始含义，

① 关于挽歌之起源和流变，见范子烨发表于1996年第2期《求是学刊》的文章《永恒的悲美：中古时代的挽歌与挽歌诗》，吴承学发表于2002年第3期《文学评论》的文章《汉魏六朝挽歌考论》。

所以有“中闱且勿喧，听我薤露诗”，模拟挽柩人口吻，且人逝后的殡葬之仪、亲友奔丧的场面占有很大的篇幅，仪式感颇浓。汉晋人“死乃崇丧”，发丧受吊之仪颇隆重。丧主发丧，其亲属虽在外地者亦奔丧，宗族知友则来吊丧；又送丧，亲友随灵柩行至墓地，且以客多为尚。《汉书·楼护传》：“母死，送葬者致车二三千两。”〔162〕《汉书·孔光传》：光去世，公卿百官会吊送丧，“车万余两”。〔163〕《后汉书·陈寔传》：“中平四年，年八十四，卒于家。何进遣使吊祭，海内赴者三万余人。”〔164〕陆机的《大暮赋》也写了人逝后被祭奠和埋葬的场面：“于是六亲云起，姻族如林。争涂掩泪，望门举音。敷幄席以悠想，陈备物而虞灵。仰廖廓而无见。俯寂寞而无声。殽饛饛其不毁，酒湛湛而每盈。屯送客于山足，伏埏道而哭之。扃幽户以大毕，溯玄阙而长辞。归无涂兮往不反，年弥去兮逝弥远。弥远兮日隔，无涂兮曷因。庭树兮叶落，墓草兮根陈。”〔165〕此赋与其《挽歌诗》颇类，亦敷陈状写殡葬场面，但最后归结为人死后的寂寞。虽然人之初死，有六亲相送、友朋哀思，但是年岁越远，死者与人世的隔绝越远，所住庭院唯见落叶，坟地亦已荒草萋萋，逐渐也就被遗忘了，此中写出了甚深的寂灭感。

《挽歌诗》写得最有特点的是其三：

> 重阜何崔嵬，玄庐窜其间。
> 磅礴立四极，穹隆放苍天。
> 侧听阴沟涌，卧观天井悬。

广宵何寥廓，大暮安可晨。
人往有返岁，我行无归年。
昔居四民宅，今托万鬼邻。
昔为七尺躯，今成灰与尘。
金玉素所佩，鸿毛今不振。
丰肌飨蝼蚁，妍姿永夷泯。
寿堂延魑魅，虚无自相宾。
蝼蚁尔何怨，魑魅我何亲！
拊心痛荼毒，永叹莫为陈。[166]

颜之推《颜氏家训·文章》云："挽歌辞者，或云古者虞殡之歌，或云出自田横之客，皆为生者悼往告哀之意，陆平原多为死人自叹之言，诗格既无此例，又乖制作本意。"[167]恰恰说出了陆机挽歌不同于他人之处。此诗与其说是为他人所写的挽歌，毋宁看作是作者所拟的自挽词。陆机发挥想象，描写了人死后居于墓穴的状况及其感受。尤其是把人生前与死后做了生动的比较：生前居于民宅，死后与鬼为邻；生前凛凛七尺之躯，死后化为灰尘；生前佩金戴玉，死后鸿毛难举。肌肉被蝼蚁所食，美颜亦化为乌有。更令人不堪的是，虽然心中充满痛苦，却无法诉说。"送人既归，又代死者作自嗟自叹之词，真是空中楼台，而构词奇丽绝伦。"[168]陆机不再泛泛写尸身之腐败，而是具体写其为蝼蚁所食。此自然有其现实基础。应劭《风俗通义》记载："自灵帝崩后，京师坏灭，户有兼尸，虫而相食，《魁儡》挽歌，斯之效乎？”（刘昭注引）[169]陆机逢三国战争及八王之乱，死亡常见，尸身亦当亲见，故有此详细描写。人死自然不知死后之事，喜乎悲乎，绝无知晓，此一点陆机甚明，而诗人却又构拟死后之痛，再说是要人看透生死，显然与诗之意旨不符。其实魏晋文人作挽歌，从其背景考察，自然与这一时期社会动乱造成人大量死亡的现实密切相关，陆机《叹逝赋序》言之甚明，所以他们不得不面对死亡的严酷现实。从另一个侧面看，魏晋文人敢于直面死亡，不仅敢于直视，而且以近乎冷酷的笔法描写死后之境况，其真实的心理就是“向死而生”，要表明生命的意义在于它丰肌美颜的活生生肉体的存在，在于它可以思想、可以感知的精神的存在，在于它披金戴银、与众人为邻的物质的存在。生命是人的唯一，应该珍爱。就此，李泽厚的论断是对的：“在表面看来似乎是如此颓废、悲观、消极的感叹中，深藏着的恰恰是它的反面，是对人生、生命、命运、生活的强烈欲求和留恋。”[170]

陆机的《挽歌诗》在晋宋时期颇有影响，形成了生命主题中一个颇有特色的内容。陶渊明写有《拟挽歌辞三首》，并有影响甚大的《自祭文》。陶渊明对生命做过认真思考，并形成了他独特的委运任化生命观。他所感受的光阴与生命之消逝十分真切：“日月不肯迟，四时相催迫。寒风拂枯条，落叶掩长陌。弱质与运颓，玄鬓早已白。素标插人头，前涂渐就窄。家为逆旅舍，我如当去客。去去欲何之？南山有旧宅。”[171]对于人之死亡亦直面而不回避。他的《拟挽歌辞三首》显然是写于同时的一组诗，“首篇乍死而殓，次篇奠而出殡，三篇送而葬之，次第秩然”[172]。与陆机的《挽歌诗》相比，这三首诗亦写人之死与埋葬的过程，却不再似陆机那样描写殡仪的场景，而是回到缪袭《挽歌》的写法，着眼于死者的描写，且与陆机的第二首相似，也采用了第一人称的写法，颇似自挽。但是其情感基调却有了变化：

有生必有死，早终非命促。
昨暮同为人，今旦在鬼录。
魂气散何之？枯形寄空木。
娇儿索父啼，良友抚我哭。
得失不复知，是非安能觉！
千秋万岁后，谁知荣与辱？
但恨在世时，饮酒不得足。[173]

在昔无酒饮，今但湛空觞。
春醪生浮蚁，何时更能尝？
肴案盈我前，亲旧哭我旁。
欲语口无音，欲视眼无光。
昔在高堂寝，今宿荒草乡。
荒草无人眠，极视正茫茫。
一朝出门去，归来良未央。[174]

荒草何茫茫，白杨亦萧萧。
严霜九月中，送我出远郊。
四面无人居，高坟正嶕峣。
马为仰天鸣，风为自萧条。
幽室一已闭，千年不复朝。
千年不复朝，贤达无奈何。
向来相送人，各自还其家。
亲戚或余悲，他人亦已歌。
死去何所道，托体同山阿。[175]

一个人的尸身寄于空棺之中，四顾茫然，所见唯荒草而已，没有人为邻，死后的空寂感增加了。但是，不再见尸体被蝼蚁啮食、头发与皮肉脱离、枯骨覆满绿苔的腐败气息，死亡的悲哀气息大大减弱。“有生必有死，早终非命促”，生死皆为自然，定下了诗歌的思想基础，所以诗中既有失去生命的无可奈何，又有了死去后得失不知、是非不觉、荣辱不加的解脱感。“但恨在世时，饮酒不得足”，表面看还是及时行乐的惯常想法，但此诗真正的意图是在告诉生者，“死去何所道，托体同山阿”，死不足畏，亦不要过度思虑，重视生命存在时方为正确的态度。

然而“惜生”亦非陶渊明对待生命的终极态度。陶渊明写有著名的《形影神三首》，一般认为这组诗代表了陶渊明的生死观。《形赠影》云：“适见在世中，奄去靡归期。”“我无腾化术，必尔不复疑。愿君取吾言，得酒莫苟辞。”[176]此与《拟挽歌辞》第一首的态度一致，是《形影神》的“序”所批评的“惜生”第一惑。与第一惑不同的还有“重名”，《影答形》：“身没名亦尽，念之五情热。立善有遗爱，胡可不自竭？酒云能消忧，方此讵不劣！”[177]与其喝酒惜生，不如立善遗名。但是，在陶渊明看来，此皆“营营以惜生，斯甚惑焉”。他主张委运任化，委天任分，《神释》云：“甚念伤吾生，正宜委运去。纵浪大化中，不喜亦不惧。应尽便须尽，无复独多虑。”[178]不要过于计较名利，为其所困扰，“甚念”者，为是否饮酒与立名而伤神也。陶渊明理性的生命观是委运任化，不为生喜，不为死忧，任其自然。

陶渊明此诗中的“神”所指明确，即人的精神层面，或曰理想层面，亦可称为理性。理性或理想以委运任化、顺应自然为上。但在实际生活中，还有在终极理想之下的遣情遣物层面，这个层面就是饮酒。就理性层面而言，饮酒是“营营以惜生”的非智之举。但在现实生活中，面对世俗的是非名利、生老病死种种困扰，陶渊明也有更为直接具体的逃脱也是解脱之术：饮酒。“在世无所须，唯酒与长年。”[179]关于此，逯钦立早有论述：“唯形虽有情累，形亦已有遣情之方，所谓‘得酒莫苟辞’，即以酒忘情是也。则此形所喻者，已非常人之所可及。以酒忘情，为渊明生平得力之处。故此义陶集中屡见之。如云：‘试酌百情远。’（《连雨独饮诗》）如云：‘何以称我情，浊酒且自陶。’（《乙酉岁九月九日诗》）如云：‘泛此忘忧物，远我遗世情。’（《饮酒诗》）如云：‘止酒情无喜。’（《止酒诗》）皆其例。”[180]《自祭文》云：“惟此百年，夫人爱之。惧彼无成，愒日惜时。存为世珍，殁亦见思。嗟我独迈，曾是异兹。宠非己荣，涅岂吾缁。捽兀穷庐，酣饮赋诗。识运知命，畴能罔眷？”[181]陶渊明认为其异于常人之处，在于置宠辱是非于身外，以饮酒赋诗而遣情也。实则他的识运知命，也包括饮酒遣情在内。陶渊明以酒遣情对李白产生了深刻影响，不仅影响到了李白的生活态度，也影响到了他的诗文。

刘宋时期鲍照也是生命意识极强的士人。其《伤逝赋》云：“日月飘而不留，命倏忽而谁保？”[182]《拟行路难》中，此种思想表现最为突出，其十：“君不见蕣华不终朝，须臾奄冉零落销。盛年妖艳浮华辈，不久亦当诣冢头。一去无还期，千秋万岁无音词。孤魂茕茕空陇间，独魄徘徊绕坟基。但闻风声野鸟吟，岂忆平生盛年时。为此令人多悲悒，君当纵意自熙怡。”[183]其十一：“君不见枯箨走阶庭，何时复青着故茎。君不见亡灵蒙享祀，何时倾杯竭壶罂？君当见此起忧思，宁及得与时人争。人生倏忽如绝电，华年盛德几时见？”[184]其十五：“君不见柏梁台，今日丘墟生草莱。君不见阿房宫，寒云泽雉栖其中。歌妓舞女今谁在？高坟垒垒满山隅。”[185]不唯生命无常、富贵无常，人生一切都无常。这种思想在李白诗中也有明显表现。

鲍照的《代挽歌》并未受陶渊明影响，而是继承陆机而来：

独处重冥下，忆昔登高台。

傲岸平生中，不为物所裁。
埏门只复闭，白蚁相将来。
生时芳兰体，小虫今为灾。
玄鬓无复根，枯髅依青苔。
忆昔好饮酒，素盘进青梅。
彭韩及廉蔺，畴昔已成灰。
壮士皆死尽，余人安在哉！[186]

死者生前乃是一位壮士，一生傲岸，不为物裁，但其死后依旧是芳兰之体为蝼蚁所食，黑发脱落，骷髅生满青苔。写人之躯体死后之惨状，来自陆机，却比陆机更甚。壮士如彭越、韩信，英雄如廉颇、蔺相如者尚如此，更何谈常人！鲍照另有《松柏篇》，“序”云：“余患脚上气四十余日，知旧先借傅玄集，以余病剧，遂见还。开帙，适见乐府诗《龟鹤篇》，于危病中见长逝词，恻然酸怀抱。如此重病，弥时不差，呼吸乏喘，举目悲矣，火药间阙而拟之。”[187]是为鲍照在危病时读傅玄长逝词，感慨自己患病日久，呼吸局促，拟傅玄《龟鹤篇》而作。诗曰：

松柏受命独，历代长不衰。
人生浮且脆，鸾若晨风悲。
东海迸逝川，西山导落晖。
南廓悦籍短，蒿里收永归。

谅无畴昔时，百病起尽期。
志士惜牛刀，忍勉自疗治。
倾家行药事，颠沛去迎医。
徒备火石苦，奄至不得辞。
龟龄安可获？岱宗限已迫。
睿圣不得留，为善何所益？
舍此赤县居，就彼黄垆宅。
永离九原亲，长与三辰隔。
属纩生望尽，阖棺世业埋。
事痛存人心，恨结亡者怀。
祖葬既云及，圹隧亦已开。
室族内外哭，亲疏同共哀。
外姻远近至，名列通夜台。
扶舆出殡宫，低回恋庭室。
天地有尽期，我去无还日。
居者今已尽，人事从此毕。
火歇烟既没，形销声亦灭。
鬼神来依我，生人永辞诀。
大暮杳悠悠，长夜无时节。
郁湮重冥中，烦冤难具说。
安寝委沉寞，恋恋念平生。
事业有余结，刊述未及成。

资储无担石，儿女皆孩婴。
一朝放舍去，万恨缠我情。
追忆世上事，束教以自拘。
明发靡怡愈，夕归多忧虞。
辙闲晨径荒，撤宴式酒濡。
知今瞑目苦，恨失尔时娱。
遥遥远民居，独埋深壤中。
墓前人迹灭，冢上草日丰。
空林响鸣蜩，高松结悲风。
长寐无觉期，谁知逝者穷？
生存处交广，连榻舒华茵。
已没一何苦，楛哉不容身。
昔日平居时，晨夕对六亲。
今日掩奈何，一见无谐因。
礼席有降杀，三龄速过隙。
几筵就收撤，室宇改畴昔。
行女游归途，仕子复王役。
家世本平常，独有亡者剧。
时祀望归来，四节静茔丘。
孝子抚坟号，父兮知来不？
欲还心依恋，欲见绝无由。
烦冤荒陇侧，肝心尽崩抽。〔188〕

此诗显然是按挽歌的路数而写，描写人生病、疗病、死亡、祖葬的过程，进而想象死者在墓穴中对漫漫长夜的感受，生事的留恋挂怀，未能享尽生活的悔恨，死后亲人的生活常态，四节的祭奠以及死者欲见亲人而不得的痛苦，是魏晋南北朝诗文中描写死亡最为完整、最为细致的作品。尤其是诗之中段对照生前广为交际、晨夕与六亲相对的生活与死后被一棺所梏、坟前荒草凄清、与亲友天地相隔的死寂，更加突出了生命的珍贵。

纵观汉末到魏晋南北朝时期，诗文中充满嗟叹时光流逝、人生苦短的情感，关注生命、描写死亡的作品也很突出，形成了此一时期文学的特殊现象。魏晋及南朝文人敢于直面死亡，不仅敢于直视，而且以近乎冷酷的笔法描写死后之境况，其真实的心理就是“向死而生”，要表明生命的意义在于它丰肌美颜的活生生肉体的存在，在于它可以思想、可以感知的精神的存在，在于它披金戴银、与众人为邻的物质的存在。生命是人的唯一，应该珍爱。李白的生命意识明显受到了这些诗文的影响，但又有很大不同：惊叹时光迅疾，感慨人生苦短，接续了魏晋南北朝时期诗文的生命主题；但是李白畏老叹老而绝少写老，更不写死。他的诗歌充满生命焦虑，却绝少老态，更无死亡气息；相反，多于时光焦虑中见奋发，在畏惧衰老时见青春，这是李白与前人之别，也是盛唐人与魏晋南北朝人之别。

二　建功立业与及时行乐的生命取向

建功立业，是中国古代士人普遍的人生理想，古代士人十分重视，诗文多有表现，对其研究也很深入。然而同是追求功名，其动机目的却不相同。有的只是出自功利，谋得功名，进入仕途，可享荣华。有的则来自士人对生命意义的理解，如本书研究的李白，追求功业是其生命价值的重要体现，其诗文中建立功业的主题往往与人生苦短、生命价值的实现关联在一起，因此是考察生命意识的主要通道。

对于魏晋及刘宋诗文中的功业主题，学术界多有研究，并给予高度评价；而此一时期诗文中所表现的及时行乐思想，因为评价负面，研究较少。实则这一时期的士人出于生命苦短的生命意识，既把建功立业作为实现生命价值的重要方面，亦把及时行乐视为体现生命意义之一部分，因此其诗文中建功立业内容与及时行乐思想或同时或交替出现，共同构成了此一时期诗文的重要内容，都反映出士人对生命的重视，对只有一次而且瞬间即逝的生命的珍惜。

1

如前所述，建安时期士人生当乱世，百姓遭战争涂炭，士人生命亦难得善终，所以产生了大量悲叹生命之短、生命之易逝的诗文。乱世摧残损害生命，却又为士人提供了平靖战乱、一统天下的机会，因此建安时期的士人有着强烈的功名意识。

此时文人的生命意识与《古诗十九首》作者的生命意识有同有异，同者在于都有对生命苦短的体验，异者在于建安文人对生命的感受比《古诗十九首》的作者更为强烈。宇宙无穷、生命不永、功业无期、盛时难在、无常思想与功业意识的矛盾，给这一时期的文人带来深沉的人生苦闷，也使建安文风于激昂雄迈之上蒙上一层苍凉的情感色彩。如果说汉末文人的生命观接近于《列子》思想的话，那么建安文人的生命观则更带有儒家的色彩，尽管这一时期经学衰落，儒家的光环暗淡了许多。

建安文人关于生命的心灵求索中，最有价值意义的是建安士人关于人生社会意义和价值的抒写。

曹操作为此一时期的豪雄，雄心勃勃，功业思想极为强烈，而其抒写功业理想的诗中，多见时光的催迫。《秋胡行》其二："四时更逝去，昼夜以成岁。四时更逝去，昼夜以成岁。大人先天而天弗违。不戚年往，忧世不治。存亡有命，虑之为蚩。歌以言志，四时更逝去。"〔189〕生死乃为天命，时间如滔滔洪流，在身边逝去，此无法违背，亦无法改变，故不应为此而焦虑。但时间如此紧迫，而乱世却不能及时得到治理，此其所虑也。《步出夏门行》亦可看出他对生命的理性认识和对功业的不舍追求："神龟虽寿，犹有竟时。腾蛇乘雾，终为土灰。骥老伏枥，志在千里。烈士暮年，壮心不已。盈缩之期，不但在天，养怡之福，可得永年。幸甚至哉，歌以咏志。"〔190〕生而必死，此是天命；虽年迈而壮心不已，则是人自强不息的精神，这里就突出了主体在生命中的决定性价值和意义。

曹植因有藩王重位，且有机会接续曹操的霸业，功业思想更为浓厚。其后，他失去了为太子的机会，并遭到曹丕和曹叡的猜忌与防范，政治上再难找到时机，然而他建功立业思想非但未泯灭，反而更加强烈，可见其所写的《求自试表》：

若使陛下出不世之诏，效臣锥刀之用……必效须臾之捷，以灭终身之愧，使名挂史笔，事列朝策。虽身分蜀境，首悬吴阙，犹生之年也。如微才弗试，没世无闻，徒荣其躯而丰其体，生无益于事，死无损于数，虚荷上位而忝重禄，禽息鸟视，终于白首，此徒圈牢之养物，非臣之所志也。

志欲自效于明时，立功于圣世。每览史籍，观古忠臣义士，出一朝之命，以殉国家之难，身虽屠裂，而功勋著于景钟，名称垂于竹帛，未尝不拊心而叹息也……常恐先朝露，填沟壑，坟土未干，而声名并灭。[191]

此表写于太和二年（228），曹丕去世与魏明帝曹叡即位，使此时的曹植看到了希望，故上两道自试表，表达了他不愿尸位素餐、无所作为的意愿。效命于明时，立功于圣世，使名著竹帛，此是曹植一生之志向。而其所担心的就是身死之时，声名并灭。显然是把功业与个人的生命价值紧紧联系在一起。此种功业观在曹植诗里亦多有表现。《薤露行》："天地无穷极，阴阳转相因。人居一世间，忽若风吹尘。愿得展功勤，输力于明君。怀此王佐才，慷慨独不群。鳞介尊神龙，走兽宗麒麟。虫兽犹知德，何况于士人。孔氏删诗书，王业粲已分。骋我径寸翰，流藻垂华芬。”〔192〕《鰕䱇篇》：“高念翼皇家，远怀柔九州。抚剑而雷音，猛气纵横浮。”〔193〕《杂诗·仆夫早严驾》：“闲居非吾志，甘心赴国忧。”〔194〕《杂诗·飞观百余尺》：“烈士多悲心，小人偷自闲。国仇亮不塞，甘心思丧元。”〔195〕建功立业是为了实现个人的生命价值，这种功业观是建安及曹魏士人典型的生命观。

建安七子的诗多表现出及时建立功业的渴望。孔融《杂诗二首》其一：“昂昂累世士，结根在所固。吕望老匹夫，苟为因世故。管仲小囚臣，独能建功祚。人生有何常？但患年岁暮。幸托不肖躯，且当猛虎步。安能苦一身，与世同举厝。”〔196〕人生无常，很快即老，所以胸怀猛志，不甘凡庸，要似吕望、管仲建立功业，可谓“寄托非常”〔197〕。陈琳《游览诗》其二：“节运时气舒，秋风凉且清。闲居心不娱，驾言从友生。翱翔戏长流，逍遥登高城。东望看畴野，回顾览园庭。嘉木凋绿叶，芳草纤红荣。骋哉日月逝，年命将西倾。建功不及时，钟鼎何所铭？收念还房寝，慷慨咏坟经。庶几及君在，立德垂功名。”〔198〕宋长白《柳亭诗话》以为此诗“当是同阮元瑜在记室语”〔199〕。有感于生命不能久长，所以希望通过建立功业青史留名。

此时的士人苦苦追求生命价值无限之大，不仅在意生年的建功立业，还延展到生后的文章不朽。上所举曹植《薤露行》即此。不仅渴望建永世之功，“愿得展功勤，输力于明君。怀此王佐才，慷慨独不群”，亦希望立不朽之业，“孔氏删诗书，王业粲已分。骋我径寸翰，流藻垂华芬”，使生命价值和生命意义最大程度地张扬，以达于无限。曹植的这种思想，在建安时期也有代表性，其兄曹丕在《典论·论文》中亦言：

盖文章经国之大业，不朽之盛事。年寿有时而尽，荣乐止乎其身，二者必至之常期，未若文章之无穷。是以古之作者，寄身于翰墨，见意于篇籍，不假良史之辞，不托飞驰之势，而声名自传于后。故西伯幽而演《易》，周旦显而制礼，不以隐约而弗务，不以康乐而加思。夫然，则古人贱尺璧而重寸阴，惧乎时之过已，而人多不强力，贫贱则慑于饥寒，富贵则流于逸乐，遂营目前之务，而遗千载之功。日月逝于上，体貌衰于下，忽然与万物迁化，斯志士之大痛也！[200]

完全是从身后的名声不朽来追问生命的意义，是中国士人讨论生命的精神价值与意义最为集中并且达到相当高度的论述。生前之荣乐，寿命之长短，自然也是生命的体现，但与身后名相比，这些都退居其次。人之大痛，是生命到了终点，未能建立起千载之功，使文章足以传世。所以与文章传世的不朽之业相比，现世的富贵荣华就显得无关紧要了。

对于人的生与死，建安士人的观念是卓异的，堪称在现实与理想的结合上完成了令人叹服的超越。他们相信有生必有死，虽圣贤也不能免。但他们又苦苦追求生命的无限，希望建不世之业，来实现人生价值。而且有识于生命短暂不居，他们对功业的追求就更加急切、更为执着，对著书立说的体认更为明确。

建安士人对生命的体认，是一种典型的悲剧情感。明知人生有限，却偏要在此有限的生命中创造出无限的生命价值；既体认到身后万事皆空的虚幻，又顽强地以个人的奋斗与进取填补这虚幻，这种于有限中创造出无限的悲壮努力，使建安诗于沉郁中透出坚韧超拔，悲慨苍凉中蕴含着激昂奋发的崇高力量。同时也是直继《左传》"三不朽"思想，又一次把人的生命价值提高到可以超越有限生命达到无限的最为清醒的努力。从此，立功与立言就成为我国文人追求个人和社会价值的不变努力。

2

与建安士人相比，两晋和南北朝士人的生命感受仍很强烈，但功名心却弱化了很多，这与玄学及佛教的兴盛有关。自然也有感受生命之短暂从而兴发浓郁功名意识的士人，如张华的乐府《轻薄篇》："人生若浮寄，年时忽蹉跎。促促朝露期，荣荣遽几何？念此肠中悲，涕下自滂沱。"[201]借讽刺末世轻薄之徒的浮华生活，表现了生命短暂、荣乐生活亦不能久的思想。而其《壮士篇》所表现的就是及时建功立业的思想，诗云："天地相震荡，回薄不知穷。人物禀常格，有始必有终。年时俯仰过，功名宜速崇。壮士怀愤激，安能守虚冲。乘我大宛马，抚我繁弱弓。长剑横九野，高冠拂玄穹。慷慨成素霓，啸吒起清风。震响骇八荒，奋威曜四戎。濯鳞沧海畔，驰骋大漠中。独步圣明世，四海称英雄。”[202]“年时俯仰过，功名宜速崇”，是此诗的主旨。诗的情调慷慨激昂，上承曹植《白马篇》和《鰕䱇篇》，下启李白的任侠诗。他还写有《励志诗》，依旧是“吉士思秋，实感物化。日与月与，荏苒代谢。逝者如斯，曾无日夜。嗟尔庶士，胡宁自舍？”[203]，有感于日月荏苒，而要“进德修业，辉光日新”。只是这样的作品，在两晋和南北朝时期已经不多。

此一时期，集中表现了功名思想的主要还是陆机和鲍照。

陆机虽然年过四十而终，生命极为短暂，但是在其以青春为主的生命中，却充满勃郁的生命感，写有直面生死的诗。他的功名思想亦十分强烈，并且都与时光飞度、生命易逝密切相关。《日重光行》：

日重光，奈何天回薄。日重光，冉冉其游如飞征。日重光，今我日华华之盛。日重光，倏忽过，亦安停。日重光，盛往衰，亦必来。日重光，譬如四时，固恒相催。日重光，惟命有分可营。日重光，但惆怅才志。日重光，身没之后无遗名。[204]

《月重轮行》：

人生一时。月重轮，盛年安可持。月重轮，吉凶倚伏，百年莫我与期。临川曷悲悼，兹去不从肩。月重轮，功名不勖之。善哉，古人扬声，敷闻九服，身名流何穆。既自才难，既嘉运，亦易愆。俯仰行老，存没将何所观。志士慷慨独长叹，独长叹。[205]

诗歌中反复咏叹的是时光飞逝，日月相逼，人俯仰即老。志士所惆怅、所担忧的是生前不能立功，身后不得扬名。与此二乐府相似的作品还有《长歌行》：“逝矣经天日，悲哉带地川。寸阴无停晷，尺波岂徒旋。年往迅劲矢，时来亮急弦。远期鲜克及，盈数固希全。容华夙夜零，体泽坐自捐。兹物苟难停，吾寿安得延？俯仰逝将过，倏急几何间。慷慨亦焉诉，天道良自然。但恨功名薄，竹帛无所宣。迨及岁未暮，长歌承我闲。”[206]《遨游出西城》：“遨游出西城，按辔循都邑。逝物随节改，时风肃且熠。迁化有常然，盛衰自相袭。靡靡年时改，苒苒老已及。行矣勉良图，使尔修名立。”[207]《日重光行》《月重轮行》二诗是反复咏叹，《长歌行》则详加描写时间的流逝以及生命的暂时性，并且明确指出，此乃天道自然，不可改变。面对这样的不可改变的命运，人的寄托只有功名。所以遗憾的不是生命的必然消逝，而是使生命得以体现的功名未能建立，故此处追问的是生命的真正意义，不在生物之肉体，而在精神。

鲍照的功名思想表现为功名难得的无奈与激愤，诗中充满磊落不平之气，集中在《拟行路难十八首》中。对于时间的流逝与生命的短暂，在鲍照的诗中，多以醒目的提示语表现出来。其五：“君不见河边草，冬时枯死春满道。君不见城上日，今暝没尽去，明朝复更出。”[208]其十五：“君不见柏梁台，今日丘墟生草莱。君不见阿房宫，寒云泽雉栖其中。歌妓舞女今谁在？高坟垒垒满山隅。”[209]他提示读者，当然更重要的是警醒自己，要从自然界的日落复出、草的冬枯春荣，联想到人生命的不可复制；从昔日繁华的宫殿名台，感受人去楼夷的历史沧桑之变。由此而觉悟个人生命：“今我何时当得然？一去永灭入黄泉。人生苦多欢乐少，意气敷腴在盛年。且愿得志数相就，床头恒有沽酒钱。功名竹帛非我事，存亡贵贱付皇天。”[210]人生苦短，而且欢乐无多，因此要及时行乐，把功名之心抛之脑外，“存亡贵贱付皇天”，由他去也。其十五：“长袖纷纷徒竞世，非我昔时千金躯。随酒逐乐任意去，莫令含叹下黄垆。”[211]其十八：“诸君莫叹贫，富贵不由人。丈夫四十强而仕，余当二十弱冠辰。莫言草木委冬雪，会应苏息遇阳春。对酒叙长篇，穷途运命委皇天。但愿樽中九酝满，莫惜床头百个钱。直得优游卒一岁，何劳辛苦事百年。”[212]都是此意。但这显然是激愤之语而以达观出之，是出身微贱者事功无门而发出的感慨，有苍凉，有无奈。《拟行路难十八首》其六：

> 对案不能食，拔剑击柱长叹息。丈夫生世会几时，安能蹀躞垂羽翼？弃置罢官去，还家自休息。朝出与亲辞，暮还在亲侧。弄儿床前戏，看妇机中织。自古圣贤尽贫贱，何况我辈孤且直。[213]

清人陈沆云：“无论明远二十之年一命未沾，无官可罢，即使预设之词，亦必语出有为。”[214]此所谓“语出有为”，就是指鲍照宁可甘于贫贱、亦不肯丢掉孤直性格的孤傲之性。但从诗之首二句看，鲍照对这种选择实出于无奈，“丈夫生世会几时，安能蹀躞垂羽翼？”，人生既然如此之短，又怎能迟行甚或停止前行！所以放弃功名，并非他的本心。全诗充满了思想的矛盾、情感的冲突，其根本原因就是不甘心放弃功名，虚度人生，“取埋当代”。鲍照诗所表现的对功业的执着，他面对现实所表现的孤傲之性，以及鲍照诗磊落不平的表现特点，都对李白产生了深刻的影响。

鲍照另有《答客》诗，也反映了他的真实思想：“幽居属有念，含意未连词。会客从外来，问君何所思？澄神自惆怅，嘿虑久回疑。谓宾少安席，方为子陈之。我以筚门士，负学谢前基。爱赏好遍越，放纵少矜持。专求遂性乐，不计缉名期。欢至独斟酒，忧来辄赋诗。声交稍希歇，此意更坚滋。浮生急驰电，物道险弦丝。深忧寡情谬，进伏两暌时。愿赐卜身要，得免后贤嗤。”[215]谓其生性追求适性，喜欢幽居，不交友，不求名。然感受生命之短暂，又深深为此淡薄世情而忧虑，陷入入世与出世的矛盾之中。他最终的愿望还是要在功业上有所成就，以免被后人耻笑不知珍惜生命创建功业。

3

在魏晋南北朝表现生命主题的诗文中，如果说时光紧迫与追求功业是以一种因果关系而同时出现的话，及时行乐与建功立业则是以并列的关系而交替出现的，这说明，此一时期的士人认为二者对生命都重要。

论及魏晋及刘宋文学，建安和刘宋时期鲍照诗文建功立业的主题是主要话题。这一主题亦被视为文学史之主流，对其研究极深入。然而魏晋及刘宋文学中，与功业思想同样流行的及时行乐思想却少有人关注，讨论亦不多，评价基本为负面。的确，在古代文学研究中，一直是把功业思想与及时行乐思想作为正反两极来看的。正因如此，无论文学史还是专题研究，多强调魏晋及刘宋文学建功立业的思想而遮蔽掉其及时行乐的内容。其实，这一时期的诗文中，及时行乐与建功立业是两大并列且同等重要的内容，无论对哪一个内容的屏蔽，都会失去历史的真实面貌。即使是对及时行乐思想的评价，也不应草率地全盘否定。从生命意识的视角出发考察魏晋刘宋诗文的功业主题和及时行乐内容，二者的出现都是自然而然又合乎人的正常心理的。

汉末文人的生命观是现实、现世的生命观。这种生命观，使士人面对追求身后名与追求现世肉体快乐的选择时，并不在乎生命的社会意义，而是把生命的所有意义与价值都放在了个人现世的享受与快乐上。“只有人必然要死才是真的，只有短促的人生中总充满那么多的生离死别哀伤不幸才是真的。既然如此，那为什么不抓紧生活，尽情享受呢？为什么不珍重自己珍重生命呢？”〔216〕可以说死亡的虚无感，催生并膨胀了汉末士人的感官欲望。他们追求功名，是为了占据高位，摆脱穷贱，如《古诗十九首》第四首所言：

今日良宴会，欢乐难具陈。
弹筝奋逸响，新声妙入神。
令德唱高言，识曲听其真。
齐心同所愿，含意俱未申。
人生寄一世，奄乎若飙尘。
何不策高足，先居要路津。
无为守穷贱，轗轲长苦辛。〔217〕

“令德”者的“高言”是什么？识曲者听到的真意是什么？他们共同的心愿是什么？就是在迅疾即逝的短暂人生中，捷足先登，占得高位，求得富贵。如李善所注：“所愿，谓富贵也。”这就是他们基于生命苦短的人生选择。这些诗人同时还批评了那些为身后子孙操心的人。第十五首就集中表达了这两种态度：

生年不满百，常怀千岁忧。
昼短苦夜长，何不秉烛游？
为乐当及时，何能待来兹。
愚者爱惜费，但为后世嗤。
仙人王子乔，难可与等期。〔218〕

此诗的最后一句，就是第十三首“服食求神仙，但为药所误”之意。是说神仙之事的虚幻不可信。而诗中所说的“千岁忧”和“爱惜费”，批评的则是另一种人生态度。这种人生活在世忧虑甚深，个人的人生甚苦，不仅费心劳神，还要节衣缩食，以为子孙后代考虑，活得很累。所以《古诗十九首》的作者不仅把人生安顿在今世，而且把人生的意义还给个人。要人及时行乐，甚至苦白日不长，索性秉烛夜游。

总之，由于《古诗十九首》的作者是一批生活在下层的文人，对生命蹉跎感受尤深，又由于他们无法把握个人的政治命运，所以他们面对生命，虽然也流露出欲留荣名于身后的情感，但更多的是表现出了追求现世享受的无可奈何的感伤。

建安及曹魏士人面对“良时忽一过，身体为土灰”的现实，产生了两种极为强烈的思想，一个是及时行乐，一个是及时建功立业。曹丕《大墙上蒿行》，就是有感于时间流逝之快、人生之枯索萧瑟，而主张及时行乐、以求人生快适的诗。全篇极尽铺陈之能事：

阳春无不长成，草木群类随大风起，零落若何翩翩，中心独立一何茕。四时舍我驱驰，今我隐约欲何为？人生居天壤间，忽如飞鸟栖枯枝，我今隐约欲何为？适君身体所服，何不恣君口腹所尝？冬被貂鼲温暖，夏当服绮罗轻凉。行力自苦，我将欲何为？不及君少壮之时，乘坚车，策肥马良。上有沧浪之天，今我难得久来视；下有蠕蠕之地，今我难得久来履。何不恣意遨游，从君所喜。带我宝剑，今尔何为自低昂？悲丽平壮观，白如积雪，利如秋霜。驳犀标首，玉琢中央。帝王所服，辟除凶殃。御左右，奈何致福祥。吴之辟闾，越之步光，楚之龙泉，韩有墨阳，苗山之铤，羊头之钢。知名前代，咸自谓丽且美，曾不如君剑良。绮难忘。冠青云之崔嵬，纤罗为缨，饰以翠翰，既美且轻。表容仪，俯仰垂光荣。宋之章甫，齐之高冠，亦自谓美，盖何足观。排金铺，坐玉堂。风尘不起，天气清凉。奏桓瑟，舞赵倡，女娥长歌，声协宫商。感心动耳，荡气回肠。酢桂酒，脍鲤鲂，与佳人期为乐康。前奉玉卮，为我行觞。今日乐，不可忘，乐未央。为乐常苦迟，岁月逝，忽若飞。何为自苦，使我心悲。〔219〕

这是帝王才有的恣意遨游、纵情享乐，不唯是一般的贵胄之家冬被貂裘、夏服绮罗、乘坚车策肥马而已；而是戴高冠，佩宝剑，排金铺，坐玉堂，奏桓瑟，舞赵倡，美人祝酒，快乐未央。但在诗中如汉赋般对宴享作铺张扬厉描写的同时，乐府又反复出现“我今隐约欲何为”的主调。隐约，有二义，一是困厄，一为俭约。曹丕《典论·论文》有“不以隐约而弗务，不以康乐而加思”语，“隐约”与“康乐”相对，当是困厄之意。而从此诗诗意看，诗人强调的是及时行乐，不要自苦，则“隐约”显然是指自为俭约之意。此诗虽长，但用曹操的一句诗即可概括，就是“对酒当歌，人生几何？”，不过却把它更具体化了。此诗开篇以草木逢阳春而生长，秋则随风而飘零，兴起人的生命之感。四时的更替本来是一自然现象，但在诗人看来，却如时光抛舍了自己而去，故使诗人油然而生“人生居天壤间，忽如飞鸟栖枯枝”的悲感，“为乐常苦迟，岁月逝，忽若飞。何为自苦，使我心悲”。所以他铺陈描写宴乐的目的，就是要表达生命苦短、及时行乐的情感。曹丕另有《善哉行》，“朝日乐相乐，酣饮不知醉”[220]，“人生如寄，多忧何为？今我不乐，岁月如驰。汤汤川流，中有行舟。随波转薄，有似客游。策我良马，被我轻裘。载驰载驱，聊以忘忧”[221]，也都表达了同样的情感。而从曹丕两封《与吴质书》看，他与其侍从文人的南皮之游就是及时行乐的具体行为。曹丕《大墙上蒿行》等诗所表达的思想与《列子·杨朱》篇的思想极为相近，由此亦可见《列子》生命观的产生绝不是偶然的，它既是人的生命观的必然反映，同时也是魏晋南北朝时期士人生命观的反映。

一方面是由人生苦短而思宴饮行乐，另一方面则是由宴饮极乐而忽生百年一瞬之悲。曹丕《与吴质书》描写他与侍从的南皮游乐，正极乐之时，却“乐往哀来，凄然伤怀”。因为他想到了“斯乐难常”，生命及其与友人的欢聚都是暂时的，都不可能长久，所以忽然陷入感伤了。这正是生命意识在发挥作用。其弟曹植的《箜篌引》也表现出同样的现象：

> 置酒高殿上，亲友从我游。
> 中厨办丰膳，烹羊宰肥牛。
> 秦筝何慷慨，齐瑟和且柔。
> 阳阿奏奇舞，京洛出名讴。

乐饮过三爵，缓带倾庶羞。
主称千金寿，宾奉万年酬。
久要不可忘，薄终义所尤。
谦谦君子德，磬折欲何求。
惊风飘白日，光景驰西流。
盛时不再来，百年忽我遒。
生存华屋处，零落归山丘。
先民谁不死，知命复何忧？[222]

此诗“始言丰膳乐饮，盛宾主之献酬；中言欢极而悲，嗟盛时之不再；终言归于知命而无忧也”[223]。曹植诗攻于发端，《赠徐幹》就有首二句“惊风飘白日，忽然归西山”类似的诗句。但此处的“惊风”六句，出现突兀，与前盛宴之描写形成极大的情景落差。诗人这样写，固有情感表现的考虑，但更主要是情感自身所发生的大起大落所然。“惊风”二句写时光流逝，颇为惊警、形象。白日西驰之速，如狂飙劲扫，不仅宇宙充满了动感，亦使人生充满了巨大的流动感。而“生存”二句，则以冷峻的态度锁定了人生悲剧的结局。乐极而悲，是建安诗人极为特殊的现象。“乐极哀情来，寥亮摧肝心。”[224]这种现象说明，建安时期的士人时时都会意识到生命的流逝，因而也就时时悲从中来。由此也可解释此一时期或其后的及时行乐思想，就是强调生命之不可再来，生命之可贵，不应浪费，不能虚度。及时行乐已经变为充实而又快乐的生活之一种特殊表现。

魏晋士人以生活纵放而著名，竹林七贤的饮酒，西晋士人的汰奢，史上多有记载。此种行为证明，这一时期的士人既要追求精神上的适性，又醉心于物质的享乐。而重视物质享乐的心理动因，在一些士人那里即出自他们强烈的生命意识。当然竹林士人对于物质生活的态度亦有别，不可一概而论。嵇康与阮籍主张清心寡欲，“清虚静泰，少私寡欲”，“知名位之伤德，故忽而不营”，“识厚味之害性，故弃而弗顾”。[225]而向秀则认为人之“嗜欲，好荣恶辱，好逸恶劳，皆生于自然”，“且生之为乐，以恩爱相接。天理人伦，燕婉娱心，荣华悦志。服飨滋味，以宣五情。纳御声色，以达性气。此天理自然，人之所宜，三王所不易也”。[226]所以七子中向秀和王戎既醉心于享乐，又视其为正当自然、合乎人性的。

在两晋和南朝士人中，重点考察的还应是陆机与鲍照。这是因为在两晋和南朝士人中，他们的生命感甚强，亦有浓厚的功名意识，且及时行乐思想在他们作品中多有表现。陆机《顺东西门行》：

> 日出西门望天庭，阳谷既虚崦嵫盈。感朝露，悲人生，逝者若斯安得停？桑枢戒，蟋蟀鸣，我今不乐岁聿征。迨未年莫及时平，置酒高堂宴友生。激朗笛，弹哀筝，取乐今日尽欢情。[227]

诗人为何不乐？有感于人生若朝露之短也。故要趁未衰老之时与友人宴饮为欢。又《短歌行》：

置酒高堂，悲歌临觞。人寿几何，逝如朝霜。时无重至，华不再阳。蘋以春晖，兰以秋芳。来日苦短，去日苦长。今我不乐，蟋蟀在房。乐以会兴，悲以别章。岂曰无感，忧为子忘。我酒既旨，我肴既臧。短歌有咏，长夜无荒。〔228〕

此乐府显然受了曹操影响，然稍事铺陈，反复咏叹，突出了来日苦短、当及时为欢的情调。此类诗中，及时行乐思想写得最深刻的应是《董桃行》：

和风习习薄林，柔条布叶垂阴。鸣鸠拂羽相寻，仓庚喈喈弄音，感时悼逝伤心。日月相追周旋，万里倏忽几年，人皆冉冉西迁。盛时一往不还，慷慨乖念凄然。昔为少年无忧，常各秉烛夜游，翩翩宵征何求？于今知此有由，但为老去年遒。盛固有衰不疑，长夜冥冥无期，何不驱驰及时，聊乐永日自怡，赍此遗情何之。人生居世为安，岂若及时为欢。世道多故万端，忧虑纷错交颜，老行及之长叹。〔229〕

前五句即《文赋》“遵四时而叹逝”之意，感春光无限，叹生命流逝，由此而知少年之时为何及时行乐——皆因为时光所迫，老之将至。此诗深刻揭示了魏晋士人及时行乐思想产生的心理原因，魏晋士人为何追求物质享乐，此诗从生命意识的角度给予了明确的解答。

从总体上看，南朝时期士人的生命意识逐渐式微，唯鲍照的生命意识甚强，其作品亦多表现“浮生念当几，欢酌忽盈衷”的及时行乐思想。《代少年时至衰老行》：“忆昔少年时，驰逐好名晨。结友多贵门，出入富儿邻。绮罗艳华风，车马自扬尘。歌唱青齐女，弹筝燕赵人。好酒多芳气，肴味厌时新。今日每想念，此事邈无因。寄语后生子，作乐当及春。”〔230〕《古乐苑》卷三十六云：“大抵为嗟老伤穷，羁旅无聊之意而已。”〔231〕因是“代”体，此诗如《古乐苑》所言，“必旧有是作”，所写生活未必是鲍照生活的真实写照。不过此诗却也真实表达了他羡慕贵族生活、希望趁青春年少及时作乐的想法。作为出身寒门的士人，鲍照既有自恃其才的孤傲，也不免有希图富贵的俗念。钱仲联说：“他一方面对自己身居卑位、怀才不遇感到愤愤不平，另一方面却又在诗中表现了对‘出入重宫里，结友曹与何。车马相驰逐，宾朋好容华’那样一种生活的向往。”〔232〕而这与李白极为相似，可见这应该是出身寒素士人常有的心理。不过，对于功名与行乐的态度，在他的诗中是有矛盾的，与上诗相对立，有的诗则表达出甘于贫贱而为乐的情绪。《代边居行》：“少年远京阳，遥遥万里行。陋巷绝人径，茅屋摧山冈。不睹车马迹，但见麋鹿场。长松何落落，丘陇无复行。边地无高木，萧萧多白杨。盛年日月尽，一去万恨长。悠悠世中人，争此锥刀忙。不忆贫贱时，富贵辄相忘。纷纷徒满目，何关慨予伤。不如一亩中，高会挹清浆。遇乐便作乐，莫使候朝光。”〔233〕诗中少年为了建立边功，离开京城到荒凉的边地，在艰苦的生活中度过盛年。对于这样的选择，诗人是持疑问态度的。他把这样的功名视为“锥刀”之利，并为世人纷纷扰扰而追求它提出质疑，在他看来，与其如此，不如甘做居处简陋的寒士，得乐便乐。

鲍照的行乐思想与陆机不同，有的是产生于求取功名受到挫折之时，如《拟青青陵上柏》：

> 涓涓乱江泉，绵绵横海烟。
> 浮生旅昭世，空事叹华年。
> 书翰幸闲暇，我酌子萦弦。
> 飞镳出荆路，鹜服指秦川。
> 渭滨富皇居，鳞馆匝河山。
> 舆童唱秉椒，棹女歌采莲。
> 孚愉鸾阁上，窈窕凤楹前。
> 娱生信非谬，安用求多贤。〔234〕

很显然，因为求取功名没有结果，有感于虚度华年，才寻求声色之乐，以获得心理上的宽慰。“娱生信非谬，安用求多贤”，实为感愤之语。这样的思想在李白诗中也常有表现。

分析以上及时行乐的诗，可以得出这样的结论：魏晋及刘宋士人所表现的及时行乐思想，生命苦短是其生成的基础。其中的确也包含了追求物质快乐的心理，但更为重要的思想情感则是对生命的重视，对只有一次而且瞬间即逝的生命的珍惜。诗中及时行乐的内容，自然有颓废气息，但更多的却是执着于此在人生的强烈的生命力。

三　求仙与自然适性的主题

中国的神仙追求，与西方的宗教信仰，是完全不同的两回事。宗教是一种信仰，是一种寄托，给人以灵魂的安顿；而神仙追求，虽然与魏晋南北朝道教的盛行有直接关系，但道教之核心精神并非为了解决灵魂问题，而是为了长生不死，或死后成仙，直接满足的是人的肉身生而不死的欲望，当然也发挥着在死亡的虚无恐怖中给人以精神寄托的作用。而在诗人那里，神仙之思亦成为人追求精神的放任与自由的一种方式。①

魏晋的游仙诗之变，是从建安游仙诗的获得神仙之术以致长生，到晋代游仙诗追求精神放旷自由之变。这种变化肇端于曹植，到嵇康、阮籍已经发展为游仙的主要内容。郭璞的部分游仙诗，天上游仙与山中隐居混融到一起，完成了升仙而浮世逍遥到隐遁而避世逍遥的转变，其意趣亦与玄言、田园、山水诗合流。而游仙诗的内容之变，缘于此一时期士人的生命处境与渐趋理性的生命意识。

---

① 学界关于游仙诗的研究已经十分深入，然而研究魏晋的游仙诗，必须从生命意识出发，才会对其内涵有根本的揭示。魏晋游仙诗的研究文章多矣，只有钱志熙先生《唐前生命观和文学生命主题》是从生命的视角给予集中研究和论述的。钱志熙先生的论著出版于二十多年前，二十多年来关于生命意识的研究日渐深入，因此有从生命视角进一步研究魏晋游仙诗的必要。本部分不对魏晋南北朝游仙诗做全面研究，只从生命意识切入，梳理此一时期游仙对待生命由迷失到渐趋理性的态度，进而揭示出魏晋游仙诗生命之思的性质，以与李白的游仙诗相接。

1

秦汉时期，盛神仙之术，秦皇、汉武都以求仙闻名。作为一代霸主，他们可以得天下而治之，“溥天之下，莫非王土，率土之滨，莫非王臣”，可以掌控所有人的命运，却唯独把握不了个人的生命。所以武帝《秋风辞》哀叹：“欢乐极兮哀情多，少壮几时兮奈老何！”〔235〕汉乐府中的游仙诗多与帝王迷信神仙有关。《汉书·武帝纪》载，元鼎四年六月：“得宝鼎后土祠旁。秋，马生渥洼水中，作《宝鼎》《天马之歌》。”〔236〕“（太初）四年春，贰师将军李广利斩大宛王首，获汗血马来，作《西极天马之歌》。”〔237〕歌曰：

> 天马徕，从西极，涉流沙，九夷服。
> 天马徕，出泉水，虎脊两，化若鬼。
> 天马徕，历无草，径千里，循东道。
> 天马徕，执徐时，将摇举，谁与期？
> 天马徕，开远门，竦予身，逝昆仑。
> 天马徕，龙之媒，游阊阖，观玉台。〔238〕

昆仑和阊阖，都是神仙所居之地。这样写天马，自然是形容它的不同凡马，但也未尝没有游仙之思，而下面的两首则直接写向仙人求药以得长生了。《长歌行》：

仙人骑白鹿，发短耳何长。
导我上太华，揽芝获赤幢。
来到主人门，奉药一玉箱。
主人服此药，身体日康强。
发白复更黑，延年寿命长。[239]

又如《董逃行》：

吾欲上谒从高山，山头危险道路难。遥望五岳端，黄金为阙班璘，但见芝草叶落纷纷。白鸟集来如烟，山兽纷纶麟辟邪其端。鹍鸡声鸣，但见山兽援戏相拘攀。小复前行，玉堂未心怀流还。传教出门来，门外人何求所言。欲从圣道，求一得命延。教敕凡吏受言，采取神药若木端。玉兔长跪捣药虾蟆丸。奉上陛下一玉柈，服此药可得神仙。服尔此药，莫不欢喜。陛下长生老寿，四面肃肃稽首。天神拥护左右，陛下长与天相保守。[240]

再如《王子乔》：

王子乔，参驾白鹿云中遨。参驾白鹿云中遨。下游来，王子乔，参驾白鹿上至云戏游遨，上建逋阴广里践近高。结仙宫过谒三台，东游四海五岳，上过蓬莱紫云台。三王五帝不足令，令我圣朝应太平。养民若子事父明，当究天禄永康宁。玉女罗坐吹笛箫，嗟行圣人游八极。鸣吐衔福翔殿侧，圣主享万年，悲今皇帝延寿命。[241]

这些显然都是为帝王所作，托言遇仙，为帝王讨到仙药，使其长生。而《王子乔》则歌颂太平，祝皇帝万岁、万岁、万万岁，更投其所好，搬出仙人王子乔来，陪着皇帝一起云游仙界，不仅享其天禄，并且寿享永年。所以最早的游仙诗，是以追求长生为主题的。汉代文学中的神仙主题，有钱志熙《唐前生命观和文学生命主题》第九章论之甚详。

但是，纵观这一时期的诗文，汉末的文人似乎开始打破肉身之后长生成仙的迷幻，对神仙长生之说提出了质疑，如《古诗十九首》第十三首所言："服食求神仙，多为药所误。"此后，关于神仙之说，士人一直持一种似信还疑的态度，并反映到其作品之中。

2

建安时期的游仙诗，一方面继承了汉乐府中求仙诗的传统，求仙是希望能齐天地，等神仙，与万岁为期；另一方面，又延展了游仙的内涵，使游仙诗变为摆脱生活苦闷、挣脱现实束缚、追求逍遥浮世的作品。

建安时期的曹操、曹丕和曹植对神仙之说既信且疑。据曹丕《典论·论郤俭等事》和曹植《辩道论》记载，世有方士，曹操即招之，故其身边聚集了十六个方士，著名的有能行气导引的甘始、善辟谷的郤俭、修房中术的左慈。对于这些方术，三曹似乎并不相信，曹丕即说："自王与太子，及余之兄弟，咸以为调笑，不全信之。"[242]曹植更进一步解释："本所以集之于魏国者，诚恐斯人之徒，接奸诡以欺众，行妖慝以惑民，故聚而禁之也。"[243]但是三个人信与疑的程度还是有别的。虽然，曹操的二子都说曹操招方士是出于政治稳定之目的，但从《典论》记载看，曹操无疑有向方士学长生不老之术的目的。他向皇甫隆学养生之术，"行之有效"；向甘始、左慈等学习房中术，"行其术，亦得其验"；有三百岁的道士刘景所传云母九子丸，"武帝恒御此药，亦云有验"。曹操《与皇甫隆令》："闻卿年出百岁而体力不衰，耳目聪明，颜色和悦，此盛事也。所服食施行导引，可得闻乎？若有可传，想可密示封内。"[244]证明他确实向皇甫隆索取过服食导引之术。虽然曹操说过"痛哉世人，见欺神仙"[245]，对神仙之说持否定态度，但他相信通过服食导引之术，会延长寿命，甚或长生。

在建安文人中，曹操的游仙诗最多。计有《气出唱》三首、《精列》一首、《陌上桑》一首、《秋胡行》二首。

游仙诗之正格是写人与仙游之经历，曹操游仙诗即属于此格，《气出唱》其一：

驾六龙，乘风而行。行四海外，路下之八邦。历登高山临谿谷，乘云而行。行四海外，东到泰山。仙人玉女，下来翱游。

> 骖驾六龙饮玉浆。河水尽，不东流。解愁腹，饮玉浆。奉持行，东到蓬莱山，上至天之门。玉阙下，引见得入，赤松相对，四面顾望，视正焜煌。开玉心正兴，其气百道至。传告无穷闭其口，但当爱气寿万年。东到海，与天连。神仙之道，出窈入冥，常当专之。心恬澹，无所愒欲。闭门坐自守，天与期气。愿得神之人，乘驾云车，骖驾白鹿，上到天之门，来赐神之药。跪受之，敬神齐。当如此，道自来。[246]

所写游仙路线、所见神仙及所受神仙之道甚为清楚：驾六龙游于四海之外，到泰山，始见仙人玉女，饮玉浆。又前行到蓬莱山，上到天门，见赤松子，传授闭口养气之术。东行到海，专心于神仙之道，恬淡寡欲，闭门自守。又见乘云车的神人，来赐神药，跪而受之。如此而得到神仙之道。以上为东行蓬莱求仙路线。第二首则是西行昆仑路线：

> 华阴山，自以为大。高百丈，浮云为之盖。仙人欲来，出随风，列之雨。吹我洞箫，鼓瑟琴，何訚訚！酒与歌戏，今日相乐诚为乐。玉女起，起舞移数时。鼓吹一何嘈嘈。从西北来时，仙道多驾烟，乘云驾龙，郁何蓩蓩。遨游八极，乃到昆仑之山，西王母侧，神仙金止玉亭。来者为谁？赤松王乔，乃德旋之门。乐共饮食到黄昏。多驾合坐，万岁长，宜子孙。[247]

先是在华山与仙人歌酒为戏，写仙人之来，风行雨随，鼓瑟吹箫，都被李白吸收进了的《梦游天姥吟留别》；又到昆仑，见到西王母，与之聚者赤松子和王乔，乐饮到黄昏。与神仙之游，自然是曹操的想象，不过也反映了他求仙的真实意图，即希望得到神仙之术。而他所说的神仙之术，就是淡欲寡心加上服食导引的养生之道，与他在现实生活中向方士所学的方术基本一致。由此可以这样说：曹操不很相信人而成仙之说，却相信长生不老之术。证之以它诗，《秋胡行》其二："愿登泰华山，神人共远游。经历昆仑山，到蓬莱。飘遥八极，与神人俱。思得神药，万岁为期。"〔248〕"天地何长久，人道居之短。世言伯阳，殊不知老；赤松王乔，亦云得道。得之未闻，庶以寿考。"〔249〕他求仙的真实意图就是希图长寿。一代枭雄，霸图初立，渴望延长寿命以成就霸业，曹操之求仙心理，不过如此而已。

曹植对所谓长生不老的道术是很矛盾的。《辨道论》之主旨就是要辨明神仙之说的虚妄："夫神仙之书，道家之言，乃云：傅说上为辰尾宿，岁星降下为东方朔。淮南王安诛于淮南而谓之获道轻举，钩弋死于云阳而谓之尸逝柩空，其为虚妄，甚矣哉！"〔250〕对于其父集方士于魏都，曹植辨明是为了"聚而禁之"，"岂复欲观神仙于瀛洲，求安期于边海，释金辂而履云舆，弃六骥而羡飞龙哉"，并不是为了成仙。文章最后批评了弃帝王之尊贵而尚虚妄的人："而顾为匹夫所罔，纳虚妄之辞，信眩惑之说，隆礼以招弗臣，倾产以供虚求，散王爵以荣之，清闲馆以居之，经年累稔，终无一验，或殁于沙丘，或崩于五柞，临时复诛其身，灭其族，纷然足为天下笑矣！”[251]不仅曹植，曹丕《折杨柳行》亦云：“西山一何高，高高殊无极。上有两仙童，不饮亦不食。与我一丸药，光耀有五色。服药四五日，身体生羽翼。轻举乘浮云，倏忽行万亿。流览观四海，茫茫非所识。彭祖称七百，悠悠安可原。老聃适西戎，于今竟不还。王乔假虚辞，赤松乘空言。达人识真伪，愚夫好妄传。追念往古事，愦愦千万端。百家多迂怪，圣道我所观。”[252]此诗开篇写仙童献药，言服药升仙，倏忽而行万里，可谓活灵活现。但是笔锋一转而谈神仙之说的迂怪不可信。他要相信圣人之道①，摒弃百家之言，做辨别真伪的达人，而不是相信神仙之说的愚人。《典论·论郤俭等事》亦云：“夫生之必死，成之必败，天地所不能变，圣贤所不能免。然而惑者望乘风云，冀与螭龙共驾，适不死之国。国即丹溪。其人浮游列缺，翱翔倒景，饥餐琼蕊，渴饮飞泉。然死者相袭，丘垄相望，逝者莫反，潜者莫形，足以觉也。”[253]也表达了神仙之说为虚妄之说的坚定信念。但是，曹丕又说，曹植亲验郤俭能辟谷百日，左慈修房中之术“差可以终命”，甘始老有少容。曹操用皇甫隆、甘始等方术，亦行之有效。曹植后来又写了《释疑论》，从其父曹操试验方术有效，承认“天下之事不可尽知，而以臆断之，不可任也。但恨不能绝声色，专心以学长生之道也”[254]。所以建安士人虽然对成仙之说充满怀疑，甚至否定之，但是对可以长生延寿的方术还是抱着尝试态度的。

① 钱志熙谓圣道就是儒家之道，此说有道理。见钱志熙：《唐前生命观和文学生命主题》，第193页。

建安时期的游仙之作，也因此表现为两个方面，既有解除生年不满百的苦闷、随仙飞升的真幻想，也有排遣现实生活中的诸多不如意、作为一时精神解脱的遣兴释怀。

曹植所写游仙诗亦分两类，一类与曹操游仙诗相近。《飞龙篇》："晨游太山，云雾窈窕。忽逢二童，颜色鲜好。乘彼白鹿，手翳芝草。我知真人，长跪问道。西登玉堂，金楼复道。授我仙药，神皇所造。教我服食，还精补脑。寿同金石，永世不老。"〔255〕《平陵东》："阊阖开，天衢通，被我羽衣乘飞龙。乘飞龙，与仙期，东上蓬莱采灵芝。灵芝采之可服食，年若王父无终极。"〔256〕依旧是到仙山采药服之以求长生的老调，可注意者，曹丕对于两位仙童献药可致长生之说是斥之为妄言的，而曹植则不然，他肯定了仙药服食的效果：可还精补脑，使寿比金石之坚。这也证明，曹植对于服药导引等长生之术还是抱有幻想的。

然而曹植的游仙诗也开始变化内容，不见了追求长生的描写，而单纯地写游仙的过程，如《升天行》，其一："乘蹻追术士，远之蓬莱山。灵液飞素波，兰桂上参天。玄豹游其下，翔鹍戏其巅。乘风忽登举，仿佛见众仙。"〔257〕其二："扶桑之所出，乃在朝阳谿。中心陵苍昊，布叶盖天涯。日出登东干，既夕没西枝。愿得纡阳辔，回日使东驰。"〔258〕尤其是《远游篇》《五游咏》和《仙人篇》，已经由游仙而求长生变为游仙而寄托逍遥之思了。《仙人篇》：

仙人揽六著，对博太山隅。

湘娥拊琴瑟，秦女吹笙竽。
玉樽盈桂酒，河伯献神鱼。
四海一何局，九州安所如?
韩终与王乔，要我于天衢。
万里不足步，轻举凌太虚。
飞腾逾景云，高风吹我躯。
回驾过紫微，与帝合灵符。
阊阖正嵯峨，双阙万丈余。
玉树扶道生，白虎夹门枢。
驱风游四海，东过王母庐。
俯观五岳间，人生如寄居。
潜光养羽翼，进趋且徐徐。
不见轩辕氏，升龙出鼎湖。
徘徊九天上，与尔长相须。〔259〕

赵幼文注此诗，看出此诗“是和一般游仙异趣的”〔260〕。与其父游仙诗相比，曹植的诗淡化了长生不死的色彩，升天而与仙人游，最大的乐趣是超越了四海、九州的局限，实则是超越了人生的束缚，获得了御风飞翔的自由，心灵的自由成为游仙诗的主体情思。曹植的另一首游仙诗《五游咏》：“九州不足步，愿得陵云翔。逍遥八纮外，游目历遐荒。披我丹霞衣，袭我素霓裳。华盖芬晻蔼，六龙仰天骧。曜灵未移景，倏忽造昊苍。阊阖启丹扉，双阙曜朱光。徘徊文昌殿，登陟太微堂。上帝伏西棂，群后集东厢。带我琼瑶佩，漱我沆瀣浆。踟蹰玩灵芝，徙倚弄华芳。王子奉仙药，羡门进奇方。服食享遐纪，延寿保无疆。”[261]诗中也有仙人王子乔献上仙药、羡门进奉奇方、服之长生的描写，但这首诗的精华之处却在升天之后人对仙境的绝妙感受，所以读者从此诗接受的并非长生不老的快乐，而是逍遥八纮之外、突破时间空间限制所得到的自由感，游目仙境所见景物之新奇感。清人丁晏在《曹集铨评》中评此诗："精深华妙，绰有仙姿，炎汉已还，允推此君独步。”[262]可谓把握住了此诗特色。《远游篇》亦如此："远游临四海，俯仰观洪波。大鱼若曲陵，乘浪相经过。灵鳌戴方丈，神岳俨嵯峨。仙人翔其隅，玉女戏其阿。琼蕊可疗饥，仰首吸漱霞。昆仑本吾宅，中州非我家。将归谒东父，一举超流沙。鼓翼舞时风，长啸激清歌。金石固易敝，日月同光华。齐年与天地，万乘安足多！”[263]与日月同其光华，与天地齐年，固然是长生永驻之意。然此诗描写精彩之处，却是远游所历：如山陵之鱼脊，载神山之灵鳌，已经迥非尘世所见。进入神仙之境后，漱朝霞，餐琼蕊，鼓舞时风，长啸清歌，更非俗世之人所为。所表现的还是新奇自由感。曹植写有《释愁文》，说其“所病者，愁也”，愁使其“形容枯悴，忧心如焚”。玄虚先生指出其致愁原因是生于大道既隐的末世，而又“沉溺流俗，眩惑名位”，由是而“凋损正气”。玄虚先生为他疗治之方是：“赠子以无为之药，给子以淡薄之汤，刺子以玄虚之针，灸子以淳朴之方，安子以恢廓之宇，坐子以寂寞之床。使王乔与子携手而游，黄公与子咏歌而行，庄生与子具养神之馔，老聃与子致爱性之方，趣遐路以栖迹，乘轻云以翱翔。于是精骇魂散，改心回趣，愿纳至言，仰崇玄度，众愁忽然，不辞而去。”[264]此释愁之文颇可解释曹植的游仙之思。玄虚先生所开诊疗之方就是道家的淡泊无为思想和黄老之学，玄虚先生使其与仙人携手同游，就是为了达到使众愁忽然而散的效果。由此可见，曹植写游仙诗，就是为了使自己从俗世的愁苦之中解脱出来。

曹植之前的游仙诗主要在乐府中，至曹植始明确标明《游仙诗》：

人生不满百，戚戚少欢娱。
意欲奋六翮，排雾陵紫虚。
蝉蜕同松乔，翻迹登鼎湖。
翱翔九天上，骋辔远行游。
东观扶桑曜，西临弱水流。
北极登玄渚，南翔陟丹丘。[265]

首句诗，既可以理解为人生不满百年是戚戚寡欢的真正原因，又可解释为人生短短百年而又充满苦闷、少有欢乐。如何摆脱？那就是如赤松子、王子乔一样，实现人的蝉蜕。这种蝉蜕或可理解为变为仙人，或可理解为实现精神上的蝉蜕，挣脱凡俗的限制，东观扶桑，西临弱水，北登玄渚，南陟丹丘，摆脱烦恼，随心所欲地遨游宇宙。从首句“人生不满百，戚戚少欢娱”，可以探究到曹植游仙之目的不再纯然是为了长生，而是为了排遣人生的苦闷。这就赋予了游仙诗新的主旨：借游仙而逍遥适性。由此而形成的游仙新主题，亦影响到李白，成为李白游仙诗的意趣。

3

如前所论，正始士人多是玄学中人，对生命有过进入哲学层面的思考，并且以自然来解释生命现象，认为人的寿夭性情皆决定于自然，创造了生命自然论。按照这样的理论来进行逻辑分析，神仙之说又有了两种解释，一种是相信神仙之说，但也把其解释为禀之自然。嵇康《养生论》说："夫神仙虽不目见，然记籍所载，前史所传，较而论之，其必有矣。似特受异气，禀之自然，非积学所能致也。至于导养得理，以尽性命，上获千余岁，下可数百年，可有之耳。"〔266〕神仙是禀之自然异气，非常人所能学。而常人亦可通过服食导养获得长寿，对此嵇康是确信不移的，他相信世上确有可以使人长生之药："岂若流泉甘醴，琼蕊玉英。金丹石菌，紫芝黄精。皆众灵含英，独发奇生。贞香难歇，和气充盈。澡雪五脏，疏彻开明，吮之者体轻。又练骸易气，染骨柔筋。涤垢泽秽，志凌青云。"〔267〕而传说中的长生不老之人，得益于其服食之术："故赤斧以练丹赪发，涓子以术精久延。偓佺以松实方目，赤松以水玉乘烟。务光以蒲韭长耳，邛疏以石髓驻年。方回以云母变化，昌容以蓬蘽易颜。若此之类，不可详载也。孰云五谷为最，而上药无益哉？”[268]神仙之说与服食以求长生的思想，在魏晋士人中有比较广泛的存在基础，葛洪《抱朴子》内篇《论仙》即认为：“若夫仙人，以药物养身，以术数延命，使内疾不生，外患不入，虽久视不死，而旧身不改，苟有其道，无以为难也。”[269]葛洪还认为，升仙之药“令人身安命延，升为天神，遨游上下，役使万灵，体生毛羽，行厨立至”[270]。所以嵇康坚信养生可与神仙争年。他的养生之术，是在“清虚静泰，少私寡欲”的基础上，“又守之以一，养之以和，和理日济，同乎大顺。然后蒸以灵芝，润以醴泉，晞以朝阳，绥以五弦，无为自得，体妙心玄，忘欢而后乐足，遗生而后身存。若此以往，庶可与羡门比寿，王乔争年，何为其无有哉！”[271]。嵇康相信神仙的存在，同时也确信服食养生可以长生不老。

嵇康的游仙诗基本可以分为两类。一类是思欲登仙的诗，《兄秀才公穆入军赠诗十九首》其八：“人生寿促，天地长久。百年之期，孰云其寿？思欲登仙。以济不朽。揽辔踟蹰，仰顾我友。”[272]《重作四言诗七首》其六：“思与王乔，乘云游八极。思与王乔，乘云游八极。凌厉五岳，忽行万亿。授我神药，自生羽翼。呼吸太和，练形易色。歌以言之，思行游八极。”[273]在这样的游仙诗里，他形象地表现了养生以成仙的愿望，即从仙人游，获得养生之药，再呼吸太和之气，行以练形之法，使自己返老还童，与其养生思想完全一致。

其另一类游仙诗所表现的就不再是纯粹的成仙之想，而是杂糅了借游仙以逃离现实、排遣现实苦闷的内容。《兄秀才公穆入军赠诗十九首》其十六："乘风高游，远登灵丘。托好松乔，携手俱游。朝发太华，夕宿神州。弹琴咏诗，聊以忘忧。"〔274〕诗的最后一句透露了嵇康游仙的真实意图：聊以忘忧。所以，嵇康之游仙带有很强的逃世思想："详观凌世务，屯险多忧虞。施报更相市，大道匿不舒。夷路值枳棘，安步将焉如。权智相倾夺，名位不可居。鸾凤避罻罗，远托昆仑墟。"〔275〕他认为当代是大道不行之世，权智相争，世间充满危险，人生之路铺满荆棘，因此游仙于昆仑山，就是逃避开世间广张的危险罗网。如果说游仙逃世是无奈之思，那么下面的《游仙诗》则反映了嵇康游仙以离世的另一面：自视甚高，不愿与俗世同流。

遥望山上松，隆冬郁青葱。
自遇一何高，独立迥无双。
愿想游其下，蹊路绝不通。
王乔弃我去，乘云驾六龙。
飘摇戏玄圃，黄老路相逢。
授我自然道，旷若发童蒙。
采药钟山隅，服食改姿容。
蝉蜕弃秽累，结友家板桐。
临觞奏九韶，雅歌何邕邕。
长与俗人别，谁能睹其踪。〔276〕

诗之主体是游仙，然与一般游仙诗所异者，升仙途中遇到的是黄帝和老子，所传授的则是自然之道。由此可见，嵇康的神仙之术中杂糅了黄老之学。黄老的自然之道，既有形而上的层面，讲自然无为；亦有形而下的层面，此即养生、神仙之术。由此也可知道嵇康养生理论与黄老之学的关系。嵇康写升仙，既有其长生的渴望，同时还有跳出俗世，摆脱社会秽累，抱朴守真的意绪。陈祚明说此诗："轻世肆志，所托不群，非真欲仙也，所愿长与俗人别耳。"〔277〕陈祚明看出了嵇康游仙所隐藏的真实意图：永远告别俗人，当然就是告别俗世，也就是嵇康经常说的"天网"〔278〕。

嵇康以自然为思想基础，论证神仙存在的合理性。而另一种认识则从生而必死乃自然之道，怀疑进而否定不死现象的存在。以为人之死如人之生，不可能肉身不死，既然如此，神仙之说即为虚幻。所以此一时期出现了反游仙诗，更多的游仙诗是借游仙以抒写逍遥之思，曹植的游仙诗传统在正始诗文中得到发扬。

阮籍的《咏怀诗》多有羡仙诗句，其四："朝为媚少年，夕暮成丑老。自非王子晋，谁能常美好？"〔279〕其十："焉见王子乔，乘云翔邓林。独有延年术，可以慰我心。"〔280〕其十五："千秋万岁后，荣名安所之。乃悟羡门子，噭噭令自嗤。"〔281〕其二十二："王子好箫管，世世相追寻。谁言不可见，青鸟明我心。"〔282〕其三十二："愿登太华山，上与松子游。"〔283〕其四十："安期步天路，松子与世违。焉得凌云霄，飘摇登云湄。"〔284〕其五十八："顾谢西王母，吾将从此逝。"〔285〕其七十六："兹年在松乔，恍惚诚未央。"〔286〕但是这些羡仙诗句都有其特定环境，是与短暂的人生、无凭之声色、虚幻的荣名、忧患的人生对照而写的，主旨不在游仙。

与嵇康不同，阮籍对神仙之事是半信半疑的，如鲁迅所说：“他诗里也说神仙，但他其实是不相信的。”[287]因此他写了数首怀疑求仙的诗。《咏怀诗》其四十一表达了他既想游仙、又感到神仙之说不可信的矛盾：

天网弥四野，六翮掩不舒。
随波纷纶客，泛泛若浮凫。
生命无期度，朝夕有不虞。
列仙停修龄，养志在冲虚。
飘摇云日间，邈与世路殊。
荣名非己宝，声色焉足娱。
采药无旋返，神仙志不符。
逼此良可惑，令我久踌躇。[288]

此诗明确表现出阮籍求仙的原因，即黑暗的政治环境如同张开的罗网，生命不可把握，随时都有意料不到的灾祸，所以羡慕仙人逍遥浮世的生活。但是“采药无旋返，神仙志不符”，神仙之说不足凭信，使其陷于困惑犹豫之中，故所谓从松乔之游云云，不过是言自已要摒落世物以遂超遥浮世之想罢了。类似的诗还有《咏怀诗》其五十五：“人言愿延年，延年欲焉之？黄鹄呼子安，千秋未可期。独坐山岩中，恻怆怀所思。王子一何好，猗靡相携持。悦怿犹今辰，计校在一时。置此明朝事，日夕将见欺。”〔289〕此诗旧注多附会为隐喻高贵乡公密谋讨昭事，唯陈祚明视其为游仙：“凡为超举求仙之论者，疾世而思去之，屈原《远游》之指也。”〔290〕黄侃则如此释之：“神仙之事，千载难期，纵复延年，终难自保。晨朝相悦，夕便被欺，方知预计明朝，犹为图远而忽近也。”〔291〕黄侃之说得其旨焉。其七十八：“昔有神仙士，乃处射山阿。乘云御飞龙，嘘噏叽琼华。可闻不可见，慷慨叹咨嗟。自伤非畴类，愁苦来相加。下学而上达，忽忽将如何？”〔292〕亦言神仙之事可闻不可见。《咏怀诗》其六十五更值得注意：“王子十五年，游衍伊洛滨。朱颜茂春华，辩慧怀清真。焉见浮丘公，举手谢时人。轻荡易恍惚，飘摇弃其身。飞飞鸣且翔，挥翼且酸辛。”〔293〕此诗完全演绎《列仙传》周灵王太子晋被浮丘公接上嵩高山以成仙故事。陈祚明一眼即看出此诗之问题：“子晋得仙，何为有弃身之叹？千载而上，曷用伤之？”〔294〕黄侃回答了这个疑问：“神仙竟无可信。子晋缑岭之游，人传仙去，然飘摇恍惚，竟与死去何殊！观于此诗，而阮公忧生之情，大可见矣。”〔295〕虽然演绎王子晋的成仙故事，却又对是否成仙、成仙与死亡何别提出疑问，所以此诗应该是反游仙诗。

阮籍真正的游仙诗，只有《咏怀诗》其八十一这一首：

昔有神仙者，羡门及松乔。
噏息九阳间，升遐叽云霄。

人生乐长久，百年自言辽。
白日陨隅谷，一夕不再朝。
岂若遗世物，登明遂飘摇。[296]

因人生不得长久，故要放弃世间的一切，学神仙飘摇于世外。阮籍的游仙并非只是为了生命永续，亦有逃离世间的纷争与祸患的意图，“岂若遗世物”，游仙由是变成了逃世。阮籍的《东平赋》揭示了他游仙的意图：“将言归于美俗兮，请王子与俱游。漱玉液之滋怡兮，饮白水之清流。遂虚心而后已兮，又何怀乎患忧？”[297]游仙是为了逃离现实，摆脱忧患，使心境虚空。《咏怀诗》其三十二：“朝阳不再盛，白日忽西幽。去此苦俯仰，如何似九秋？人生若尘露，天道邈悠悠，齐景升丘山，涕泗纷交流。孔圣临长川，惜逝忽若浮。去者余不及，来者吾不留。愿登太华山，上与松子游。渔父知世患，乘流泛轻舟。”[298]诗的主要部分都在讲因为人生若朝露一般短暂，所以希望与仙人赤松子游。但是诗之末二句却又冒出“渔父知世患，乘流泛轻舟”句，把升仙与渔父避世搅在一起，可见阮籍的游仙诗，游仙是想象，写游仙是为了表现他逃避世患的情感。

正始之后，集中写游仙诗的是郭璞，他的十九首《游仙诗》代表了游仙诗的最高水平，对其研究者已多，不详论。因为郭璞的游仙诗带有汉魏以来游仙诗集大成的性质，有继承又有创新，对李白亦有影响，故略为分类简析之。郭璞游仙诗可分四类，首先是写游仙之渴望。其四：“六龙安可顿，运流有代谢。时变感人思，已秋复愿夏。淮海变微禽，吾生独不化。虽欲腾丹谿，云螭非我驾。愧无鲁阳德，回日向三舍。临川哀年迈，抚心独悲咤。”〔299〕感慨时日不留，升仙无望，故年迈而心悲。其五：“逸翮思拂霄，迅足羡远游。清源无增澜，安得运吞舟。珪璋虽特达，明月难暗投。潜颖怨清阳，陵苕哀素秋。悲来恻丹心，零泪缘缨流。”〔300〕亦是感伤思欲升仙而不得其径，只得于俗世之中感叹浮生之促。其次是写服食导引以求长生。其七：“晦朔如循环，月盈已复魄。蓐收清西陆，朱羲将由白。寒露拂陵苕，女萝辞松柏。蕣荣不终朝，蜉蝣岂见夕。圆丘有奇草，钟山出灵液。王孙列八珍，安期炼五石。长揖当途人，去来山林客。”〔301〕其九：“采药游名山，将以救年颓。呼吸玉滋液，妙气盈胸怀。登仙抚龙驷，迅驾乘奔雷。鳞裳逐电曜，云盖随风回。手顿羲和辔，足蹈阊阖开。东海犹蹄涔，昆仑蝼蚁堆。遐邈冥茫中，俯视令人哀。”〔302〕四季循环，人生如朝菌、蜉蝣之短暂，唯仙山有奇草、灵液服食而成仙，由是而有了超越人间的仙游之乐。其十一、十五也是此类内容：“吐纳致真和，一朝忽灵蜕。飘然凌太清，眇尔景长灭。”“登岳采五芝，涉涧将六草。散发荡玄溜，终年不华皓。”前者是呼吸吐纳而蜕变为仙人，后者是服食仙药而得不老。再次是写神仙之境及其快乐无羁生活。其六：“杂县寓鲁门，风暖将为灾。吞舟涌海底，高浪驾蓬莱。神仙排云出，但见金银台。陵阳挹丹溜，容成挥玉杯。姮娥扬妙音，洪崖颔其颐。升降随长烟，飘摇戏九垓。奇龄迈五龙，千岁方婴孩。燕昭无灵气，汉武非仙才。”〔303〕其十：“璇台冠昆岭，西海滨招摇。琼林笼藻映，碧树疏英翘。丹泉溧朱沫，黑水鼓玄涛。寻仙万余日，今乃见子乔。振发睎翠霞，解褐礼绛霄。总辔临少广，盘虬舞云轺。永偕帝乡侣，千龄共逍遥。”[304]这几类诗，总体看无出曹魏和正始游仙诗的内容，但相比之下更为丰富。最后，郭璞游仙诗开拓或曰变异了游仙内容的是下面几首诗。其一：“京华游侠窟，山林隐遁栖。朱门何足荣，未若托蓬莱。临源挹清波，陵冈掇丹荑。灵谿可潜盘，安事登云梯。漆园有傲吏，莱氏有逸妻。进则保龙见，退为触藩羝。高蹈风尘外，长揖谢夷齐。[305]其二：“青谿千余仞，中有一道士。云生梁栋间，风出窗户里。借问此何谁，云是鬼谷子。翘迹企颍阳，临河思洗耳。阊阖西南来，潜波涣鳞起。灵妃顾我笑，粲然启玉齿。蹇修时不存，要之将谁使。”[306]其三：“翡翠戏兰苕，容色更相鲜。绿萝结高林，蒙笼盖一山。中有冥寂士，静啸抚清弦。放情陵霄外，嚼蕊挹飞泉。赤松临上游，驾鸿乘紫烟。左挹浮丘袖，右拍洪崖肩。借问蜉蝣辈，宁知龟鹤年。”[307]此三首《文选》皆选，李善注云：“凡游仙之篇，皆所以滓秽尘网，锱铢缨绂，餐霞倒景，饵玉玄都。而璞之制，文多自叙，虽志狭中区，而辞无俗累，见非前识，良有以哉。”[308]李善认为郭璞的游仙改变了此一诗体的内容，由写“餐霞倒景，饵玉玄都”的仙人生活，又回到了人间。而这正是此类诗的特点：天上游仙与山中隐居混融到一起，诗中所描写的不是仙人而是道士、冥寂士；所居之地也不是仙境，而是林密壁峭的深山，其生活也仅仅是挹水于清泉、采药于山冈、抚琴而清啸而已。而且此诗还宣示了一个观点：只要高蹈离世，生命不为俗世所制，做庄子、鬼谷子那样的隐者即可，不必升仙。至此，游仙诗完成了从升仙而浮世逍遥到隐遁而避世逍遥的转变，游仙诗的内涵也由追求生命永驻变成获取精神的解脱与自由。

4

郭璞的游仙诗之变，有着深刻的文化背景，那就是正始以来士人生命观的重要变化。魏晋时期，由于生命无凭，及时行乐思想盛行，曾经在士人群体中兴起以肉体快感为目的的逞情纵欲之风。① 魏晋士人之纵酒，固然有反名教、避世患的成分，但是张翰“使我有身后名，不如即时一杯酒”[309]的任诞，毕卓“一手持蟹螯，一手持酒杯，拍浮酒池中，便足了一生”[310]的放纵，不能不承认就是以及时行乐思想为基础的。

然而正始玄学之兴，使士人中弥漫着尚自然之风气。而此自然来自道家思想，虚静无为是其核心内涵。对于生命而言，秉持虚静无为的思想，就不再把肉体的长久、肉体的快乐视为生活的最好、最高境界，生命最好的状态是心灵的自由自在、精神的合性适意。无论嵇康的越名教而任自然，阮籍的大人意象、清思所寄，还是郭象的足性以逍遥说，都是立足于精神的快适自足之上的。王羲之在永和九年所写的《三月三日兰亭诗序》就代表了此种思想。此

① 唐长孺《魏晋玄学之形成及其发展》：“向秀纵欲自肆的理论倾向造成了一时放荡恣情的风气，一到晋惠帝时更为流行。”见唐长孺：《魏晋南北朝史论丛》，第318页。

序表达了王羲之重精神快适的自然生命观：人生而必死，而且不过是俯仰之间，所以生死对人来说是极为重要之事。庄子死生一也、视死如生的思想不足信，道教不死之说亦是荒诞无稽的。所以人应该追求即时的生命快感："或取诸怀抱，悟言一室之内；或因寄所托，放浪形骸之外。虽趣舍万殊，静躁不同，当其欣于所遇，暂得于己，快然自足，不知老之将至。"〔311〕或静或躁，取其精神的自足。无论是面青山、临清流的"视听之娱"，还是"仰观宇宙之大，俯察品类之盛""游目骋怀"的精神遨游，都是生命的需要。

此一时期兴起的玄言诗、山水诗和田园诗，都与合性适意的思想相关，或曰这些诗所表现的情感，基本就是此种情感。玄言诗如王羲之《兰亭》："群籁虽参差，适我无非新。"〔312〕孙绰《赠谢安诗》："洋洋浚泌，霭霭丘园。庭无乱辙，室有清弦。足不越疆，谈不离玄。心凭浮云，气齐皓然。"〔313〕王肃之《兰亭诗二首》其一："在昔暇日，味存林岭。今我斯游，神怡心静。"〔314〕多表现畅神适性之思。陶渊明开创田园诗，他的田园诗所表达的主要情感就是面对"寓形百年而瞬息已尽"〔315〕的人之命运，追求人生快乐。而他所求之快乐则在精神，即解除心之形役，委运任化，欣然自得。如《时运》："称心而言，人亦易足。"〔316〕《癸卯岁始春怀古田舍二首》其二："平畴交远风，良苗亦怀新。虽未量岁功，即事多所欣。"〔317〕都表现出心灵自足之乐。当然最能反映陶渊明适意心态的是《饮酒二十首》之六："结庐在人境，而无车马喧。"如苏轼所评："悠然忘情，趣闲而累远。"〔318〕宋齐时期，山水诗兴，代表诗人谢灵运和谢朓的山水诗中，都表现了“栖清旷于山川”“尽高栖之意得”的浮世以逍遥之思。如谢灵运《初至都》：“卧病云高心，爱闲宜静处。”[319]《从斤竹涧越岭溪行》：“观此遗物虑，一悟得所遣。”[320]《石壁精舍还湖中作》：“虑澹物自轻，意惬理无违。”[321]谢朓《游山》：“求志昔所钦，胜迹今能选。寄言赏心客，得性良为善。”[322]《将游湘水寻句溪》：“鱼鸟余方玩，缨绥君自縻。及兹畅怀抱，山川长若斯。”[323]移除物累，向隐爱静，寄情山水，畅其怀抱。关于玄言诗、田园诗和山水诗的研究已有甚多成果，此不展开论述。

纵观魏晋南北朝诗文，生命不常的人生命运折磨着数代人，造成诗中巨大的迁逝之悲。同时这一时期的诗文又表现出超越有限生命、追求理想的生存状态和人生境界的努力。从建安到南北朝，总的倾向是由超越的社会性行为走向个人性行为，以玄言、田园和山水来寄心遣兴，心态由激昂趋向虚静，诗境亦渐近清远。但由于人的终极命运就是悲剧性的，所以士人试图改变命运的努力，使其诗文具有了寻找与追求过程显示出的超拔与悲壮，显示出羌管繁弦的激越与悲慨特点。不过南朝时期，忧生之嗟日渐微弱。虽然迁逝的喟叹不绝如缕，直至唐代，但再也感受不到体验生命短促的巨大悲感和超越有限、抗拒人生命运的悲壮力量了。个中原因何在？是否与南朝士人功名心的衰萎及佛教来世之说的影响有关？总之，这一时期的文学作品中缺少了魏晋时期歌哭万端的生命意识。

初唐中后期，更确切地说，从初唐四杰到陈子昂这近半个世纪的时期内，生命意识又见强烈。卢照邻的《行路难》和《长安古意》、骆宾王的《帝京篇》、刘希夷的《代白头翁》、张若虚的《春江花月夜》、陈子昂的《登幽州台歌》和近三分之一的《感遇诗》，都表现了浓郁的生命之思。这些诗与魏晋相比，有了明显不同。魏晋人对人生的悲剧命运有感同身受的体验，诗以宣泄人生的苦闷为主，故诗中充满摧人心魄的悲感。初唐中后期诗人对宇宙人生似已变为超越自我的哲人式的感悟，故其诗也由宣泄人生苦闷变为对宇宙人生境界的纯美表现。虽然也有淡淡的惆怅，但已不是悲慨万端的歌哭了。闻一多《宫体诗的自赎》把这种诗境概括为：“一个更深沉，更寥廓，更宁静的境界。”〔324〕在李泽厚看来，“永恒的江山、无垠的风月给这些诗人的，是一种少年式的人生哲理和夹着感伤、怅惘的激励和欢愉”〔325〕。不过，这样的生命诗境，在李白那里并未完全继承下来。李白的诗直接承继了魏晋南北朝传统，再融入了初唐乐府的优雅歌唱，所以他的诗既见悲慨与激越，又有超迈与清远。

第三章　逝川与流光

李白诗文中光阴意象所表现的生命本质

个体生命的本质何在？叔本华认为个体生命的本质无价值，在于虚无，①叔本华的理论把握住了生命瞬间存在而终归虚无的性质。但这一本质又是如何体现的？是时间。“我们也就只拥有这弹指一挥的今天，并且就要在这时间里说明，我们是什么原因和为了什么目的恰好在今天得以存在。”〔1〕时间既是人对客观世界的认识，也是对个体生命本质的自我体验。这是因为：“我们存在的现象依存于时间。”〔2〕“首先是人而且——就我们所知——只有人才置身于这种时间性中，因为人在向将来展开、保存曾在之际塑造和承受着当前。”〔3〕也因此，人类关于时间的认识分为两类：一类是哲学家的认识，即哲学家对于思维与存在的认识；一类则是诗人的认识，是诗人关于生命有限与世界无限的体验。这种体验，实质上就是诗人对于个体生命本质在于瞬间的存在而终归虚无的体验。“有限与无限

---

① 叔本华说：“生存就其本质而言是毫无价值的。”“这种生存意志的最完美的显现，即人的生命及其精巧而复杂的机器的运转，必然会化为灰烬，并使它自身及其全部追寻归于消亡——这便是真诚的自然女神指出的纯朴的途径，她宣称这种意志的全部斗争就其本质而言是无益的。倘若生命本身隐含了某种价值，或者某种无条件的绝对的东西，那么，它不可能在纯粹虚无中如此终结。”（《叔本华论说文集》，第434页、435页）

的关系问题，其核心点就是时间。人作为感性个体，正是由于感到时间的驱迫、生命的短暂，才拼命追求价值的生成。但这里的时间问题显然并不是一个实在论上的问题或存在论上的问题，而是一个伦理的或生存论上的问题。因而就自然生命来说，人绝对无法否弃时间。正如席勒所讲的，时间就是人的生存的情状，一旦否弃时间，人自身的存在也就被否弃了。”[4]唐代诗人对个体生命的体验是比较突出的，李白作为天才诗人，在唐代诗人中对光阴的体验又最为敏感、最为特出。他的诗中表现出浓厚的生命意识，惊惧时光的飞逝，嗟叹生命不永，是生命意识在李白作品中至为突出的表现。而且就其对时间的感受的深刻与强烈而言，超过了以往任何关于时光的认识，他在诗歌中创造的时间意象和表达，在唐代诗歌中既突出又独特。

一 逝川、流光与石火

出于生命的本能，人类对生命最敏感的体验，应该是对个体生命的本质在于瞬间的存在而终归虚无的体验了。岁月飘逝，每一个时辰都可见生命过程的流走，没有什么会比人们对生命过程短促的感受和认识更为直接、更为强烈、更为切入体肤的了。因此《庄子·知北游》云：“人生天地之间，若白驹之过隙，忽然而已……已化而生，又化而死，生物哀之，人类悲之。”[5]悲岁月飞逝，时不我待，成为人类普遍的生命感受。但诚如丰子恺说的那样，“因为其变更是渐进的，一年一年地，一月一月地，一日一日地，一时一时地，一分一分地，一秒一秒地渐进，犹如从斜度极缓的长远的山坡上走下来，使人不察其递降的痕迹，不见其各阶段的境界，而似乎觉得常在同样的地位，恒久不变”〔6〕，常人对时光的流逝并不敏感，只有诗人或哲学家，才会对光阴有敏锐的感受。作为自少年时期就颇怀大志、终其一生都在不断追求功业的诗人，李白一生对生命最为敏锐的感受首先集中在时光易逝上。

1

对于时光，李白接受了孔子“逝川”的生动比喻，在诸多诗文中，都有引用。如《惜余春赋》“叹长河之流春，送驰波于东海”〔7〕，就是化用了“逝川”之典。另如《秋猎孟诸夜归置酒单父东楼观妓》“走海无停川”〔8〕、《赠饶阳张司户燧》“容华弃徂川”〔9〕、《秋登巴陵望洞庭》“瞻光惜颓发，阅水悲徂年”〔10〕，以及《古风五十九首》其十六“前水复后水，古今相续流”〔11〕、其二十二“急节谢流水，羁心摇悬旌”〔12〕、其五十二“青春流惊湍，朱明骤回薄”〔13〕等等，都用以表现李白对时光飞逝的感受。

不仅如此，李白还在孔子“逝川”意象的基础之上，再生发想象，创造出了更为具体的黄河东逝意象，来表现时光的一去不返。《古风五十九首》其十云：

黄河走东溟，白日落西海。
逝川与流光，飘忽不相待。
春容舍我去，秋发已衰改。
人生非寒松，年貌岂长在？
吾当乘云螭，吸景驻光彩。[14]

开篇二句，黄河东流入海，白日飘落西溟，当然是自然的现象。但是在诗里，李白把这两个自然现象从巨大的空间上突显出来，使黄河东流与太阳西颓，极为强烈地表现出时光飘忽而不可久留，撼人心魄。时光如此，人的生命也就不可避免地成为由青春到衰老的过程。从生到老的实际时间应该是漫长的，但是一个人回过头去看，尤其是老者，这一过程又是十分迅疾的。“从年轻的角度看，生活就是漫长无尽的将来；从老年的角度看，那不过是一段极其短暂的过去。”[15]对漫长人生的感受，只是瞬间，犹如一年之中春与秋的转换，这就是李白的感受。而对古今读者影响更大的是《将进酒》里面的诗句：

君不见黄河之水天上来，奔流到海不复回。君不见高堂明镜悲白发，朝如青丝暮成雪！[16]

与孔子的逝川相比，这样的意象更为具体，更为巨大，更为显著。与《古风五十九首》其十比较，此诗把“黄河走东溟”的意象更加具体化了，而且由平面构图，改为立体构图，使黄河从大地的平面倾斜到天上，从而形成巨大的势差，其滔滔滚滚的形象，也更有强大冲击力，因而也使人更为深刻地感受到时光飞逝之触目惊心。这些诗都以黄河奔流东海一去不返来说明时间和生命同样一逝不返，强调的是它们的迅疾、短促和不可逆向流转。早晨犹是黑发美少年，到晚上就变成了白发苍苍的老人。李白这样写当然是夸张，但这种夸张所反映出来的正是李白真实的震撼心灵的感受，突出了生命瞬间存在的本质。

2

李白在作品里还创造出“飘风”“飞电”“石火”等不同意象，形容时光的迅疾。《拟古》其三诗云：

长绳难系日，自古共悲辛。
黄金高北斗，不惜买阳春。
石火无留光，还如世中人。
即事已如梦，后来我谁身？
提壶莫辞贫，取酒会四邻。
仙人殊恍惚，未若醉中真。[17]

在这首诗里，一开篇，李白就以长绳系日这样的奇特想象来设想阻止时光流逝，让它永远停留在同一个地方。然而李白又马上打破了人们的梦想，断然说这是不可能的，这是自古以来就无法实现的，因此人类自古就深受其折磨，人类为自身的悲剧命运无法改变而伤心痛苦。正因为这样，时光才无比珍贵，阳春无论多少金钱都无法买到。当然离开了人，时光也就失去了意义，时光因为人而存在，或者更确切地说，是人发现了与生命如影相随的时光。放在时间之中来看人生，人生如同敲石生火，转瞬即逝。所以，李白感到人生如梦一般虚幻，既无法知道前世，也不能把握现世，更无法得知来生如何。这样的现实催生了他现世享乐的念头。在这首诗里，我们不要只是看到李白放浪形骸的一面，而是要关注李白对于人的生命的感悟。

石火，来自凿石见火，最早见于《关尹子·五鉴》："情，波也；心，流也；性，水也。来干我者，如石火顷。"[18]汉乐府《满歌行二首》其一"命如凿石见火，居世竟能几时"[19]，《满歌行》其二亦曰"凿石见火，居代几时"[20]，言生命似凿石见火一样短暂。《抱朴子·勤求篇》"夫人生先受精神于天地，后禀气血于父母，然不得明师，告之以度世之道，则无由免死；凿石有余焰，年命已凋颓矣"[21]，则说生命之短不如凿石一闪而灭的火焰。曹植《感节赋》亦言："唯人生之忽过，若凿石之末耀。"[22]李白化用凿石头见火花这一语典，创造了"石火"意象，留给我们的是关于生命短暂既清醒而又无奈的形象比喻。石上敲火，稍闪即灭，它不仅表现了时光的迅疾，也反映出时光的无可挽留、必然消逝，而且是不留任何痕迹的消逝。与孔子逝川之感相比，后者所感受的是时光的不断流逝、一去不返；李白的石火之喻，则不仅表现了时光的不返，而且更加强调了时光的稍纵即逝，比逝川之感更加剧烈，更为震撼。

石火的意象，李白之后只有白居易多有使用。《寓意诗五首》其二“权势去尤速，瞥若石火光”〔23〕，是以石火喻权势的不可久居。《秋怀》“人生如石火，为乐长苦迟”〔24〕，《自题》“马头觅角生何日，石火敲光住几时”〔25〕，《对酒五首》其二“蜗牛角上争何事，石火光中寄此身”〔26〕，均把人生比作石火，显然受了李白的影响。

再看《秋猎孟诸夜归置酒单父东楼观妓》一诗：

倾晖速短炬，走海无停川。
冀餐圆丘草，欲以还颓年。
此事不可得，微生若浮烟。
骏发跨名驹，雕弓控鸣弦。
鹰豪鲁草白，狐兔多肥鲜。
邀遮相驰逐，遂出城东田。
一扫四野空，喧呼鞍马前。
归来献所获，炮炙宜霜天。
出舞两美人，飘摇若云仙。
留欢不知疲，清晓方来旋。〔27〕

跨名驹，猎狐兔，置美酒，观舞妓，这些行为本身就是及时行乐。

李白的这种生活，在其诗中有所反映。此诗当写于开元后期李白居东鲁之时。是时，李白年仅四十，故诗中充满年轻人的豪纵之气。不过豪纵中亦见时间逼迫下的矛盾与焦虑。此首诗中，李白又把迅速西倾的太阳比作燃烧殆尽的火把，把时光喻为不停流向大海的河水。进而指出，生命之虚幻就如浮烟一般不可把握。服食仙草以冀延年，是李白诗中经常表现的一个想法，而且在实际生活中，李白也有学仙之举。但是在这里李白是十分清醒的，对长生之术明确提出质疑，认为学仙本来就实现不了。正因为这样，李白变得更加现实，如上诗所述，认为与其虚妄求仙，还不如跨名驹、控鸣弦、猎狐兔、观美女，以求现实生活中可以得到的快乐。在《古诗十九首》中，有“何不秉烛游”的诗句，秉烛夜游遂成为及时行乐的典型意象。李白此诗中的“留欢不知疲，清晓方来旋”，即化用了秉烛夜游的意象，以此来表现生命的不可把握，同时也是在表达以享乐强为之把握生命的无奈态度。

李白的诗中，又把时光比作飘风和飞电，《古风五十九首》其二十：

> 在世复几时，倏如飘风度。
> 空闻紫金经，白首愁相误。
> 抚己忽自笑，沉吟为谁故？
> 名利徒煎熬，安得闲余步！〔28〕

《古风五十九首》其二十八：

容颜若飞电，时景如飘风。
草绿霜已白，日西月复东。
华鬓不耐秋，飒然成衰蓬。
古来贤圣人，一一谁成功？
君子变猿鹤，小人为沙虫。
不及广成子，乘云驾轻鸿。〔29〕

《对酒》：

松子栖金华，安期入蓬海。
此人古之仙，羽化竟何在？
浮生速流电，倏忽变光彩。
天地无凋换，容颜有迁改。〔30〕

飞电和流电是同一意象，都是指瞬间即逝的闪电。最早以飞电形容时光的应是刘宋时期谢灵运，见其《长歌行》："倏烁夕星流，昱奕朝露团。粲粲乌有停，泫泫岂暂安。徂龄速飞电，颓节骛惊湍。览物起悲绪，顾已识忧端。朽貌改鲜色，悴容变柔颜。变改苟催促，容色乌盘桓。"〔31〕又见陶渊明《饮酒诗二十首》之三："一生复能几？倏如流电惊。"〔32〕而这些又都接受自《金刚经》："一切有为法，如梦幻泡影。如露亦如电，应作如是观。”言一切有为的法，皆如闪电迅速消失。李白用飞电和流电比喻人生，显然受了二位诗人的影响。除此诗之外，还有《赠王汉阳》：“吾曾弄海水，清浅嗟三变。果惬麻姑言，时光速流电。”[33]浮生若流电和容颜若飞电，都是在形容人生易逝，青春只在一瞬之间。飘风，一般注释为飓风、狂飙。最早见于《诗经·大雅·卷阿》：“有卷者阿，飘风自南。”毛传：“飘风，回风也。”[34]李白之前和李白之后，“飘风”很少用于形容时间。初唐宋之问“雨从箕山来，倏与飘风度”[35]，仍旧是在正常的意义上使用之。李白用飘风来形容时光、比喻人生，意在表现时间的快捷、人一生的短暂。草刚刚见绿，秋霜马上即又降临，日出月落，都走马灯似的逝去。飘风这一意象，客观上还有形容时光和人生虚幻无形的效果。与流逝的河水相比，风不仅有快速刮过去的迅疾特点，同时亦有无形的性质，用以比喻人生，自然又增加了比浮烟更为无形的虚幻感。在《古风五十九首》其二十中，李白自写了这样一个细节：“抚己忽自笑，沉吟为谁故？”这是颇为逼真的生活细节，从此细节可看出，李白对于功名和求仙，似乎有了忽然的醒悟，不再为求仙所误，不再为名利所煎熬，欲抖掉这些心理负担，轻轻松松地活下去。实际上，李白一生都生活在对名利和求仙的沉迷之中，沉迷与挣脱相伴的矛盾生活态度，终其一生都没有得到解决。而这种心理矛盾，就是他“人生易逝”的认识所决定的。他既不舍生活，又不舍精神的自由追求。

二　春容与飞蓬

飘风和飞电还只是光阴飞逝的一般性比喻。李白的时间感，还具体反映在他对于春秋四季景物变迁的敏锐感受，以及个人生命不断衰老的体验。与此体验相对应而出现在诗中的则是春荣与秋景，以及诗人容颜由青春到衰老的意象。

1

中国古代人对于春秋四季以及自然界变化的感觉是极为敏锐的，这自然与农耕经济生活有关，关于这一问题，在第一章已经涉及，此不赘述。从文学作品来看，至晚在《诗经》中，我们就已经看到人们对四季变化的感应。《诗经》中的许多兴句大多与季节景物相关。春天的桃花、杨柳，秋天的蒹葭，冬天的飞雪，都成为感发诗兴的触媒。而“昔我往矣，杨柳依依；今我来思，雨雪霏霏”，又把人的悲欢离合同季节景物联系起来。在宋玉的作品中，一句“悲哉秋之为气也”，则确立了中国古代文学影响至为深远的悲秋主题。

这种现象到了陆机的《文赋》，被总结为古代文学理论中著名的物感说，“悲落叶于劲秋，喜柔条于芳春”[36]，季节景物直接触动了作家喜怒哀乐的感情，成为文学作品生成的心理动因。

齐梁时期，刘勰的《文心雕龙》专设《物色》篇，探讨外物景色对人写作的影响：

> 春秋代序，阴阳惨舒，物色之动，心亦摇焉。盖阳气萌而玄驹步，阴律凝而丹鸟羞，微虫犹或入感，四时之动物深矣。若夫珪璋挺其惠心，英华秀其清气，物色相召，人谁获安？是以献岁发春，悦豫之情畅；滔滔孟夏，郁陶之心凝；天高气清，阴沉之志远；霰雪无垠，矜肃之虑深。岁有其物，物有其容；情以物迁，辞以情发。一叶且或迎意，虫声有足引心。况清风与明月同夜，白日与春林共朝哉！〔37〕

四时变化，会直接引起人的感应，一声蟋蟀的凄鸣，一片黄叶的飘零，都会引起人的感情、人的情绪回应，更何况清风明月、白日春林这样的丽景。这就是文学作品兴发的原因。

如果说刘勰这里注重的是外物景色对人的感召的话，同时代的钟嵘在《诗品》中更把其扩展到人事：

> 若乃春风春鸟，秋月秋蝉，夏云暑雨，冬月祁寒，斯四候之感诸诗者也。嘉会寄诗以亲，离群托诗以怨。至于楚臣去境，汉妾辞宫；或骨横朔野，或魂逐飞蓬；或负戈外戍，杀气雄边；塞客衣单，孀闺泪尽；或士有解佩出朝，一去忘返；女有扬蛾入宠，再盼倾国：凡斯种种，感荡心灵，非陈诗何以展其义，非长歌何以骋其情？〔38〕

文学，自然离不开作家对自然界四季不同景物的感应，更是作家心灵受社会人生感荡而生成的，自然与社会都是感发诗情、催生文学的主要因素。既然文学作品产生于四季的感应，作品中就不会缺少表现时光的内容。

站在李白的时代回头看去，我们就会发现，在李白之前尽管有了一些作品通过季节景物表达时光易逝的感受，有了宋玉这样悲秋的作家，有了王勃“春之所感深矣”（《惜春赋》）这样惜光阴、悲岁月的诗人，但是此前历代的作家作品，还没有哪一位作家能似李白那样对春秋的感受如此之强烈，表现同一主题的意象如此之集中。

2

一般认为，李白的赋多写于早期，即李白的青年时期。在这些赋里，就已经表现出这位青年诗人对于春花秋月的敏锐反应。他在《愁阳春赋》里写了芳春之季人的百感交集：

> 东风归来，见碧草而知春。荡漾惚恍，何垂杨旖旎之愁人。天光青而妍和，海气绿而芳新。野彩翠兮芊绵，云飘摇而相鲜。演漾兮夤缘，窥青苔之生泉。缥缈兮翩绵，见游丝之萦烟。魂与此兮俱断，醉风光兮凄然。若乃陇水秦声，江猿巴吟；明妃玉塞，楚客枫林。试登高而望远，痛切骨而伤心。春心荡兮如波，春愁乱兮如雪。兼万情之悲欢，兹一感于芳节。[39]

这里面的春愁，还写的是一般人在芳春之季的离合悲欢，所谓“万情之悲欢”，也只是敷衍而已，并无真实之感受，所以定其为早年模仿之习作，应有道理。但李白对春天的感受却是真实的。从“东风归来，见碧草而知春”的语气看，李白先有了个人悲春的感怀，再敷衍为人群的普遍伤怀。所以见草绿而感知春的到来，见垂杨旖旎而春愁荡漾，陶然于春光之中，“春心荡兮如波，春愁乱兮如雪”，应该是李白临春光所产生的真实感受。但其中还感受不到对时光飘逝的真实感怀。而《惜余春赋》中写道：

> 天之何为令北斗而知春兮，回指于东方……春每归兮花开，花已阑兮春改。叹长河之流春，送驰波于东海。春不留兮时已失，老衰飒兮逾疾。恨不得挂长绳于青天，系此西飞之白日。[40]

虽然祝尧评论此赋“只是江文通《别赋》等篇步骤”[41]，但这里面的叹春，就已经集中在了花阑时逝、老迈年衰上，而且有了个人深切的感怀，有了长绳系日、留住时光的大胆想象，就不能简单地认为是模拟旧赋之作了。李白还写了一篇《悲清秋赋》，当是太白乾元二年（759）流放夜郎、中途遇赦、游潇湘登九疑山时所作。“荷花落兮江色秋，风袅袅兮夜悠悠”[42]，秋风秋色增添了诗人怀乡归去之思，并没有表现一般的年暮的感情。

3

而在李白的诗中，表现伤春和悲秋感情的作品几乎是触手可及，比比皆是。

这样的作品可分为两类，第一类是具有象征意义的比兴之作。比兴是《诗经》的表现方法，到楚辞发展为诗的象征艺术，至汉魏六朝时期演变为整首诗用一个意象寄托某种情思。如汉代《古诗三首》之一的“橘柚垂华实”、曹魏繁钦的《咏蕙诗》、曹植《美女篇》及《杂诗七首》之“南国有佳人”、阮籍《咏怀诗八十二首》之“西方有佳人”“林中有奇鸟”、晋代张华《荷诗》、陆机《园葵诗》等等。

李白的诗不出香草、美人的意象，但却以盛时不遇、一朝徒然衰萎为寄寓，突出了求取功名与光阴催迫的矛盾。《古风五十九首》其二十六：

碧荷生幽泉，朝日艳且鲜。
秋花冒绿水，密叶罗青烟。
秀色空绝世，馨香谁为传？
坐看飞霜满，凋此红芳年。
结根未得所，愿托华池边。[43]

萧士赟注：“此篇荷与华池，比也兴。谓君子有绝世之行，处于僻野而不为世所知，常恐老之将至，而所抱不见于所用，安得托身于朝廷之上而用世哉。是亦太白自伤之意也欤？”〔44〕此注体会李白诗情颇为透彻。荷之为高洁象征，当始于楚辞，《离骚》云：“制芰荷以为衣兮，集芙蓉以为裳。”〔45〕此诗亦以荷花暗寓诗人高洁的人格，然而诗之主旨不在此，而在于自伤盛年却不得志，从诗意看当是未被朝廷所知时的作品。对比晋时张华的《荷诗》“荷生绿泉中，碧叶齐如规。回风荡流雾，珠水逐条垂。照灼此金塘，藻耀君玉池。不愁世赏绝，但畏盛明移”〔46〕，张华诗显然是得志时的作品，荷花开于君之玉池，光彩照人，得到了主人和世人的最高赞赏，所忧者是季节的更替。诗中寄寓的内涵很明显，得到君主赏识的得志之士，忧虑君恩的转移。李白作品的寄寓与张华诗不同，表现的是士人生不逢时的感慨。诗虽然是以所托不得所为慨，但是也可以感受到诗人对年华易于凋逝的焦灼。“坐看飞霜满，凋此红芳年”，“坐”者，顿也，遽也。眼见秋至霜飞，秀色凋零，说的是时间，实则反映的是诗人对时间的心理感受。《早秋单父南楼酬窦公衡》诗“白露见日灭，红颜随霜凋”〔47〕，直接就把人的红颜与飞霜连在一起，说人青春的飞逝，只在俯仰之间。同样的诗还有《古风五十九首》其三十八：

孤兰生幽园，众草共芜没。
虽照阳春晖，复悲高秋月。
飞霜早淅沥，绿艳恐休歇。

若无清风吹，香气为谁发？[48]

这里有绿艳恐休歇的担心，但是更忧悲的是，在阳春之晖照耀的时候，高洁的兰草却孤独地长在幽园，被荒芜的杂草所掩没，虽香艳而不为人知。一旦高秋霜满，香消绿陨，岂非浪度了一生？此诗的关键是在“若无清风吹，香气为谁发”句，“清风”者，了解诗人且援之有力之人。没有这样的人，诗人徒有才华，亦不会被人所知，如花有异香，不被所闻。《感兴》其八表现的是同样的题材和情感：

嘉谷隐丰草，草深苗且稀。
农夫既不异，孤穗将安归？
常恐委畴陇，忽与秋蓬飞。
乌得荐宗庙，为君生光辉？[49]

萧注此诗，以为“此篇比兴之诗，刺时贤不能引类拔萃，以为国用者与？”[50]前两句谓贤人在野，混于常人之中。次二句谓时贤见贤人在野，却不能推荐给朝廷。五六句讲在野的贤人唯恐老之将至，与草木俱腐。最后二句喻在野的贤人希望得到在位贤人的引荐，以辅佐朝廷。这样讲此诗也不能算错。但是，此诗实则与《古风五十九首》其三十八同一个路数，都是在说徒有美质和才华，但是却隐没于芸芸众生之中，不被人发现，以至于虚度年华。此诗是自怨自艾，怀才不遇的感慨寓于虚度年华的生命感伤之中，并非着意于抱怨世无伯乐，发别人的牢骚。在《感遇》其二中，李白写道：

可叹东篱菊，茎疏叶且微。
虽然异兰蕙，亦自有芳菲。
未泛盈樽酒，徒沾清露辉。
当荣君不采，飘落欲何依？〔51〕

东篱之菊，很显然来自陶渊明的“采菊东篱下”诗，但是换了主题和情调。没有接受陶渊明的悠然自得心态，却增加了一份无可奈何的痛苦。在这首诗里，诗人又退一步说，东篱之菊花，虽然没有兰蕙那样超出众花的资质，但是，它仍然有自己的芳香和鲜艳之色。可是在残酷的时光以及现实面前，不得不摆低了姿态。即使如此，仍旧不被当政者所发现、欣赏、任用。“未泛盈樽酒，徒沾清露辉”，不能当荣茂之际，采之入酒，以为之用，仍旧飘落无依。萧注云：“当可用之时而君不采之，惟有飘零老死而已，将安所依乎？”〔52〕朱谏云：“白盖自喻适年富之时，抱可用之才，不蒙录用，蹉跎衰老，不能有为，将至流落而无所成，岂不可叹也哉！”〔53〕此诗已经流露出无奈之态。可见无论什么样自视甚高的人，都会垂眉摧腰于时间这把悬在头上的无情鞭子。

以上数诗以花草为喻，《古风五十九首》其二十七则写佳人：

燕赵有秀色，绮楼青云端。
眉目艳皎月，一笑倾城欢。
常恐碧草晚，坐泣秋风寒。
纤手怨玉琴，清晨起长叹。
焉得偶君子，共乘双飞鸾。[54]

如萧注所说："此诗比兴，与二十六首同意，谓怀才抱艺之士，唯恐未见用之时而老之将至。"[55]而这里的"坐泣"则是倾国倾城的姣好女子空度青春的徒然伤感，表达的是诗人更为担心的情绪，如同建安诗人曹植的《美女篇》。

需要进一步注意的，是上面诸诗中一再表现出的无所托身感："飘扬竟何托？""孤穗将安归？""飘落欲何依？"庄子以人的死去为归依，李白此处所言显然不是此意，而是指人的生命价值的体现和人的生命意义的寄托所在。在李白看来，人的生命极为有限，青春更是短暂，生命意义所在、价值所在，即在于功名的实现。有了功名，就是有了所归、所托和所依。没有功名，人徒然度过一生，生命无意义，就是无归、无托和无依，这是李白最为担忧的生命结果。

以上诸诗虽不能确指为何时所作，但定为李白入长安之前所作，当无太大问题。《古风五十九首》其二十六，詹锳先生《李白诗文系年》系于开元二十三年（735），安旗先生《李白全集编年注释》则系于开元十三年（725）。其二十七，萧注谓与二十六首同意，当是同一时期之作无疑。其三十八，安旗先生系于开元十八年

(730)，并云："其时尚未奉诏入朝甚明。"[56]其五十二，詹锳先生系于开元二十三年，安旗先生系于开元十六年(728)。《感遇》其二和《感兴》其八，詹锳《李白诗文系年》和安旗《李白全集编年注释》均未系年，但是从诗意看，当与上诗为同一时期。

这一时期，李白风华正茂，强烈地渴望着荐身宗庙，一展自己辅佐君主、成就不朽功业的抱负。然而，一方面是报国的强烈愿望，另一方面则是报国无门的现实，主观愿望与客观现实的尖锐冲突，磨锐了李白对时间的敏锐感受，在阳春而悲秋天的不可避免，虽红芳而思凋零。在悲春与伤秋的传统题材中，寄寓了他叹惋青春的情思。

在这些诗里，经常出现的句子和语词是"常恐""恐"："常恐秋节晚""常恐委畴陇""绿艳恐休歇"，从这些诗句中，我们会深切地感受到飞逝的流年给青年李白造成的心理恐惧和焦灼。他清醒地看到青春是极为短暂的，不可挽留，也无法留驻。因此诗人经常的心理恐慌就是担心容颜一朝凋衰。

在这些诗里，还会看到另外一种现象，那就是"焉得""乌得"以及"为谁""谁为"的发问。这样的发问又让我们感受到李白英年报国无门的困惑，此时的诗人还找不到及时建立功业的途径。正是如此，又引起了李白此身今世如同秋蓬般无所依托的失落感：这里所说的"依托"，上面已经说过，就是功名，是生命价值的实现。

当然，李白叹惋青春，然而此时他青春正富，韶年不再，所谓叹惋，只是他功业未就时对未来的一种担忧。在以上诸诗中，李白咏物寓志，写盛开之花虽有艳丽之姿、芳香之质，却不为人所赏，担心秋天来临，香消色残。其中寄寓了李白对功业与青春的渴想。所以，诗中虽不无伤感的情思，但总的情调却充满了希冀，叹惋青春，却也是在歌颂青春，并无后来的悲怆。

4

第二类是写现实生活中对春秋四季的真实感受。写季节时令景物，如《诗品》所言，是中国古代诗歌的传统。春季万物萌发，人的生理与心理，都从冬天的蛰伏中苏醒，因此见柳绿花红，欣喜之情形之于诗赋，故“池塘生春草，园柳变鸣禽”“春风又绿江南岸”“红杏枝头春意闹”，都成千古绝唱。到了秋季，天气肃杀，万物凋零，人的心灵亦为之生悲凉感，尤其是客居外乡者，所谓叶落归根，更增漂泊感，杜甫《登高》有“无边落木萧萧下，不尽长江滚滚来”著名诗句，范仲淹《苏幕遮》有“碧云天，黄叶地”“黯乡魂，追旅思”感人之词。

李白亦如此，尽管他一生多浪迹天涯，在唐代诗人中，是对故土观念比较淡泊的人，但是在他的诗中亦不乏临秋而怀念故乡的作品。《秋夕旅怀》：“凉风度秋海，吹我乡思飞。连山去无际，流水何时归？日夕浮云色，心断明月晖。芳草歇柔艳，白露催寒衣。梦长银汉落，觉罢天星稀。含叹想旧国，泣下谁能挥？”〔57〕旧国，即故乡。秋风吹起之际，怀念故乡的乡愁亦随之而起，日夕望远山之云，肠断明月之夜，不觉泪下沾襟。《太原早秋》表达的也是同样情思："岁落众芳歇，时当大火流。霜威出塞早，云色渡河秋。梦绕边城月，心飞故国楼。思归若汾水，无日不悠悠。"〔58〕当霜白叶落之时，诗人思归之心，若河水无日而不流淌。又《江上寄元六林宗》："霜落江始寒，枫叶绿未脱。客行悲清秋，永路苦不达。"〔59〕此诗写于初秋，客行人悲江风渐寒，旅程遥远。《寄崔侍御》："宛溪霜夜听猿愁，去国长为不系舟。独怜一雁飞南海，却羡双溪解北流。高人屡解陈蕃榻，过客难登谢朓楼。此处别离同落叶，朝朝分散敬亭秋。"〔60〕天宝十二载（753），李白和崔成甫都客居宣城，"世路如秋风，相逢尽萧索"〔61〕，霜夜听宛溪哀猿，引发诗人的身世之感：自被谗去国，漂泊无定，如不系之舟。而现在自己又将羁旅南行，如南飞的孤雁，不免与友人同生落叶之悲也。二诗表达的都是秋日客乡的愁思。

不过，在以节候为题材的诗中，除了此类表现一般情感的作品之外，李白的诗中，极为突兀地显现出来的仍旧是写春荣与秋景而感叹光阴易逝的作品。此类作品集中在春秋二季。

春日是一年之中最绚丽的时期，最容易激发诗人对美好人生的珍爱；自然，看桃李落花纷纷，亦会感慨流光欺人、美好时光的短暂。《前有樽酒行二首》其一：

> 春风东来忽相过，金樽渌酒生微波。
>
> 落花纷纷稍觉多，美人欲醉朱颜酡。

青轩桃李能几何？流光欺人忽蹉跎。

君起舞，日西夕。

当年意气不肯倾，白发如丝叹何益？〔62〕

《前有樽酒行》为乐府旧题，晋时傅玄有作，乃为祝寿之辞。李白却用来表现光阴感：春光美好而短暂，流光欺人，岁月蹉跎，不如及时行乐。朱谏《李诗选注》于此诗解释甚好：“言春风自东而来，忽然过我，吹彼金樽，渌酒生波。风和酒香，春又老矣，落花之多何纷纷也！彼美人者，惜余春而取醉，面发赭而微酡。青轩桃李，虽曰芳菲，曾几何时，而又零落。是知流光之欺人，忽来忽去，蹉跎易迈，不为我而少留，可不及时以为乐乎？”〔63〕“言落花多而流光去矣，君醉起舞而日又西矣。少壮之时，志欲取富贵、立功名以自荣者，时既不遇，宜即已矣。设使意气不肯降服，犹欲倔强以干进取，则白发如丝，老态日增，复何益乎？不如醉舞以相乐也。”〔64〕《赠钱征君少阳》表现的是同样的情感：

白玉一杯酒，绿杨三月时。

春风余几日？两鬓各成丝。

秉烛唯须饮，投竿也未迟。

如逢渭水猎，犹可帝王师。〔65〕

在这首诗里，可见李白对未来抱有极大希望，以为时机一旦到来，如同姜尚，即可成为帝王之师。但是从此诗也可看出，面对春天将暮、人之将老，秉烛夜游、纵情享乐，是李白挥之不去的念头。当然，也有学者把此诗定于天宝三年（744）离京漫游梁宋期间，据此，有的人会根据这首诗写于京城失意之后而断定这不过是李白的激愤之语。求取功名所受到的巨大挫折，必然激发李白看空世事的念头，因此放浪形骸，把一切都寄托在现世享受之上，在乐不知疲的玩乐中消磨时光。其实，情况并不完全如此，李白并非只有在官场失意后，才会有放浪形骸之想，无论李白在得意时期还是失意时期，他对于生命的感受，都表现出同样的面对时光流逝的多种选择，实则表现出面对生命流逝的手足无措。这应该是李白的常态，而非一时的愤激之语。《携妓登梁王栖霞山孟氏桃园中》：

碧草已满地，柳与梅争春。
谢公自有东山妓，金屏笑坐如花人。
今日非昨日，明日还复来。
白发对绿酒，强歌心已摧。
君不见梁王池上月，昔照梁王樽酒中。
梁王已去明月在，黄鹂愁醉啼春风。
分明感激眼前事，莫惜醉卧桃园东。[66]

从此诗可以一窥李白在梅柳争春、黄鹂鸣啭的美好季节，心中的纠结。此次春游，李白是携妓女而来，然而诗人心思似乎不在如花之妓，而在当年携妓东山的谢安。谢公作东山之隐，当春之时，亦曾有携妓东山的游迹。但他一朝起而安天下，成就千秋功业，携妓东山竟然也成为谢公的旷世风流。此时此刻的李白呢？亦是春风，亦是美女相伴，与谢安行迹极其相似，不过功名却不能比谢安，人已白发而功名无期，“今日非昨日，明日还复来”，一日复一日，不过是虚掷光阴而已，这是何等深刻的悲伤！排遣以酒，排遣以歌？都十分勉强，哪里会挥去感伤？但是想一想此地乃是梁王的雁池，花前月下，梁王曾宴饮游乐于此。而现在，梁王安在？明月所照，已是李白与友人的酒杯，所谓物是而人非，面对此情此景，又当何如？无他，醉饮以尽一时之欢而已。面对飞逝的光阴，诗人表面上是痛饮狂歌，追求一时之乐，而其内心深处却潜藏着面对功名无成、岁月飞逝现实的无奈。“今日非昨日，明日还复来”，与叔本华对生存的感受十分相似：“过去的一切已经过去了，它的存在如白驹过隙，仿佛从不曾有过似的。并且，你所说过的任何一种事物的存在，在下一个瞬间就将是过去的存在了。”〔67〕的确，对于今日来说，昨日已经是过去的存在了，而对于明日而言，今日则是即将过去的一个瞬间。对于时间来说，这个世界上的一切都是瞬即改变的。李白对每一天的光阴虚度都有刻骨铭心的感受，故对酒强歌以代哀哭。李白的两次进出长安，是他人生很重要的阶段。漫游以追求功业，蹉跎了他的青春年华。奉诏进京，供奉翰林，又无情地粉碎了他风云际会、大济苍生的理想之梦。这一时期应该说是李白生命意识最为强烈也最为清醒的时期。光华流移、生命苦短，是这一时期作品中反复出现的喟叹，《短歌行》："白日何短短，百年苦易满。苍穹浩浩茫，万劫太极长。"〔68〕《早秋赠裴十七仲堪》："光景不可回，六龙转天车。"〔69〕《相逢行》："光景不待人，须臾发成丝。"〔70〕今日已非昨日，光阴不可倒流，白日苦短，人生不过瞬间。诗人对光景飞逝有触目惊心的感受，与此前的诗相比，对青春的惋惜变成了对时光不久、衰老逼近的惊心动魄的感受，平添了浓厚的浮生可嗟的悲恨。年少时"绿艳恐休歇"的焦虑与惆怅，已经变为"白发对绿酒，强歌心已摧"的无限悲伤。

春季之思如此，秋季的光阴感就更为浓烈。《古风五十九首》其三十二：

蓐收肃金气，西陆弦海月。
秋蝉号阶轩，感物忧不歇。
良辰竟何许，大运有沦忽。
天寒悲风生，夜久众星没。
恻恻不忍言，哀歌逮明发。〔71〕

蓐收，秋之神也；日行西陆谓之秋。秋天的夜晚，半轮海月，天气肃杀。当此之时，听屋外寒蝉凄切，诗人不免哀从中来，感慨时运不济，不知何时能够赶上好的时光。旧说多以为此诗隐喻唐朝的国运，李白为之而悲忧。其实，李白感物，所感就是光阴；大运，乃其一生的命运。在《古风五十九首》中，这样的诗还有第五十二首：

青春流惊湍，朱明骤回薄。
不忍看秋蓬，飘扬竟何托？
光风灭兰蕙，白露洒葵藿。
美人不我期，草木日零落。[72]

《求阙斋读书志》“此首亦岁不我与之意”，仍旧表现的是李白惊见春去夏来、转又秋临的不忍。朱谏《李诗选注》串讲此诗前四句甚好：“言青春之去，迅若惊湍；朱夏之临，忽然迫近；既夏而秋，秋蓬飘扬，竟无所托，景物又萧条矣。我亦何忍以观之哉！所以不忍观者，正以我之踪迹有如飞蓬，而亦莫知其所止也。”[73]此诗着力描写秋天对美好事物的摧残。兰蕙自楚辞就成为美好事物的象征，不过兰蕙这样美好的花草，只有在雨后含着湿润的阳光下才会芬芳而又茂盛；葵藿也是如此，葵藿倾太阳，只有在阳光照耀下方得成长。但是在万木凋零的秋季，没有了含着雨露的阳光，代之而来的是白露为霜，多么美好的花草都在这样的季节凋零殆尽。这自然写的是诗人眼前所见的时景，却也在写诗人担忧的年华易老、功名无就的身世。不忍看秋风中随处飘转的蓬草，正是因为自身处境相似，如朱谏云：“君不我知，岁又晚矣，草木零落，而景物变矣，功业无闻，岂不可悲也夫！”[74]

《郢门秋怀》写于乾元二年李白客居荆州之时，李白已近暮年。李白此行，或者为隐居寻仙而来。遇北风方吹，木叶摇落，雁渡潇湘，不免对寻仙之举产生了怀疑，有了思乡之念：

郢门一为客，巴月三成弦。
朔风正摇落，行子愁归旋。
杳杳山外日，茫茫江上天。
人迷洞庭水，雁度潇湘烟。
清旷谐宿好，缁磷及此年。[75]

诗如此写，也就一般，写的就是客旅他乡的人，逢秋之季，遥望家乡的思归之情。而此诗真正警醒、震动人的是其对万物与时迁化的描写：

百龄何荡漾，万化相推迁。
空谒苍梧帝，徒寻溟海仙。
已闻蓬岳浅，岂见三桃圆？
倚剑增浩叹，扪襟还自怜。
终当游五湖，濯足沧浪泉。

“百龄何荡漾，万化相推迁”，写时光变化之无情，冰冷、理性，却又惊心动魄。时光残酷无情，百年何其短暂，万物皆与时俱化，苍梧之野的舜帝何在？溟海之中的仙人何在？沧海桑田之变是实，王母三千年方结一次果的仙桃是虚，想一想自己的渺小之躯，真是可怜！在大化面前，一切皆虚，功名富贵亦属枉然，《古风五十九首》其二十三所写，就是诗人这样的感受：

秋露白如玉，团圆下庭绿。
我行忽见之，寒早悲岁促。
生犹鸟过目，胡乃自结束。
景公一何愚，牛山泪相续。
物苦不知足，登陇又望蜀。
人心若波澜，世路有屈曲。
三万六千日，夜夜当秉烛。〔76〕

忽然见到草上凝结的寒露，诗人才感知到秋天的来临。“忽见之”，盖忙于功名而忽略了季节变换也。因此乍见庭前草上白露，不觉惊讶一年如此之短，而人生亦如快鸟飞过眼前，忽然而已。光阴如此逼迫人，促使李白思考人生。《晏子春秋·谏上》：“景公游于牛山，北临其国城而流涕曰：‘若何滂滂去此而死乎？’艾孔、梁丘据皆从而泣，晏子独笑于旁。公刷涕而顾晏子曰：‘寡人今日游悲，孔与据皆从寡人而涕泣，子之独笑，何也？’晏子对曰：‘使贤者常守之，则太公、桓公将常守之矣。使勇者常守之，则庄公、灵公将常守之矣，数君者将守之，则吾君安得此位而立焉？以其迭处之，迭去之，至于君也。而独为之流涕，是不仁也。不仁之君见一，谄谀之臣见二，此臣之所以独窃笑也。’”〔77〕人之迭代，乃人世之常，而景公却有牛山之泣，悲自己不能长享富贵不死，可谓“物苦不知足，登陇又望蜀”；而自己碌碌于功名，竟不知日月，与景公相比，岂不是十步笑百步之差？与其用功名约束住自己，为何不秉烛夜游，放松自己的心情，以求自由呢？在无情的时间面前，《古风五十九首》其二十否定了求仙，《郢门秋怀》不仅否认了仙人的存在，而且否定了所有长久不死的事物，此首又否定了功名富贵，而在其他的作品中，李白又否定了及时行乐。三者时而肯定之，时而否定之，可见李白越是接近生命瞬间存在而又终归虚无的本质，其内心就越发充满矛盾，越发痛苦，越发无奈，越发无措。

与秋景相对应的则是表现人衰老的白发意象。《秋浦歌》组诗作于天宝十三载（754）之时。其一云："秋浦长似秋，萧条使人愁。"[78]又云："正西望长安，下见江水流。"其二云："秋浦猿夜愁，黄山堪白头。""欲去不得去，薄游成久游。何年是归日？雨泪下归舟。"可见李白游秋浦时，真是愁肠百结。其中既有他功名失意的惆怅，又有他久居他乡的不适，还有就是他逢秋之际所产生的迟暮之感。《秋浦歌》其四所写即是：

两鬓入秋浦，一朝飒已衰。
猿声催白发，长短尽成丝。

这首诗整首都是围绕白发这一意象展开：写白发生长之快，只在一朝之间；写白发生长之多，无论长短尽成白丝；写头发之衰老，干枯而且脱落。看诗意，表面似乎是秋浦秋色和哀猿之声，催生了诗人的华发，使诗人两鬓顿时皆白；实则是秋水秋声秋色与诗人内心无数的失意和惆怅猝然相遇相合，使诗人顿起迟暮之感。白发的意象是为了表现诗人内在世界的无限惆怅。《秋浦歌》其十五抒写愁之深重，更成千古绝唱：

白发三千丈，缘愁似个长。
不知明镜里，何处得秋霜。

三千丈的白发意象，形容心中无限之愁肠，前无古人，后无来者。而其实，读者只看到了此诗写愁之妙，却未必理解此时李白缘何而愁。其奥秘恰恰在读者忽略的后两句“不知明镜里，何处得秋霜”——诗人临镜，惊诧自己不知何时何地，竟然添此霜雪般的白发。

这里有两个细节颇耐人寻味。

一个是照镜子的细节。照镜子的细节在李白诗中多有之，如下面的两首，都写了诗人照镜子的细节。《秋日炼药院镊白发赠元六兄林宗》：

木落识岁秋，瓶冰知天寒。
桂枝日已绿，拂雪凌云端。
弱龄接光景，矫翼攀鸿鸾。
投分三十载，荣枯同所欢。
长吁望青云，镊白坐相看。
秋颜入晓镜，壮发凋危冠。

穷与鲍生贾，饥从漂母餐。
时来极天人，道在岂吟叹。
乐毅方适赵，苏秦初说韩。
卷舒固在我，何事空摧残。〔79〕

《赠别舍人弟台卿之江南》：

去国客行远，还山秋梦长。
梧桐落金井，一叶飞银床。
觉罢揽明镜，鬓毛飒已霜。
良图委蔓草，古貌成枯桑。
欲道心下事，时人疑夜光。
因为洞庭叶，飘落之潇湘。
令弟经济士，谪居我何伤。
潜虬隐尺水，著论谈兴亡。
客遇王子乔，口传不死方。
入洞过天地，登真朝玉皇。
吾将抚尔背，挥手遂翱翔。〔80〕

李白固然很自恋，但他自恋的是自己的才具，而非容貌："君看我才能，何似鲁仲尼？"〔81〕"才力犹可倚，不惭世上雄。"〔82〕他自以为骄傲的是自己的才能。所以他经常揽镜自照，并非似魏晋时曹植、何晏、潘安之流的顾影自怜[①]，欣赏的是自己的美男子相貌。那么，李白喜欢一个人照镜又是出自一种什么样的心理？两首诗，两个情节足可以揭示李白的内心世界。《秋日炼药院镊白发赠元六兄林宗》里，李白对镜镊掉了一根白发，并且发现不仅长了白发，而且谢顶厉害，所谓“壮发凋危冠”了。此一细节最早见于鲍照的《拟行路难》其十三：“流浪渐冉经三龄，忽有白发素髭生。今暮临水拔已尽，明日对镜复已盈。但恐羁死为鬼客，客思寄灭生空精。”[83]不过，我们要注意，当人初生白发时，常常拔去白发，此时多是壮年之时；而到了老年，白发满头时，拔之不胜，也就任其自然了。詹锳先生《李白诗文系年》系此诗于天宝九载（750），李白时年五十岁。所以，此时的李白还壮志满怀，对一时的穷窘不以为意，“时来极天人，道在岂吟叹。乐毅方适赵，苏秦初说韩。卷舒固在我，何事空摧残”，对未来满怀希望。《赠别舍人弟台卿之江南》中的情节则是：诗人在夜间梦中，听到梧桐落叶飘落井旁的飒飒之声，醒来后的第一件事就是揽镜自照，看看自己头发白了多少。令诗人伤心的是，头发不仅白了许多，而且脱落了许多，这一切都说明自己又衰老了许多，已经“古貌成枯桑”了。此诗写于唐肃宗乾元二年，李白已经六十岁，且因从永王璘被流放至零陵。故诗中有“因为洞庭叶，飘落之潇湘”之语，说自己似一片孤零零的树叶，飘落到潇湘水中。又因为已近暮年，所以“古貌成枯桑”，容貌像枯桑

① 《魏略》说“晏自喜，动静粉帛不去手，行步顾影”。

般枯槁。两个照镜子的细节，相隔十年，的确可以证明李白在相当长的时间里患了时间焦虑症。季节的转换，对他人也许稍有感触，也许漫不经心，但是对李白来说则是触目惊心，所以他经常揽镜自照，时时关心的是时间流逝，焦虑个人的衰老。

另一个细节，是李白“不知”“何处”的疑问。“不知明镜里，何处得秋霜”，是真疑问，还是明知故问？何时、为何生的白发，诗人自然不会浑然不觉，经常揽镜自照，说明他对自己的容颜是多么关注，所以此问当是明知故问。然而，也正是此疑问，反映出李白对壮年功业无就、青春老去的如此不甘！在这里，李白似乎不是自问，而是他问：问时光，问命运，如屈原之问天。

论生命意识，欧美学者更多关注的是死亡，其生命哲学最发达的是死亡哲学，向死而生，是他们面对死亡恐惧所采取的态度之一。而李白的生命意识则不然，与其说是死亡恐惧，不如说是衰老恐惧更为确切。他的哲学虽非向死而生，由死亡而反思如何生活得更好、更有价值；却是向老而生，由人将老去，而反逼少壮之时，如何生活得更有价值、更有意义。

三　逆旅与过客

表现光阴和生命的不居，李白诗中还塑造了逆旅与过客的意象。

在现代的时空观念中，宇宙是永恒的，时间也是无限的。相对于宇宙而言，“一切皆流，无物常在”（赫拉克利特语）[84]，地球上的万物，包括人所感受的时光都是流动不居的，而人的生命，就更为短暂，更为渺小。

1

李白的诸多诗里，都明显流露出时间与生命都是过程的意识。相对于永恒来说，过程具有流动迁贸性和有限性，李白恐怕正是基于这种体验，把光阴比喻为过客，把天地比喻为逆旅。《春夜宴从弟桃花园序》说：

> 夫天地者，万物之逆旅也；光阴者，百代之过客也。而浮生若梦，为欢几何？古人秉烛夜游，良有以也。[85]

天地就是亘古长存的宇宙，就是地老天荒的大地，对于万物和光阴来说，它们是无限的、永恒的、不变的，所以李白把它比喻为常设的逆旅，即日出日落、月圆月缺、冬去春来、光阴流变的处所，动物生老病死、族类增减、人类朝代更迭、文化隆替、植物荣枯、万物兴衰的舞台。场所和舞台是固定的，如同常设旅途间的宾馆，而万物和光阴就是不断流动的过客了。正因为日月如梭、人生如寄，李白有了浮生若梦的虚幻、为欢几何的感慨，认为古人苦白昼之短，秉烛而夜游，是有道理的。“鉴于上述理由，我们确实可能相信最高的智慧是将现存的欢悦作为生命的最高目的；因为这才是唯一的现实，其他的一切仅仅是思想的游戏而已。”[86]可以说是过程意识逼出了他及时行乐的想法。当然，叔本华又讲：“另一方面，这样一种举动或许被称为最大的愚行：因为一切都是转瞬即逝的，如同一场无需任何努力的梦幻。”也就是说，是及时行乐也是虚幻而无意义的。

过程不仅是变动不居的，而且是不可逆转的。时间是一个永恒的流动过程，它像河水一样不断地流过去，流过去，再不回头。诚如孔子所说的那样：“逝者如斯夫，不舍昼夜。”李白诗曰：“今日非昨日”，“弃我去者，昨日之日不可留”，不仅是言光阴的不可留，而且特别讲道，每一寸光阴都是不可倒流的，这就是时间的客观性，也是它的残酷性、冷酷性。

《拟古》其九还写道：

> 生者为过客，死者为归人。
> 天地一逆旅，同悲万古尘。
> 月兔空捣药，扶桑已成薪。
> 白骨寂无言，青松岂知春？
> 前后更叹息，浮荣何足珍！[87]

《春夜宴从弟桃花园序》说光阴是百代之过客，此处又把人也视为匆匆而来、匆匆而去的过客了。人既为行者，人生就是旅途，而非归宿。归宿为何？死亡。“生者为过客，死者为归人”，这也是在说，生是暂时的，死才是永久的。所谓过客，前拨走，后拨来，永远行色匆匆，而且面目模糊，踪迹皆无。这就是李白塑造的过客意象给读者留下的印象。

生者为寄、死者为归的思想，最早来自道家，《文选》李善注引《尸子》老莱子曰："人生于天地之间，寄也。寄者固归。"〔88〕《吕氏春秋》高诱注引庄子佚文说："生，寄也；死，归也。"〔89〕《淮南子·精神训》说："生，寄也；死，归也。"〔90〕《列子》很欣赏老莱子这一说法，故《列子·天瑞》说："古者谓死人为归人，夫言死人为归人，则生人为行人矣。行而不知归，失家者也。"〔91〕这是中国古代哲人对于生死极为达观、极为超脱的认识。这种认识，在汉代诗歌中，有集中的表现，在《古诗十九首》中，时见生者为过客的慨叹："人生天地间，忽如远行客。""人生寄一世，奄乎若飙尘。""人生忽如寄，寿无金石固。"但是已经演变为时光迅疾给世人带来的急迫感和压迫感。人生就是走在回家的路上，所以可从从容容地走，平平静静地回，生死皆应淡然处之，这是何等理性的态度！但是从《古诗十九首》可见，汉代人显然不能平静地对待生与死了，"忽如远行客""奄乎若飙尘"，从中可以真切地感受到汉代人在死亡面前的心惊肉跳，感受到他们对生的无比眷恋，以及对死的惊悚。

2

逆旅即旅店。在晋代之前，逆旅罕见用来比喻人生。如《庄子·山木》“阳子之宋，宿于逆旅”[92]，《后汉书·儒林列传》：“周防字伟公，汝南汝阳人也。父扬，少孤微，常修逆旅，以供过客，而不受其报”[93]，等等。只有《庄子·知北游》将逆旅用作比喻：“悲夫，世人直为物逆旅耳！”[94]是说人成了喜怒哀乐的寄寓之地，以妄为真，深可悲叹。《列子·仲尼》方把家比喻为逆旅：“龙叔曰：……处吾之家，如逆旅之舍。”[95]言其不以家为家。

到了南朝，佛教大兴，讨论形神关系，重神而弃形，开始大量用逆旅为喻，把人的形体喻为精神所寄寓的逆旅，强调它的暂时性。刘宋时宗炳《明佛论》：“若鉴以佛法，则厥身非我，盖一憩逆旅耳，精神乃我身也，廓长存而无已。”[96]形体非我，精神才为真我。谢镇之《与顾欢书折〈夷夏论〉》：“夫神之寓形，犹于逆旅，苟趣舍有宜，何恋恋于檐宇哉。”[97]朱昭之《与顾欢书难〈夷夏论〉》：“达者尚复以形骸为逆旅，衮冕岂足论哉！”[98]释法明《答李交州〈难佛不见形〉》：“形充逆旅之馆，神当过憩之宾。往来三恶而苦楚，经离八难而酸辛。”[99]梁代刘歊《革终论》：“夫形也者，无知之质也；神也者，有知之性也。有知不独存，依无知以自立，故形之于神，逆旅之馆耳。及其死也，神去此而适彼也。神已去此，馆何用存？速朽得理也。”[100]都是在讲神的长存与重要，形的暂时而不重要。

在诗文中，用逆旅形容人生应在东晋。释道安《大十二门经序》：“淫有之息，要在明乎万形之未始有，百化犹逆旅也。”[101]百化即万事万物的方生方死之化，当然包括人生。道安是东晋名僧，他的话当有很大影响。在晋代伟大诗人陶渊明的诗文中，开始用逆旅比喻人生,《杂诗十二首》之七：“日月不肯迟，四时相催迫。寒风拂枯条，落叶掩长陌。弱质与运颓，玄鬓早已白。素标插人头，前途渐就窄。家为逆旅舍，我如当去客。去去欲何之，南山有旧宅。”[102]《自祭文》：“岁惟丁卯，律中无射。天寒夜长，风气萧索。鸿雁于征，草木黄落。陶子将辞逆旅之馆，永归于本宅。”[103]南山旧宅，即其家坟也。诗文同义，都表现了生者为寄、死者为归的思想。邱嘉穗云：“此言亦甚达，以家为‘逆旅’，以南山墓冢为‘旧宅’，公视死如归耳。”[104]梁代萧统《陶渊明集序》：“处百龄之内，居一世之中，倏忽比之白驹，寄寓谓之逆旅，宜乎与大块而盈虚，随中和而任放。岂能戚戚劳于忧畏，汲汲役于人间？”[105]准确传达了陶渊明人生若逆旅的寓意。

李白显然是受到了道家思想的影响，在情感上与汉、晋诗人的血脉相通。但是他扩大了诗的境界，陶渊明以家为逆旅，即以人生为逆旅，强调的是人生的暂寄性；而李白则以天地为逆旅，以人生为过客，同样突出人生是暂时而短暂的，却以天地之长久而衬托之。“生者为过客，死者为归人。天地一逆旅，同悲万古尘。”过客居处旅舍，是人生的过程。但旅客不可能永居客栈，前者走，后者来，永远流动不居，而且都将化为尘埃，没有不老之人，也不会有永存之物。《搜神记》卷十四：“羿请无死之药于西王母，常娥窃之以奔月。”[106]《山海经·海外东经》：“汤谷上有扶桑，十日所浴，在黑齿北。”郭璞注：“扶桑，木也。”[107]《楚辞·九歌·东君》：“暾将出兮东方，照吾槛兮扶桑。”王逸注：“言东方有扶桑之木，其高万仞，日出，下浴于汤谷，上拂其扶桑……日以扶桑为舍槛。”[108]“月兔空捣药，扶桑已成薪”，李白说月中白兔空捣不死之药，神木扶桑亦已枯死为薪柴，否定了不死之事物的传说。不死之事物既然不存在，也就不会有什么不死之人了。况且在时光面前，连不死的扶桑都会摧折为薪，更何况人乎？所见者，累累白骨而已。所以李白过客之喻，其诗意近于道安的“百化犹逆旅”的思想，极为生动地表现出了人的生命过程流动不永的性质。

3

生者如寄的思想，还催生出李白的人生漂泊无依感。法国18世纪伟大思想家卢梭曾概括：“这世上的一切不过是前赴后继的潮水。没有任何东西可以永恒的形态停住不动……在我们的身前身后，不是已然不再的过去，就是日后亦会不再的未来，因为事物总是在变啊，在这些东西身上，我们的心根本无可依托。”[109]无独有偶，李白也有同感，《春日独酌》其一云：

东风扇淑气，水木荣春晖。
白日照绿草，落花散且飞。
孤云还空山，众鸟各已归。
彼物皆有托，吾生独无依。

对此石上月，长醉歌芳菲。[110]

传为严羽评本载明人批："意态近陶。"[111]此诗显然有陶渊明的思想痕迹在，但又完全不同。陶渊明处置生命有"纵浪大化中，不喜亦不惧"的名言，把个人的生命安置于顺应自然，《读山海经》诗云：

孟夏草木长，绕屋树扶疏。
众鸟欣有托，吾亦爱吾庐。
既耕亦已种，时还读我书。
穷巷隔深辙，颇回故人车。
欢然酌春酒，摘我园中蔬。
微雨从东来，好风与之俱。
泛览周王传，流观山海图。
俯仰终宇宙，不乐复何如？[112]

陶渊明的思想和情感已经越过人而无依的阶段，进入到了随化自然的境界：草木皆得其时，众鸟得其所托，人虽居穷巷亦得安居之乐，春耕结束，细雨微风中悠闲读书，物我皆因应自然而各遂其性，因而也各得其所。但李白诗所感叹者，则与陶潜不同，草木得春晖而荣，孤云归空山而静，众鸟回故巢而栖，亦是万物皆得其所，唯诗人却漂泊无依，孤独地与山月为伴。"彼物且皆有托，而吾生何独无依乎？不免对此石上之月，举杯邀饮，长醉而歌春日之芳菲，以了此一生耳。”[113]陶潜因因应自然而快乐，李白此时却颇为苦闷。自然，李白也有顺应自然的思想，他也常常因此而获得解脱，获得自得之乐，但这首诗则不然。其实比较陶渊明与李白，陶渊明对官场束缚人的自由、违背人的本性的生活觉悟比较早，所以能毅然回到农村，过一种自耕自乐的生活。而李白则不然，他虽然也知道官场黑暗、官场对人的自由的束缚，诗中也多有反映，但总的看，却一生追求功名，终未放弃。他的人生漂泊无依之感，夹杂着来自政治抱负的无所施展、功名付与流水的苦闷和人生如过客的孤单。

关于生命，如第一章所言，儒道两家都比较理性。儒家讲生，不言死；重现世，不谈来世。对此，钱穆有极精辟论述：“若要说东方人有宗教，宁可说是‘儒教’而非佛教。儒教与佛、耶、回三教之不同处，大端有二：一则佛、耶、回三教皆主有灵魂（佛教轮回说可谓是变相之灵魂），而儒家则只认人类之心性（或说良心）而不讲灵魂。二则佛、耶、回三教皆于现世界以外另主有一世界。在此另一世界里，则有上帝天神或诸佛菩萨。儒家则只认此人类之现世界，不再认现实世界外之另一世界，而在此现实世界中之标准理想人物则为圣贤。惟此所谓现实世界，并非一小我身限之世界，亦非一百年时限之世界，乃推扩尽量于人生世界一个广大悠久的现实世界。故若以儒家思想为一宗教，则不妨称之为人生教，或人文教，或圣贤教，以别于佛、耶、回三宗之上帝教与佛菩萨教。又不妨称之为现世教，以别于佛、耶、回三宗之出世教。亦可称之为心性教（或心教），以别于佛、耶、回之灵魂教。”[114]而道家更彻底，认为死后即归于自然。

中国固有的思想中，只有墨家讲鬼，深信鬼神的存在。佛教这一外来的思想中，讲前世、今世和来世。唐代社会，是儒释道都比较盛行的时代，尤其是李白生活的盛唐，士人的思想都不同程度地受到以上三家的影响。儒家、道家自不必言，佛教在士人中也有广泛的影响，王维就是代表。李白一生与佛教也算是有缘之士，多有与僧人交往之诗。然而，在李白的作品中，却很少有佛教轮回观的痕迹。也就是说他只有现世观，而没有来世或前世观。李白所说的归，并不是归于另外一个世界，或者成仙，或者转世，而是归于死寂，由生的存在归于死的虚无，肉体与灵魂均归于寂灭。因此出现于李白诗中的过客，既非从前世而来，亦非往来世而去，此过客来无踪、去无影，“来无所从，去复何适？”〔115〕，只存在于此生，生活于当世，也就是说此生就是他的唯一。“只有现时才是真正的和现实的，现时包含了现实的内容，我们的存在唯独就在这一时间。”〔116〕李白诗中所塑造的过客意象，以及它所表现的过程意识，应该说是所有关于生命的理解中，最为理性的认识。这种认识，断绝了红颜永驻神话传说给人们造成的虚幻的寄托，也避免了生命轮回等宗教观念给人们带来的对来世的迷狂。因此可以说李白的生命意识是清醒的、现世的、现实的。李白诗中对生命过程的深刻感悟和描写，深化了中国古代的生命意识。当然也无可讳言，李白对生命的这种异乎寻常的清醒的认识，也带来了他现世享乐主义的思想。消除了关于生命的来世的迷狂，却造成了诗人对于生命的现世的躁动，对于生活的狂放不羁，就此而言，李白的生命意识是深受了《列子》思想的影响。

四　春殿与古丘

“时间的前移给我们留下越来越多的记忆，它同时也在不断奔向未来”[117]，客观的时间是抽象的，个体生命存在的时间则是具体的，它以事件的具体形态存在于人的记忆之中。历史记忆存在于两种形态中，文献与文物——历史遗迹，它们是时间之流的物化形式。“从根本上讲，任何文献都是颤抖的人类心灵的表现”[118]，文物何尝不然？与个体一生的时间事件相比，历史更为久长，上演的时间事件更丰富，形成的记忆势差巨大。在李白的诗歌里，过客的思想一旦与历史记忆相撞，就生成了深邃的历史沧桑感。

1

历史沧桑感的情感性质是万物皆在变化之中的无常之慨。在浩浩汤汤的时间洪流中，没有不变的事物，“万物流动，无物永存”[119]，事物方生方灭，方灭方生，演化为历史。

《古风五十九首》其八集中表现出李白的此类情感：

庄周梦蝴蝶，蝴蝶为庄周。

一体更变易，万事良悠悠。
乃知蓬莱水，复作清浅流。
青门种瓜人，旧日东陵侯。
富贵固如此，营营何所求？[120]

《庄子·齐物论》："昔者庄周梦为胡蝶，栩栩然胡蝶也，自喻适志与！不知周也。俄然觉，则蘧蘧然周也。不知周之梦为胡蝶与？胡蝶之梦为周与？周与胡蝶必有分矣，此之谓物化。"[121]《庄子》中的庄周梦蝶，是讲庄子的物化理论。"化则无常也"[122]，就是讲事物的变化。郭象注："夫时不暂停，而今不遂存，故昨日之梦，于今化矣。死生之变，岂异于此，而劳心于其间哉！方为此则不知彼，梦为胡蝶是也。取之于人，则一生之中，今不知后，丽姬是也。而愚者窃窃然自以为知生之可乐，死之可苦，未闻物化之谓也。"[123]成玄英疏："夫新新变化，物物迁流，譬彼穷指，方兹交臂。是以周蝶觉梦，俄倾之间，后不知前，此不知彼。而何为当生虑死，妄起忧悲！故知生死往来，物理之变化也。"[124]郭、成二家的解释，都把握住了庄子梦为蝴蝶的寓意。李白此诗也主要是表现世上万事万物因为"新新变化，物物迁流"而带来的不可确定性。一体尚且可以变易，更何况宇宙间的万事万物？故汪洋浩瀚的蓬莱之水，也可以干涸为小小的溪流。《神仙传》麻姑云："接待以来，见东海三为桑田。向到蓬莱，水又浅于往日会时略半耳，岂将复为陵陆乎？"[125]这是中国古代人借神仙之眼所表达的沧海桑田的观念，在世界上是独具智慧之思的宇宙观和世界观，而这一宇宙观和世界观被李白凝聚为十句诗，以表现其世事沧桑感。

由此可见，李白的历史沧桑感，是立足于变化、有感于无常的思想情感。

李白一生浪迹五湖，每到一处都要登临览胜，写了大量咏怀古迹的诗。这些诗有的如《登广武古战场怀古》和《登金陵冶城西北谢安墩》，借赞颂古人丰功伟业来表现个人的伟志豪情；有的诗如《秋登宣城谢朓北楼》，则是一般性的缅怀古代名人。除这些情感之外，李白咏怀古迹的诗主要是抒发历史沧桑之慨叹，而频繁出现于李白咏怀古迹诗中的，则是类似于春殿与古丘的意象。

2

首先看春殿意象。《越中览古》诗云：

越王勾践破吴归，义士还家尽锦衣。
宫女如花满春殿，只今惟有鹧鸪飞。〔126〕

前三句赋昔之繁华，形容越王灭吴后的意满志得，骄奢淫逸，“宫女如花满春殿”，乃极写当时之盛况。“越王勾践，蓄二十年之图谋，一旦灭吴而归，其同仇之义士，奏凯还家，尽着锦衣，以鸣得意。且宫中如花之美女，满于春殿之间，而豪华已极矣。”〔127〕结句却诗笔陡转，追出“只今惟有鹧鸪飞”一句，归之萧瑟荒凉。“言春殿废为荒丘，美人尽为黄土，只今所见，惟有鹧鸪飞而已”[128]，在时光面前，盛衰不足据，人事皆虚幻的思想颖然而出。春殿，这里是昔日繁华的象征。

《越中览古》是写昔盛今衰，《苏台览古》却以今日的杨柳新枝、菱歌清唱映照吴宫的旧苑荒台：

> 旧苑荒台杨柳新，菱歌清唱不胜春。
> 只今惟有西江月，曾照吴王宫里人。[129]

这首诗，只是写眼前所见、所闻。诗人所见的旧苑荒台，就是曾经繁华一时的吴宫，杨齐贤注：“吴王夫差都苏州，有桂苑、姑苏台、春宵宫、海灵馆、馆娃阁，以宫妓千人为长夜歌。”[130]由此可见，吴宫，亦即其荒淫之春殿也。然时已去，境已迁，今日的遗址上，不见宫女如花；代之者，乃是依依杨柳，绿意盎然。然在旧时，吴宫舞女也曾对杨柳新枝，也曾有菱歌清唱，而现在却人去楼空，只有曾经照过她们的西江月了。此诗意味深长，虽笔在当下，却由今而溯古，既写过去，又暗指未来。百年之后，今日的菱歌清唱岂不也与旧苑荒台殁灭？旧日的虚幻不就是今日的虚幻？西江月，是永恒的时间；旧苑荒台，则是时间尚未抹去的历史痕迹。由此看来，二诗写法不同，意旨归一，并非着意表现越王和吴王的荒淫奢侈，而重在写光阴的无情。在光阴的铁扫帚下，不唯繁华不足据，春殿夷为古丘，“世之纷华靡丽，尽成空花矣”[131]，世间的一切亦皆短暂无凭。可以看出：每面临一次历史遗迹，诗人都会对生命本质有一次更清醒更悲凉的感受。

3

登临古迹之作，李白诗中更多出现的是古丘意象，尤其集中在他写于金陵的作品中。金陵为六朝古都，唐代诗人多有写金陵诗，亦不乏咏怀古迹之作，但真正称得上有历史沧桑感的作品，有骆宾王的《帝京篇》、孙逖《丹阳行》、刘长卿《曲阿对月别岑况、徐说》、包佶《再过金陵》、许浑《金陵怀古》、罗隐《金陵夜泊》等，并非很多。其中尤以刘禹锡的《金陵五题》因集中表现出了历史的兴衰，影响最大。李白一生多次到金陵，前后寓居金陵多年，写下很多作品，怀古主题在其中占有很大比例。如《金陵白杨十字巷》：

> 白杨十字巷，北夹湖沟道。
> 不见吴时人，空生唐年草。
> 天地有反覆，宫城尽倾倒。
> 六帝余古丘，樵苏泣遗老。[132]

《月夜金陵怀古》：

苍苍金陵月，空悬帝王州。
天文列宿在，霸业大江流。
渌水绝驰道，青松摧古丘。
台倾鳷鹊观，宫没凤凰楼。
别殿悲清暑，芳园罢乐游。
一闻歌玉树，萧瑟后庭秋。[133]

《金陵三首》其二：

地拥金陵势，城回汉水流。
当时百万户，夹道起朱楼。
亡国生春草，离宫没古丘。
空余后湖月，波上对瀛洲。[134]

《金陵三首》其三：

六代兴亡国，三杯为尔歌。
苑方秦地少，山似洛阳多。
古殿吴花草，深宫晋绮罗。
并随人事灭，东逝与沧波。[135]

以上四首作于何时，尚无定论，安旗注系《金陵白杨十字巷》《月夜金陵怀古》《金陵三首》诗于天宝六载（747），詹锳先生《李白诗文系年》系前二诗于开元十四年（726）李白初游金陵之时，郁贤皓注系《月夜金陵怀古》于开元十三年（725）初游金陵之时。詹锳先生系《金陵三首》于至德元载（756），郁贤皓注言不详作于何年。玩诗意，此几首诗皆应是初游金陵之作，诗意相近，写法亦相像，对比古今，兴兴亡之感，然其核心思想仍是光阴之无情：历史处于巨大而又无情的迁变之中，昔日无限繁华，今日不尽萧瑟。古丘意象，在这些诗里，与其说是历史的遗迹，不如说是时间销落历史虚幻的假象留下的人生实相。“空生”“空余”“人事灭”者，都寓有终将逝去之意，所以“六帝”、“吴时人”、“百万户”豪门，都要被时间携走，“离宫”“朱楼”“芳园”，都要倾颓为古丘，时间的长河冲刷尽一切！

如果说以上三首，还只是近乎客观地展现时间的无情利剑的话，下面两首，李白则不由自主地悲吟起来：在浩浩光阴横扫之下，无论天子，无论英雄，无论名士风流，皆会烟消云散，一切回归于虚无，这就是生命的本质所在。《金陵歌送别范宣》：

石头巉岩如虎踞，凌波欲过沧江去。
钟山龙盘走势来，秀色横兮历阳树。
四十余帝三百秋，功名事迹随东流。
白马小儿谁家子？泰清之岁来关囚。
金陵昔时何壮哉！席卷英豪天下来。

冠盖散为烟雾尽，金舆玉座成寒灰。
扣剑悲吟空咄嗟，梁陈白骨乱如麻。
天子龙沉景阳井，谁歌玉树后庭花？
此地伤心不能道，目下离离长春草。
送尔长江万里心，他年来访南山皓。〔136〕

金陵虎踞龙盘，成就三百年四十余帝的事业，一时聚拢尽天下英豪。然而，成则王侯也罢，败则贼囚也罢，在时间的飓风下，俱皆如雾如烟散尽，留下白骨，化为死灰。李白所为伤心者，正在于此。一般而言，想到一切皆成过去，一切终成空幻，必使人万念俱灰，陷入颓唐，李白不同常人之处，则是于人生终成空幻的思考中，进一步激发出其更为强烈的功业心，《登金陵凤皇台》即如是：

凤皇台上凤皇游，凤去台空江自流。
吴宫花草埋幽径，晋代衣冠成古丘。
三山半落青天外，一水中分白鹭洲。
总为浮云能蔽日，长安不见使人愁。〔137〕

此诗与崔颢的《黄鹤楼》俱为经典之作。很明显，首联是在崔颢“昔人已乘黄鹤去，此地空余黄鹤楼。黄鹤一去不复返，白云千载空悠悠”基础上化出的。“江自流”，即“白云千载空悠悠”之意。但一个“自”字，不仅包含了“空”义，同时也加强了山川不以人的情感为转移的客观无情属性。“吴宫花草埋幽径，晋代衣冠成古丘”，是李白跳出崔颢诗意外的自我创造，而恰恰是这两句，又一次把时间摧毁一切事物的无情性凸显出来。“过去的一切已经过去了，它的存在如白驹过隙，仿佛从不曾有过似的。并且，你所说过的任何一种事物的存在，在下一个瞬间就将是过去的存在了。”〔138〕在历史的遗迹面前，诗人想象着历代王朝的陵夷盛衰，文化名人在时间长河的浮起与沉灭，更加深切地体验到生的虚幻与死的永恒，诗中表现出了苍凉而巨大的历史感。李白诗的后四句，显然也是受了崔颢诗“晴川历历汉阳树，芳草萋萋鹦鹉洲。日暮乡关何处是？烟波江上使人愁”的影响，但崔诗写的是怀乡之情，而李白极目所望者，却是长安。这自然可以解释为诗人西望是写实，目之极处，不见长安，亦是写实。但他为何而生愁呢？这就有了萧士赟“抑亦自伤谗废，望帝京而不见，乃触境而生愁”〔139〕之解。而这样的解释是符合李白的诗意的，所以被历代所接受。郁贤皓把此诗定为天宝六载去京之后，詹锳先生系于上元二年（761），亦本此。兴千古之悲，终归之个人功业，这是李白诗之常调，亦是其过人之处。

4

李白之前，以古丘写历史感的唯有陈子昂，其《感遇诗三十八首》之十四：

临岐泣世道，天命良悠悠。
昔日殷王子，玉马遂朝周。
宝鼎沦伊谷，瑶台成古丘。
西山伤遗老，东陵有故侯。[140]

李白之后，古丘意象时有出现，感怀古迹者多，却少了历史沧桑感，如张继《秋日道中》：

齐鲁西风草树秋，川原高下过东州。
道边白鹤来华表，陌上苍麟卧古丘。
九曲半应非禹迹，三山何处是仙洲。
径行俯仰成今古，却忆当年赋远游。[141]

此古丘乃是写实，即诗人途中所见者。李群玉《登章华楼》：

楚子故宫地，苍然云水秋。
我来览从事，落景空生愁。
伯业没荆棘，雄图成古丘。
沈吟问鼎语，但见东波流。
征鸿引乡心，一去何悠悠。
晴湖碧云晚，暝色空高楼。
迢递趋远峤，微茫入孤舟。

空路不堪望，西风白浪稠。[142]

此所慨者，乃楚王事迹，雄图霸业俱付之东流，如今所见者，云水苍茫，荆棘古丘而已，稍有兴亡之感。

皎然的《杂寓兴》亦有古丘意象，却是其悟道的材料：

嗟嗟号呶子，世称谪仙俦。
媚俗被鲛绡，欺天荐昫修。
奔景谓可致，驰龄言易流。
燕昭昧往事，嬴政亡前筹。
三山果不见，九仙忽悠悠。
君看牛山乐，君见麋浦游。
昨日千金子，联绵成古丘。
吾将揽明月，照尔生死流。
至乐享爰居，惭贻达者尤。
冥冥光尘内，机丧成海沤。[143]

皎然此诗有生死时间意识，古丘乃是对尘世一切的否定，故归之“机丧”，即放弃机心，彻悟事物的起灭无常。此诗实为悟道之作，与咏怀古迹诗不同，历史事迹不过是其阐发事理的材料而已，故与李白诗不是一路。

由上可见，登临古迹，以咏怀古迹抒发时间之感的诗，在唐代仍以李白最为突出、最为独特。狄尔泰说："时间之流渗透进一切人类实在，并且始终影响着人们对于这种实在的体认。历史世界中的时间之流，与我在观察这一世界时，我自身之中的时间之流乃是一回事。"〔144〕李白咏古诗中的历史时间之流，实则就是李白所感受到的个人人生的光阴，咏古慨今遂成为李白生命意识的一种特殊的表现形式。而这种表现形式由于涵蕴着沧海桑田之变的深邃的内容，故更具有深沉的理性，具有悠悠的历史感。

德国哲学家叔本华认为："由于时间的形式，呈现出事物的变异无常，而显出它们的空虚。换句话说，就是由于'时间的形式'，把一切的享乐或欢喜在我们手中归于空无后，使我们惊讶地寻找它到底遁归何处。所以说，空虚，实是时间之流中唯一的客观存在。它在事物的本质中与时间相配合，而表现其中，唯其如此，所以时间是我们一切直观先天的必然形式，一切的物质以及我们本身都非在这里表现不可。"〔145〕在时间面前，一切皆归于无，虚无就是事物在时间长河中最终的归宿。人的个体生命亦如此，依据时间而证明生命瞬间的存在，又在时间中归于虚无，时间是个体生命本质的映现。但也正因为如此，时间如同一面镜子，照出人在虚无面前的种种灵魂的堕落、颓废、挣扎、提升。观照李白诗中的时间意象，我们确实感受到了这位伟大诗人的每一点纤微的颤动，从挣扎中、从抗争中，感受到他对生命的热爱。

第四章　人生得意须尽欢

李白诗所表现出的快乐主义生命观

一　快乐主义的生命哲学

无论古今中外，对待生命和生命的体现——生活，都有一种影响很大的思想：快乐主义。快乐，从根本上说是生命的目的，也是生活的目的，自然也是一种生活的态度。代表了这一思想的哲学家，西哲有伊壁鸠鲁，中哲有老庄、列子，而在文学作品中，李白的诗歌也表现出追求生命快乐的态度。囿于传统的价值观，学术界对快乐主义的生命观一直持否定的态度，因此缺乏对李白快乐主义生命观的考察与研究。但从诗歌中可见，李白对快乐的追求是如此耀眼，这直接影响到他对功名理想、富贵荣华、士人节义与自由的态度，不得不深究之。

1

考察中外的生命哲学，快乐主义是无法回避的重要生命观。对快乐主义生命哲学的梳理，有助于增进对李白快乐主义生命观的认识。

钱穆论西方人的人生态度时曾说：“西方的伦理思想，从希腊直到现在，大体以个人之快乐与福利为终极。”[1]此概括反映了西方人对待生命的主流意见。古希腊哲学家伊壁鸠鲁认为，快乐就是生活的目的，“正因为如此，我们才说快乐是幸福生活的开端和终点，因为我们认为它是首要的和天生的善，我们对一切事物的选择和规避，都从它出发，又回到它，仿佛我们乃是以感受为准绳去判断所有的善似的”[2]。善是合于人之目的的行为。而人之目的就是“在我们的悟性中设想了一个最完满的人的观念”，“凡是有助于使我们接近于这种完美的，我们将称之为善”。[3]从这一原则出发，伊壁鸠鲁主张：“智慧的人在采摘时间的时候，追求的也不是最长，而是最快乐。”[4]与其追求寿命长，不如追求生活快乐，他试图把人们从不死的渴望中解放出来，转而谋求人生的快乐，享受生命。

伊壁鸠鲁把人生的快乐分为感官快乐和灵魂快乐两种，而且从其留存下来的极少文献看，他似乎更重灵魂之快乐：

> 当我们说快乐就是目的的时候，我们指的并非那种荒淫无度的快乐，或沉溺于感官享受的快乐——就像那些对我们的看法无知、反对或恶意曲解的人所认为的那样；相反，我们指的是身体的无痛苦和灵魂的无纷扰。因为快乐不是无止境的狂欢滥饮，也不是沉溺于娈童和女人的美色，也不是享受鱼肉和餐桌上其他带来甜美生活的美味佳肴，而是冷静的推理，找出我们所有选择和规避的原因，将那些让灵魂陷入最大纷乱的观念赶走。[5]

其实，伊壁鸠鲁所强调的是，追求感官快乐要有限度，应在理性的指引下，明智地“度量快乐的限度”，“我们应该要求平衡，要求安宁的快乐而不要求激烈的快乐”，〔6〕既不要沉溺于身体的享乐之中，不能自拔；也不要妄想长生不老，以此解除对死亡的恐惧。但这样，并非不要身体的快乐，“如果抛开由美味而来的快乐，由情爱而来的快乐，由优美的声音而来的快乐，以及由美丽的形式而来的快乐，那我根本无法思考什么是善”〔7〕。“一切善的根源都是口腹的快乐，哪怕智慧与文化也必须推源于此。”“心灵的快乐就是对肉体快乐的观赏。心灵的快乐之唯一高出于肉体快乐的地方，就是我们可以学会观赏快乐而不观赏痛苦；因此比起身体的快乐来，我们就更能够控制心灵的快乐。”〔8〕他甚至说：“对于那些放荡者而言，如果那些让他们快乐的事情真的能够解除其内心对天象、死亡和痛苦的恐惧，能够教导他们懂得欲望的限度，那我们就没有必要指责他们，因为他们在各方面都充满了快乐，因为他们既无身体的痛苦，也无灵魂的纷扰——而它们都是恶。”〔9〕只要快乐能够解除人对死亡的恐惧，解除人的痛苦，放荡也可以免除指责。

德国18世纪著名哲学家叔本华的哲学从本质上持生命是痛苦之旅态度的，他认为“幸福的生活是不可能的”〔10〕，“因为对叔本华来说，生命首先就是痛苦”〔11〕。这缘自他个体生命的本质在于虚无的哲学。关于生命是快乐还是痛苦的问题，叔本华在其《作为意志与表象的世界》一书中，承伊壁鸠鲁之说而又有过更为细致的分析：

> 一切欲求皆出于需要，所以也就是出于缺乏，所以也就是出于痛苦。这一欲求一经满足也就完了；可是一面有一个愿望得到满足，另一面至少就有十个不得满足。再说，欲望是经久不息的，需求可以至于无穷。而满足却是时间很短的，分量也扣得很紧。何况这种最后的满足本身甚至也是假的，事实上这个满足了的愿望立即又让位于一个新的愿望；前者是一个已经认识到了的错误，后者还是一个没认识到的错误。在欲求已经获得的对象中，没有一个能够提供持久的、不再衰退的满足，而是这种获得的对象永远只是向丢给乞丐的施舍一样，今天维系了乞丐的生命以便在明天延长他的痛苦。——因为这个缘故，所以说如果我们的意识还是为我们的意志所充满，如果我们还是听从愿望的摆布，加上愿望中不断的期待和恐惧；如果我们还是欲求的主体，那么我们就永远得不到持久的幸福，也得不到安宁。至于我们或是追逐，或是逃避，或是害怕灾祸，或是争取享乐，这在本质上只是一回事。不管在哪种形态之中，为不断提出要求的意志这样操心虑危，将无时不充满着激动着意识，然而没有安宁也就不可能有真正的怡情悦性。〔12〕

快乐和幸福之所以不能求得，就在于人的欲望的无穷无尽，使人的灵魂不得安宁。

从个体生命的本质在于虚无这一形而上的层面说，生命是痛苦的。但是从形而下的层面看，生命亦可有如何尽量称心、愉快度过一生的艺术。叔本华认为，要想获得没有痛苦的心境，就要追求一种内在的情调，使认识超越欲求，“不关厉害，没有主观性，纯粹客观地观察事物”，“那么，在欲求的那第一条道路上永远寻求而又永远不可得的安宁就会在转眼之间自动的光临而我们也就是得到十足的怡悦了”。[13]这就是伊壁鸠鲁所说的最高的善，为神的心境。叔本华认为，有三项内容决定人的命运：人的自身，即在最广泛意义上属于人的个性的东西；人所拥有的身外之物；人向其他人所显示的样子，亦即他人的看法。在此三者中，直接决定了人的幸福与快乐的是这个人自身的内在素质。所以一个人生活在快乐还是痛苦之中，首先取决于他的主观世界。“人的内在拥有对于人的幸福才是最关键的。”[14]由此可知，叔本华的快乐观亦是精神上的。他认为安宁的心境在观赏大自然时极其容易得到：“自然的丰富多彩，在它每次一下子就展开于我们眼前时，为时虽只在几瞬间，然而几乎总是成功地使我们摆脱了主观性，摆脱了为意志服务的奴役而转入纯粹认识的状况。所以一个为情欲或是为贫困和忧虑所折磨的人，只要放怀一览大自然，也会这样突然地重新获得力量，又鼓舞起来而挺直了脊梁；这时情欲的狂澜，愿望和恐怖的迫促，欲求的一切痛苦都立即在一种奇妙的方式之下平息下去了。”[15]叔本华所追求的心境安宁，显然是精神层面的审美的快乐。

伊壁鸠鲁的快乐主义，其实受柏拉图的学生阿里斯提珀斯（前435—前350）和库瑞涅学派思想的影响。库瑞涅学派认为：人有两种境况，即快乐和痛苦，对一切生物而言，都会喜欢快乐，远离痛苦。

“以下事实可以证明快乐是目的：从孩提时起，我们就本能地为它所吸引，而一旦获得，我们就不再寻求任何其他东西，甚至根本不害怕它的反面，即痛苦。”因此“快乐更适合本性”。[16]他们甚至认为，“肉体快乐远比灵魂快乐要好”。阿里斯提珀斯说：“没有任何东西能阻止一个人过奢侈而美好的生活”[17]，“最好的情形不是不享受快乐，而是支配快乐但不被它们征服”[18]。而伊壁鸠鲁的快乐主义则在库瑞涅学派的快乐理论上有所改变，“伊壁鸠鲁的哲学正像他那时代所有的哲学一样，主要的是想要获得恬静”[19]，也就是说他把心灵的安宁恬静视为生命的最大快乐，因此更强调灵魂快乐高于肉体的快乐。

2

伊壁鸠鲁的快乐主义，在西方哲学界颇有影响。英国18世纪哲学上激进主义者的领袖杰里米·边沁的全部哲学以两个原理为基础，一个是“联想原理”，另一个是“最大幸福原理”。罗素说：“边沁主张，所谓善便是快乐或幸福（他拿这两个词当同义词使用），所谓恶便是痛苦。”[20]边沁的信徒詹姆士·穆勒和边沁一样，认为快乐是唯一的善，痛苦是唯一的恶。“但是他又像伊壁鸠鲁，最看重适度的快乐，他认为知识上的乐趣是最高的乐趣，节制是首要的美德。”[21]对于人生而言，快乐是必需的，但是要适度。

美国心理学之父威廉·詹姆斯在其《宗教经验之种种》一书中，亦把快乐视为人生的主要事情：

> 假如我们问："人生的主要事情是什么？"我们会得到的回答之一，就是：人生的主要事情是快乐。其实在一切时代的大多数的人，如何取得快乐，如何保有快乐，如何恢复快乐，是他们所做的，并他们所情愿忍受的一切事情的秘密动机。伦理学内的唯乐主义派完全从各种不同的行为所引起的快乐和不快的经验，演绎出道德生活；并且，快乐与不快乐似乎是人的兴趣所绕而旋转的两极。[22]

从这一观点出发，詹姆士得出一个判断，任何持久的快乐都可以产生一种宗教："这种宗教就是因为感谢被赠予这么快活的生存而起的颂赞。"即认为持久的快乐是宗教产生的心理基础。反之，对于宗教体验，他认为："我们也必须承认比较复杂的，用以体验宗教的方法，都是产生快乐的新方式；在自然的生活的第一次赠赐是不快的（第一次的自然生活的经验实际很常是如此）之时，这些方法是奇妙的、内心的、引人达到一种超自然的快乐之途径。"这虽然谈的是宗教的体验，但是对于精神上某些超感性的快乐体验，同样具有启发性。

20世纪的英国哲学家罗素以幸福作为人生的目标，写有《幸福之路》一书。其实此书所讨论的核心问题是如何使生命更快乐，他说得很清楚："我是作为一个快乐主义者来写这本书的，这就是说我把快乐视为善。"[23]"还有什么能比快乐更令人羡慕？"[24]"快乐的人生在极大的程度上恰如美好的人生。"[25]他的幸福观就是建立在快乐基础之上的。罗素认为，“人应当自然，应当在不是明确反社会的范围内，遵从自己的天性”[26]，而追求快乐就是人的天性：“我相信，若能发现一条快乐之路，很少有人会故意选择不快乐。”[27]罗素把快乐分为两类，一类是自然的快乐，即肉体的快乐，也就是感官的快乐，对于这样的快乐，罗素并不反对。但是他更倾向于另外一种快乐，即精神的、心灵的、想象的快乐。他所主张的幸福生活，是理性的快乐：“快乐的生活必定在很大程度上属于静谧的生活，因为唯有在静谧的气氛中，真正的快乐才能存在。”[28]“宁静的生活是伟大的特征。”[29]但是其前提是快乐：“我要说服读者相信，无论有何种论据，理性决不会阻碍快乐。”[30]这种理智的、安适的快乐，不是克制自己，而是寻求一种心理的平衡，兴趣尽可能广泛，对人和物尽可能友善，使快乐的机会越来越多，受命运摆布的情况越来越少。“快乐的人总是生活在客观之中，他有着自然的情感和广泛的兴趣，他由于这些情感和兴趣而快乐，也由于它们使他成为许多人的情感和兴趣的对象而快乐。”[31]约翰·穆勒《功利主义》认为：快乐不仅有量的区别，还有质的区别。除了单纯的感官的快乐，还有理智的快乐，感情和想象的快乐以及道德情感的快乐。[32]

3

中国古代的生命观，亦不乏快乐主义主张，而且同西哲一样，把快乐视为人的本性。明代哲学家王阳明说：“乐是心之本体，虽不同于七情之乐，而亦不外于七情之乐，虽则圣贤别有真乐，而亦常人之所同有。”[33]“乐是心之本体，顺本体是善，逆本体是恶”[34]。而王阳明所说的“心之本体即是性，性即是理”[35]，也就是人的天性。有学者认为，王阳明所说的“乐”是一种高级的精神境界之乐：

> 乐所标志的人生的高级境界，超越了个体名利贫富穷达的束缚，把心灵提升到与天地同流的境地，人由闻道进而精神上与道合而为一，这样一种经过长期修养才能实现的自由怡悦、充实活泼的心境，如果是“乐”的话，也是一种高级的精神境界之乐，与人在日常生活中经验的感性快乐（包括生理快乐与审美愉悦）是完全不同的。在这个意义上，乐不是作为情感范畴，而是作为境界范畴被规定为心体的。[36]

王阳明认为，无论圣贤还是常人，快乐都是其天性。而且作为心之本体的乐，虽不同于喜、怒、忧、思、悲、恐、惊七情之乐，但是亦不外于七情之乐，也就是在所谓的高级的精神快乐之中也包括了低级的感性快乐。

同西哲一样，中国古代哲人对快乐的认识大致亦可分为重感官和重精神两种。概括说，儒道二家重精神的快乐，而《列子》则重感官的快乐。儒家承认口腹之欲，是人的正常需要，孔子认为“饮食男女，人之大欲存焉”[37]，告子亦以为“食色，性也”[38]。承认欲望是人的本性，就是承认欲望获得满足的感官快乐，也是符合人的本性的。但是他们主张，真正的快乐应该是精神上，而非感官上的。孔子对人之快乐，有著名的“三益”“三损”说：“子曰：益者三乐，损者三乐。乐节礼乐，乐道人之善，乐多贤友，益矣。乐骄乐，乐佚游，乐宴乐，损矣。”〔39〕有益于人的快乐，主要来自心灵的层面，用礼乐节制自己，说别人的好话和交有修养的人为朋友，所带来的乃是精神的平静与满足；而有损于人的快乐，则来自感官的纵逸、骄奢淫逸。孟子的快乐观，也是精神层面的，他说的君子三乐，一是“父母俱存，兄弟无故”，一是“得天下英才而教育之”，还有就是“仰不愧于天，俯不怍于人”〔40〕。父母兄弟安然无恙，得育天下英才，不愧对天地和他人，心灵自然获得平静的快乐。又云：“万物皆备于我矣，反身而诚，乐莫大焉。”〔41〕这里所讲的就是精神的满足所带来的快乐。其实，儒家认为最大的快乐是得道并坚守道的快乐。孔子说：“朝闻道，夕死可矣。”〔42〕闻道，是他获得的生命真正价值，因此也是生命之至乐。而他所欣赏的颜回之乐，则是守道之乐：“贤哉，回也！一箪食，一瓢饮，在陋巷。人不堪其忧，回也不改其乐。”〔43〕住在陋巷，过的是清贫生活，但因有道在心中，不因生活贫困而忧虑，心中充满快乐。宋代理学家程颢解释说：“颜子在陋巷，‘人不堪其忧，回也不改其乐’。箪瓢陋巷非可乐，盖自有其乐耳。‘其’字当玩味，自有深意。”〔44〕这个“其”就是心中所存之道。王阳明后来说的人性本体的“真乐”，更是超乎现实中富贵清贫之上的心灵快乐：“这种自得之乐，是超乎富贵利达之乐，是通乎贫贱患难之乐，是人心本体的真乐。”〔45〕有些接近于上文所述美国心理学家詹姆士在《宗教经验之种种》中所描述的宗教的超自然的无与伦比的快乐。

庄子对生命苦乐的认识，集中在《至乐》篇。“天下有至乐无有哉？有可以活身者无有哉？”开篇就发问，天下有没有至乐，如果有，“今奚为奚据？奚避奚处？奚就奚去？奚乐奚恶？”，然后举了一般人对快乐的认识：

> 夫天下之所尊者，富贵寿善也；所乐者，身安厚味美服好色音声也；所下者，贫贱夭恶也；所苦者，身不得安逸，口不得厚味，形不得美服，目不得好色，耳不得音声。若不得者，则大忧以惧，其为形也亦愚哉！[46]

所举者厚味、美服、好色、音声，皆为感官的快乐。而庄子以为，这种快乐之识，是十分糊涂的。因为这种官能的快乐，所损害的恰恰是生命，因此庄子否定了俗世所追求的快乐，提出“至乐无乐”：

> 今俗之所为与其所乐，吾又未知乐之果乐邪？果不乐邪？吾观夫俗之所乐，举群趣者，誙誙然如将不得已，而皆曰乐者，吾未之乐也，亦未之不乐也。果有乐无有哉？吾以无为诚乐矣，又俗之所大苦也。故曰：“至乐无乐，至誉无誉。”天下是非果未可定也。虽然，无为可以定是非。至乐活身，唯无为几存。[47]

[redacted]

庄子所主张的快乐，是来自清静无为的真乐。如果再结合庄子的《逍遥游》看，只有清静无为，才会获得无待之逍遥，即精神的绝对自由。由此可见，庄子之所谓最大的快乐，与感官的快乐完全无关，而是来自精神的绝对快乐。

《列子》所推崇的人生快乐，如其所说，“人之生也奚为哉？奚乐哉？为美厚尔，为声色尔”〔48〕，“恣耳之所欲听，恣目之所欲视，恣鼻之所欲向，恣口之所欲言，恣体之所欲安，恣意之所欲行”〔49〕，追求的是感官快乐。也正是从这个意义上，《列子》否定了声名与死后的荣禄：“徒失当年之至乐，不能自肆于一时。重囚累梏，何以异哉？”所以《列子》要人向太古之人那样：“知生之暂来，知死之暂往，故从心而动，不违自然所好；当身之娱非所去也，故不为名所劝。从性而游，不逆万物所好。”〔50〕既然生命是暂时的，就应顺乎人的快乐本性，满足人生的快乐。

二　李白诗中的及时行乐思想

在对待生命的态度上，李白是一个典型的快乐主义者。早在1980年，罗宗强在其《李杜论略》中就揭示过李白的生活理想：“李白追求一种既非同凡响而又可以随意享乐的生活”〔51〕，“他们愈哀叹人生无常，就愈渴望及时行乐，愈沉溺于酒色之中，愈追求于享受的实有。李白就是属于这样的人”〔52〕。在李白的文学作品中，他毫不掩饰地表现出对生命快乐的向往以及得到快乐的幸福感。李白主张的生命快乐，既有精神层面，亦有感官层面。所以，研究李白的诗歌，我们无法回避展现在作品中的巨大矛盾：李白一方面高调声言，身后的声名不朽才是他生命的目标，显然此乃追求精神寄托的表现；而另一方面，他又醉心现世的享乐，美女之艳影、美酒之流光，不时闪现在其诗中，在在说明李白是一个重感官快乐者，以致宋人王安石批评他的作品无非是“妇人酒耳”[①]！此言虽然说得过于严重，但是，李白的诗歌中，的确声名与享乐同在，精神与物质共生快乐，而且二者如此如影随形，如此胶着。李白既不同于庄子之徒，也不同于孔子之徒原宪、曾参、颜回。他不会像孔子之徒那样，为守道，三天不做饭，十年不置衣，过一种穷顿至极的生活；更不会效法庄子做一个完全离开社会、回归自然的真隐士。李白受《列子》影响很深，是一个十足的现世快乐主义者。

1

李白的诗，及时行乐是常调，而且主要是声色宴饮之乐，对此他毫不隐讳。还有一点也很明显，其所有对感官之乐的追求，都来自流光欺人，唯恐蹉跎了日月。《宴郑参卿山池》诗云：

① 惠洪《冷斋夜话》：“舒王尝曰：‘太白词语迅快，无疏脱处，然其识污下，诗词十句九句言妇人酒耳。’”（中华书局1988年版，第43页）

尔恐碧草晚，我畏朱颜移。
愁看杨花飞，置酒正相宜。
歌声送落日，舞影回清池。
今夕不尽杯，留欢更邀谁？[53]

此诗作年不详。安旗主编《李白全集编年注释》系于开元二十四年(736)，[54]虽无确证，但玩味“尔恐碧草晚，我畏朱颜移”诗句，似当写于诗人年轻之时。李白看到暮春杨花飘飞，产生了与郑氏及时行乐的念头。诗中所言虽然有劝郑氏多饮几杯之意，但同时也自然地流露出李白的真实思想。表达这种思想的诗在李白集中时有所见，《前有樽酒行》其一：

春风东来忽相过，金樽渌酒生微波。
落花纷纷稍觉多，美人欲醉朱颜酡。
青轩桃李能几何？流光欺人忽蹉跎。
君起舞，日西夕。
当年意气不肯倾，白发如丝叹何益？[55]

其二：

琴奏龙门之绿桐，玉壶美酒清若空。
催弦拂柱与君饮，看朱成碧颜始红。

胡姬貌如花，当垆笑春风。
笑春风，舞罗衣，君今不醉将安归？〔56〕

王琦注此诗云：“即古乐府之《前有一樽酒》也。傅玄、张正见诸作皆言置酒以祝宾主长寿之意，太白则变而为当及时行乐之辞。”〔57〕王注甚是。晋傅玄辞：

置酒结此会，主人起行觞。
玉樽两楹间，丝理东西厢。
舞袖一何妙，变化穷万方。
宾主齐德量，欣欣乐未央。
同享千年寿，朋来会此堂。〔58〕

陈张正见辞：

前有一樽酒，主人行寿。
今日合来，坐者当令，皆富且寿。
欲令主人三万岁，终岁不知老。
为吏当高迁，贾市得万倍。
桑蚕当大得，主人宜子孙。〔59〕

实为宴会间应酬之辞，祝福主人长寿多福。而李白却一改古乐府辞意，用以抒发时光蹉跎、及时对酒行乐的情感。瞿蜕元、朱金城《李白集校注》云：“按此诗末句‘当年意气不肯倾，白发如丝叹何益’，当与《古风五十九首》第八首‘意气人所仰，冶游方及时。……投阁良可叹，但为此辈嗤’之语参看，有兀傲不肯随俗之意。王氏指为当及时行乐，恐未的。”[60]兀傲之气自然有，但由倾玉壶美酒、赏胡姬妙舞可知，全诗主调则在及时行乐，而且是感官的快乐，如《唐宋诗醇》所说：“即白所云‘浮生若梦，为欢几何’之意。”[61]李白的这两篇乐府诗已把传统的宾主关系淡化，更确切地说是泛化了，由对主人说变为对世人说。所谓“君起舞”“君今不醉将安归”，既是说给自己听的，同时也是说给世人听的。由“落花纷纷稍觉多”一句可以看出，李白对时间的感受是何等的敏锐，何等的细微而深刻！似乎那每一片飘落的花瓣都砸在了他的心上，敲响了他敏感的神经，所以他说“流光欺人”，逼得甚紧，他要对如花的胡姬而起舞，对清湛若空的美酒而一醉。

再如《春日陪杨江宁及诸官宴北湖感古作》：

古之帝宫苑，今乃人樵苏。
感此劝一觞，愿君覆瓢壶。
荣盛当作乐，无令后贤吁。[62]

《邯郸南亭观妓》：

歌鼓燕赵儿，魏姝弄鸣丝。
粉色艳月彩，舞袖拂花枝。
把酒领美人，请歌邯郸词。
清筝何缭绕，度曲绿云垂。
平原君安在？科斗生古池。
座客三千人，于今知有谁？
我辈不作乐，但为后代悲。〔63〕

这是有感于今古沧桑，要及时行乐。还有《拟古》其五：

今日风日好，明日恐不如。
春风笑于人，何乃愁自居？
吹箫舞彩凤，酌醴脍神鱼。
千金买一醉，取乐不求余。〔64〕

这两首是有感于光阴易逝而及时行乐。今日春风好矣，就应趁此春光寻欢为乐。因为明日光景如何，无人得知，或阴或晴，谁能料得如今日之好？真可谓好日难逢，良时不可再得，宜乎及时为乐，宴饮相欢。另有《相逢行》："光景不待人，须臾发成丝。当年失行乐，老去徒伤悲。持此道密意，毋令旷佳期。""谓相逢者皆当及时为乐，毋守空闺而旷佳期也。"〔65〕这与《列子》"徒失当年之至乐，不能自肆于一时""且趣当生，奚遑死后"的思想何其相似！到极端时，只要行乐，李白甚至连功名都抛之脑后了。《夜泛洞庭寻裴侍御清酌》：

日晚湘水渌，孤舟无端倪。
明湖涨秋月，独泛巴陵西。
遇憩裴逸人，岩居陵丹梯。
抱琴出深竹，为我弹鹍鸡。
曲尽酒亦倾，北窗醉如泥。
人生且行乐，何必组与珪？〔66〕

对于及时行乐思想，从古至今，大致都持否定态度。在欧洲，轻忽甚至否定人的感官愉悦，主要出自宗教的信仰，认为人的终极之乐应该归之对上帝的信仰。中国古代，道释二教亦把最大的快乐归于超世与来世；而儒家、尤其是宋代的理学，更把存天理、灭人欲作为其理论核心。这个天理就是儒家所提倡的“仁”，人的一切感官行为，“凡目之所以视，耳之所以听，鼻之所以嗅，舌之所以尝，四体之所以知苛痒者”，都应出于“仁”的理性规范；否则，使人心“放之于声色，放之于货利，放之于惊惧间，则人欲为主，颠倒错乱”，〔67〕就是违背了“仁”，使人心受到遮蔽。其实，就生命目的而言，及时行乐思想，亦不出快乐主义的范围。如果说重视身后名是延长生命的一种精神上的价值追求的话，那么追求现世的感官快乐则是尽可能占有生命空间的一种物质上的努力。两者同样都是面对生命苦短的现实而自然生成的提高生命质量、增加生命力度的行为方式。追求快乐行为，合乎人的本性，因此也是合理的。如德国思想家朋霍费尔（1906—1945）所言："人是肉体性的存在并且永远如此。""我们无须有所作为就收受的肉体生命，本身就有维持它的权利。这不是我们可以剥夺或者获得的权利，而是真正意义上的'与生俱来'的、被动接受的权利，它在我们的意志之前就已有了，寓于存在本身。""肉体生命，如同整体而言的生命，既是达到目的之手段，又以自身为目的。"〔68〕"在自然生命内部，肉体的以自身为目的之性质在肉体的欢乐中表现出来。""倘若人的肉体唯独被当作达到目的之手段使用，从而夺取了人的肉体欢乐的可能性，那么，就发生了对肉体生命的原始权利的侵犯。"〔69〕追求肉体的快乐，来自人的先天的获与，是人的权利。如蒙田所说，大自然慈爱地安排了这一切，破坏这些规则是不公正的："我开心地感激地接受大自然给我做的一切，我衷心赞美。拒绝这位伟大万能的施与者的礼物，否定它，歪曲它，这是大错特错。他的一切是善良的，做的一切也都善良。'符合自然的一切都值得尊敬'（西塞罗）。"〔70〕

把感官的快乐视为最高、甚至唯一的追求，显然是颓废的生命观。不过，李白及时行乐的思想，既出自于其快乐主义的生命观，同时还有其更为深刻的内在思想基础和外在原因。内在思想基础是其对实现生命社会价值的不懈追求；外在原因是社会对其追求理想的阻碍，使李白追求生命价值的努力遭受打击，其生命力受到挫折，此时的及时行乐就是执着于生命的矫激行为。在这里，及时行乐的目的是显而易见的，就是以最强调的形式指出生命的顽强性。因此，李白的快乐主义如果被评价为颓废思想的话，那也是合乎人的生命本质的十分深刻的颓废。

2

当然，在身后声名和现世快乐之间，李白的心理是十分复杂的。一般说来，李白既要现世乐又期身后名，因此《拟古》其七中有“荣贵当及时”的吟咏，又有“身没期不朽”的期盼，这是李白生命观与《列子》的明显不同之处。

我们不妨看看李白诗中一再颂扬的白马少年的侠客形象。这些表现李白少年意气的白马侠少都重视功业声名，《幽州胡马客歌》：“出门不顾后，报国死何难！”〔71〕《少年行》其一：“少年负壮气，奋烈自有时。”〔72〕《侠客行》：“纵死侠骨香，不惭世上英。”〔73〕李白笔下的少年侠客，都是心怀壮志、为国为名、纵死不悔者。同时，他们又是典型的享乐主义者，《少年行》其二：

五陵年少金市东，银鞍白马度春风。
落花踏尽游何处？笑入胡姬酒肆中。〔74〕

《白鼻騧》

银鞍白鼻䯄，绿地障泥锦。

细雨春风花落时，挥鞭直就胡姬饮。[75]

《少年子》：

青云少年子，挟弹章台左。

鞍马四边开，突如流星过。

金丸落飞鸟，夜入琼楼卧。

夷齐是何人？独守西山饿。[76]

功业、醇酒与美人都成为少年侠客生活不可缺少的部分。少年形象生动地体现了李白提高生命质量的思想。在提高生命质量的前提下，现世乐与身后名和谐地统一为一体。奚禄冶说李白《少年子》："刺时之作，谓游冶而无行者也。"[77]显然未能深入了解李白的生命意识，故曲为解说。詹锳先生批驳奚氏："按《少年子》言少年当及时行乐，奚氏未得其旨"[78]，是极有道理的。

李白诗中的少年侠客形象，多有他自身的影子在。李白少时从赵蕤学纵横术，从此以侠自任，魏颢《李翰林集序》记载："少任侠，手刃数人。与友自荆徂扬，路亡权窆，回棹方暑，亡友糜溃，白收其骨，江路而舟。"[79]刘全白《唐故翰林学士李君碣记》亦云："少任侠，不事产业。"[80]范传正《唐左拾遗翰林学士李公新墓碑》也说李白"少以侠自任，而门多长者车"[81]。李白《上安州裴长史书》则记载了自己在金陵任侠的经历：

> 曩昔东游维扬，不逾一年，散金三十余万，有落魄公子，悉皆济之。此则是白之轻财好施也。又昔与蜀中友人吴指南同游于楚，指南死于洞庭之上，白禫服恸哭，若丧天伦。炎月伏尸，泣尽而继之以血。行路间者，悉皆伤心。猛虎前临，坚守不动。遂权殡于湖侧，便之金陵。数年来观，筋骨尚在。白雪泣持刃，躬申洗削，裹骨，徒步负之而趋。寝兴携持，无辍身手。遂丐贷营葬于鄂城之东。故乡路遥，魂魄无主，礼以迁窆，式昭朋情。此则是白存交重义也。[82]

以上记载的都是李白仗义好施的侠义行为，故《新唐书·李白传》说李白："然喜纵横术，击剑，为任侠，轻财重施。"[83]但历史文献也记载了李白在金陵的另一面生活，魏颢《李翰林集序》：

> 间携昭阳、金陵之妓，迹类谢康乐，世号李东山。骏马美妾，所适二千石郊迎，饮数斗，醉则奴丹砂舞《青海波》。满堂不乐，白宰酒则乐。[84]

按：此处所说"谢康乐"，当为谢安之误。东晋时，谢安隐居东山，每游则携妓随行。李白《东山吟》："携妓东土山，怅然悲谢安。"[85]因李白行迹颇类谢安，故世号"李东山"。跨骏马，携美妾，醉则遣家僮妙舞，这与《少年子》中五陵年少何其相似乃尔。对于这样的生活，李白亦有诗描述，如《示金陵子》：

金陵城东谁家子？窃听琴声碧窗里。
落花一片天上来，随人直渡西江水。
楚歌吴语娇不成，似能未能最有情。
谢公正要东山妓，携手林泉处处行。[86]

细品诗意，此诗当为初见金陵子所作。金陵子妙于弹琴，其琴声若一片落花飘然天上，潺湲悠扬。其所唱之楚歌吴语，亦使李白极为欣赏，所以要金陵子此后与之随行。果然，其后李白与朋友聚会，金陵子也就陪伴其身边了，有《出妓金陵子呈卢六四首》可证：

安石东山三十春，傲然携妓出风尘。
楼中见我金陵子，何似阳台云雨人？

南国新丰酒，东山小妓歌。
对君君不乐，花月奈愁何！

东道烟霞主，西江诗酒筵。
相逢不觉醉，日堕历阳川。

小妓金陵歌楚声，家僮丹砂学凤鸣。

我亦为君饮清酒，君心不肯向人倾。[87]

李白携妓而行，自然有他效仿谢安风流的心理。但是作为一个挥金似土的富家子弟，说他的骏马美妾生活没有感官享乐的欲望，恐怕也不能令人相信。李白这样的诗还有《对酒》："蒲萄酒，金叵罗，吴姬十五细马驮。青黛画眉红锦靴，道字不正娇唱歌。玳瑁筵中怀里醉，芙蓉帐底奈君何？"[88]《陌上赠美人》："骏马骄行踏落花，垂鞭直拂五云车。美人一笑褰珠箔，遥指红楼是妾家。"[89]诗句中都有李白生活的影子在。而《忆旧游寄谯郡元参军》"行来北凉岁月深，感君贵义轻黄金。琼杯绮食青玉案，使我醉饱无归心。时时出向城西曲，晋祠流水如碧玉。浮舟弄水箫鼓鸣，微波龙鳞莎草绿。兴来携妓恣经过，其若杨花似雪何！红妆欲醉宜斜日，百尺清潭写翠娥。翠娥婵娟初月辉，美人更唱舞罗衣。清风吹歌入空去，歌曲自绕行云飞。此时行乐难再遇，西游因献长杨赋"[90]，则是李白入长安前生活的真实写照。至于《留别西河刘少府》云"白衣千万乘，何事去天庭"，则显然是赐金放还后所作，诗云："余亦如流萍，随波乐休明。自有二少妾，双骑骏马行。东山春酒绿，归隐谢浮名。"[91]说明李白离开长安后，身边仍有小妾。而且此诗是留别他人之作，应非虚写。

在李白的一些诗里，功名富贵、及时行乐与身后之名，有时看似极为矛盾。试看《江上吟》：

木兰之枻沙棠舟，玉箫金管坐两头。
美酒樽中置千斛，载妓随波任去留。
仙人有待乘黄鹤，海客无心随白鸥。
屈平词赋悬日月，楚王台榭空山丘。
兴酣落笔摇五岳，诗成笑傲凌沧洲。
功名富贵若长在，汉水亦应西北流。[92]

李白此诗表明，功名富贵不能常在，终如楚王一样人去楼空，只有诗文可以传世。诗文可以使屈原名悬日月，与宇宙而终古。此间，似乎否定现世的功名富贵，提倡身后名，最为鲜明。然而李白此诗否定功名富贵与肯定身后名的立足点正是在现下的快意之上，而且是无待、即没有任何负担的快乐。既无须为功名而奔走，为富贵而操劳，亦不必学仙而待黄鹤，“泛珍异之舟，奏金玉之管，多赍美酒，载妓适情，随波去留，意无所着”[93]。“当兴酣落笔之时，而造意之高，可摇五岳；及诗成笑傲之际，而构思之远，可凌沧洲。”[94]携妓纵酒与兴酣时草诗，都是逞一时之快。这种诗酒生活，既可以释放受到现实压抑的情感，又可以留下诗文传世。再看另一首诗《少年行》：

男儿百年且乐命，何须徇书受贫病？
男儿百年且荣身，何须徇节甘风尘？
衣冠半是征战士，穷儒浪作林泉民。

遮莫枝根长百丈，不如当代多还往。
遮莫姻亲连帝城，不如当身自簪缨。
看取富贵眼前者，何用悠悠身后名。[95]

与《江上吟》不同，《少年行》否定了读书人徇书徇节以求身后名的生命价值观，[①] 主张男儿应取当世富贵，把握住现在，才是生命的真谛，又回到了《列子》重当世的思想一边，所不同的是李白追求当世的富贵，而《列子》强调的是口腹之适。

以上二诗形成鲜明的对比。这种矛盾现象既不能说明李白倾向于精神上的不朽，也不能证明李白倾向于物质上的现世享乐，这恰恰说明李白的思想中二者是并存的。对于生命的目的而言，这种并存是合理的。造成矛盾的原因，不在李白，而在于他所接受的文化。如前所论，在生命目的的认识上，儒家和道家重精神，《列子》重感官，各强调其所是者，非其所非者，造成了本该统一而和谐共在的生命目的认识的分裂，而李白接受的就是这种分裂、多元的思想。又因为李白某一特定时期的具体情境和心境不同，他的诗中故而出现了或高扬功名、或高扬感官快乐的矛盾。就其人生来考察，李白少年时追求功名富贵，故迫切希望及早博取功名富贵；到了生命的后期，功名的理想破灭了，对富贵的虚幻也有了一定的体验，故更重视起身后的不朽了。当然这也只是就一般情况而言，其中身

① 《赠从兄襄阳少府皓》有“小节岂足言”句。

后名与现世乐思想相互消长的情况，还应有更为具体的情境、更为复杂的原因。

三　不辞富贵与粪土王侯的矛盾

1

在中国古代，儒家和道家的生命观，都特别提倡固穷安贫以守道的操守，表现出强烈的重精神意志、轻物质之乐的思想倾向。

在先秦儒家那里，守道是他们特别强调的道德操守，谋道不谋食是其基本主张。孔子说："富而可求也，虽执鞭之士，吾亦为之；如不可求，从吾所好。"〔96〕如果合于道，即使是去做给人执鞭的下人，也心甘情愿，否则就依旧按照自己的所好去做。所以，儒家的操守，首先就是守道。"守孰为大？守身为大……守身，守之本也。"〔97〕守身的实质就是守道。孔子说：

> 笃信好学，守死善道。危邦不入，乱邦不居。天下有道则见，无道则隐。邦有道，贫且贱焉，耻也；邦无道，富且贵焉，耻也。〔98〕

同样的记载，亦见《宪问》："宪问耻，子曰：'邦有道，谷；邦无道，谷，耻也。'"〔99〕同是富贵，国家有道，不能取之是耻辱，而国家无道时取之，也是耻辱。所以富贵与否不是关键，关键在是否与道相合。孟子亦云：“非其道，则一箪食不可受于人；如其道，则舜受尧之天下，不以为泰。”〔100〕又云：“伊尹耕于有莘之野，而乐尧舜之道焉。非其义也，非其道也，禄之以天下，弗顾也；系马千驷，弗视也。非其义也，非其道也，一介不以与人，一介不以取诸人。”〔101〕如不合道，不肯受人一箪之食；如果合于道，接受天下亦不为过分，更何谈区区俸禄？

儒者如此，庄子之徒亦是如此。《史记·老子韩非列传》记载庄子故事：

> 楚威王闻庄周贤，使使厚币迎之，许以为相。庄周笑谓楚使者曰：“千金，重利；卿相，尊位也。子独不见郊祭之牺牛乎？养食之数岁，衣以文绣，以入大庙。当是之时，虽欲为孤豚，岂可得乎？子亟去，无污我。我宁游戏污渎之中自快，无为有国者所羁，终身不仕，以快吾志焉。”〔102〕

此故事当来自《庄子·列御寇》：“或聘于庄子。庄子应其使曰：‘子见夫牺牛乎？衣以文绣，食以刍叔，及其牵而于大庙，虽欲为孤犊，其可得乎？’”〔103〕又《庄子·秋水》记载：

> 庄子钓于濮水，楚王使大夫二人往先焉，曰：“愿以境内累矣。”庄子持竿不顾，曰：“吾闻楚有神龟，死已三千岁矣，王

> 巾笥而藏之庙堂之上。此龟者，宁其死为留骨而贵乎？宁其生而曳尾于涂中乎？”二大夫曰：“宁生而曳尾涂中。”庄子曰：“往矣，吾将曳尾于涂中。”[104]

这里，庄子没有说要守道，直接表达的是对隐居生活的坚守。而此时的庄子生活情况又是如何呢？《庄子·列御寇》记载宋人曹商所说的一种人：“夫处穷闾厄巷，困窘织屦，槁项黄馘者。”这应当是曹商眼中庄子当时的生活实况，如果确实如此，庄子那时的生活则极为困窘。即使如此，重金厚禄，仍不能动摇其志。这里所反映的实则是庄子一生坚守的道，即宁受贫困之苦，亦不为外物所羁的自由精神。这同样也是士人传统中的守道精神。

既以道义为怀，不肯苟取富贵，所以儒道两家都表现出不以贫贱为耻、乐道安贫、寂寞以守志的情操。早在先秦，儒、道二家就颇重乐道安贫的道德修养。孔子说：“饭疏食饮水，曲肱而枕之，乐亦在其中矣。不义而富且贵，于我如浮云。”[105]又《论语·卫灵公》记载，卫灵公向孔子讨教排兵布阵之事，此与孔子之道颇不合，孔子曰：“俎豆之事，则尝闻之矣；军旅之事，未之学也。”次日就离开了卫国。“在陈绝粮，从者病，莫能兴。子路愠见曰：‘君子亦有穷乎？’子曰：‘君子固穷，小人穷斯滥矣。’”[106]孔子是把穷时能否固守其道，视为判定是君子还是小人的标准。孔子的弟子也如他的老师一样“忧道不忧贫”，孔子的弟子曾参、颜回、原宪等，都以安于穷困而被布衣视为楷模。《庄子·让王》记载了原宪的故事：

> 原宪居鲁，环堵之室，茨以生草，蓬户不完，桑以为枢；而瓮牖二室，褐以为塞；上漏下湿，匡坐而弦。子贡乘大马，中绀而表素，轩车不容巷，往见原宪。原宪华冠縰履，杖藜而应门。子贡曰："嘻！先生何病？"原宪应之曰："宪闻之，无财谓之贫，学而不能行谓之病。今宪，贫也，非病也。"子贡逡巡而有愧色。原宪笑曰："夫希世而行，比周而友，学以为人，教以为己，仁义之慝，舆马之饰，宪不忍为也。"〔107〕

原宪辩贫、病之义，实表明自己不以贫困为耻，而耻于学而不行，不愿趋世而行。《庄子·让王》又记载了曾参的故事：

> 曾子居卫，缊袍无表，颜色肿哙，手足胼胝。三日不举火，十年不制衣，正冠而缨绝，捉衿而肘见，纳縰而踵决。曳縰而歌《商颂》，声满天地，若出金石。天子不得臣，诸侯不得友。故养志者忘形，养形者忘利，致道者忘心矣。〔108〕

曾参在卫国，絮衣破烂，面色浮肿，三天不开火，十年不置新衣，穷顿至极。尽管这样，天子却不能使他为臣，诸侯不能与他与友。当然，在《庄子》中，儒者的形象多经过了庄子及其后学的加工与改造，其故事不尽可信。但《庄子·让王》的记载，大致符合孔子弟子的事迹，《论语·子罕》云："衣敝缊袍，与衣狐貉者立，而不耻者，其由也与？"〔109〕又《雍也》："子曰：贤哉回也！一箪食，一瓢饮，在陋巷，人不堪其忧，回也不改其乐。”可见固穷安贫实是以孔子为代表的儒家所提倡的一种道德操守。《庄子》一书讲述和发挥儒家固穷安贫故事，同时亦可看出庄子之徒也是欣赏固穷安贫的处世态度的。所不同的是：儒家并不排斥富贵，反对的是不合道义的富贵。如果所取之富贵违背道，就应固穷之以守道。《说苑》卷四引子路语：“不能勤苦，不能恬贫穷，不能轻死亡，士而曰我能行义，吾不信也。”〔110〕甘于贫穷，是践行道与义必备的思想条件和心理基础。而道家从其自然观出发，则完全否定了功名利禄。道家之徒安贫乐道，是为了忘形、忘利、忘心，守住自然之性。穷贱而不改其志、不离其道，成为儒道两家所推崇的固穷安贫操守。

2

对于儒家提倡的固穷思想，李白颇不以为然，其乐府《白马篇》：

龙马花雪毛，金鞍五陵豪。
秋霜切玉剑，落日明珠袍。
斗鸡事万乘，轩盖一何高！
弓摧南山虎，手接太山猱。
酒后竞风采，三杯弄宝刀。
杀人如剪草，剧孟同游遨。
发愤去函谷，从军向临洮。

叱咤经百战，匈奴尽奔逃。
归来使酒气，未肯拜萧曹。
羞入原宪室，荒径隐蓬蒿。[111]

李白此篇乃拟曹植《白马篇》而来，写五陵豪少既武艺超群，亦奢华招摇，因斗鸡而得到皇帝赏识。但其一旦发愤从军，就叱咤战场。立功而归，依然侠气未改，纵酒使气，未肯为权贵折腰。这显然是诗人极为欣赏的生命经历和生活态度。诗之末二句十分关键，它应该是此诗的诗眼，即揭示了诗之义旨的关键句。诗人极力渲染五陵豪少的生活，就是为了烘托这一表明自己人生态度的诗句：耻于原宪那种固穷的生活，以快乐作为生活目的。上引李白的《少年子》也表达了同样的人生态度："夷齐是何人，独守西山饿。"此诗向来多被误解和曲解。朱谏《李诗选注》："言贵哉少年之子，乃出于青云之上，是贵游之少年也。挟弹驰马，而骋于章台之左。人马飞驰，散蹄而进出者，突如流星之迅速；黄金为丸，弹落飞鸟。游盘至晚，入卧琼楼，其骄奢淫逸之气洋洋然而自得也。""言是贵游之子，一皆不义而贵且富者，又安知有高洁之士如伯夷、叔齐食西山之薇而甘于饿死者乎！盖流俗之颓势如澜倒而趣趋之众，孑然而特立者亦鲜矣。"[112]王琦注亦云："此篇是刺当时贵家子弟骄纵侈肆者之作。末引夷、齐大节以相绳，而叹其有天渊之隔也。'是何人'，谓彼二人亦是孤竹之贵公子，乃能弃富贵如浮云，甘心穷饿而无悔，民到于今称之，视彼狂童，宁免下流之诮耶？"[113]奚禄诒曰："刺时之作，谓游冶而无行者也。"[114]唯安旗注得此诗义旨："此诗末二句与《侠客行》末二句'谁能书阁下，白首《太玄经》'相类，亦不以夷齐为然。"[115]李白所选择的是少年风流倜傥的生活，而非伯夷、叔齐那样饿死以守节的生活。李白欣赏的也是这种以快乐为本的生命态度。证明这种生命态度的还有《侠客行》："赵客缦胡缨，吴钩霜雪明。银鞍照白马，飒沓如流星。十步杀一人，千里不留行。事了拂衣去，深藏身与名。闲过信陵饮，脱剑膝前横。将炙啖朱亥，持觞劝侯嬴。三杯吐然诺，五岳倒为轻。眼花耳热后，意气素霓生。救赵挥金槌，邯郸先震惊。千秋二壮士，烜赫大梁城。纵死侠骨香，不惭世上英。谁能书阁下，白首太玄经？"[116]也是把扬雄白首以著书的寂寞生活，作为侠少充满生命激情生活的对立面来写的，何所弃，何所取，其意甚明。李白着力描写少年游侠，正反映了他以快乐作为人生目的的生命观，斗鸡、走马以及济难建功，都是为了使生命获得快感。对于这样的行为，英国著名作家毛姆的一段话是最好的理解和最恰切的评价："我认为可以确证人所有的奋斗都是快感。禁欲主义者觉得'快感'这个词不好听，不少人更乐意说'幸福'（所以罗素说幸福生活，而不说快乐生活，而其内容讲的就是快乐——本书作者注）。但是幸福只能被定义为持续的快感，而如果其中一个应该受到谴责，另一个也就不应幸免。如果构成一条直线的点都是'恶'的话，你就不能管那条直线叫'善'。的确，'快感'并不应该完全由感官享受组成，不过讲到这个词，人们似乎首先指的就是这方面的快乐，这颇耐人寻味。”[117]“一些人，如歌德，认为生命存在的理由是‘和谐’；而另一些，如沃尔特佩特，则认为是‘美’。但是歌德教导人们要全面地培养他们的能力，叫他们要看到生活的方方面面，他这是在提倡毫不害臊的享乐主义，因为人越全面地发展自己，获得的快感肯定就越大。”[118]毛姆说过：“我们并不经常有意识地把快乐作为我们的目标，但这不足以驳斥‘人类行动往往以获得快乐为目的’这一说法。”[119]所以在这里，毛姆一方面肯定快感就是人存在的理由，另一方面指出人的所有奋斗都是快感，人越是全面发展自己，获得的快感也就越大。这固然是作家的一家之言，但是它也同样论证了生命的目的在于追求快乐这一认识。按此理解，李白的功名之心亦可同他的快乐主义生命观打通。

在李白诗中，集中表达其追求荣华富贵、不甘穷贱思想的是歌行体的《少年行》：

君不见淮南少年游侠客，白日球猎夜拥掷。
呼卢百万终不惜，报仇千里如咫尺。
少年游侠好经过，浑身装束皆绮罗。
兰蕙相随喧妓女，风光去处满笙歌。
骄矜自言不可有，侠士堂中养来久。
好鞍好马乞与人，十千五千旋沽酒。
赤心用尽为知己，黄金不惜栽桃李。
桃李栽来几度春，一回花落一回新。

府县尽为门下客，王侯皆是平交人。
男儿百年且乐命，何须徇书受贫病？
男儿百年且荣身，何须徇节甘风尘？
衣冠半是征战士，穷儒浪作林泉民。
遮莫枝根长百丈，不如当代多还往。
遮莫姻亲连帝城，不如当身自簪缨。
看取富贵眼前者，何用悠悠身后名。

前面已经引过此诗的最后几句，来分析李白对待功名与身后名的矛盾态度，此处引出全诗来分析李白看取眼前富贵的心理。此诗与前写少年侠客的诗不同，通篇勃郁着激荡之气，似是激愤的感情影响到了诗的表现。“男儿百年且乐命，何须徇书受贫病。男儿百年且荣身，何须徇节甘风尘”，“遮莫枝根长百丈，不如当代多还往。遮莫姻亲连帝城，不如当身自簪缨。看取富贵眼前者，何用悠悠身后名”，诗句近于直白浅俗，以致历代被视为伪作。严羽《沧浪诗话·考证》云：“太白集中《少年行》只有数句类太白，其他皆浅近浮俗，决非太白所作，必误入也。”〔120〕萧士赟：“末章上二句辞意迫切，似非太白之作，巨眼者必能辨之。”〔121〕朱谏《李诗辨疑》：“此之少年者，粗俗妄诞，如病狂失心之徒，语无伦次，若出恍惚，而叫嚣不已之态，使人丧其所守，真厕鬼李赤之乱道耳。”〔122〕但宋初文人已将此诗视为李白之作选入《文苑英华》。而“好鞍好马乞与人，十千五千旋沽酒”，不是“五花马，千金裘，呼儿将出换美酒”的另一种写法吗？“赤心用尽为知己，黄金不惜栽桃李”，不正是李白一年散尽黄金三十万的写照吗？如此看来，李白就是淮南少年游侠客的原型。诗人所说不是出于激愤的反话，而是正面提醒自己，又是在告诉朋友，作为男儿就应该快乐当世，就应该获得荣华富贵，而不是为后世的身名徇书、徇节，放弃眼前的快乐。

在李白诗中亦少见哀病叹贫之作。言病之作不过四五首。开元年间的作品中，《淮南卧病书怀寄蜀中赵征君蕤》有“良图俄弃捐，衰疾乃绵剧”的描写，应是作者卧病扬州的实写，不过也是一带而过，全诗重在表现其功业无就、岁月奔迫的焦虑。天宝五载（746）寓居兖州有《鲁郡尧祠送窦明府薄华还西京》诗，注：“时久病初起作。”诗云：“朝策犁眉騧，举鞭力不堪。强扶愁疾向何处？角巾微服尧祠南。”久病初起，气力不济，但全诗并无悲苦之辞。“昨夜秋声阊阖来，洞庭木落骚人哀。遂将三五少年辈，登高送远形神开。生前一笑轻九鼎，魏武何悲铜雀台。我歌白云依窗牖，尔闻其声但挥手。长风吹月渡海来，遥劝仙人一杯酒。酒中乐酣宵向分，举觞酹尧尧可闻。何不令皋繇拥彗横八极，直上青天挥浮云。”〔123〕心情开朗乐观，神思轻举。《闻李太尉大举秦兵百万出征东南懦夫请缨冀申一割之用半道病还留别金陵崔侍御十九韵》“愿雪会稽耻，将期报恩荣。半道谢病还，无因东南征”〔124〕，是写因病不能从征的遗憾，意不在病。只有作于肃宗至德二载（757）的《赠张相镐二首》其一，对其卧病境况稍事渲染：“一生欲报主，百代期荣亲。其事竟不就，哀哉难重陈。卧病古松滋，苍山空四邻。风云激壮志，枯槁惊常伦。”[125]写其于逃难之中，卧病宿松山中，形容枯槁，处境凄凉。

李白写自己贫寒处境的诗也不多。《赠从兄襄阳少府皓》：“归来无产业，生事如转蓬。一朝狐裘敝，百镒黄金空。弹剑徒激昂，出门悲路穷。”[126]此诗作于开元二十七年（739），作者漫游归来，生活窘迫，告贷于从兄李皓，故如实告知自己退耕春陵生计毫无着落的状况。《玉真公主别馆苦雨赠卫尉张卿二首》其二：“园家逢秋蔬，藜藿不满眼。蟏蛸结思幽，蟋蟀伤褊浅。厨灶无青烟，刀机生绿藓。”[127]此诗郁贤皓考定为一入长安所作，诗中所写乃为李白居于玉真公主别墅少食忍饥的困境。但诗云“丹徒布衣者，慷慨未可量”，虽为布衣困顿如此，可其大志岂可测量！盖为常人所无法测知也。《赠新平少年》：

韩信在淮阴，少年相欺凌。
屈体若无骨，壮心有所凭。
一遭龙颜君，啸咤从此兴。
千金答漂母，万古共嗟称。
而我竟胡为？寒苦坐相仍。
长风入短袂，内手如怀冰。
故友不相恤，新交宁见矜。
摧残槛中虎，羁绁韝上鹰。
何时腾风云，搏击申所能？[128]

此诗为李白未入翰林前所作，以韩信故事形容个人处境，“而我竟胡为？寒苦坐相仍。长风入短袂，两手如怀冰”。衣不蔽体，寒苦相加，应是实情；但也有久困贫贱、期待朋友帮助之意：“故友不相恤，新交宁见矜。摧残槛中虎，羁绁鞲上鹰”，似乎故友新交都很势利，不肯帮助诗人摆脱困境，但“何时腾风云，搏击申所能”，困顿生活更坚定了他的风云之志。

李白追求荣华富贵、追求现世享受的生命观，的确有悖于儒道两家忧道不忧贫的思想，如何看待这一问题呢？

其实，先秦以来士人不以贫贱为耻，固穷而安贫，是以守道为前提的。孔子说：“不义而富且贵，于我如浮云。”关键不在富贵，而在于是否合“义”，即是否取之有义。只要合道，只要取之有义，士人就没有必要再固守贫寒。所以追求荣华富贵未必有悖于儒家的文化精神。但是应该看到，李白对待富贵与节操的态度，的确与传统的儒道之士有了不同。李白虽然说过“功名富贵若长在，汉水亦应西北流”，似乎否定了富贵功名，其实不然。李白之意乃在把功名富贵与著述相比较，以说明功名富贵不能永存，能够代代流传不朽者，莫若文章，即“屈平词赋悬日月，楚王台榭空山丘”也。意在突出著述之于人的生命得以延续的重要意义，并非否定了功名富贵对于人当世的人生意义。

而对于节义，李白在《少年行》里明明白白地说了“何须徇节甘风尘”，这说明，李白宁要功名富贵，也不愿做节义的奴隶。李白的这种意识除了上面所说的受到《列子》的影响之外，与其特殊的身世很有关系。李白并不是传统意义上的士人，他除了一般意义上的出身低微之外，还有出身于西域这一特殊经历。与出身于中原的布衣士人相比，李白的身世更为微贱。微贱的身世，对李白的心理自然产生了十分重要的影响，所以他把功名和荣华富贵视为“事君之道”“荣亲之义”，要改变自己微贱的出身，光宗耀祖。如《代寿山答孟少府移文书》所言，要完成“事君之道”，已尽“荣亲之义”，待“事君之道成，荣亲之义毕，然后与陶朱、留侯浮五湖，戏沧洲，不足为难矣”[129]。他急于改变自己的出身，所以比起固穷守道的节义来，改变身份、求得富贵就更为重要了。

李白作为士人的气节，不在不求闻达、不求富贵、固穷以守道，而在傲世权贵的士人情操。苏轼在《李太白碑阴记》中说：

李太白，狂士也。又尝失节于永王璘，此岂济世之人哉！而毕文简公以王佐期之，不亦过乎？曰：士固有大言而无实、虚名不适于用者，然不可以此料天下士。士以气为主。方高力士用事，公卿大夫争事之，而太白使脱靴殿上，固以气盖天下矣。使之得志，必不肯附权倖以取容，其肯从君于昏乎！夏侯湛赞东方生云：开济明豁，包含宏大。陵轹卿相，嘲哂豪杰。笼罩靡前，跆籍贵势。出不休显，贱不忧戚。戏万乘若僚友，视俦列如草芥。雄节迈伦，高气盖世。可谓拔乎其萃，游方之外者也。吾于太白亦云。太白之从永王璘，当由迫胁。不然，璘之狂肆寝陋，虽庸人知其必败也。太白识郭子仪之为人杰，而不能知璘之无成，此理之必不然者也。吾不可以不辩。[130]

苏轼认为，李白作为天下士的意义，在于他作为士人不取容权倖、陵轹卿相、嘲哂豪杰的雄迈绝伦气节。对于李白士节的重视，不独苏轼，两宋之交的名臣李纲亦是如此，其《读李白集戏用奴字韵》："谪仙英豪盖一世，醉使力士如使奴。当时左右悉谀佞，惊怪恇怯应逃逋。"[131]又《读四家诗选》："谪仙乃天人，薄游人世间。词章号俊逸，迈往有英气。明皇重其名，召见如绮季。万乘尚僚友，公卿何芥蒂。脱靴使将军，故耳非为醉。乞身归旧隐，来去同一戏。"[132]他所欣赏的就是李白戏万乘若僚友、视同侪如草芥的士人豪气和来去不以为意的飘然个性。自唐以来，李白的狂傲人格，就不断得到揭示。杜甫用"天子呼来不上船"的酒仙形象描述李白的狂傲，贺知章呼之为"谪仙人"，殷璠概括为"志不拘检"。到了宋代的苏轼，李白狂傲的内涵得到进一步的揭示。

李白一生的行迹，都表现出他不肯向权力屈服的布衣之傲。除了以王者师的心态称臣于唐玄宗和永王璘外，从不肯俯首王侯。李白的诗亦反映了傲视权贵的思想："黄金白璧买歌笑，一醉累月轻王侯。"[133]"揄扬九重万乘主，谑浪赤墀青琐贤。"[134]"出山揖牧伯，长啸轻衣簪。"[135]"安能摧眉折腰事权贵，使我不得开心颜！"[136]至于似杨贵妃、高力士那样的宠妃和内侍权臣，则更不在李白的眼中，"董龙更是何鸡狗"[137]，这就是他对待宠臣的态度。作为诗中的自我形象，李白的作品生动地显示出他强大的人格力量。

“安能摧眉折腰事权贵，使我不得开心颜！”李白的气傲权贵，仍可从他快乐主义的生命观找到源头。李白是一个追求个体身心自由的人，无论是求取功名富贵，还是与权贵的交往，都要保留个人的独立与自由。如果有违碍，宁可不要功名，宁可舍弃富贵，也要守住个人身心之自由。此一重视个人自由的行为，从生命观看，就是快乐主义哲学中重精神快乐的一路。

在中国，自先秦以来，就存在自由思想，无论儒道。儒家思想中存在着尊重个体自由的内容。如孟子“三军可夺帅，匹夫不可夺志”的思想，就是对士人个体自由意志的尊崇。而在道家思想中，有着极为浓厚的自由观念。老庄尚自然思想的核心内涵中就包含了自由的思想。在《庄子》一书中，《逍遥游》是集中讨论什么才是人的自由以及人如何获得精神自由的篇章。在庄子看来，人的绝对自由只能来自心灵，即精神的自由。舍此以外的自由都是有待的，即有条件的自由，因而不是真正的自由。“若夫乘天地之正，而御六气之辩，以游无穷者，彼且恶乎待哉！”[138]那么，如何才能达到真正的自由呢？庄子又说：“至人无己，神人无功，圣人无名。”即超越了现实的名利之争，也超越了有我之心，一切皆顺从自然，才可获得自由。儒道两家的自由观，是互补的自由观。儒家强调的是对于个体人格的尊重，而道家提倡的则是个体精神上对于社会现实和自我的超越。后代士人的自由观大致不出这两个范畴。

李白亦是如此。他声称“安能摧眉折腰事权贵，使我不得开心颜！”，既是为了个人人格的尊严，也是为了个人的精神自由。因为在李白看来，千金易得，自由难求。因此他极为欣赏战国时齐国的鲁仲连，李白《古风五十九首》之九便是写战国时著名的策士鲁仲连的，诗云："齐有倜傥生，鲁连特高妙。明月出海底，一朝开光曜。却秦振英声，后世仰末照。意轻千金赠，顾向平原笑。吾亦澹荡人，拂衣可同调。"〔139〕李白一生欣赏鲁仲连，以其为榜样，认为鲁仲连"特高妙"，不仅在于他以三寸不烂之舌排难解纷；更在于功成无取，意轻千金，飘然而去，将自由看得高于一切。这首诗实则就是李白理想人格的自画像。他要解世之纷、济世之困，却功成不受任何封赏，平交王侯，潇洒而退。解世之纷，成就自己的功业，青史留名，是自己的自由选择；功成身退，不留恋富贵，潇洒江湖，亦是自己的自由选择，这就是李白的人格理想。在同代诗人中，李白对孟浩然特别尊崇，可谓高山仰止，《赠孟浩然》诗中写道："吾爱孟夫子，风流天下闻。红颜弃轩冕，白首卧松云。醉月频中圣，迷花不事君。高山安可仰，从此揖清芬。"〔140〕其所崇敬者，即在于孟浩然的自由行径。所以，李白有此傲视权贵之气，不仅使他捍卫了个人人格的尊严，而且保卫了心灵自由，因此而获得人生最大的快乐。叔本华说："人生幸福的首要的最本质的要素就是我们的人格。"〔141〕由李白之例可得出如下结论：对于中国古代士人而言，人格的尊严、心灵的自由，是其获得生命之快乐的根本源泉。

第五章　身没期不朽

存在的价值与生命本质的塑造

“若人类生命根本只在此七尺肉体短促的百年之内，则人生之意义与价值究竟何在？此实为人生一最基本绝大问题。”[1] 个体生命是瞬间的存在而终归虚无，这一不可改变的宿命，决定了人生注定是悲剧的结局。就生命之终极而言，个体生命的确是无价值的。但生命毕竟存在过，虽然是瞬间的存在，而生命价值恰恰就产生在瞬间存在的这一过程中。个体生命的意义，就在于瞬间的存在、并于瞬间创造价值以体现生命的存在或证明曾经的存在。因此可以说生命的根本意义体现于生命价值的创造，人是通过生命价值的追求与实现而改变生命的悲剧命运的。因此每个个体生命，与其说是一个自然存在，毋宁说是自我塑造的存在。创造生命的价值，就是在时间的生命之流中塑造个人的生命。

那么，李白又是怎样创造生命的价值以体现生命的意义、塑造个人生命的呢？在此方面，李白的思想显然与儒家的生命观是一脉相承的，主要表现为渴望建功立业和追求声名的不朽。正因为李白清醒地认识到时光不居、生命不能永驻，所以他十分珍惜个体的生命。崇拜英雄，建功立业，追求声名的不朽，这是李白为个人生命找到的最为重要的价值所在，也是李白诗歌的主调，是李白作品中最能感发人意志的内容之一。

一　盛唐及其前代士人的用世之心

1

在实现个人的生命价值方面，儒家首重功业，《左传·襄公二十四年》的“三不朽”最具有代表性。儒家以“修身齐家治国平天下”为人生理想，特别强调人的社会性。儒家重视生死，不是重视生命本身，而是生命的价值和意义。

儒家的这种生命观直接形成了历代士人的天下之志，即平治天下、建功立业的怀抱，并且对个人的才具充满自信。孔子曰：“苟有用我者，期月而已可也，三年有成。”〔2〕“如有用我者，吾其为东周乎？”〔3〕孟子更是雄心勃勃：“夫天未欲平治天下也，如欲平治天下，当今之世，舍我其谁也？”〔4〕“王如用予，则岂徒齐民安？天下之民举安。”“居天下之广居，立天下之正位，行天下之大道。得志与民由之，不得志独行其道，富贵不能淫，贫贱不能移，威武不能屈，此之谓大丈夫。”〔5〕他们的志向不在诸侯国，而在天下；他们自信个人的政治才能，也不在能够治理一个国家，而是治理天下。

所以，儒家的代表人物及受儒家思想影响的士人多有积极用世之心。如孟子，学成于子思弟子后，即“游事齐宣王，宣王不能用，适梁”[6]，而当时时势，“天下方务于合从连衡”，孟子却“述唐虞三代之德”，梁惠王“以为迂远而阔于事情”而不用。孟子只能“退而与万章之徒序诗书、述仲尼之意，作《孟子》七篇”。所谓独善其身，也是退求其次之意。而对于孟子之世的多数士人而言，如太史公所言：“自驺衍与齐之稷下先生，如淳于髡、慎到、环渊、接子、田骈、驺奭之徒，各著书言治乱之事，以干世主，岂可胜道哉。”[7]虽不能亲自从政，著书立说也是为了干预当政者，行治乱之实。

士人以天下为己任的志向怀抱，说到底就是一种社会责任感和历史使命感。这种文化精神表现出了古代士人关注社会、关注现实，并把改造社会、推进社会进步作为个人人生理想和人生价值实现的积极进取的人生价值观。

在中国古代社会，影响士人人生价值观的主要是儒家思想和道家思想，而士人以天下为己任的文化精神则是受了儒家思想的影响。此种价值观具体体现在人生出处的取舍上，表现出急于用世的情怀。孔子本身就是布衣平民，他说自己“吾少也贱”，可见其身世并非贵族，故后世多称其为布衣。①然而就是在那个肉食者谋的时代，孔子虽为一介布衣，却以天下为己任，表现出很强的用世之心。孟子的学生周霄请教孟子：“古之君子仕乎？”孟子曰：“仕。《传》曰：‘孔子三月无君，则皇皇如也。出疆必载质。’”[8]三个月没有君主任用孔子，孔子就十分焦虑，以至每离开一个国家，就准

---

① 《吕氏春秋·博志》：“孔、墨、宁越皆布衣之士也。”（《吕氏春秋集释》，下册，第653页）

备好与另一个国家君主见面的贽礼。从孟子的话中，可以想见孔子对于出仕的渴望。因此，孟子感慨道："士之失位也，犹诸侯之失国家也。"[9]"士之仕也，犹农夫之耕也。"[10]为了恢复周王室的盛世统治，实现克己复礼的政治理想，孔子周游列国，到处碰壁，惶惶若丧家之犬，然而犹不改其志。"知其不可而为之"[11]，其人生观执着而又坚定。《论语·雍也》载子贡言："如有博施于民而能济众，何如？可谓仁乎？"孔子回答说："何事于仁，必也圣乎！"[12]由此可见孔子对济民的重视。正是出于以天下为己任的思想，孔子高度评价尧，《论语·泰伯》记载孔子的话云："大哉尧之为君也！巍巍乎，唯天为大，唯尧则之。荡荡乎！民无能名焉。巍巍乎！其有成功也；焕乎，其有文章！"[13]在同篇，孔子还高度评价了禹："禹，吾无间然矣。菲饮食，而致孝乎鬼神；恶衣服，而致美乎黼冕；卑宫室，而尽力乎沟洫。禹，吾无间然矣！"[14]又《论语·学而》："道千乘之国，敬事而信，节用而爱人，使民以时。"[15]这一直是孔子追求的目标。杨伯峻在《论语译注·试论孔子》中评价孔子说："在春秋时代，除郑国子产等几位世卿有心救世以外，本人原在下层地位，而有心救世的，像战国时许多人物一般，或许不见得没有，但却没有一人能和孔子相比，这从所有流传下来的历史资料可以肯定。"[16]这种评价可谓抓住了孔子人生观的根本。孔子的这种人生观到了孟子，形成了"乐以天下，忧以天下"[17]和"穷则独善其身，达则兼善天下"[18]的儒家出处观。

孔子是如此，在《孟子》中所描述的圣人贤者，也都具有以天下为己任的品格。《孟子·万章上》说商时的大臣伊尹，当其未仕时，种地于有莘国，而乐尧舜之道。汤开始派使者聘请他，他仍以乐在田野中而拒绝，几次聘请后，幡然改变态度，说："与我处畎亩之中，由是以乐尧舜之道，吾岂若使是君为尧舜之君哉，吾岂若使是民为尧舜之民哉，吾岂若于吾身亲见之哉！"〔19〕接受了汤之聘请。孟子于是感慨伊尹："思天下之民匹夫匹妇有不被尧舜之泽者，若已推而内之沟中，其自任以天下之重如此。"所以，在孟子看来，出仕并不在爵禄，而在推行自己理想中的道，使道行天下。同样的言论亦见于《孟子·离娄下》："禹、稷当平世，三过其门而不入，孔子贤之。颜子当乱世，居于陋巷，一箪食，一瓢饮，人不堪其忧，颜子不改其乐，孔子贤之。孟子曰：禹、稷、颜回同道，禹思天下有溺者，由已溺之也；稷思天下有饥者，由己饥之也。是以如是其急也。禹、稷、颜子，易地则皆然。"〔20〕桓宽《盐铁论·刺权》亦有类似的记载："禹、稷自布衣，思天下有不得其所者，若己推而纳之沟中，故起而佐尧，平治水土，教民稼穑。其自任天下如此其重也，岂云食禄以养妻子而已乎？"〔21〕在孟子和桓宽看来，禹、稷出来辅佐尧帝，平治水土，教民耕稼，并不是出自食禄以养妻子的一已之利，完全是一种责任，一种使所有天下人得其所哉的责任，一种若天下不治而自己就有沉重负罪感的责任！可以说是天下之责，使其产生了伟大的负罪感。孟子认为，禹、稷能做到，颜回也能做到，因为这种责任归根到底来自于士人所守之道。很显然，孟子在描述先贤事迹时都赋予了个人的色彩，写先贤，也是在写自己兼济天下的理想。

儒家自然也讲退隐之道，孔子讲“道不行，乘桴浮于海”[22]，孟子亦讲过“穷则独善其身，达则兼善天下”[23]的话，但那是无奈退而求其次之举。对那些没有功名心、天下感的人，孔孟不欣赏，受儒家思想影响的士人也不欣赏。孔子对于长沮、桀溺这样逃避社会的隐士就大不以为然，《论语·微子》记载子路向长沮、桀溺问渡口之事，桀溺认为天下皆是坏人，与其跟着孔子逃避坏人，还不如像他们那样逃避社会。孔子听了后，怃然曰：“鸟兽不可与同群，吾非斯人之徒与而谁与？天下有道，丘不与易也。”[24]关注社会、改造社会的信心毫不动摇。诚如李白《赠韦秘书子春》诗云：“谷口郑子真，躬耕在岩石。高名动京师，天下皆藉藉。斯人竟不起，云卧从所适。苟无济代心，独善亦何益！”[25]李白认为没有兼济天下之心，只顾自己独善其身，对人生和社会都是没有意义的。

这种以天下为己任的精神，在汉代有至为突出的表现，尤其是东汉时期。如东汉时期与宦官势力斗争的名士陈蕃，当其未仕时，就有扫清天下的志向，《后汉书·陈蕃传》记载：“蕃年十五，尝闲处一室，而庭宇芜秽，父友同郡薛勤来候之，谓蕃曰：‘孺子何不洒扫以待宾客？’蕃曰：‘大丈夫处世，当扫除天下，安事一室乎？’勤知其有清世志，甚奇之。”[26]《世说新语·德行》：“陈仲举言为士则，行为世范，登车揽辔，有澄清天下之志。”[27]第一次党锢之祸时，宦官集团唆使张成门徒牢修上书，诬告李膺收买太学生，串联郡国学生，结成死党，诽谤朝廷，扰乱社会风俗。桓帝大怒，下诏逮捕党人，受牵连者达二百余人。太尉陈藩极谏迫害李膺等士人，上疏云：

臣闻贤明之君，委心辅佐；亡国之主，讳闻直辞。故汤武虽圣，而兴于伊吕；桀纣迷惑，亡在失人。由此言之，君为元首，臣为股肱，同体相须，共成美恶者也。伏见前司隶校尉李膺、太仆杜密、太尉掾范滂等，正身无玷，死心社稷。以忠忤旨，横加考案，或禁锢闭隔，或死徙非所。杜塞天下之口，聋盲一世之人，与秦焚书坑儒，何以为异？昔武王克殷，表闾封墓，今陛下临政，先诛忠贤。遇善何薄？待恶何优？夫谗人似实，巧言如簧，使听之者惑，视之者昏。夫吉凶之效，存乎识善；成败之机，在于察言。人君者，摄天地之政，秉四海之维，举动不可以违圣法，进退不可以离道规。谬言出口，则乱及八方，何况髡无罪于狱，杀无辜于市乎！……臣位列台司，忧责深重，不敢尸禄惜生，坐观成败。如蒙采录，使身首分裂，异门而出，所不恨也。[28]

其意言：今所逮捕入狱受刑者皆忠心耿耿为了国家之人，朝廷把这些人下狱，无非是为了堵住士大夫之嘴，教天下人装聋作哑，任朝廷任意胡为。但是作为人君，执政天下，掌握纲常，就应一切都遵守道规，不能违背圣法，更不能滥杀无辜，明确提出圣人之法高于君权。判决李膺等人，要陈藩在公文上签字，遭到他严正的拒绝，表现出士人凛然风骨。终被宦官所害。党锢之祸时的名士清流，都有强烈的济世意识。如士人领袖李膺"高自标持，欲以天下名教是非为己任"[29]。另一名士范滂被任为清诏使，"登车揽辔，慨然有澄清天下之志"[30]。这些士人还在布衣之时，就有了以天下为己任的思想，所以在与宦官的斗争中，不惜舍生取义，其事迹惊天动地。正是这种天下之志，演变为后代的"先天下之忧而忧，后天下之乐而乐"和"天下兴亡，匹夫有责"的社会责任情怀。

但此种精神到魏晋南北朝时逐渐式微。这一时期的士人，又可分为两个阶段来看。魏晋时期，玄学盛行，加之政治环境极为险恶，士人思想内敛，情感外放，清谈、饮酒、服药、纵游山水，追求个人潇洒风流的生活状态和自由放任的生存状态，以追求个性与情感的解放来疏离社会或反抗社会。此一时期的士人并非没有以天下为己任的情怀，如阮籍对时局之关切、对政治之不满，郁积成胸中之块垒，常有途穷痛哭而返之举。正始时期的政治，充满阴谋、权力篡夺与血腥杀戮。司马氏集团不仅对曹氏集团的人大开杀戒，即使对不合作的士人，也采取了诛杀的政策，如司马氏之杀嵇康等正始名士。此一时期的士人对于在虚伪的名教之下所实施的阴谋政治，并非漠然视之，而是采取了对抗名教而与政治不合作的态度，嵇康即是显例。比起嵇康，阮籍政治上更为委婉，不与司马氏集团扯破脸皮，而其对抗名教的行为，丝毫不减嵇康。这些都说明，魏晋士人是一批有天下情怀的人，他们的出世是为了激显现实的黑暗，恰恰极为深刻地反映了他们的入世之深。

东晋与南朝是门阀士族政治的社会，士族子弟凭其门资，“平流进取，坐至公卿”，在朝中多任清要之职，但士族子弟多不关心事务，有志于天下的不多。南朝朝廷更迭频繁，士族对皇帝的变更看惯了，也麻木了，他们更关心的是家族利益，“视君如贩”，更少有人关心朝政、关心天下百姓了。这一时期的庶族寒人势力兴起，宋、齐、梁三朝都被重用，但以天下为己任、渴望建功立业的人，亦少见记载。只有东晋谢安，当其为布衣时，高卧东山，游弋山水，而其一旦为苍生而起，就打败苻坚百万大军，为东晋打下了一个较长时间安定太平的政治局面。谢安也因此而成为后世士人理想中的楷模，或诗或文多有歌颂。当然，这样的人在东晋与南朝已经不多了。

2

论及士人积极用世的情怀，不能不关注汉末建安时期弥漫于社会的英雄意识及其普遍存在的功业思想。

读建安史，我们会强烈感受到，“英雄”已经成为当时士人言谈间与文章中最感兴趣的话题。如董昭、程昱称曹操为“天下之雄”，程昱又以为吕布是“匹夫之雄”，荀彧认为袁绍为“布衣之雄”，傅巽目庞统为“半英雄”，等等。正是在这种社会思潮下，王粲撰写了《汉末英雄传》，刘劭《人物志》更把英雄意识上升到理论的高度，概述了何为“英”，何为“雄”，何为有“英”“雄”的英雄。

这一时期的文学作品，则与社会上的这种英雄意识相呼应，普遍表现出了建不世之业、流金石之功的情感。这种现象，若就其产生之因而言，可用刘勰《文心雕龙·时序》的话来概括："良由世积乱离，风衰俗怨。"[31]即汉末的连年战乱，使士人生命危浅，生活动荡如蓬转，故渴盼治世靖乱的英雄，且希望亦能择得其主，以圆风云际会之梦。乱极思治，英雄意识的出现是十分自然的。

但这并不意味着英雄意识只产于乱世，治世也是英雄意识生成的温床。《诗·大雅》中的《绵》《生民》《公刘》《皇矣》《大明》几篇，就是歌颂周之先祖及文王、武王的诗篇。诗中把他们描写成充满创造力，敢于征服自然、克服困难、战胜邪恶的英雄，表现出浓厚的英雄崇拜心理。这些作品，一般认为产生于周之前期，或即周成王时，而此时正是西周盛世之季。

据上可知，有两种时代极容易产生英雄意识，即大治之世和大乱之世。治世崇拜英雄，乱世呼唤英雄，二者皆是英雄意识得以生成的肥沃土壤。大治之世，政治休明，国势强盛，为士人施展才华抱负展开了广阔天地，这样的时代往往会生发对英雄的崇拜，对英雄气概、英雄主义精神的歌颂与赞扬。而大乱之秋，国势衰颓，社会动荡，人命危浅，乱中思治，故常常引发士人对英雄的呼唤，对英雄的思慕与渴盼。

李白就生活在一个崇拜英雄和呼唤英雄的特殊时代。

出生于8世纪之初的李白，其一生几乎与盛唐时期相始终。诗人生活的六十余个春秋，正是唐朝发展到极盛而后急剧衰落的历史时期。历史上著名的开元、天宝之治，以及继之而起的安史之乱，就浓缩在李白的一生中。

开元、天宝时期，是大唐帝国的全盛时期。经过一个世纪的治理和发展，唐王朝出现了社会安定、经济高度繁荣、思想自由活跃的局面，国势空前强盛。如詹锳先生所概括：

> 唐玄宗开元年间是中国封建王朝的全盛时代。开元前期以姚崇、宋璟为相，奠定了政治经济基础。著名大手笔张说先后三秉国政，掌文学之任凡三十年。开元后期，张九龄继张说为相，也大力发展文化事业。二张都是当时文坛的盟主。唐王朝对外实行开放政策，长安在当时为天下第一大都市，又是全世界的政治文化中心，友邦使者络绎不绝，丝绸之路、海上交通都很发达。唐朝前期的对内政策也是很开明的，人民的思想、信仰以及民族关系都很开放。唐玄宗本人也是一个爱好文艺的皇帝，他对诗歌、音乐、舞蹈、打毬都很欣赏，而且亲自实践。开元、天宝年间开始成为文学艺术百花齐放的全盛时代。[32]

强大的国势，激发了士人的民族自豪感、爱国精神，也鼓舞了士人不甘凡庸、渴望建功立业的豪情。再加上唐代社会实行科举取士制度，无论高门望族还是寒素之士，都可以凭借个人的才能走上仕途，这更激发了士人的政治进取心。如张镐本为布衣，然“风仪魁岸，廓落有大志，涉猎经史，好谈王霸大略”[33]，游京师，端居一室，不交世务，他的友人萧昕看准了他的治国才能，向玄宗上表推荐："如镐者，用之则为王者师，不用则幽谷一叟尔。"玄宗于是擢镐为拾遗，"不数年，出入将相"[34]。这样的社会的确为士人提供了一个可以平步青云的环境。正因为如此，唐代士人都有非常之抱负，功名心很重。如盛唐另一名相张九龄，其父以其将来必贵，赠广州刺史，"年十三，以书干广州刺史王方庆，大嗟赏之，曰：'此子必能致远'"[35]。十三少年，即知干谒，即行干谒，堪称代表。与李白同一时期的诗人高适二十初游长安，写有《别韦参军》诗："二十解书剑，西游长安城。举头望君门，屈指取公卿。国风冲融迈三五，朝廷欢乐弥寰宇。白璧皆言赐近臣，布衣不得干明主。归来洛阳无负郭，东过梁宋非吾土。兔苑为农岁不登，雁池垂钓心长苦。"[36]所谓"解书剑"，即文武兼通，所以自负公卿唾手可取。高适另有《送蔡山人》诗："东山布衣明古今，自言独未逢知音。识者阅见一生事，到处豁然千里心。看书学剑长辛苦，近日方思谒明主。斗酒相留醉复醒，悲歌数年泪如雨。丈夫遭遇不可知，买臣主父皆如斯。我今蹭蹬无所似，看尔崩腾何若为？"[37]此诗中高适说得更为明白，他通古明今，看书学剑，以汉代名臣朱买臣和主父偃自比，自视甚高。朱买臣和主父偃都是汉武帝时擢自布衣的人。朱买臣家贫，却不治产业，好读书。四十岁时放言五十当富贵，但其妻不甘贫困而离去。后被武帝召见，说《春秋》，言楚辞，拜为中大夫。主父偃学长短纵横术、《易经》、《春秋》及百家之言，家贫，客游甚困。但他直接上书朝廷，被武帝召见，言律令及伐匈奴事，武帝相见恨晚，拜为郎中，岁中四迁。高适以二人自比，既是描写个人暂时蹭蹬不得志之况，亦是表明自己有才华，有大志，终会如二人屈指而取公卿。

这一时期的文学作品，或写游侠儿的少年英气，或写戍边将士舍身报国、勇往直前的战斗意志与艰苦卓绝的战斗生活，或抒发渴望事功的迫切心情，无不充满英雄气概、英雄崇拜精神，反映了开、天盛世士人普遍存在的一种社会心态。盛唐诗人，除却李白、杜甫之外，文学史习惯上将其分为边塞诗派和田园山水诗派。边塞诗在南北朝及隋代文人乐府诗中即不乏其作。然边塞诗的最繁荣时期却在盛唐。边塞诗之所以大兴于盛唐，除却其他因素，就社会心理而言，就出于盛唐士人受时代感染而形成的英雄意识，具体说，也就是他们蔑视平庸、崇拜英雄、渴望建立英雄勋业的奋发有为心态。高适《塞下曲》诗云：

结束浮云骏，翩翩出从戎。
且凭天子怒，复倚将军雄。
万鼓雷殷地，千旗火生风。
日轮驻霜戈，月魄悬雕弓。
青海阵云匝，黑山兵气冲。
战酣太白高，战罢旄头空。
万里不惜死，一朝得成功。
画图麒麟阁，入朝明光宫。

大笑向文士，一经何足穷！
古人昧此道，往往成老翁。[38]

岑参《银山碛西馆》诗云：

丈夫三十未富贵，安能终日守笔砚？[39]

《武威送刘单判官赴安西行营便呈高开府》：

中岁学兵符，不能守文章。
功业须及时，立身有行藏。
男儿感忠义，万里忘越乡。[40]

诗人崇尚的是靖边卫国、麟阁标名的英雄，蔑视的是白发穷经的儒生。这种思想与李白诗如出一辙。所以边塞诗所描写的多是边塞英雄，抒发的也多是不怕牺牲、不畏艰险的英雄气概。岑参的《走马川行奉送封大夫出师西征》《轮台歌奉送封大夫出师西征》、王昌龄的《出塞》《从军行》等诗，都是英雄的赞歌。盛唐诗人王维以其幽栖别墅的山水诗名世，然而他前期的边塞诗却都充满英雄意识。《老将行》写“一身转战三千里，一剑曾当百万师”[41]的沙场老将，虽老而壮心未已，犹期一战而取功勋，同高适等人一样，亦反映了诗人“忘身辞凤阙，报国取龙庭。岂学书生辈，窗间老一经”[42]的不甘凡庸的英雄心态。盛唐诗歌的内容十分丰富，价值取向亦不一，不过真正代表了盛唐时代精神的应主要是这种英雄意识。

玄宗天宝十四载（755），爆发了安史之乱。这场历时八年、席卷半个中国的大乱，使唐王朝统治受到沉重打击，社会生产遭到破坏，人民惨遭浩劫，盛唐诗人亦不能幸免其难。现实粉碎了诗人的许多梦想，然英雄意识并未因战乱而销蚀，反而在另一个角度得到张扬。与安史之乱前不同的是，这一时期的英雄意识，由对功名、理想的向往，转换为对国难民生的强烈关心和为国靖难的雄心。此时的英雄意识，由对英雄的崇拜转变为对英雄的呼唤："未能匡吾君，虚作一丈夫！"①"闻道王师犹转战，谁能谈笑解重围？"〔43〕杜甫写于这一时期的诗歌，亦多充满对历史英雄的向往，如《蜀相》、《遣兴》其一、《行次昭陵》等。

由上看来，开元、天宝时期唐代社会由大治转入大乱，由极盛突转为衰落的特定历史时期，刺激并生成了崇拜、呼唤英雄的社会心理。这是李白英雄意识形成的社会背景。

然而从文化心理学的角度看，群体心理特征的形成，决定于人们生活的某些同质特征；而就个体心理而言，刺激并影响了他某种心态的环境又往往是同中有异的、个别的，不仅不同的人所接触的会是不同的事物，而且在不同的时间里也会与影响人之心理的外物以及外在的情境相互作用着。李白英雄意识的形成，既有时代的因

---

① 岑参《行军诗二首》"时扈从在凤翔"。（《岑嘉州诗笺注》，上册，第277页）

素，同时亦与李白青年时期的生活环境及所受的教育有关。李白出生于商人之家，其父李客本是西域商人。这样的家庭思想比较通脱，不拘执于一家。在这样的环境中，李白所受的教育亦不主一家。他尝言："五岁诵六甲，十岁观百家。"[44]"颇尝览千载，观百家。"[45]"十五观奇书"[46]。所谓"百家"，当指诸子之学；所谓"奇书"，应是正统儒学之外的书籍。这种教育，使其思想无所不包，摆脱了任何一家的束缚，胸襟旷放，魄力雄伟。儒家主张："士不可以不弘毅，任重而道远。仁以为己任，不亦重乎？死而后已，不亦远乎？"[47]"故士穷不失义，达不离道。穷不失义，故士得己焉；达不离道，故民不失望焉。古之人得志泽加于民；不得志修身见于世，穷则独善其身，达则兼善天下。"[48]儒家的这种以道自任思想，培养了李白以天下为己任的崇高胸怀和弘毅精神。道家"独与天地精神往来"[49]，不受宇宙外物束缚、追求个性自由与解放的思想，又影响了李白豪迈奔放、兀傲不驯的性格。尤其值得注意的是，李白青年时期从赵蕤学习纵横家之学《长短经》，更培养了他纵横家的性情与气派。《长短经》中的审时度势和礼贤下士思想，虽然并未真正成为李白政治家的谋略，却与他诗人的气质相合，形成了李白逢时虎变的风云际会理想、傲视王侯的强烈自我意识与自信心，以及仗气爱奇的思想作风。范传正《唐左拾遗翰林学士李公新墓碑并序》称李白：

受五行之刚气，叔夜心高；挺三蜀之雄才，相如文逸。瑰奇宏廓，拔俗无类。少以侠自任，而门多长者车。常欲一鸣惊人，一飞冲天，彼渐陆迁乔，皆不能也。由是慷慨自负，不拘常调，器度弘大，声闻于天。[50]

开元二十二年（734）前后，李白漫游襄汉时写的《与韩荆州书》亦说自己：

十五好剑术，遍干诸侯；三十成文章，历抵卿相。虽长不满七尺，而心雄万夫。王公大臣，许与气义。[51]

由此看来，李白少时即有着出类拔萃的“刚气”，而青少年时诵六甲、览百家、观奇书的教育，则培养了他的雄才大志和傲视外物的个性。当他仗剑去国，辞亲远游，追求他“申管晏之谈，谋帝王之术”“佐周文，赞武丁”“使寰区大定，海县清一”的理想时，英雄意识已经形成，并且具有了“心雄万夫”的英雄气概。他离开四川所追求的梦想，已不是一般的梦幻，而是有了知识积累与心理期盼的英雄梦。

当然，功业思想、功名心并不等同于以天下为己任的社会责任感和使命感，二者价值取向有所不同。以天下为己任的思想具有为他性，所以被人称为是一种公而忘私的价值观。而功业思想和功名心，则主要是倾向于个人生命价值的一种思想，既有为他性，又有为己性。但是唐代士人的功业思想和功名心，带有浓厚的社会使命感和国家荣誉感，功业思想与责在天下的思想常常结合得十分紧密。伟大诗人杜甫就是典型。他是一个忧患天下的人，他的功名心就是辅佐朝廷，“大庇天下”，成就圣贤事业，其《自京赴奉先咏怀五百字》云：“杜陵有布衣，老大意转拙。许身一何愚，窃比稷与契。”[52]稷辅佐尧，教民耕种，完全是为了天下百姓。其实这正是杜甫的真实心理，也是盛唐许多诗人普遍的心理，在盛唐伟大诗人李白的诗文中有着更为集中的反映。

二　生命意识催发的功业渴望

1

李白的生命观深受儒家思想的影响，读李白诗歌，印象最深刻的首先是诗中所表达出的建功立业的急切渴望。

在表现盛唐文人功名理想方面，李白的诗最有代表性。作为布衣之士，李白“托意在经济”有着以天下为己任的传统观念，他要实现大济天下的功名理想。同时，出身于西域的特殊身份也使李白认识到，只有建功立业，才能改变自己的命运，跻身上流社会。李白的诗以炽热的情感表现了盛唐时期布衣之士的生命理想。

李白一生都是在建功立业的渴望中度过的，迫切希望建功立业、兼济天下，是李白诗歌的主调。早在“酒隐安陆，蹉跎十年”所写的《代寿山答孟少府移文书》中，李白就鲜明地表达了他的政治理想：

吾与尔达则兼济天下，穷则独善一身。安能餐君紫霞，荫君青松，乘君鸾鹤，驾君虬龙，一朝飞腾，为方丈蓬莱之人耳，此方未可也。乃相与卷其丹书，匣其瑶瑟，申管晏之谈，谋帝王之术，奋其智能，愿为辅弼，使寰区大定，海县清一。事君之道成，荣亲之义毕，然后与陶朱、留侯，浮五湖，戏沧洲，不足为难矣。[53]

李白一生都有紫霞之想，然而热衷功名乃为这一时期的主导思想，其《邺中赠王大劝入高凤石门山幽居》就表达了这样的思想：

一身竟无托，远与孤蓬征。
千里失所依，复将落叶并。
中途偶良朋，问我将何行。
欲献济时策，此心谁见明？
君王制六合，海塞无交兵。
壮士伏草间，沉忧乱纵横。
飘飘不得意，昨发南都城。
紫燕枥上嘶，青萍匣中鸣。
投躯寄天下，长啸寻豪英。
耻学琅琊人，龙蟠事躬耕。
富贵吾自取，建功及春荣。
我愿执尔手，尔方达我情。

相知同一己，岂唯弟与兄。
抱子弄白云，琴歌发清声。
临别意难尽，各希存令名。[54]

像诸葛亮那样作龙蟠之隐，自是李白所不取的。而人生的无常，更增强了诗人建功立业的紧迫感，不仅要建立不朽的功业，所谓“富贵吾自取”，还要期望“建功及春荣”，在青春之际即实现，而不似吕尚晚年才得显达。据詹锳先生考证，《郢中赠王大劝入高凤石门山幽居》诗当作于开元末。开元二十七年（739）李白与王昌龄相会于湖南巴陵，次年王昌龄北返襄阳访孟浩然，会孟浩然卒，王昌龄经南阳北上，途中又遇李白，劝李白入高凤石门山隐居。高凤是后汉名儒，隐于石门山授业。李白好友元丹丘亦曾隐于此山。从此诗看，李白当时的处境很不好，一身无托，形同风中落叶。欲献济时之策，但因六合无事，天下太平，志士缺少一展才能的机会，只能潜伏草野。李白心志并不被人理解，心情忧郁，很不得意。然而即使如此，李白并未放弃他的希望，回绝了王昌龄的归隐之劝，希望建功业于青春年华，不愿就此归隐。在困境中仍不坠功名理想，就是源于李白对生命本质的认识：生命不仅要自然归于死亡，而且在世的时间亦十分短暂，生命的意义即在于济天下，得荣名，享不朽。这与此时孟浩然和元丹丘对生命意义的理解是不同的。此一时期李白的其他诗也都表现了强烈的入世渴望：“殷王期负鼎，汶水起垂竿。莫学东山卧，参差老谢安。”[55]当君王期待负鼎人才之际，作为士人，不能似谢安那样做东山之卧，蹉跎岁月而老。《古风五十九首》其二十六“碧荷生幽泉”、其二十七“燕赵有秀色”、其五十二“青春惊流湍”等诗，也都抒发了时不我用、岁不我与的焦虑。所以一旦被玄宗征召，李白便写了《南陵别儿童入京》一诗：

白酒新熟山中归，黄鸡啄黍秋正肥。
呼童烹鸡酌白酒，儿女嬉笑牵人衣。
高歌取醉欲自慰，起舞落日争光辉。
游说万乘苦不早，著鞭跨马涉远道。
会稽愚妇轻买臣，余亦辞家西入秦。
仰天大笑出门去，我辈岂是蓬蒿人！〔56〕

虽然感慨“游说万乘苦不早”，却终因皇帝之召，证明自己并非“蓬蒿”之人，而发出“仰天大笑出门去，我辈岂是蓬蒿人”的狂语、痛快语，以为施展自己政治抱负的机会终于到来了。

长安三年倡优畜之的生活，使李白的政治抱负遭受严重挫折。玄宗赐金放还，李白受到沉重打击，他写了诸多发泄政治失志之苦闷的诗，并以求仙访道的方式寻求精神上的解脱。《行路难三首》就是此一时期的代表作，集中反映了李白的长安遭遇与心路历程。其一：

金樽清酒斗十千，玉盘珍羞直万钱。

停杯投箸不能食，拔剑四顾心茫然。
欲渡黄河冰塞川，将登太行雪暗天①。
闲来垂钓坐溪上②，忽复乘舟梦日边。
行路难，行路难，多歧路，今安在？
长风破浪会有时，直挂云帆济沧海。〔57〕

其二：

大道如青天，我独不得出。
羞逐长安社中儿，赤鸡白狗赌梨栗。
弹剑作歌奏苦声，曳裾王门不称情。
淮阴市井笑韩信，汉朝公卿忌贾生。
君不见昔时燕家重郭隗，拥彗折节无嫌猜。
剧辛乐毅感恩分，输肝剖胆效英才。
昭王白骨萦蔓草，谁人更扫黄金台？
行路难，归去来！〔58〕

其三：

有耳莫洗颍川水，有口莫食首阳蕨。

---

① “暗天”为“满山”之异文。
② “坐溪上”为“碧溪上”之异文。

含光混世贵无名，何用孤高比云月。
吾观自古贤达人，功成不退皆殒身。
子胥既弃吴江上，屈原终投湘水滨。
陆机雄才岂自保？李斯税驾苦不早。
华亭鹤唳讵可闻？上蔡苍鹰何足道！
君不见吴中张翰称达生，秋风忽忆江东行。
且乐生前一杯酒，何须身后千载名。[59]

《行路难三首》是李白的代表作，历来对其解读者很多。关于诗的作年，旧说以为是天宝间长安放还后所作。《唐宋诗醇》即以为此三首诗是李白初去朝之作："冰塞雪满，道路之难甚矣。而日边有梦，破浪济海，尚未决志于去也。后有二篇，则畏其难而决去矣。此篇被放之初，述怀如此，真写得'难'字意出。"[60]詹锳先生《李白诗文系年》据此系于天宝三载（744）。裴斐《太白乐府举隅》谓此三首为"太白辞官之初陈情述怀之作"[61]。但上个世纪80年代以后，对三首是否都是长安放还后所作有了不同见解。郁贤皓先生以为，"这三首疑非同时所作"，视前二首为李白开元年间初入长安之作，第三首则作年不详。[62]安旗主编《李白全集编年笺注》亦以为三首非一时之作，第一、第二首系于开元十九年（731），[63]第三首系于天宝三载。[64]对于后两种说法，詹锳先生生前未作回应。

《行路难三首》的系年，无论一入长安所作，还是二入长安作品，其所依据者不是文献作为铁证，而是对诗的理解。所以要解决这个问题，还应对此一组诗再做细读。而欲明其义，关键在对李白此三首诗用典的解读。

《行路难》其一旧说均以为长安放还时作，学术界揭示李白二入长安行程后，安旗《李白全集编年笺注》置此首于开元十九年，然未作说明。郁贤皓《李白全集校注》系于开元十八年："开元十八年，诗人抱着'何王公大人之门不可以弹长剑乎'的自信来到长安，结果是'冷落金张馆，苦雨终南山'。从此深知世道艰险，功业难求，诗中的'冰塞黄河'、'雪满太行'正是这种遭遇的形象比喻。"〔65〕进而把此诗作为一入长安失意的作品。此说一出，附会者很多。亦有反对者，以裴斐为最："无论李白几次入长安，其进入宫廷仅天宝初一次，有事迹可考者亦仅此一次，在政治上遭受重大打击从而对其后思想创作产生了决定性影响的亦仅此一次。最要命的是，无视上述基本事实，仅根据不能成立的假说，便将一系列忧愤深广的抒情名篇由天宝系于开元，其随意性有时达到惊人的地步。如将《行路难》其一系于开元十九年冬令，理由就是诗中有'欲渡黄河冰塞川，将登太行雪满山'；那么紧接着的'闲来垂钓碧溪上，忽复乘舟梦日边'又如何交代？"〔66〕李白是否一入长安、二入长安，尚在讨论之中，而且越来越倾向于李白有两次长安之行，故裴斐一入之说仅为一家之言。但是他辩驳《行路难》其一系于一入长安之不妥的理由是充分的。

《乐府解题》："《行路难》，备言世路艰难及离别悲伤之意。"〔67〕此诗正切"世路艰难"主题。"欲渡黄河冰塞川""将登太行雪暗天”这两个意象用来比喻李白仕途遭遇阻碍，的确指向明确，但既可以用来指诗人一入长安所受挫折，亦可指二入长安因谗言被黜退、功名不得实现的遭遇。所以究竟写的是哪一次，关键在“闲来垂钓坐溪上，忽复乘舟梦日边”这两个用典。《史记·齐太公世家》：“吕尚盖尝穷困，年老矣，以渔钓奸周西伯……于是周西伯猎，果遇太公于渭之阳，与语大说，曰：‘自吾先君太公曰，当有圣人适周，周以兴。子真是耶？吾太公望之子矣。’故号之曰‘太公望’，载与俱归，立为师。”〔68〕对于吕尚的晚年得遇，李白还是颇为欣赏的，故有诗曰：“朝歌鼓刀叟，虎变磻溪中。一举钓六合，遂荒营丘东。平生渭水曲，谁识此老翁？”〔69〕乘舟梦日，用伊尹故事。伊尹耕作于有莘国，商汤三聘，辅佐商汤打败夏桀，拜为相。《宋书·符瑞志》：“伊挚将应汤命，梦乘船过日月之旁。”〔70〕两个典故所讲的都是布衣终与君主遇合的故事。然李白引此二典还有深意。《列女传·辩通传》齐管仲妾婧曰：“昔者太公望年七十，屠牛于朝歌市，八十为天子师，九十而封于齐。由是观之，老可老邪？夫伊尹，有㮤氏之媵臣也。汤立以为三公，天下之治太平。由是观之，贱可贱邪？”〔71〕这应该是李白的用心之处。李白诗中多讲姜尚故事，所表达的基本是终遇明君实现抱负的愿望。但不同地方侧重却又不同，如《效古》其一以恣意忘形之笔，描写了诗人受皇帝恩宠、在宫中风光无限的生活，终云：“光景不可留，生世如转蓬。早达胜晚遇，羞比垂钓翁。”得意自己壮年即遇玄宗，不似姜尚等到垂晚。而此诗再讲姜尚事迹，却正是要强调年老不可怕，还会有君臣遇合的机会，其中就包含了再等机遇的愿望。而此处所讲伊尹的故事，则重在虽贱而亦可贵。李白遭到玄宗疏远，其原因李白诗中多有表达，就是遭到了同列的谗言，谗言之一就是说李白出身微贱，疏于礼法。所以伊尹故事中就含有“由是观之，贱可贱邪？”的意思。讲这首诗，安旗注虽系于开元间一入长安之时，而其串讲却是理解诗意稍近的：“二句意谓且将归隐以待时，或有伊挚应汤命之兆。”〔72〕但“或有”没有准确表达出“忽复”的微妙之意。刘学锴解二句最为准确：“意谓闲来垂钓碧溪，隐居待时，忽然又梦见自己乘舟经过日边。看来自己又将受到君主的征聘任用了。”〔73〕

疏通了此诗用典的深层意蕴，再来读全诗，诗意的脉络就清楚了。“金樽清酒斗十千，玉盘珍羞直万钱。停杯投箸不能食，拔剑四顾心茫然”，乃言欲离开长安前的心理焦虑状态，虽对美酒而不能饮，虽有珍馐而不能食，四顾前途茫然。但诗人最后要决然归隐了，他要似姜尚那样垂钓碧溪，等待机会，哪怕到老。因为他相信或有一天再一次梦到乘船而过日旁，如出身微贱的伊尹一样得到君主任用。

《行路难》其二写诗人在长安的生活及其感受：“羞逐长安社中儿，赤鸡白狗赌梨栗。弹剑作歌奏苦声，曳裾王门不称情。”系此诗于初入长安者认为：李白在长安竟然与“赤鸡白狗赌梨栗”的街头小儿混杂在一起，而“曳裾王门”，寻找机会，却又四处碰壁，这绝非天宝李白召入朝中的生活，只能是初入长安时的遭遇。

但这只是对此诗首六句的解释。假设说这样的解释比较符合李白一入长安的遭遇，而且也与“淮阴市井笑韩信”诗句相合，那么下面诗句又当如何解释？“汉朝公卿忌贾生”“昔时燕家重郭隗，拥彗折节无嫌猜。剧辛乐毅感恩分，输肝剖胆效英才”，这些故事显然就与初入长安的境遇不符了。《史记·燕召公世家》：“燕昭王于破燕之后即位，卑身厚币以招贤者。谓郭隗曰：‘齐因孤之国乱而袭破燕，孤极知燕小力少，不足以报。然诚得贤士以共国，以雪先王之耻，孤之愿也。先生视可者，得身事之。’郭隗曰：‘王必欲致士，先从隗始。况贤于隗者，岂远千里哉！’于是昭王为隗改筑宫而师事之。乐毅自魏往，邹衍自齐往，剧辛自赵往，士争趋燕。”〔74〕《史记·屈原贾生列传》言贾谊：“颇通诸子百家之书。文帝召以为博士。是时贾生年二十余，最为少。每诏令议下，诸老先生不能言，贾生尽为之对，人人各如其意所欲出。诸生于是乃以为能不及也。孝文帝说之，超迁，一岁中至太中大夫。贾生以为汉兴至孝文二十余年，天下和洽，而固当改正朔，易服色，法制度，定官名，兴礼乐，乃悉草具其事仪法，色尚黄，数用五，为官名，悉更秦之法。孝文帝初即位，谦让未遑也。诸律令所更定，及列侯悉就国，其说皆自贾生发之。于是天子议以为贾生任公卿之位。绛、灌、东阳侯、冯敬之属尽害之，乃短贾生曰：‘雒阳之人，年少初学，专欲擅权，纷乱诸事。’于是天子后亦疏之，不用其议，乃以贾生为长沙王太傅。”〔75〕用郭隗和贾谊典，讲的并非他们不遇的遭际，而是进入朝中的故事，这与李白在朝中的遭遇颇相似。李阳冰《草堂集序》：“天宝中，皇祖下诏，征就金马，降辇步迎，如见绮、皓。以七宝床赐食，御手调羹以饭之，谓曰：‘卿是布衣，名为朕知，非素蓄道义何以及此？’置于金銮殿，出入翰林中，问以国政，潜草诏诰，人无知者。丑正同列，害能成谤，格言不入，帝用疏之。公乃浪迹纵酒，以自昏秽。咏歌之际，屡称东山。又与贺知章、崔宗之等自为八仙之游，谓公谪仙人，朝列赋谪仙之歌，凡数百首，多言公之不得意。天子知其不可留，乃赐金归之。”[76]李白本为布衣，因名达朝廷而应诏入翰林，他有多诗回顾这段经历：“凤凰初下紫泥诏，谒帝称觞登御筵。揄扬九重万乘主，谑浪赤墀青琐贤。朝天数换飞龙马，敕赐珊瑚白玉鞭。”“惟昔不自媒，担簦西入秦。攀龙九天上，别忝岁星臣。布衣待丹墀，密勿草丝纶。才微惠渥重，谗巧生缁磷。”[77]“汉家天子驰驷马，赤军蜀道迎相如。天门九重谒圣人，龙颜一解四海春。彤庭左右呼万岁，拜贺明主收沉沦。翰林秉笔回英眄，麟阁峥嵘谁可见？承恩初入银台门，著书独在金銮殿。龙驹雕镫白玉鞍，象床绮食黄金盘。当时笑我微贱者，却来请谒为交欢。”[78]“昔献长扬赋，天开云雨欢。当时待诏承明里，皆道扬雄才可观。敕赐飞龙二天马，黄金络头白玉鞍。”[79]“恭承凤凰诏，欻起云萝中。清切紫霄迥，优游丹禁通。君王赐颜色，声价凌烟虹。乘舆拥翠盖，扈从金城东。宝马丽绝景，锦衣入新丰。依岩望松雪，对酒鸣丝桐。因学扬子云，献赋甘泉宫。天书美片善，清芬播无穷。归来入咸阳，谈笑皆王公。”[80]这与燕昭王厚遇郭隗故事极为相似。

然而唐玄宗之招贤做得并不彻底，“西施宜笑复宜颦，丑女效之徒累身。君王虽爱蛾眉好，无奈宫中妒杀人”[81]，“才微惠渥重，谗巧生缁磷”，“早怀经济策，特受龙颜顾。白玉栖青蝇，君臣忽行路。”〔82〕“谬挥紫泥诏，献纳青云际。谗惑英主心，恩疏佞臣计。彷徨庭阙下，叹息光阴逝。未作仲宣诗，先流贾生涕。”〔83〕“浮云蔽日去不返，总为秋风摧紫兰。”〔84〕他终因听信谗言，疏远并礼貌地把李白赶出宫门。①所以李白哀叹“昭王白骨萦蔓草，谁人更扫黄金台”，那个招贤纳士的人没了，流下同贾谊一样遭王疏远的泪水。乾元二年，李白在江夏写了《经乱离后天恩流夜郎忆旧游书怀赠江夏韦太守良宰》一诗，自叙其长安放还后之遭遇大略，亦有“揽涕黄金台，呼天哭昭王。无人贵骏骨，绿耳空腾骧”〔85〕句，既慨叹个人遭遇，同时反思朝廷如此对待人才，必使贤才不可复至，假使乐毅再生，也会高蹈而去。还有《江上答崔宣城》“谬忝燕台召，而陪郭隗踪”〔86〕，很明显，就是以燕昭王筑台而聘郭隗故事比喻自己供奉翰林所受的礼遇。

与《行路难》其二诗意相近的还有《古风五十九首》之十四：“燕昭延郭隗，遂筑黄金台。剧辛方赵至，邹衍复齐来。奈何青云士，弃我如尘埃！珠玉买歌笑，糟糠养贤才。方知黄鹤②举，千里独徘徊。”〔87〕《唐诗解》解此诗云：“按：太白素有高尚之志，意出山之后，不为时相所礼，悔恨而作是诗。言我始以天子招贤，群才争赴，故亦有希世之想，不意竟为当涂者所弃。彼其贵色贱士，无足

① 从李白诗看，嫉妒李白才能和玄宗对李白的待遇，是上谗言的主要原因。谗言的内容之一，当是李白出身微贱，疏于礼法。

② “黄鹤”为“黄鹄”之异文。

与游，曷为而轻就之耶？方知黄鹄之徘徊不进，良有以也，吾甚愧之矣。”[88]也是把其视为决意去朝时的作品。但这里把“青云士”解为“当涂者”，即一般意义上的权高位重之人，恐不妥。李白之被放还，是玄宗的决定，以“青云士”称玄宗，不确。李白《猛虎行》诗云：“张良未遇韩信贫，刘项存亡在两臣。暂到下邳受兵略，来投漂母作主人。贤哲栖栖古如此，今时亦弃青云士。”[89]此之“青云士”即指李白自己。又《寄上吴王三首》之三：“英明庐江守，声誉广平籍。扫洒黄金台，招邀青云客。客曾与天通，出入清禁中。襄王怜宋玉，愿入兰台宫。”[90]亦以“青云客”自指。总之，此诗所讲都是士人遇到明主、如何得到重用，或者即将得到重用，却遭大臣嫉妒而谗毁的故事。而李白一入长安，根本没有进入朝廷的机会，谈何受到朝廷重用或同僚的谗毁？所以，李白关于贾谊、郭隗的感慨，显然是针对他待诏翰林时的遭遇而发，否则，就很难讲通这首诗。

回过头来再看“羞逐长安社中儿，赤鸡白狗赌梨栗。弹剑作歌奏苦声，曳裾王门不称情”这四句诗，似为李白被玄宗疏远、尚未离京时的遭遇。诗人已经有了入朝为官的经历，虽为虚职，身份已非布衣，故羞于再回到市井、如初入长安时的生活了，他现在所出入的乃是王侯权贵之门。然而这些权贵对李白的态度发生了根本的变化，诗人所到之处所遭遇的都是冷眼，这在李白诗中有所表现。《东武吟》：“一朝去金马，飘落成飞蓬。宾客日疏散，玉樽亦已空。”旧时的宾客离已而去，门前冷落车马稀，世态炎凉如此。

而下面几首诗所表现的就是权贵们对待离朝后李白的态度。《古风五十九首》其十四："奈何青云士，弃我如尘埃！珠玉买歌笑，糟糠养贤才。"〔91〕《答王十二寒夜独酌有怀》："巴人谁肯和阳春？楚地由来贱奇璞。黄金散尽交不成，白首为儒身被轻。"〔92〕《酬张卿夜宿南陵见赠》云："我昔辞林丘，云龙忽相见。客星动太微，朝去洛阳殿。"〔93〕显然说的是应诏入翰林又被放还的事，但是李白却又说："与君各未遇，长策委蒿莱。宝刀隐玉匣，锈涩空莓苔。遂令世上愚，轻我土与灰。"〔94〕"世上愚"定然包括当朝权贵，他们对离朝的李白冷眼相待，以李白极为高傲的品性，一定感到很不如意、很不舒服，感情受到极大伤害。

最后是《行路难》其三。此诗关键在"吾观自古贤达人，功成不退皆殒身"句，以下用典皆围绕此一思想展开。诗中所用四个典故，皆为忠而被谤以使帝王疏远甚至被害故事。《史记·伍子胥列传》伍子胥为春秋末期吴国大夫，吴王阖闾倚重伍子胥、孙武之谋，西破强楚，北威齐晋，南服越人，成为诸侯一霸。夫差朝，伍子胥曾谏其杀勾践，不听。又谏其不攻齐而先伐越，亦遭拒。吴太宰嚭数受越赂，与子胥有隙，因谗曰："子胥为人刚暴，少恩，猜贼，其怨望恐为深祸也。……今王自行，悉国中武力以伐齐，而子胥谏不用，因辍谢，详病不行。王不可不备，此起祸不难。且嚭使人微伺之，其使于齐也，乃属其子于齐之鲍氏。夫为人臣，内不得意，外倚诸侯，自以为先王之谋臣，今不见用，常鞅鞅怨望。愿王早图之。"〔95〕吴王乃使使赐伍子胥属镂之剑，曰："子以此死。""伍子胥仰天叹曰：‘嗟乎！谗臣嚭为乱矣，王乃反诛我。我令若父霸。自若未立时，诸公子争立，我以死争之于先王，几不得立。若既得立，欲分吴国予我，我顾不敢望也。然今若听谀臣言以杀长者。’乃告其舍人曰：‘必树吾墓上以梓，令可以为器；而抉吾眼县吴东门之上，以观越寇之入灭吴也。’乃自刭死。吴王闻之大怒，乃取子胥尸盛以鸱夷革，浮之江中。吴人怜之，为立祠于江上，因命曰胥山。”〔96〕屈原乃楚之同姓，历怀王、顷襄王两朝，先后遭上官大夫和令尹子兰馋毁，而被疏远以致流放。楚怀王朝屈原为左徒，王甚任之。上官大夫与之同列，争宠而心害其能。因谗之曰：“王使屈平为令，众莫不知，每一令出，平伐其功，以为‘非我莫能为’也。王怒而疏屈平。”〔97〕倾襄王立，以其弟子兰为令尹。令尹子兰“卒使上官大夫短屈原于顷襄王，顷襄王怒而迁之”〔98〕。李斯早年为郡小吏，师从荀子学习帝王之术。学成之后，与荀子辞别，曰：“诟莫大于卑贱，而悲莫甚于穷困。久处卑贱之位，困苦之地，非世而恶利，自托于无为，此非士之情也。”〔99〕乃入秦为官，劝说秦王嬴政灭诸侯，成帝业。秦始皇死后，又拥立胡亥为二世皇帝，后为赵高所忌。“二世二年七月，具斯五刑，论腰斩咸阳市。斯出狱，与其中子俱执，顾谓其中子曰：‘吾欲与若复牵黄犬俱出上蔡东门逐狡兔，岂可得乎？’遂父子相哭，而夷三族。”〔100〕陆机出身吴郡陆氏，少有奇才，文章冠世。太康十年入洛阳，历任太傅祭酒、著作郎、吴王郎中令等职。赵王司马伦掌权，引为相国参军，册封关中侯。后又依附于成都王司马颖，授平原内史，太安二年拜后将军、河北大都督，率军讨伐长沙王司马乂。《晋书·陆机传》：宦人孟玖弟超并为司马颖所嬖宠。超领万人为小都督，不受机节度，轻兵独进而死。“玖疑机杀之，遂谮机于颖，言其有异志。将军王阐、郝昌、公师藩等皆玖所用，与牵秀等共证之。颖大怒，使秀密收机。其夕，机梦黑幰绕车，手决不开，天明而秀兵至。机释戎服，著白帢，与秀相见，神色自若，谓秀曰：‘自吴朝倾覆，吾兄弟宗族蒙国重恩，入侍帷幄，出剖符竹。成都命吾以重任，辞不获已。今日受诛，岂非命也！’因与颖笺，词甚凄恻。既而叹曰：‘华亭鹤唳，岂可复闻乎！’遂遇害于军中，时年四十三。二子蔚、夏亦同被害。”〔101〕

伍子胥、李斯等四人的遭遇都有共同点：均以个人才干而得到君王重用，又都因此而遭人馋毁，受到君王的疏远、流放甚至杀害。李白撮取这四个历史人物故事所要表达的情感其实是一目了然的，那就是用这四个人物的故事表现自己相似的遭遇，并用他早已形成的功成身退的人生观表达其离开朝廷、远离政治漩涡的决心。李白另有《翰林读书言怀呈集贤院内诸学士》，当为前后之作：“晨趋紫禁中，夕待金门诏。观书散遗帙，探古穷至妙。片言苟会心，掩卷忽而笑。青蝇易相点，白雪难同调。本是疏散人，屡贻褊促诮。云天属清朗，林壑忆游眺。或时清风来，闲倚栏下啸。严光桐庐溪，谢客临海峤。功成谢人间，从此一投钓。”〔102〕诚如《唐宋诗醇》所说，已经是决意离开朝廷的调子了，所以用功成不退而遭不测的事例开解自己，要做一个达生之人。所不同者，《翰林读书言怀呈集贤院内诸学士》是用严光和谢安故事表达诗人远离朝廷的江海之心，而《行路难》其三则是用张翰故事。《晋书·张翰传》载，张翰有清才，善属文，被齐王冏辟为大司马东曹掾。“翰因见秋风起，乃思吴中菰菜、莼羹、鲈鱼脍，曰：‘人生贵得适志，何能羁宦数千里以要名爵乎？’遂命驾而归。”〔103〕李白用此典，就是要表明步张翰之后尘，离京去过适意的生活了。

总之，此三首诗无论情感、语气风格皆相同，应是一个时期内所作，似不宜拆开。它们都是李白去朝前后所作，细读之，抒写长安之遭际及心路历程，脉络极为清晰。

安史之乱爆发，李白投身永王幕府。他投身永王幕府，是自愿还是被胁迫，这个问题一直是李白政治生涯的一个疑点。李白流放夜郎期间的作品，时常把这一政治举动说成是他人胁迫的结果：

半夜水军来，寻阳满旌旃。
空名适自误，迫胁上楼船。
徒赐五百金，弃之若浮烟。
辞官不受赏，翻谪夜郎天。〔104〕

李白这样说，恐怕是为了洗刷从永王的罪名。从安史之乱的政治形势和李白出京后一直强烈期望东山再起的心态看，李白之从永王璘，完全是一种政治自觉。李白《在水军宴赠幕府诸侍御》把他此时的从军心态完全揭示出来：

月化五白龙，翻飞凌九天。
胡沙惊北海，电扫洛阳川。
虏箭雨宫阙，皇舆成播迁。
英王受庙略，秉钺清南边。
云旗卷海雪，金戟罗江烟。
聚散百万人，驰张在一贤。
霜台降群彦，水国奉戎旃。
绣服开宴语，天人借楼船。
如登黄金台，遥谒紫霞仙。
卷身编蓬下，冥机四十年。
宁知草间人，腰下有龙泉。
浮云在一决，誓欲清幽燕。
愿与四座公，静谈金匮篇。
齐心戴朝恩，不惜微躯捐。
所冀旄头灭，功成追鲁连。〔105〕

他在《永王东巡歌十一首》其二亦写道：“但用东山谢安石，为君谈笑静胡沙。”他要似晋代名臣谢安一样，起于东山，靖乱安国，成就千古不朽的功业。蔡宽夫云：“盖其学本出纵横，以侠气自任，当中原扰攘时，欲藉以立奇功。”〔106〕此说颇得李白之心。

李白建功立业的理想，直到他晚年流放夜郎，漂泊江夏、宣城时，仍未泯灭。从至德二载在宿松山逃难时的《赠张相镐二首》、乾元二年写于岳阳的《九日登巴陵置酒望洞庭水军》《司马将军歌》等诗，都可以看出诗人“抚剑夜吟啸，雄心日千里。誓欲斩鲸鲵，澄清洛阳水”[107]“功成献凯见明主，丹青画像麒麟台”的报国壮心。上元二年，即诗人去世的前一年，李白闻太尉李光弼举兵出征东南讨伐史朝义乱军时，仍奋然请缨，写下了《闻李太尉大举秦兵百万出征东南懦夫请缨冀申一割之用半道病还留别金陵崔侍御十九韵》诗：

秦出天下兵，蹴踏燕赵倾。
黄河饮马竭，赤羽连天明。
太尉杖旄钺，云旗绕彭城。
三军受号令，千里肃雷霆。
函谷绝飞鸟，武关拥连营。
意在斩巨鳌，何论鲙长鲸。
恨无左车略，多愧鲁连生。
拂剑照严霜，雕戈鬘胡缨。
愿雪会稽耻，将期报恩荣。
半道谢病还，无因东南征。
亚夫未见顾，剧孟阻先行。
天夺壮士心，长吁别吴京。
金陵遇太守，倒履欣逢迎。
群公咸祖饯，四座罗朝英。

初发临沧观，醉栖征虏亭。

旧国见秋月，长江流寒声。

帝车信回转，河汉纵复横。

孤凤向西海，飞鸿辞北溟。

因之出寥廓，挥手谢公卿。[108]

《旧唐书·李光弼传》：“俄复拜太尉，充河南、淮南、山南东道、荆南等副元帅，侍中如故，出镇临淮。史朝义乘邙山之胜，寇申、光等十三州，自领精骑围李岑于宋州，将士皆惧，请南保扬州，光弼径赴徐州以镇之，遣田神功击败之。”[109]这就是此诗写作的前后背景。此诗前半首写太尉出兵，铁蹄踏倾燕赵，战马饮干黄河，气势磅礴，可斩巨鳌和长鲸。中段抒发了他“愿雪会稽耻，将期报恩荣”的强烈愿望。诗人自谦既无李左车之策被韩信所重，又无鲁仲连之谋谈笑以却秦军。即使如此，他仍愿效力朝廷，仗剑以雪国家之耻，诗中充满悲壮之气。下半首笔调陡下，“天夺壮士心，长吁别吴京”，饱含了诗人因病不能报效朝廷的慷慨悲凉，贯穿全诗的就是功业思想情感。

2

李白诗中表现出来的建功立业的主题，从心理基础看，即出于他的生命意识。他的功业理想和渴望，自然有追求财富、地位的动机，作为人，即使是天才的诗人，他也有俗人的、对荣华富贵的自然欲求，所以在其生命目的中，肉体的快乐，亦是其追求之一。李白和常人之大不同即在于他不满足于此，还要超越于此，追求生命的不朽，这就升华为精神的快乐。所以李白的功业理想和渴望，最根本的是来自追求不朽生命价值的内在动力。“一切从外部发生在人身上的东西都是空幻虚无的。人的本质并不取决于外部环境，而取决于人赋予给自身的价值。财富、地位、社会差异，甚至健康和聪明才智——所有这些都无关紧要。唯一重要的是灵魂的倾向和内在的态度；而这种内在的信念是不会被扰乱的。”〔110〕李白一生有着强烈的社会责任感和历史使命感，“以为士生则桑弧蓬矢，射乎四方”〔111〕，“仁以安物”，“义以济难”①。所以他以道自任，以天下为己任。而这种社会责任感和历史使命感，就是建立在李白对自己的人才价值深刻自负心理基础之上的。李白自许为当今的管仲、晏婴，“不求小官，以当世之务自负”〔112〕，常怀“天生我材必有用”之想，自视是一个可以肩起历史大任的人。天生我材必有其价值，这是典型的生命意识。正是这种生命意识，激发了他建功立业的情怀，以期通过建功立业完成自己的崇高使命，实现自己的人生价值，并且一生都不曾放弃。这种对功业的执着就是卡西尔所说的内在的信念。

李白诗歌的突出特点，是他的功业理想往往与生命意识如影相随，经常处于互相激发之中。《淮南卧病书怀寄蜀中赵征君蕤》诗云：

---

① 李华《故翰林学士李君墓志并序》：“夫仁以安物，公其懋焉；义以济难，公其志焉。”（见《李白全集校注汇释集评》，第一册，第8页）

吴会一浮云，飘如远行客。
功业莫从就，岁光屡奔迫。
良图俄弃捐，衰疾乃绵剧。
古琴藏虚匣，长剑挂空壁。
楚怀奏钟仪，越吟比庄舄。
国门遥天外，乡路远山隔。
朝忆相如台，夜梦子云宅。
旅情初结缉，秋气方寂历。
风入松下清，露出草间白。
故人不在此，幽梦谁与适？
寄书西飞鸿，赠尔慰离析。[113]

这首寄赵蕤的诗，写于开元十四年李白出蜀东游卧病扬州之时。赵蕤是李白蜀中的友人，著有《长短经》，阐述纵横之术。李白隐居大匡山时，曾跟从赵蕤一年余，学王霸之道。李白出蜀谋求功业，或即受此影响。领会诗意，“功业莫从就，岁光屡奔迫”，显然是功业未就而加剧了岁月蹉跎的感受，时间感是由功业理想激发的。他似漂泊的浮云，远离故乡，客居异地，就是为了求取功名。然而此时，虽然李白散尽三十万黄金，却没有人识得诗人的治国良策，他如良琴虚置匣内，长剑空挂壁上，无所作为。在此困境中，李白深深地感受到了光阴的逼迫，林下之风渐凉，草上之露已白，秋天的萧瑟气息扑面而来，使诗人惊醒：一年又已过去，报国无门的感受油然而生。但是，我们再看李白此时的年龄，不过二十六岁而已，他就有了岁光奔迫感，而且是“屡奔迫”，不断感受到时光的逼迫，这足以证明，李白的时间感的确不同常人，自年轻时就比他人更强烈、更敏感。

另一些诗恰恰相反，表现出是时间意识加剧了诗人的功名心。“这里时间的流逝被体验为是一种推动力，这种推动力促使人不断地去塑造新的个人生活。”〔114〕《拟古》其七云：

世路今太行，回车竟何托？
万族皆凋枯，遂无少可乐。
旷野多白骨，幽魂共销铄。
荣贵当及时，春华宜照灼。
人非昆山玉，安得长璀错？
身没期不朽，荣名在麟阁。〔115〕

拟古诗，多为学习古人同类作品的产物，但也不乏借古代的题材以抒写个人情感的作品，此篇即是。李白诗虽然有强烈的生命意识，但是直接写死亡的作品不多，很少有“旷野多白骨，幽魂共销铄”这样的句子，此诗的写法应该受了魏晋诗歌和《古诗十九首》的影响。世事如登太行山一般艰险，但人们不会打马回车，所为者何？因为人生短暂，需要及早建立功名。万物最终都要归于消亡，这就决定了人一生下来就是悲剧的一生，难得欢乐。人是十分脆弱的，他的肉身不可能像玉石一样不可磨灭，所以从古至今，旷野留下的是一堆堆白骨，灵魂也与肉身一起消亡。正是这残酷的现实，使李白认识到人的生命意义不在肉身的不朽，而在当世的功业与身后的声名，人应该似春天的花迎春绽放一样，及时建立功名，及时享受荣华富贵，早题英名于麒麟阁。在其他诗里，李白也表达了同样的思想。《忆襄阳旧游赠济阴马少府巨》诗云：

昔为大堤客，曾上山公楼。
开窗碧嶂满，拂镜沧江流。
高冠佩雄剑，长揖韩荆州。
此地别夫子，今来思旧游。
朱颜君未老，白发我先秋。
壮志恐蹉跎，功名若云浮。
归心结远梦，落日悬春愁。
空思羊叔子，堕泪岘山头。[116]

此诗作于何时尚无定论，《李白全集校注汇释集评》以为天宝九载李白返鲁经过济阴时所作，郁贤皓《李太白全集校注》定于天宝四载（745）作于济阴。开元二十二年，李白客居襄阳大堤时，曾登过山公楼，拜谒过荆州刺史韩朝宗，并在这里与马巨告别。今日重游旧地，逢旧友马巨，李白忆起与其同游襄阳之事。此时的马巨仍是红光满面，青春年少，而自己则已一头白发近于暮秋之年了。于是李白感慨时光流逝之快，功名未就，一生壮志恐怕付与了流水，徒作羊公岘山之哭。据《晋书·羊祜传》：羊祜镇守襄阳时，喜乐山水，每当欣赏风景，就一定登临岘山，置酒言咏，终日不倦。一次慨然叹息，对从事中郎邹湛等人说：

> 自有宇宙，便有此山。由来贤达胜士，登此远望，如我与卿者多矣！皆湮灭无闻，使人悲伤。如百岁后有知，魂魄犹应登此也。[117]

祜死后，襄阳百姓在岘山为其建碑，望碑者莫不流涕，名其碑为堕泪碑。这本是一段十分著名的故事。羊祜之悲，是悲自古以来登过岘山的贤达胜士死而湮没无闻；后人之悲，又是悲为古人而悲的羊祜也不能超越大限。而悲所从来者，则是在巨大的迁逝之变下，个人湮灭无闻，生命毫无意义。李白用此故事，所要表达的就是这种情感。

基于生命意识，李白的作品还反映出另一思想：建立功名宜早不宜晚，要趁青春年龄，实现功业理想。李白有首被称为第一快意的诗，即《效古》其一。这首诗基于他在宫中的生活，以恣意忘形之笔，描写了诗人受皇帝恩宠、在宫中风光无限的生活：

> 朝入天苑中，谒帝蓬莱宫。
> 青山映辇道，碧树摇烟空。
> 谬题金闺籍，得与银台通。

待诏奉明主，抽毫颂清风。
归时落日晚，躞蹀浮云骢。
人马本无意，飞驰自豪雄。
入门紫鸳鸯，金井双梧桐。
清歌弦古曲，美酒沽新丰。
快意且为乐，列筵坐群公。[118]

诗人以文辞之丽，得以供奉翰林，朝朝晚归，虽无意夸耀于人前，但人马飞驰，固已自显豪雄之姿。李白这样写，目的不是为了炫耀，而是为他下面的思想做铺垫：

光景不可留，生世如转蓬。
早达胜晚遇，羞比垂钓翁。

对于吕尚的晚年得遇的命运，李白颇为欣赏，故有诗曰："朝歌鼓刀叟，虎变磻溪中。一举钓六合，遂荒营丘东。平生渭水曲，谁识此老翁？"[119]称吕尚遇到文王为"虎变"。虽然老年穷困，却始终不放弃个人之志，坚信会钓得六合，吕尚终于迎来君臣遇合，比起一生不遇、老死蒿莱的士人，毕竟还是幸运的，这也正是李白所欣赏的。然而，晚年才有了建功立业的机会，终究还有遗憾。因为时光是不等人的，而人生又如转蓬一般不定，要追求功业，就应该趁其年轻，似吕尚那样年过古稀仍垂钓渭水，遇周文王才被见用，这是诗人不希望见到的遭遇。

李白及早建立功业思想的产生，自然有其现实基础。唐代在中国古代虽为封建社会的高峰期，尤其是盛唐，更是唐代的鼎盛时期，但人的寿命并不很长，杜甫诗中即言“人生七十古来稀”。其实际情况也是如此，杜甫享年五十八岁，其父杜闲五十九岁，祖父杜审言六十三岁。盛唐诗人中，孟浩然五十一岁，王维六十岁，高适六十五岁，李白本人也只六十一岁。这种情况在古代欧洲也是如此，哀吟诗人米姆勒尔谟斯有这样的对句：“如果没有疾病，没有焦虑的折磨，我要够上六十岁才会死亡。”〔120〕因此欧洲自古有五十五岁或六十岁以前退休制度。而蒙田在其随笔中对青年三十岁才可以担任法官、二十五岁以后才可以支配自己的财产提出质疑，认为人的寿命如此之短，为何不能使其更早工作。〔121〕如此，我们才会理解，李白为何在二十岁的青年时期，就感慨时光易逝、功名无期，期望功成名就于年少，而不是似姜尚到七十高龄才实现君臣的风云际会。

所以，期望青年时显达，不能排除李白欲少年得志、享受人生荣华的动机，但其中明显具有恐惧衰老与死亡、渴望及早建立金石之功、通过不朽的声名超越有限人生，使生命价值和生命意义达于无限的心理。人的年寿系于大运，自然规律无法抗拒。但人的生命价值和生命意义却不受时间的限制，也不受自然规律的制约。人寿有时而尽，生命的价值和意义却可以通过个人的主观努力而达于不朽。李白力图把握个人的命运，打破生命的有限性，从追寻生命价值而获得精神意义的无限，这里表现出了诗人抗拒命运以获取生命价值极致而悲壮的努力。

三　英雄情结与其诗的现实关怀

1

李白的功业理想，进入其诗文，表现为突出的英雄崇拜。在李白的诗歌中，出现了大量的历史英雄形象。丹麦著名文学史家勃兰兑斯说："文学史，就其最深刻的意义来说，是一种心理学，研究人的灵魂，是灵魂的历史。"[122]研究李白，正确把握并描述他作品中的英雄形象，通过形象与思想内容的把握与分析，透视李白的心灵，会直接帮助我们了解李白对生命价值与意义的思考与追求。当然，在文本的解读中，我们时常会遇到偶然出现的某些现象，尽管黑格尔老人说过，抒情诗"特有的内容就是心灵本身"，但若据偶然的诗歌现象来捕捉诗人的心理，特别是诗人一个时期甚至一生的心态，很容易误入歧途。不过，如果一种现象在诗人的作品中无数次出现，成为极为突出、极为普遍的现象，那么这种现象极有可能暗示着诗人的某种心态，是我们揭示诗人心理特征的可靠依据。

在盛唐诗人中，李白是最钦敬古代英雄的诗人。历史风云人物在李白诗中出现之多、频率之高，其他诗人无法与之相比。"广张三千六百钓，风期暗与文王亲"的吕尚，"却秦振英声"的鲁仲连，

“东下齐城七十二，指挥楚汉如旋蓬”的郦食其，“终与安社稷，功成去五湖”的张良，“暂因苍生起，谈笑安黎元”的谢安，以及管仲、范蠡、苏秦、张仪、乐毅、毛遂、韩信、李广、周亚夫、霍去病、商山四皓、诸葛亮、周瑜等等，都是李白歌咏的对象。尤其是李白钦慕的张良、鲁仲连、谢安等人，更是频繁地出现在其诗中。据裴斐先生统计，仅鲁仲连一人，李白诗中就有十七次言及。[123]大量地表现和描写历史英雄，是李白诗歌所表现出的一个极为突出的现象。

李白歌颂的古代士人多为身怀济世之才具、纵横于乱世、终与安社稷的英雄。李白描写这些历史英雄，带有鲜明的英雄崇拜意识。这种崇拜，表现为三个方面。

其一，对英雄功业的钦敬。李白写历史人物，并非单纯地写人物，他是要借历史人物表达个人建功立业的心志，因此他所写的历史人物有很强的选择性，其中最常见的是本不在朝中、甚至无意功名，一旦朝廷、黎民需要时，就能力挽狂澜，抚黎元、安社稷的英雄。

李白经常盛赞谢安。《晋书·谢安传》：“初辟司徒府，除佐著作郎，并以疾辞。寓居会稽，与王羲之及高阳许询、桑门支遁游处，出则游弋山水，入则言咏属文，无处世意。扬州刺史庾冰以安有重名，必欲致之，累下郡县敦逼，不得已赴召，月余告归。复除尚书郎、琅琊王友，并不起。吏部尚书范汪举安为吏部郎，安以书距绝之。有司奏安被召，历年不至，禁锢终身，遂栖迟东土。尝往临安山中，坐石室，临浚谷，悠然叹曰：‘此去伯夷何远！’尝与孙绰等泛海，风起浪涌，诸人并惧，安吟啸自若。舟人以安为悦，犹去不止。风转急，安徐曰：'如此将何归邪？'舟人承言即回。众咸服其雅量。安虽放情丘壑，然每游赏，必以妓女从。"[124]"征西大将军桓温请为司马，将发新亭，朝士咸送，中丞高崧戏之曰：'卿累违朝旨，高卧东山，诸人每相与言，安石不肯出，将如苍生何！苍生今亦将如卿何！'安甚有愧色。""尝与王羲之登冶城，悠然遐想，有高世之志。羲之谓曰：'夏禹勤王，手足胼胝；文王旰食，日不暇给。今四郊多垒，宜思自效，而虚谈废务，浮文妨要，恐非当今所宜。'安曰：'秦任商鞅，二世而亡，岂清言致患邪？'"[125]"顷之，加司徒，后军文武尽配大府，又让不拜。复加侍中、都督杨豫徐兖青五州幽州之燕国诸军事、假节。时苻坚强盛，疆埸多虞，诸将败退相继。安遣弟石及兄子玄等应机征讨，所在克捷。……坚后率众，号百万，次于淮肥，京师震恐。加安征讨大都督。玄入问计，安夷然无惧色，答曰：'已别有旨。'既而寂然。玄不敢复言，乃令张玄重请。安遂命驾出山墅，亲朋毕集，方与玄围棋赌别墅。安常棋劣于玄，是日玄惧，便为敌手而又不胜。安顾谓其甥羊昙曰：'以墅乞汝。'安遂游涉，至夜乃还，指授将帅，各当其任。玄等既破坚，有驿书至，安方对客围棋，看书既竟，便摄放床上，了无喜色，棋如故。客问之，徐答曰：'小儿辈遂已破贼。'"[126]李白自然读过谢安传，而且印象深刻。那么，李白的诗选取了谢安传中的哪些事迹？李白诗涉及谢安事迹的有六首，集中歌颂谢安的是《登金陵冶城西北谢安墩》：

晋室昔横溃，永嘉遂南奔。
沙尘何茫茫，龙虎斗朝昏。
胡马风汉草，天骄蹙中原。
哲匠感颓运，云鹏忽飞翻。
组练照楚国，旌旗连海门。
西秦百万众，戈甲如云屯。
投鞭可填江，一扫不足论。
皇运有返正，丑虏无遗魂。
谈笑遏横流，苍生望斯存。
冶城访古迹，犹有谢安墩。
凭览周地险，高标绝人喧。
想像东山姿，缅怀右军言。
梧桐识嘉树，蕙草留芳根。
白鹭映春洲，青龙见朝暾。
地古云物在，台倾禾黍繁。
我来酌清波，于此树名园。
功成拂衣去，归入武陵源。〔127〕

李白之写谢安，是把他放在晋室中微、南北瓜分、五胡乱华、中原横溃这样的形势下来写的。所以谢安起自东山，谈笑间横扫苻坚百万大军，其功在遏颓流、存苍生、匡皇运，是改变东晋政治的天下之功，而这正是李白欣赏佩服谢安之处。李白其他写谢安的诗也都着眼于此。《书情赠蔡舍人雄》："尝高谢太傅，携妓东山门。楚舞醉碧云，吴歌断清猿。暂因苍生起，谈笑安黎元。"[128]此写谢安携妓东山、沉醉于吴歌楚舞，是要表明谢安本无意于朝中之事，功名不是他人生的追求，他之入世，是因为苍生而来。《赠常侍御》说得更为明白："安石在东山，无心济天下。一起振横流，功成复萧洒。"[129]又《永王东巡歌》其二："三川北虏乱如麻，四海南奔似永嘉。但用东山谢安石，为君谈笑净胡沙。"《赠韦秘书子春》"谢公不徒然，起来为苍生"[130]亦是此意。《登金陵冶城西北谢安墩》写王羲之劝谢安"宜思自效"的话，也是在强调谢安之出仕本是由无心到有心的。谢安本来高隐东山，无心于功业，但有感于国家之衰颓，看到苍生要遭战争涂炭，因此于沧海横流之时暂时出山，安济百姓于水火之中。当然，这几首诗不仅写谢安大济苍生的功业，也表现了谢安临危不乱、镇定自若的高情逸韵。《与南陵常赞府游五松山》："安石泛溟渤，独啸长风还。逸韵动海上，高情出人间。"[131]这显然是写谢安与孙绰等泛海，风起浪涌，诸人并惧，谢安吟啸自若的故事。读到这一故事，自然使人联想到谢安弈棋以破苻坚之从容，其意云：有安邦治国之功，必有安邦治国之才略。

不仅写谢安，李白也写吕尚，景慕他"风水如见资，投竿佐皇极"[132]，"钓周"而"安黎元"。写张良，赞赏他"终与安社稷"[133]。这些历史英雄，出为帝王之师，运筹帷幄之中，决胜千里之外，辅佐帝王成就王霸之业。李白对他们名垂千古的功业表露出无限的钦敬："我来圯桥上，怀古钦英风。""却秦振英声，后世仰末照。"崇敬之情，溢于言表。

李白钦敬历史上的英雄，带有无限羡慕之情。所羡慕者即在各自的生命中获得了人生的价值，不仅有了价值，而且把它发挥到了极致。这是李白歌颂英雄业绩的深层心理。

其二，对英雄才具与人格的崇仰。此中包含了李白对个人生命内涵的重视：既有生命所应具有的非凡才智和胆魄，亦有个人应该坚守的人格。

李白写历史英雄人物，往往既写他们的业绩，又写他们的才具与人格。他“吟咏思管乐”，怀念的是管仲、乐毅的“经纶才”。写诸葛亮，强调的是“七擒略”。范蠡、鲁仲连、张良这些李白所歌颂的古人，都有两个特点：有定天下、解世纷的济世之才，而又怀功成身退之志，不居功，不受赏，永远保持自己的独立人格，尤其是对张良和鲁仲连二人的描写，集中于他们的济世之才和潇洒不拘的人格。

对张良这位西汉时期的谋略家、建国功臣，李白颇为钦敬，有多诗赞之。写张良，自然会写他击秦、灭楚、兴汉的功业，但与其他历史人物不同，李白对张良的大智大勇更为欣赏，诗中多围绕此而展开。《经下邳圯桥怀张子房》：

> 子房未虎啸，破产不为家。
> 沧海得壮士，椎秦博浪沙。
> 报韩虽不成，天地皆振动。

潜匿游下邳，岂曰非智勇？
我来圯桥上，怀古钦英风。
唯见碧流水，曾无黄石公。
叹息此人去，萧条徐泗空。[134]

又《送张秀才谒高中丞》：

秦帝沦玉镜，留侯降氛氲。
感激黄石老，经过沧海君。
壮士挥金槌，报仇六国闻。
智勇冠终古，萧陈难与群。
两龙争斗时，天地动风云。
酒酣舞长剑，仓卒解汉纷。
宇宙初倒悬，鸿沟势将分。
英谋信奇绝，夫子扬清芬。
胡月入紫微，三光乱天文。
高公镇淮海，谈笑廓妖氛。
采尔幕中画，戡难光殊勋。
我无燕霜感，玉石俱烧焚。
但洒一行泪，临岐竟何云。[135]

在写历史人物的诗中，此二篇是篇幅较长的诗。虽为有感而发，但是描写人物却很集中。二诗不约而同地都提到了“智”和“勇”，以此来概括张良其人。所谓张良之“勇”，即其为韩报仇，购买力士，袭击秦始皇于博浪沙的行为。《汉书·张良传》：“秦灭韩，良少，未宦事韩。韩破，良家僮三百人，弟死不葬，悉以家财求客刺秦王，为韩报仇，以五世相韩故。良尝学《礼》淮阳，东见仓海君，得力士，为铁椎重百二十斤。秦皇帝东游，至博狼沙中，良与客狙击秦皇帝，误中副车。秦皇帝大怒，大索天下，求贼急甚。良乃更名姓，亡匿下邳。”[136]为刺客袭击秦始皇，这无疑是侠士任勇之行为。李白少任侠，曾经手刃数人，极有可能受了张良影响。但此为小勇，而张良为亡韩而刺秦王，则是大勇，是英雄行为，李白所歌颂的即此为了社稷敢于献身之大勇。

而所谓“智”，即其从黄石公那里得到《太公兵法》，作为军师所具备的谋略。如黄石公所言：“读是，则为王者师。”据《汉书·张良传》载：张良引兵从沛公，“多病，未尝特将兵，常为画策臣，时时从”[137]。张良因体弱，不能将兵，却能为刘邦战胜敌人出奇谋，担当起军师的角色。本传记载：汉六年，封功臣。良未尝有战斗功，刘邦曰：“运筹策帷幄中，决胜千里外，子房功也。”乃封良为留侯。“运筹策帷幄中，决胜千里外”，就是张良作为军师之“智”。故李白赞曰：“英谋信奇绝，夫子扬清芬。”但张良之“智”不限于此。《汉书·张良传》：刘邦欲废太子，立戚夫人子赵王如意。张良为吕后谋划，招商山四皓侍太子。刘邦曰：“我欲易之，彼四人为之辅，羽翼已成，难动矣。”[138]竟不易太子，实乃张良招此四人之力。这就不是战争中出谋划策决定战争胜负的智慧，而是匡社稷、定乾坤的大谋略。外为军师，内为谋臣，李白称张良“智勇冠终古，萧陈难与群”，即此也。

李白称许的张良之“智”，还应包括张良功成身退、全身远害的人生智慧。《张良传》载，良曰：“家世相韩，及韩灭，不爱万金之资，为韩报仇强秦，天下震动。今以三寸舌为帝者师，封万户，位列侯，此布衣之极，于良足矣。愿弃人间事，欲从赤松子游耳。”〔139〕乃学道，欲轻举，后六岁逝。张良淡出政坛，自然有接受历史教训的远见，《史记·越王勾践世家》：“范蠡事越王勾践，既苦身戮力，与勾践深谋二十余年，竟灭吴，报会稽之耻，北渡兵于淮以临齐、晋，号令中国，以尊周室，勾践以霸，而范蠡称上将军。还反国，范蠡以为大名之下，难以久居，且勾践为人可与同患，难与处安……乃装其轻宝珠玉，自与其私徒属乘舟浮海以行，终不反。”〔140〕范蠡遂去，自齐给灭吴兴越之另一功臣大夫种书曰：“‘飞鸟尽，良弓藏。狡兔死，走狗烹。’越王为人长颈鸟喙，可与共患难，不可与共乐，子何不去？”〔141〕越王果然赐大夫种剑以自杀。此即居功不退之悲剧。当然张良之退隐，更主要的应该是警惕于刘邦杀功臣的残酷现实。与张良同为汉朝开国功臣的韩信被刘邦处死前亦发出“飞鸟尽，良工藏。狡兔死，走狗烹。敌国破，谋臣亡”的悲鸣。因此李白观历史上英雄的生平事迹，亦总结出功成身退的历史经验，而张良就是典型。对此人生出处之智慧，李白亦给予了高度的评价，《赠韦秘书子春》：“留侯将绮里，出处未云殊。

终与安社稷，功成去五湖。”安社稷与去五湖同是张良的大智。

李白一生把“建功当及时”看得很重、很迫切，唯恐日月已逝，功业无成；而功成身退思想又似影子一样伴随着建功立业的渴望：“鲁连卖谈笑，岂是顾千金？陶朱虽相越，本有五湖心。余亦南阳子，时为《梁甫吟》。苍山容偃蹇，白日惜颓侵。愿一佐明主，功成还旧林。”〔142〕“功成谢人间，从此一投钓。”〔143〕他的许多诗都赞扬了鲁仲连临危济难，尔后“意轻千金赠，顾向平原笑”，向平原君道声再见、拂衣而去的潇洒，以及张良、范蠡助主成就王业、泛舟五湖的飘逸。建功立业，博得封妻荫子，享尽百代荣华，是中国士人极普遍的人生观。达则兼济天下，随之而来的就是出将入相，裂土封侯，似鲁仲连、范蠡、张良那样“功成不受赏”的例子极为少见，应该说是士人人生道路上的一种特例。“我以一箭书，能取聊城功。终然不受赏，羞与时人同。”〔144〕李白对这种人生道路的认同，固然与道家急流勇退的思想有关。李白的诗，即表达了这种思想。《行路难》其三云：“吾观自古贤达人，功成不退皆殒身。”《古风五十九首》其十六亦言：“功成身不退，自古多愆尤。黄犬空叹息，绿珠成衅仇。何如鸱夷子，散发棹扁舟。”〔145〕居功未退，故李斯腰斩咸阳时有不能牵黄犬逐兔之叹，石崇因爱妓绿珠而遭灭门之祸，所以不如范蠡泛舟五湖而全身。

李白赞许功成身退，也不完全是为了全身远害，更有其深意，即强调士人应有其独立不倚的人格。他写战国时的士人鲁仲连，多着眼于此。裴斐在《李白与历史人物》一文中曾指出：李白对鲁仲连“倾慕到了崇拜的程度”。的确如此，李白对这位战国时的游士最为倾倒，他所倾倒的就是鲁仲连非凡的济世之才和独立不倚的人格。

据《史记·鲁仲连邹阳列传》：“鲁仲连者，齐人也。好奇伟俶傥之画策，而不肯仕宦任职，好持高节。游于赵。”〔146〕会秦围赵，闻魏王使客将军新垣衍令赵帝秦，乃见新垣衍，陈秦称帝之害，新垣衍拜谢曰：“始以先生为庸人，吾乃今日知先生为天下之士也。吾请出，不敢复言帝秦。”〔147〕“秦将闻之，为却军五十里。适会魏公子无忌夺晋鄙军以救赵，击秦军，秦军遂引而去。于是平原君欲封鲁连，鲁连辞让者三，终不肯受。平原君乃置酒，酒酣起前，以千金为鲁连寿。鲁连笑曰：‘所贵于天下之士者，为人排患释难解纷乱而无取也。即有取者，是商贾之事也，而连不忍为也。’”〔148〕遂辞平原君而去，终身不复见。作为“天下士”，鲁仲连才具盖世，人格识见盖世，他建立功业洒脱之至，意轻千金，拂衣而去，亦洒脱之至。李白所欣赏的正是这样的人，所以在《古风五十九首》其九中，他下笔如有神，惟妙惟肖地传达出了鲁仲连无往而不洒脱的个性。“一朝长鸣去，矫若龙行云。壮士怀远略，志存解世纷。周粟犹不顾，齐珪安肯分？”〔149〕这就是李白所欣赏的英雄人格。

其三，对英雄机运的羡慕。李白笔下的历史英雄，只有张良、谢安这样的少数士人出身于世家大族。诸葛亮虽然“躬耕陇亩”，亦是世家子弟。《三国志·蜀书·诸葛亮传》：“诸葛亮字孔明，琅邪阳都人也。汉司隶校尉诸葛丰后也。父圭，字君贡，汉末为太山都丞。亮早孤，从父玄为袁术所署豫章太守，玄将亮及亮弟均之官。会汉朝更选朱皓代玄。玄素与荆州牧刘表有旧，往依之。玄卒，亮躬耕陇亩，好为《梁父吟》。身长八尺，每自比管仲、乐毅，时人莫之许也。"[150]但在李白诗中，这样的士人很少，多是出身寒微的布衣之士或游士。吕尚乃"朝歌屠叟"，郦食其同鲁仲连一样，亦不过一介游士。《史记·郦生陆贾列传》："郦生食其者，陈留高阳人也。好读书，家贫落魄，无以为衣食业，为里监门吏。"[151]而韩信岂止是家贫而已，实乃寄食而生的流浪汉。《史记·淮阴侯列传》："淮阴侯韩信者，淮阴人也。始为布衣时，贫无行，不得推择为吏，又不能治生商贾。常从人寄食饮，人多厌之者。常数从其下乡南昌亭长寄食，数月，亭长妻患之，乃晨炊蓐食。食时信往，不为具食。信亦知其意，怒，竟绝去。信钓于城下，诸母漂，有一母见信饥，饭信，竟漂数十日。信喜，谓漂母曰：'吾必有以重报母。'母怒曰：'大丈夫不能自食，吾哀王孙而进食，岂望报乎！'淮阴屠中少年有侮信者，曰：'若虽长大，好带刀剑，中情怯耳。'众辱之曰：'信能死，刺我；不能死，出我袴下。'于是信孰视之，俯出袴下，蒲伏。一市人皆笑信，以为怯。"[152]不仅忍饥挨饿，还要受人歧视和污辱。这些士人虽然沉潜于社会下层，但都对个人的济世之才充满自信。郦食其虽为小吏，"然县中贤豪不敢役，县中皆谓之狂生"。诸葛亮"身高八尺，每自比于管仲、乐毅，时人莫之许也。惟博陵崔州平、颍川徐庶元直与亮友善，谓为信然"。所以一旦历史给予其机会，他们就会把握机会，辅佐帝王，出将入相，大济天下，实现其政治理想。吕尚助周王伐纣，为国师。鲁连为赵却秦军。郦食其则为刘邦说服齐王田广、下齐七十余城。诸葛亮助刘备三分天下而得其一，立国于蜀。《史记·郦食其传》记载郦食其见刘邦而建功业的事迹颇具传奇色彩："沛公至高阳传舍，使人召郦生。郦生至，入谒，沛公方倨床使两女子洗足，而见郦生。郦生入，则长揖不拜……曰：'必聚徒合义兵诛无道秦，不宜倨见长者。'于是沛公辍洗，起摄衣，延郦生上坐，谢之。郦生因言六国纵横时。"[153]其后，在楚汉两军相持不决之际，郦食其为刘邦谋，取荥阳，据粮食周转之地敖仓，获得巩固的粮食补给。又出使齐国，劝齐王田广归汉，下七十余城。

李白把这些英雄命运的转变称为"虎变"："大贤虎变愚不测，当年颇似寻常人"，"朝歌鼓刀叟，虎变磻溪中。一举钓六合，遂荒营丘东"。[154]"虎变"用《易·革》九五典："象曰：大人虎变，其文炳也。"[155]李白旧注，或曰比喻大人物行动变化莫测，或曰杰出经历变化莫测，李白说的"虎变"，实即乘时遇合、命运激变之意。在谈论这些人的"虎变"时，李白的诗中充满了无法抑制的羡慕之情。李白《梁甫吟》：

君不见朝歌屠叟辞棘津，八十西来钓渭滨。
宁羞白发照渌水，逢时壮气思经纶。
广张三千六百钓，风期暗与文王亲。
大贤虎变愚不测，当年颇似寻常人。

君不见高阳酒徒起草中，长揖山东隆准公。
入门开说骋雄辩，两女辍洗来趋风。
东下齐城七十二，指麾楚汉如旋蓬。
狂客落拓尚如此，何况壮士当群雄！〔156〕

《读诸葛武侯传书怀赠长安崔少府叔封昆季》：

汉道昔云季，群雄方战争。
霸图各未立，割据资豪英。
赤伏起颓运，卧龙得孔明。
当其南阳时，陇亩躬自耕。
鱼水三顾合，风云四海生。
武侯立岷蜀，壮志吞咸京。
何人先见许？但有崔州平。
余亦草间人，颇怀拯物情。
晚途值子玉，华发同衰荣。
托意在经济，结交为弟兄。
无令管与鲍，千载独知名。〔157〕

吕尚白发苍苍，心怀经纶天下之壮志，钓于渭水，终遇文王，所谓“大人虎变，其文炳也”，终于得志。郦食其亦以其雄辩之才，扭转刘邦对待儒士的态度，获得刘邦重用，在楚汉之争中，左右战局。而刘备三顾茅庐，诸葛亮与刘备遇合，君臣如鱼得水，使四海顿生风云。这些诗所写的英雄遇合故事，意不在讲君主因为得人而成就了霸业，而是讲胸怀大志的士人因为遇到明主而成就了功业。与这些君臣遇合、风云际会的英雄命运相比，李白对个人才不逢时的遭遇发出浩然长叹："韩信在淮阴，少年相欺凌。屈体若无骨，壮心有所凭。一遭龙颜君，啸吒从此兴。千金答漂母，万古共嗟称。而我竟胡为？寒苦坐相仍。长风入短袂，内手如怀冰。故友不相恤，新交宁见矜！摧残槛中虎，羁绁韝上鹰。何时腾风云，搏击申所能？"〔158〕"吟咏思管乐，此人已成灰。独酌聊自勉，谁贵经纶才？"〔159〕"谁识卧龙客？长吟愁鬓斑。"〔160〕他自叹自怜纵有经天纬地之才，却难遇知音明主，无人识得卧龙诸葛，徒然愁叹而增白发，命运可悲。

英雄崇拜所反映的深层心态是十分复杂的。同是英雄崇拜，很可能产生于两种截然相反的心态：英雄心态或侏儒心态。所以英雄崇拜未必一定反映了英雄心态。那么李白的英雄崇拜所反映的又是一种什么心态呢？可以肯定地说，是一种英雄自居的心态。李白一生颇为自信与自傲，论起才具与胸襟，有时连世所公认的圣人都不放在眼里："尧舜之事不足惊，自余嚣嚣真可轻。"〔161〕尧舜为古人崇拜的圣君，在李白那里尚不足道，其他人就更不足一提了。所以他敢于口出狂言："君看我才能，何似鲁仲尼？"〔162〕"长才犹可倚，不惭世上雄。"〔163〕他认为自己就是长才可倚的当世英雄，无论才具还是胸襟抱负，都堪与古代的圣人比肩。他赞美这些历史英雄人物，是以"同调"之身份出现的，完全是出于英雄对英雄的认同心理，即所谓“惺惺惜惺惺”也。“因为只有在内心里坚信和确信自己具有突出的长处和非凡的价值，才可以真正骄傲得起来。”〔164〕就此说来，李白的英雄崇拜意识是李白英雄心态的天然流露与张扬。与其说是李白礼赞历史英雄，毋宁说是李白自觉或非自觉地欣赏自己的不凡抱负和奇伟之才，是对个人生命内涵与价值的肯定。归根结底，是崇拜自己，崇拜个人生命。李白的诗，单纯地描写和赞美古代英雄人物的作品极为少见，在多数场合，李白的诗都是把古代的英雄作为自己的化身推出的。这些诗揭起的是古人的衣冠，跳动的却是诗人的英雄心：“他年尔相访，知我在磻溪。”〔165〕“我以一箭书，能取聊城功。”“张良未逐赤松去，桥边黄石知我心。”〔166〕“余亦南阳子，时为《梁甫吟》。”〔167〕“但用东山谢安石，为君谈笑静湖沙。”在这些诗中，李白俨然以吕尚、鲁仲连、张良、诸葛亮、谢安自居，反映出了李白与时人殊调的非凡抱负，以及诗人自许自信的心理，其英雄心态昭然可见。

2

宋人论盛唐诗，多扬杜抑李。其中一个很重要的理由，就是认为李白的诗不关心苍生社稷。赵次公《杜工部草堂记》说：

> 李、杜号诗人之雄，而白之诗多在风月草木之间、神仙虚无之说，亦何补于教化哉！惟杜陵野老，负王佐之才，有意当

世，而肮脏不偶，胸中所蕴一切写于诗。[168]

《鹤林玉露》亦作如是说：

李太白当王室多难，海宇横溃之日，作为歌诗，不过豪侠使气，狂醉于花月之间耳。社稷苍生，曾不系其心膂。其视杜少陵之忧国忧民，岂可同年语哉！[169]

这种说法显然是一种偏见。李白既然常怀大济天下的英雄心志，具有强烈的拯时济物的社会责任感和历史使命感，就不可能超然物外，对社稷民生作壁上观。事实上，李白“中夜四五叹，常为大国忧”[170]，对社会现实给予了极大关注，表现出了强烈的忧患意识和批判现实的精神。几乎所有研究李白的论著和文章，都把李白诗歌视为盛唐气象的代表，把其自信、自负、自许与积极向上的事功精神以及其作品的浪漫气质，作为盛唐气象的核心内涵，只有裴斐等极少的学者提出异议。其实李白的诗歌，亦充满了对社会黑暗现象的质疑与批判。这种质疑、揭露与批判，是李白及其作品的核心属性，也应视为盛唐气象的表现之一。郁贤皓说：“但盛唐时代也有许多弊政，有许多不合理的现象。而我们所说李白诗歌的盛唐气象，不仅体现在肯定和追求光明的东西，同时也包括对社会阴暗面的批判。”[171]此说颇有道理。

首先，李白的诗对玄宗朝穷兵黩武给社会和人民带来的沉重灾难，给予了强烈的关注和谴责。

天宝年间，唐玄宗喜好边功，发动了多次边境战争。天宝八载（749）有哥舒翰石堡之役。《旧唐书·哥舒翰传》："八载，以朔方、河东群牧十万众委翰总统攻石堡城。翰使麾下将高秀岩、张守瑜进攻，不旬日而拔之。"〔172〕据《新唐书·王忠嗣传》："帝（玄宗）方事石堡城，诏问攻取计，忠嗣奏言'吐蕃举国守之，若顿兵坚城下，费士数万，然后可图，恐所得不雠所失，请厉兵马，待衅取之。'帝意不快。……后翰引兵攻石堡，拔之，死亡略尽，如忠嗣言。"〔173〕对于此类牺牲数万士兵性命以获边功的战争，李白是持否定态度的。其《答王十二寒夜独酌有怀》云："君不能狸膏金距学斗鸡，坐令鼻息吹虹霓。君不能学哥舒，横行青海夜带刀，西屠石堡取紫袍。吟诗作赋北窗里，万言不值一杯水。"〔174〕认为哥舒翰之取石堡与贾昌之流斗鸡一样，虽然可以换得封赏、博得玄宗恩宠，却来路不正，不值得效法。一般认为，李白《古风五十九首》之十三，就是有感于石堡之战而作：

胡关饶风沙，萧索竟终古。
岁落秋草黄，登高望戎虏。
荒城空大漠，边邑无遗堵。
白骨横千霜，嵯峨蔽榛莽。
借问谁陵虐？天骄毒威武。
赫怒我圣皇，劳师事鼙鼓。

阳和变杀气，发卒骚中土。
三十六万人，哀哀泪如雨。
且悲就行役，安得营农圃？
不见征戍儿，岂知关山苦！
李牧今不在，边人饲豺虎。〔175〕

此诗奚禄诒批："讥天宝初之开边也。"〔176〕陈沆《诗比兴笺》："刺黩武也。"〔177〕皆得其旨。而《唐宋诗醇》卷一说此诗可与杜甫《前出塞》参看，最具慧眼："开元以来，岁有征役，至王君臭战胜青海，益事边功。石堡，一城耳，得之不足制敌，不得无害于国。唐兵前后屡攻，所失无数。哥舒翰虽能拔之，而士卒死亡亦略尽矣。此诗极言边塞之惨，中间直入时事，字字沉痛，当与杜甫《前出塞》参看。"〔178〕边关之萧索荒凉、白骨蔽野，自然是因为胡人之犯边，荡覆民居，涂炭生灵，方得如此。因此天子震怒，调兵遣将以征伐之。但即使如此，李白关注点仍在那些边关的战士。他们不仅背井离乡，不能耕种于农圃之中遂其耕桑之乐，还因为朝廷所用边将不得其人，使千万战士死于蒿莱之中，①徒以血肉之躯饲于豺虎。对这些征夫，李白表示出深切的同情。

天宝十载（751）至十三载，玄宗与南诏有泸南之战。据《旧唐书·杨国忠传》："南蛮质子阁罗凤亡归不获，帝怒甚，欲讨之。国

① 此诗"岂知关山苦"下，一本有"争锋徒死节，秉钺皆庸竖。战士涂蒿莱，将军获圭组"四句。

忠荐阆州人鲜于仲通为益州长史，令率精兵八万讨南蛮，与罗凤战于泸南，全军陷没。”[179]“国忠又使司马李宓率师七万再讨南蛮。宓渡泸水，为蛮所诱，至和城，不战而败，李宓死于阵。”[180]《资治通鉴》卷二百一十六，天宝十载：“夏四月壬午，剑南节度使鲜于仲通讨南诏蛮，大败于泸南。”[181]“制大募两京及河南、北兵以击南诏。人闻南诏多瘴疠，未战，士卒死者什八九，莫肯应募。杨国忠遣御史分道捕人，连枷送诣军所。旧制，百姓有勋者免征役。时调兵既多，国忠奏先取高勋。于是行者愁怨，父母妻子送之，所在哭声振野。”[182]《资治通鉴》卷二百一十七，天宝十三载六月：“侍御史、剑南留后李宓将兵七万击南诏。阁罗凤诱之深入，至太和城，闭壁不战。宓粮尽，士卒罹瘴疫及饥死什七八，乃引还，蛮追击之，宓被擒，全军皆没。杨国忠隐其败，更以捷闻，益发中国兵讨之，前后死者二十万人，无敢言者。”[183]

李白《古风五十九首》其三十四所写就是此次战争给百姓带来的苦难：

羽檄如流星，虎符合专城。
喧呼救边急，群鸟皆夜鸣。
白日曜紫微，三公运权衡。
天地皆得一，澹然四海清。
借问此何为？笑言楚征兵。
渡泸及五月，将赴云南征。

怯卒非战士，炎方难远行。
长号别严亲，日月惨光晶。
泣尽继以血，心摧两无声。
困兽当猛虎，穷鱼饵奔鲸。
千去不一回，投躯岂全生。
如何舞干戚，一使有苗平！〔184〕

李白并不在意这场战争正义与否，他所关心的是战争中无辜的百姓。他们没有经过训练，没有经历过战斗，“此南征之人，虽曰中国之师旅，其实怯弱之懦夫，不能受甲，非战士也”〔185〕。以这样的百姓投之战场，“譬如困兽之当乎猛虎，穷鱼之饵乎奔鲸，乃投身殒躯于馋吻之中，适足以恣其一饱而已”，“夫驱市人而使之战，是弃之也”。〔186〕正是出于对百姓不幸遭遇的同情，李白深刻感受到了这场征兵给无数个家庭造成的妻离子散的惨痛。如杜甫之《兵车行》，用他的诗描写了征夫与家庭惨别时泣尽以血、日月为之无光的场面。更耐人寻味的是官方对百姓所受苦难的态度，一方面是征人及其家人的悲痛欲绝，另一方面则是征兵者的漠然：“借问此何为？笑言楚征兵。”问者无疑是诗人李白，答者一定就是征兵的官人。李白用“笑言”二字，活脱脱暴露出官府对百姓生死漠不关心的态度，批判之意甚明。也正是出于对百姓不幸遭遇的同情，李白对这场战争持否定之态度：“白日曜紫微，三公运权衡。天地皆得一，澹然四海清。”“如何舞干戚，一使有苗平。”对于这几句诗，朱谏和《唐宋诗醇》的理解是准确的。《唐宋诗醇》云："'白日'四句，形容黩武之非。"[187]朱谏云："上言用兵以征云南，师出无功，是君相失于自修，所以不能致远人之服也。当如大舜之伐有苗，一舞干戚，而有苗自格。盖君德耀乎紫微，三公运乎权衡，则天地得一,四海自清矣。又何必勤兵于远方，以至于丧师辱国若是乎！"[188]为了百姓的生命，李白主张皇帝要修其德使远方臣服，而不是动用武力。

李白对待玄宗发动边境战争的态度，詹锳先生有烛照幽微的论述："在对待民族战争的问题上，李白的观点所以不同于并世的一些著名诗人，最主要的原因还是他对于人民的态度。……在整个天宝时代，李白是始终反对不义战争的，而这种反战主张是从爱护人民关怀人民出发的。"[189]也就是说，李白是看到战争给百姓造成的灾难性后果而反对战争的。李白出于积极用世的事功思想，在其乐府诗中，写了诸多边塞诗，如《塞下曲》《白马篇》等，还写了《少年行》《少年子》等侠少诗，这些诗都描写了驰骋边关、英勇作战的战士形象。其送友人赴边的作品，也都鼓励友人剪灭胡虏以收奇功。但是，李白这些诗中所写的战争都是想象的战争，当然也是抽象的战争。李白一旦亲眼看到边境战争给百姓造成的苦难，他的作品一旦具体描写到战争的残酷，无论战争是被动的、正义的，还是主动的、非正义的，李白都持一种反对或保留的态度。对待边远的民族，李白不主张用战争讨伐之、征服之，主张君臣修其德而感化之，使其臣服，这样就避免了战争给人民带来的巨大痛苦。

安史之乱爆发，李白不再反对朝廷战争，而且积极参加讨伐叛军的队伍。李白写于安史之乱中的作品，如《古风五十九首》其十七“西上莲花山”、《经乱后将避地剡中留赠崔宣城》、《扶风豪士歌》等，都真实地反映了战乱给国家造成的创伤、给百姓带来的苦难。此时的诗不仅忧民，而且忧国，表现出了强烈的忧国忧民情感。而其描写战争的笔墨或曰其关注点仍在战争涂炭生灵之上，如：“俯视洛阳川，茫茫走胡兵。流血涂野草，豺狼尽冠缨。”〔190〕“中原走豺虎，烈火焚宗庙。太白昼经天，颓阳掩余照。王城皆荡覆，世路成奔峭。四海望长安，颦眉寡西笑。苍生疑落叶，白骨空相吊。”〔191〕“洛阳三月飞胡沙，洛阳城中人怨嗟。天津流水波赤血，白骨相撑如乱麻。”〔192〕自然也关注到了长安宗庙被焚、社稷倾覆的国家危难，但重点很显然则在战争造成的百姓巨大伤亡上，百姓的生命轻同落叶，流血涂红了野草，白骨遍于郊野，这是李白最为悲痛的。

其次，李白的诗对唐代社会的许多腐败现象给予了尖锐揭露与批判。

论起唐代社会，无论历史与文学，无不把盛唐即开天之治视为唐代乃至整个古代社会的盛世。但是唐玄宗的统治，既把唐王朝推向政治、经济和文化发展的高峰，同时又因为诸多政治的弊端，累积了尖锐的社会矛盾，最终导致安史之乱，使唐王朝急转直下，走向下坡路。唐王朝的由盛转衰是必然的，决定于封建制度的专制性，同时也与帝王的统治之术及其个人的兴趣爱好有关。在唐代甚至可以说在整个封建社会的帝王中，唐玄宗自然是英明君主。开元时期，他任用姚崇、宋璟、张说、张九龄等为相，政治开明有为，把社会推向生气勃勃的全盛时期。但是受专制制度一人决定国家命运、一人决定国运兴衰的制约，明君如唐玄宗亦终不免走上政治任性胡为、任人唯亲的老路。人“一旦脱离了法律和公正就会堕落成世上最差等的动物”[193]，唐玄宗就是如此，所有的皇帝皆如此。天宝年间，他把大权委以李林甫和杨国忠，此二人排斥异己，忌用贤才，其统治沦入昏庸腐败。

对玄宗朝的昏庸政治，李白从多个方面给予揭露和批判。

佞臣当道、忠臣被害、贤才斥退、忠奸颠倒的政治黑暗，自然是李白批判的重点。在李白的诗歌中，《古风五十九首》多为比兴寄寓之作，而其五十一“殷后乱天纪”寄寓最深：

> 殷后乱天纪，楚怀亦已昏。
> 夷羊满中野，菉葹盈高门。
> 比干谏而死，屈原窜湘源。
> 虎口何婉娈，女媭空婵媛。
> 彭咸久沦没，此意与谁论？[194]

此诗萧士赟注以为“其作于贬责张九龄之时”[195]，陈沆《诗比兴笺》卷三：“此叹明皇拒直谏之臣，张九龄、周子谅俱窜死也。”[196]《资治通鉴》卷二百一十四《唐纪三十》，开元二十五年（737）：“夏，四月辛酉，监察御史周子谅弹牛仙客非才，……流瀼州，至蓝田而死。

李林甫言：‘子谅，张九龄所荐也。’甲子，贬九龄荆州长史。”[197]詹锳《李白诗文系年》据此系于开元二十八年（740）张九龄卒后。复旦大学所编《李白诗选》则认为此诗是为李适之、李邕被李林甫害死而写：“唐玄宗后期，信用奸佞的李林甫，政治腐败黑暗。天宝六载，北海太守李邕、淄川太守裴敦复都被杀。李林甫又奏分遣御史，在贬所将陇右节度使皇甫惟明、前刑部尚书韦坚等杀害。当时左相李适之被贬为宜春太守，听到消息，也服毒自杀。事见《资治通鉴》卷二一五。李适之是唐的宗室（他于玄宗是从祖兄弟行），和李白是好友。这首诗用殷、楚的宗室比干、屈原的历史题材来讽刺现实，很可能是为追悼李适之而作。”[198]郁贤皓亦赞同此说。

天宝四、五载间，宰相李林甫因与左相李适之争权，阴谋除掉李适之及与其关系密切的刑部尚书韦坚等人，受牵连的还有名士北海太守李邕等。《资治通鉴》卷二百一十五记之甚详：天宝四载“九月癸未，以陕郡太守、江淮租庸转运使韦坚为刑部尚书，罢其诸使，以御史中丞杨慎矜代之。坚妻姜氏，皎之女，林甫之舅子也，故林甫昵之。及坚以通漕有宠于上，遂有入相之志，又与李适之善。林甫由是恶之，故迁以美官，实夺之权也”[199]。五载：“初，太子之立，非林甫意。林甫恐异日为己祸，常有动摇东宫之志，而坚，又太子之妃兄也。皇甫惟明尝为忠王友，时破吐蕃，入献捷，见林甫专权，意颇不平。时因见上，乘间微劝上去林甫，林甫知之，使杨慎矜密伺其所为。会正月望夜，太子出游，与坚相见，坚又与惟明会于景龙观道士之室。慎矜发其事，以为坚戚里，不应与边将狎昵。林甫因奏坚与惟明结谋，欲共立太子。坚、惟明下狱，林甫使慎矜与御史中丞王𫟹、京兆府法曹吉温共鞫之。上亦疑坚与惟明有谋而不显其罪，癸酉，下制，责坚以干进不已，贬缙云太守，惟明以离间君臣，贬播川太守；仍别下制戒百官。”〔200〕“将作少匠韦兰、兵部员外郎韦芝为其兄坚讼冤，且引太子为言，上益怒。太子惧，表请与妃离婚，乞不以亲废法。丙子，再贬坚江夏别驾，兰、芝皆贬岭南。然上素知太子孝谨，故谴怒不及。李林甫因言坚与李适之等为朋党，后数日，坚长流临封，适之贬宜春太守，太常少卿韦斌贬巴陵太守，嗣薛王琄贬夷陵别驾，睢阳太守裴宽贬安陆别驾，河南尹李齐物贬竟陵太守，凡坚亲党坐流贬者数十人。”〔201〕六载：“春，正月辛巳，李邕、裴敦复皆杖死。”“林甫又奏分遣御史即贬所赐皇甫惟明、韦坚兄弟等死。罗希奭自青州如岭南，所过杀迁谪者，郡县惶骇。排马牒至宜春，李适之忧惧，仰药自杀。至江华，王琚仰药不死，闻希奭已至，即自缢。希奭又迂路过安陆，欲怖杀裴宽，宽向希奭叩头祈生，希奭不宿而过，乃得免。李适之子霅迎父丧至东京，李林甫令人诬告霅，杖死于河南府。给事中房琯坐与适之善，贬宜春太守。”〔202〕

《古风五十九首》其五十一的寓意及其批评的指向是很明显的。那就是朝廷昏庸，不分邪正，纪纲混乱，忠臣被窜，谗佞小人盈满于侧，国家呈现乱亡之象。虽然无法坐实是为张九龄、李适之等事件而写，但显然是有感于此类事件而发，殷忧之感、怨愤之情，跃然纸上。

但更多的时候，李白是从自身遭谗黜退的遭遇来批评玄宗的用人之道的。在李白批判现实的诗篇中，有相当一部分表现的是才不得其用的主题。这一主题所反映的是诗人英雄心志与现实的矛盾冲突。诗人以管晏自许，“以当世之务自负”，而现实却不能提供一展英雄抱负的机会。诗人自感有一种不为世用的悲愤，由此而认识到社会的不合理：“奈何青云士，弃我如尘埃！珠玉买歌笑，糟糠养贤才。”[203]对这种不合理的社会现象，诗人进行了最为激烈的批判，《答王十二寒夜独酌有怀》：

昨夜吴中雪，子猷佳兴发。
万里浮云卷碧山，青天中道流孤月。
孤月苍浪河汉清，北斗错落长庚明。
怀余对酒夜霜白，玉床金井冰峥嵘。
人生飘忽百年内，且须酣畅万古情。
君不能狸膏金距学斗鸡，坐令鼻息吹虹霓。
君不能学哥舒，横行青海夜带刀，西屠石堡取紫袍。
吟诗作赋北窗里，万言不直一杯水。
世人闻此皆掉头，有如东风射马耳。
鱼目亦笑我，谓与明月同。
骅骝拳局不能食，蹇驴得志鸣春风。
折杨皇华合流俗，晋君听琴枉清角。
巴人谁肯和阳春？楚地由来贱奇璞。

黄金散尽交不成，白首为儒身被轻。
一谈一笑失颜色，苍蝇贝锦喧谤声。
曾参岂是杀人者？谗言三及慈母惊。
与君论心握君手，荣辱于余亦何有！
孔圣犹闻伤凤麟，董龙更是何鸡狗！
一生傲岸苦不谐，恩疏媒劳志多乖。
严陵高揖汉天子，何必长剑拄颐事玉阶。
达亦不足贵，穷亦不足悲。
韩信羞将绛灌比，祢衡耻逐屠沽儿。
君不见李北海，英风豪气今何在？
君不见裴尚书，土坟三尺蒿棘居？
少年早欲五湖去，见此弥将钟鼎疏。〔204〕

此诗因诗思跳跃性甚强，故被萧士赟批评为“造语用事，错乱颠倒，绝无伦理，董龙一事，尤为可笑，决非太白之作”〔205〕。詹锳先生《李白诗文系年》已辨其非。诗之义脉、情感线索、情感基调是清楚的。李白以自身在朝中的遭遇为反思的对象，对明皇朝的用人之道提出尖锐的质疑。斗鸡之徒得宠，不惜牺牲战士生命的武夫得封，而身怀经国方略的士人却在朝中遭人嫉妒、遭人诽谤，被帝王轻视。“树榛拔桂，囚鸾宠鸡。”〔206〕在这样的朝廷之中，鱼龙混杂，石玉莫辨，忠奸不分，以致李邕那样的贤才、裴敦复那样的功臣，皆遭陷害而被仗杀。这是合理的选用人制度吗？这是正常的政治制度吗？非也！如此昏庸君王，如此政治氛围，所谓的功业岂有可能？而且又有什么意义！在质疑中，对朝政的不合理，给予了最为尖锐的批判，虽然用了比兴手法，但愤激之情，毫不掩饰。

论及李白对现实的关注和其作品的反映，自然要涉及李白杜甫优劣问题。这一问题主要是围绕二人对现实的态度及其在各自作品中表现与否而展开的。胡适1920年代所著《白话文学史》中，一方面承认“李白是一个天才绝高的人，在那个解放浪漫的时代里，时而隐居山林，时而沉醉酒肆，时而炼丹修道，时而放浪江湖，最可以代表那个浪漫的时代，最可以代表那时代的自然主义的人生观”〔207〕；然而，胡适又提醒读者，“李白究竟是一个山林隐士”，“是个出世之士”〔208〕，他的人生态度远离人间生活，“所以我们读他的诗，总觉得他好像在天空中遨游自得，与我们不发生交涉”，“终觉得他歌唱的不是我们的歌唱”。〔209〕相反，胡适则赞许杜甫是“我们的诗人”。〔210〕胡适认为，8世纪下半叶和9世纪上半叶的文学是中国文学史上最光华灿烂的时期，与8世纪上半叶文学相比，此一时期的文学“最不同之点就是那严肃的态度与深沉的见解”，“伟大作家的文学要能表现人生——不是那想象的人生，是那实在的人生：民间的实在痛苦，社会的实在问题，国家的实在状况，人生的实在希望与恐惧”。〔211〕“内容是写实的，意境是写实的”。而“这个时代的创始人与最伟大的代表是杜甫”。〔212〕胡适的李杜优劣态度可见十分鲜明。的确，李白对民间百姓的生活和疾苦不甚了解，也不如杜甫体会深刻，故无法写出“朱门酒肉臭，路有冻死骨”那样深刻揭露出社会不公的诗句。李白所交往者多达官贵人，尤其是两次长安之行和东都洛阳的生活，出入宫内外，直接与上至帝王下至王公显贵接触。了解到这一阶层的生活，他的作品便对王公贵族奢华并横行社会的生活有所反映，《古风五十九首》其十六：

天津三月时，千门桃与李。
朝为断肠花，暮逐东流水。
前水复后水，古今相续流。
新人非旧人，年年桥上游。
鸡鸣海色动，谒帝罗公侯。
月落西上阳，余辉半城楼。
衣冠照云日，朝下散皇州。
鞍马如飞龙，黄金络马头。
行人皆辟易，志气横嵩丘。
入门上高堂，列鼎错珍羞。
香风引赵舞，清管随齐讴。
七十紫鸳鸯，双双戏庭幽。
行乐争昼夜，自言度千秋。
功成身不退，自古多愆尤。
黄犬空叹息，绿珠成衅仇。
何如鸱夷子，散发棹扁舟。〔213〕

此诗是诗人在洛阳见到时贵的生活有感而发，所讽者是那些谓富贵可保、只知道有进不知有退的王公大臣。开篇八句是寓言，言桃李虽然灼灼其华，但朝开暮落，终逐流水而去，了无踪影。天津桥下的流水前后相续，但天津桥上的行人，却是新人代替了旧人。此乃寓言富贵之不能长久也。所以此诗的主题就是表现李白功成身退的思想。此诗对达官贵戚的豪奢生活做了生动的描写。他们上朝下朝，意气洋洋，马如飞龙，使路上行人为之惊退，气焰极为嚣张。退朝之后，家庭生活奢华至极，食列珍羞，齐讴赵舞，美色满堂，游乐宴饮，夜以继日。对此时贵沉溺于奢侈生活而不知返的人生态度，李白显然是持讽刺之意的。《唐宋诗醇》将此诗与杜甫《丽人行》相比："杜甫《丽人行》，其刺国忠也微而婉，此则直而显，自是异曲同工。《书》曰：'居高思危，罔不惟畏。'读此能令权门胆落。"〔214〕揭示出了此诗的价值所在。

当然，李白最鄙视的是那些靠取悦玄宗而暴贵的奴才们，对他们的揭露也最为深刻。《古风五十九首》其二十四：

大车扬飞尘，亭午暗阡陌。
中贵多黄金，连云开甲宅。
路逢斗鸡者，冠盖何辉赫。
鼻息干虹蜺，行人皆怵惕。
世无洗耳翁，谁知尧与跖？〔215〕

陈鸿《东城老父传》："玄宗在藩邸时，乐民间清明节斗鸡戏。及即位，治鸡坊于两宫间。索长安雄鸡，金毫铁距，高冠昂尾千数，养于鸡坊。选六军小儿五百人，使驯扰教饲。上之好之，民风尤甚，诸王世家，外戚家，贵主家，侯家，倾帑破产市鸡，以偿鸡直。都中男女以弄鸡为事，贫者弄假鸡。帝出游，见昌弄木鸡于云龙门道旁，召入为鸡坊小儿，衣食右龙武军。三尺童子入鸡群，如狎群小，壮者弱者，勇者怯者，水谷之时，疾病之候，悉能知之。举二鸡，鸡畏而驯，使令如人。护鸡坊中谒者王承恩言于玄宗，召试殿庭，皆中玄宗意。即日为五百小儿长，加之以忠厚谨密，天子甚爱幸之，金帛之赐，日至其家。开元十三年，笼鸡三百从封东岳。父忠死太山下，得子礼奉尸归葬雍州。县官为葬器。丧车乘传洛阳道。十四年三月，衣斗鸡服，会玄宗于温泉。当时天下号为神鸡童。时人为之语曰：'生儿不用识文字，斗鸡走马胜读书。贾家小儿年十三，富贵荣华代不如。能令金距期胜负，白罗绣衫随软舆。父死长安千里外，差夫持道挽丧车。'"〔216〕是知李白此诗乃为实笔，笔锋所向就是玄宗身边如贾昌、宦官等佞幸者流。这些得志的器小，搜刮财富，广开甲舍名苑，如连云成片。①出门时更是显赫骄横：车所过处，灰尘暴起，日月为之昏暗，气息逼人。李白此诗的价值在于生动地描写出皇帝身边奴才的本性、奴才的特点。他们是一人之下、万人之上，为人永远是两个面孔，对主子奴颜婢膝，极

① 《旧唐书·宦官传》："玄宗尊重宫闱，中官稍称旨，即授三品将军，……故帝城中甲第，畿甸上田，果园池沼，中官参半于其间矣。"（第十五册，第4757页）

尽讨好之能事，对百姓却颐指气使，鼻息干虹霓。而这些时贵所仗恃者何？仅仅是做出奴才相讨好主子、取得主子的欢心而被宠幸而已。这样，李白矛头所向，就不仅仅是那些皇帝身边的奴才，而是皇帝老儿自身了。其实，此诗最厉害的还有最后一笔：“世无洗耳翁，谁知尧与跖？”皇帝昏庸了，不辨邪正，并天下之人，皆不识好歹了，这不更可悲、更无望吗！

对于玄宗，也有研究者认为，李白的作品也讽刺了他喜好神仙的荒唐。认为《古风五十九首》其三“秦皇扫六合”、其四十八“秦泉按宝剑”、其四十三“周穆八荒意”，是为玄宗好神仙而写。《资治通鉴》卷二百一十四《唐纪三十》，玄宗开元二十二年，曾接方士张果入宫，“至东都，肩舆入宫，恩礼甚厚”〔217〕，“上由是颇信神仙”〔218〕。又，天宝九载：“时上尊道教，慕长生，故所在争言符瑞，群臣表贺无虚月。”〔219〕研究者据此认为李白的诗是借秦始皇和周穆王好神仙而讽刺玄宗。但李白自己慕神仙，一生且信且疑，个人且如此，却写诗批评玄宗，似乎并不可能。但三诗的讽刺之意甚明：“铭功会稽岭，骋望琅琊台。刑徒七十万，起土骊山隈。尚采不死药，茫然使心哀。连弩射海鱼，长鲸正崔嵬。额鼻象五岳，扬波喷云雷。鬐鬣蔽青天，何由睹蓬莱？徐市载秦女，楼船几时回？但见三泉下，金棺葬寒灰。”〔220〕“秦皇按宝剑，赫怒震威神。逐日巡海右，驱石驾沧津。征卒空九宇，作桥伤万人。但求蓬岛药，岂思农鳸春。力尽功不赡，千载为悲辛。”〔221〕这两首写秦始皇好虚妄而不恤民情。帝王好虚妄，图长生，是此二诗所讽对象之一，但重点似不在此，而是讽刺帝王为了个人一己之好，动用大量民力物力，劳民伤财。秦王为筑阿房宫，动用七十万刑徒；为入海寻找仙人，又遣数千童男童女；为到东海观日出，征九州之卒，伤万人之命，为他填海造桥。动用民力物力，只图自己长生，丝毫不问农民的耕耘稼穑。《艺文类聚》卷七十九《灵异部下》引《三秦略记》："始皇作石桥，欲过海观日出处。于时有神人能驱石下海，城阳一山，石尽起立，嶷嶷东倾，状似相随而去。云石去不速，神人辄鞭之，尽流血，石莫不悉赤，至今犹尔。"是为李白诗所本，不过这里所写的只是造石桥之事，而征卒之多、伤人之巨，显然是李白想象之辞，目的在渲染秦王荒诞不经行为损害的是无辜的百姓。而《古风五十九首》其四十三"周穆八荒意，汉皇万乘君。淫乐心不极，雄豪安足论？西海宴王母，北宫邀上元。瑶水闻遗歌，玉杯竟空言。灵迹成蔓草，徒悲千载魂"〔222〕，则重在讽刺周穆王的淫乐无极。

总之，这些作品，都表现出了李白对社会的极大关注。而这种关注，即出于他的社会责任感和历史使命感，出于他"以当世之务自负"的心态。批判现实即意味着要改造现实，在揭露不合理社会的后面，即隐藏着诗人"海县清一"的理想，和实现这种理想政治舍我其谁的心理，以及为这种理想政治不断追求进取的英雄精神。

3

李白的人格个性，可以说无不是其英雄意识所致。

李白一生傲岸不驯，醉酒奉诏成文，引足令力士脱靴，“戏万乘苦僚友”，皇帝权臣都不放在眼里。杜甫《八仙歌》栩栩如生地描绘了李白的兀傲个性：

> 李白一斗诗百篇，长安市上酒家眠。
>
> 天子呼来不上船，自称臣是酒中仙。[223]

李白的诗亦反映了傲视权贵的思想：“黄金白璧买歌笑，一醉累月轻王侯。”[224]“揄扬九重万乘主，谑浪赤墀青琐贤。”[225]“出山揖牧伯，长啸轻衣簪。”[226]“安能摧眉折腰事权贵，使我不得开心颜！”李白其人其诗所表现出的傲岸个性，极具人格魅力，成为后世布衣的骄傲。而李白及其诗所表现出的傲视权贵的个性，即决定于他的英雄意识。李白一生以当世之雄自居，出山可与吕尚、张良、诸葛亮、谢安比肩，出世可傲视巢、许，故表现出不可一世的英雄气概，不屈己，不干人，视己与皇帝的关系为主客关系，至于像高力士那样的佞臣，更是鸡狗视之。

李白好剑任侠，文献多有记载。刘全白《唐故翰林学士李君碣记》说：“少任侠，不事产业，名闻京师。”《新唐书·文艺传》写李白：“喜纵横术，击剑任侠，轻财好施。”李白友人魏颢《李翰林集序》则详细记载了李白任侠行为：

> 少任侠，手刃数人。与友自荆徂扬，路亡权窆，回棹方暑，

亡友糜溃，白收其骨，江路而舟。

李白集中亦多有颂扬侠客的诗篇，如《侠客行》《白马篇》《结客少年场行》《结袜子》等，前皆论及。李白的任侠扬侠形象，亦反映了他的英雄意识。李白诗中描写的侠客，不仅“三杯吐然诺，五岳倒为轻”[227]，“感君恩重许君命，太山一掷轻鸿毛”、[228]，具有重然诺，守信用，怀恩必报、杀身取义的英雄品质；同时也有重事功的经世致用精神。李白《从军行》《幽州胡马客歌》《司马将军歌》《塞下曲》诗，都歌颂了游侠儿“横行负勇气，一战静妖氛”[229]“出门不顾后，报国死何难”的为国靖难精神。李白的诗还常常表现出抑儒扬侠的倾向：“羞作济南生，九十诵古文。不然拂剑起，沙漠收奇勋。”[230]所有这些，概出于李白不甘凡庸的事功精神，它们同李白对历史英雄人物的颂扬一样，都是李白英雄心态的反映，是这种心态的天然外露。

当然也应该指出，李白的英雄意识，带有更多的浪漫诗人的心理因素和精神特质。浪漫诗人的心理与常人心理的不同，在于他对客观外物的认识与把握带有强烈的主观性，他对个人的认识也无法客观。他往往会混淆主体与客体、主观与客观的界限，一任自己的非理性的情绪与想象膨胀。与其说诗人生活在一个现实的世界，毋宁说诗人生活在一个幻想的世界、情绪的世界。英雄意识固然带有更多的理想的成分，但一个现实的人往往能够冷静地、理智地分析社会、认识个人，从而设计出实现理想的切实可行的途径，由此，英雄意识就有很强的现实性。然而，李白则缺少这种现实性。他是一个沉浸在自己的精神世界与幻想世界中的人，是在自己的精神世界与幻想世界中与周围世界对话的人。他崇拜历史上的英雄，但与其说是崇拜他人，毋宁说是崇拜个人生命。与其说是歌颂英雄的历史，毋宁说是歌颂英雄的梦幻。首先，他把自己英雄化了，即泯灭了个人与历史英雄的界限，尔后又把现实幻化了，即泯灭了现实与历史的界限。所以，在李白那里，是英雄化了的个人生活在幻化了的现实中。正因为这样，李白的英雄意识带有强烈的奇幻色彩。他的英雄意识既非同寻常，又多超出现实，带有幻想。他渴望建功立业，却又不能似高适、岑参那样投身边境，靠边功求得发展，更不屑于通过科举走上仕途。他期幻的是一朝声达朝廷，似吕尚、诸葛亮那样，以布衣出为王者师，成就王霸之业；或如鲁仲连、郦食其、张良、谢安一样，相时而动，一出东山，遂济天下。但是，李白所处的社会，正是开天之治的盛唐时期，虽然也有边境战争，但似张良、谢安等历史英雄那样运筹帷幄之中、决胜千里之外的机会并不多。天宝后期的安史之乱虽使唐王朝由盛转衰，然唐王朝统治的根基并未动摇，已非战国及秦汉之际形势可比。李白不仅幻想成就吕尚、张良等前贤的英雄事业，还欲重蹈这些人成就英雄事业的途径，这种英雄意识就超出了现实，带有了诗人不切实际的幻想。

正因为李白的英雄意识带有诗人的奇幻色彩，所以英雄意识虽未促成李白实现其建功立业的理想，却成就了他的诗歌。李白诗中所反映出的执着的建功立业的主题，以及理想不得实现的激愤情感；他的诗中所表现出来的昂藏不群的自负与自信、负义横行的侠义风神；还有其诗吞吐洪荒、役使宇宙万物以表达思想情感的超凡手段，都使他的诗具有了豪放奇幻的特征，使李白成为伟大的浪漫主义诗人。

第六章　古来圣贤皆寂寞

天才诗人的孤独意识

李白对待生命虽抱快乐主义态度，但其实际生活却未必快乐，时间催迫、功业无成，经常使其产生心理焦虑。这位天才诗人在现实生活中还常常陷入到另外一种心理状态：孤独。这种孤独感不同于常人离开群体或不为群体所接受而生成的负面心理，而是一个天才诗人特有的心理体验，它既有对人生乃至宇宙终极命运思索所产生的孤旅之悲，亦有高自标持、不与世同流的孤傲。

一　孤独：天才诗人的独特心理体验

在大唐多若“众星罗秋旻”的诗人中，李白是唯一被人们誉为既有侠肝义胆，又有仙风、道骨的诗人。天宝初，四明狂客贺知章初见李白，惊呼李白为“谪仙人”，杜甫《饮中八仙歌》亦有李白是“酒中仙”之说：“李白一斗诗百篇，长安市上酒家眠。天子呼来不上船，自称臣是酒中仙。”贺知章和杜甫都是李白的友人，他们目白为仙，说明李白确有迥异于同时代作家的仙风仙气仙骨。

李白传奇的一生，豪放飘逸的诗风，确实给人们留下极为深刻的印象，以至人们一说起李白，就可以想见一个飘然不群的诗仙形象。迄今为止，无论是研究者笔下的李白，还是活在一般人心中的李白，都不外乎此。其实，自贺知章称李白为谪仙人起，李白的形象就定型了。这种定型化了的历史人物形象，增加了李白的传奇色彩，使后世骚人望尘趋拜。然而这种定型化了的诗仙形象，也使人们与李白产生了一种近乎膜拜者与偶像之间的距离，一种雾里看花、云中观月的可望而不可即的隔膜，限制了我们循着诗人外化了的思想情感轨迹——诗歌，走入李白心灵的奥府。

其实，李白的性格既有洒脱不群、追求自由的快乐主义一面，又有执着、深沉的一面，他的诗歌中感伤亦如影子一样与欢乐相随。对生命的思考、与社会的矛盾，以及其性格自身的原因，使李白一些看似充满欢乐、飘逸洒脱的诗篇中，夹杂有失望的怅惘、焦虑的痛苦。无论是希世之叹，抑或出世之望，乃至对现实的抨击，其中往往寓藏着这种心态。裴斐先生认为：李白诗豪中见悲，有极为深沉的悲感。这种认识从较深层次揭示出李白诗歌的个性特征以及流露于诗中的李白心态。

除了悲感，李白亦有天才诗人特有的孤独体验。现代心理学认为，“亲密的人际关系是健康与幸福的唯一源泉”[1]，而离群索居的孤独被定性为一种负面的消极的心理状态，是一种需要矫正的心理疾病。其实孤独并非如此简单。此种心理状态，一般是受环境迫使而形成的负面心理，[①]但也有来自个人主动的心理追求，而且孤独的心理也未必一定产生于人的独处，在现实生活中，亦有虽居闹市、处人群，心中却充满孤独的人；而人对世界、对社会的思考与感受，也会生成孤独。这种孤独的心理就不是负面的心理，而是一种积极探索的心理，甚至是思想者和天才诗人才有的心理。在叔本华看来，孤独就并非每一个人都有，孤独只存在于伟大天才的心理体验之中："对孤独的喜爱并不是人类本性的一种直接的、原始的冲动，而是一种间接的、逐渐形成的东西，它是伟大灵魂的显著特征，在与自然欲望的抗争中发展成长，并要不时地抵抗魔鬼靡菲斯特的诱惑和劝说。靡菲斯特蛊惑你抛弃忧郁沉闷、使人心灰意冷的孤独，以换取与人交往的共同生活。"〔2〕又云："孤独是伟大卓越之人的共同命运——尽管他们有时也会为此悲叹痛惜，但仍然总是选择孤独，因为这种不幸要远远小于庸俗的不幸。"〔3〕在叔本华看来，孤独是天才远离庸俗与人群的自觉选择，更非负面消极的心理。此说颇有道理。的确，从李白的心理体验看，孤独是他对待生命极为独特也是极有意味的体验。

① 安东尼·斯托尔研究了早年丧亲给人后来所造成的孤独，并提出哪些生活会矫正个人孤独，显然也是把孤独作为一种心理疾病的，但他却也认识到"独处的能力是一种宝贵的资源"，孤独也可促进创造性想象力的生长。

二　孤独的生命之旅

在李白孤独的意识中，最深刻的感受，是他的生命孤旅之悲，这是李白思考和探索生命之终始所产生的带有哲思的情感感受。

在本书的第三章，论述过李白诗中天地之过客的意象：李白用这个意象来表现生命之短暂。此处还要进一步论述的是，此一意象蕴含着李白对人生极为独特的感悟和极为悲凉的情感。

1

首先为无根之过客的孤独。早在1957年，日本学者斯波六郎在其《中国文学中的孤独感》中提到过“人类生来就有的不安感”：“那么，‘孤独感’的深处，到底是什么呢？是生命的不安感吗？人在任何时候，都在心里的某个角落里，藏有一种动物性的、对生命的不安感。以此为根源，难道不会感觉到‘孤独’吗？”[4]可惜未就这人类与生俱来的生命不安感做进一步阐述。其实人类生来就有的不安感，或者说终极的孤独，就是意识到生命本质而反应出来的生命孤旅之悲，正如帕斯卡所言：“这无限宇宙的永恒沉寂使我感到恐惧。”[5]这也是李白思考人的生命与天地生命过程而生成的终极孤独寂寞感。人之生命的短暂使其不能与天地终极为伴，人类所面对的又是寂寞而无情的宇宙：“人被置于一个无限的空间之中，他的存在似乎是单一的，就如同一个终将消失的点。他被一个静默的宇宙所包围，一个对他的宗教感情和他心底的道德要求冷漠无言的世界所包围。”[6]所以人在宇宙之间所经历的是孤独的生命之旅。而天地又何尝不然！天地亦有从生成到销毁的过程，与时间无尽的长河相比，它也是短暂的，所经历的也是孤独的生命之旅。对此，李白有独特而又清醒的认识。《拟古》其九：

生者为过客，死者为归人。
天地一逆旅，同悲万古尘。

在李白看来，人是无根的，人生不过是天地间独行的一个过客，他孤独地走过逝者的身边，转瞬消逝于茫茫大化之地，成为新的“归人”。这里的人，既是每一个个体，同时也是整个人类。对于天地宇宙而言，人类如同过客，终归寂灭；对于人类而言，每一个个人亦是过客，他们不但不会永久地留下来，而且转瞬即逝。

在时间之中消失的不仅是人的肉体，还有人的灵魂。无论中国还是西方，都有人死灵魂不死的认识，原始人认为：“灵魂是一种稀薄的没有实体的人形，本质上是一种气息、薄膜或影子；灵魂是它使之生的那个个体中的生命和思想的本原，它独立地占有它的从前或现在的肉体拥有者的个人意识和意志；它能够离开身体很远，并且还能突然在各种不同的地方出现；它往往是不可触和看不见的，但它能够表现物质力量，特别是能够作为一个脱离了身体的、与身体在外貌上相像的幻象而出现在睡着的或醒着的人们面前；它能够在这个身体死后继续存在，并在人们面前出现；它能够钻进其他人、动物甚至物品的体中，控制着它们，在它们里面行动。”〔7〕宗教自不必言，哲学亦不乏此论。古希腊哲学毕达哥拉斯学派，教义主要是轮回转世灵魂不死论：“毕达哥拉斯教导说：‘首先，灵魂是个不朽的东西，它可以转变成别种生物；其次，凡是存在的事物，都要在某种循环里再生，没有什么东西是绝对新的。’”〔8〕柏拉图从毕达哥拉斯那里接受了灵魂不朽的思想，认为：“这种灵魂之与肉体的分离与解脱，就叫做死。”〔9〕“灵魂必定是在生前就已经存在的”，而人死后，“死者的灵魂是在某个地方存在着的，并且会按适当的顺序再回到地上来”。〔10〕“他还描述了人死以后灵魂的命运：善者升天，恶者入地狱，中间的则入炼狱”〔11〕。

而在中国，六朝时期受佛教影响而发生的神灭与神不灭之争，主要就是围绕灵魂是否会随肉体消灭而展开的。东晋高僧慧远《沙门不敬王者论·形尽神不灭五》最有代表性：“夫神者何耶？精极而为灵者也。精极则非卦象之所图，故圣人以妙物而为言，虽有上智，犹不能定其体状，穷其幽致。”“神也者，圆应无生，妙尽无名，感物而动，假数而行。感物而非物，故物化而不灭；假数而非数，故数尽而不穷。”“请为论者验之以实，火之传于薪，犹神之传于形；火之传异薪，犹神之传异形。前薪非后薪，则知指穷之术妙；前形非后形，则悟情数之感深。惑者见形朽于一生，便以谓神情俱丧，犹睹火穷于一木，谓终期都尽耳。”〔12〕而反对神不灭的理论则以范缜的《神灭论》为代表，他认为：“神即形也，形即神也。

是以形存则神存，形谢则神灭也。”〔13〕其实自东汉佛教进入中国后，佛教的灵魂不灭、三世轮回说就产生了广泛影响，袁宏《后汉纪》：“又以为人死精神不灭，随复受形。生时所行善恶，皆有报应。”〔14〕此思想即在士人中亦有很大影响。在一般士人中，亦有人相信，人死后肉体虽腐，还有魂气存在。《西京杂记》卷上记载杜邺临死所作文“魏郡杜邺立志忠款，犬马未陈，奄先草露。骨肉归于后土，魂气无所不之”〔15〕，是认为人死魂气还在。但在李白看来，“旷野多白骨，幽魂共销铄”，人的躯体同灵魂都会湮灭于漫漫的时间之中，这比灵魂不死说对生命的认识更为彻底，此时诗人感受到的孤独就是人永远无法与宇宙和解的无望。

不仅人要消逝，天地也是如此，“日月终销毁，天地同枯槁”，天地日月也有尽头，终归虚无。李白的这种认识，就不仅超过了灵魂亦死的认识。在一般人看来，人不过百年，而天地则是永恒的。《庄子·盗跖》就说“天与地无穷，人死者有时”，天地无穷，不是就空间说，而是指时间上的永存，即成玄英疏之“天长地久”之意。此种认识颇有代表性。但李白的认识则不然，他此处说出了一个近乎真理的思想：没有天地之间不朽的事物，即使是日月星辰和宇宙天地，亦有其终了之时。当然李白也说过“天地无凋换，容颜有迁改”的话，但从此诗的语境看，李白显然是把人与天地放在同一个时间段来考察的，即在同一个时间段，人有容貌年轻到衰老的很大变化，而天地却无任何改变。但如把事物放在无尽的时间长河之中，即使是天地宇宙也必然有其消亡之时。由此可见，诗人李白对事物的认识是很清醒很彻底的。但也正是这清醒与彻底，使李白陷入更深的孤独，而此时诗人的孤独是人永远无法与时间达到和解的绝望。

李白的感受，与西哲的论述异曲同工，叔本华说：

> 事物所有的存在方式都在向我们展示着生存的虚无。它表现在时空之无限与个体存在之有限的相对论中；表现在现实存在的唯一方式——转瞬即逝的刹那间；表现在万事万物的相互依存和相互关联中；表现在绵绵不断的“有”化为“无”的永恒变易中；表现在人的无休希冀和永不满足的欲望中；表现在形成人类历史的长期斗争中——面对阻碍，努力不息，奋斗不止。时间吞没一切，万物都在时间的长河中消逝。时间是一种形式，在此形式中，作为自在之物恒常不灭的生命意志，展现了自己所有努力的徒劳无功。时间的魔力使我们手中的所有东西化为乌有，并丧失其所具有的任何真正的价值。〔16〕

现实存在的唯一方式就是转瞬即逝，世界运转的规律就是“有”化为“无”的永恒变易过程。不仅仅是人，在时间的形式中，万事万物皆归消逝，人并人的意志亦将化为乌有。生只是短暂的一瞬，然后就是重返虚无，回到漫漫的长夜。生的归属就是虚幻，所以相对于漫漫长夜，人的生命是如此之孤单、如此之无望，这种寂灭感是人类也是深思人类命运的天才终极的寂寞，终极的无以摆脱的孤独。所以，李白的孤旅之悲，寻找其因，即来自对生命以及万事万物终归寂灭的认识。这种天地间一过客的孤旅之悲，从根本上说是一种来自李白觉醒的个体生命意识与宇宙意识的深刻孤独感。《日出入行》："日出东方限，似从地底来，历天又复入西海，六龙所舍安在哉？其始与终古不息，人非元气，安得与之久徘徊？草不谢荣于春风，木不怨落于秋天。谁挥鞭策驱四运？万物兴歇皆自然。"〔17〕只有诗人认识到生命有限与时间无限的不可逆转的自然法则，才可能在这有限与无限、迁逝与永恒的强烈对比中，感悟到这种苍凉的孤旅意识。

2

孤旅之悲，亦包含了人是如此之渺小的叹息。"天地一逆旅，同悲万古尘。"《赠别从甥高五》："天地一浮云，此身乃毫末。"〔18〕四句诗透露出，人不仅在时间上是无根的，在万古的时间长河中，人不过是瞬间的过客；即在空间上看，人亦十分渺小，不过是极其微小的尘土。

人在世间的微末空间感，来自庄子。《庄子·秋水》：

> 计四海之在天地之间也，不似礨空之在大泽乎？计中国之在海内，不似稊米之在大仓乎？号物之数谓之万，人处一焉；人卒九州，谷食之所生，舟车之所通，人处一焉；此其比万物

也，不似毫末之在于马体乎？[19]

庄子此处讲人与事物的大小关系，意在消解人们的迷惑，使之知道物我均齐的道理，大小都是相对的，是禀分如此，“所谓大者至足也，故秋毫无以累乎天地矣；所谓小者无余也，故天地无以过乎秋毫矣；然后惑者有由而反，各知其极，物安其分，逍遥者用其本步而游乎自得之场矣。此庄子之所以发德音也”[20]。李白显然未取庄子“夫物之器量，禀分不同，随其所受，各得称适，而千差万别，品类无穷，称适之处，无大无小”[21]的思想，却接受了庄子宇宙与人的小大之辨，以见人在天地间是多么渺小，如粉尘一般微不足道，这里包含了甚深的无力、无助与无援之心理。李白的这种感受奇异地与欧洲哲学家完全相通，叔本华在讨论审美时的壮美感时说：

当我们沉溺于观察这世界在空间和时间上无穷的辽阔悠久时，当我们深思过去和未来的若干千年时，——或者是当夜间的天空把无数的世界真正展出在我们眼前因而宇宙的无边无际直印入我们的意识时，——那么我们就觉得自己缩小至于无物，觉得自己作为个体，作为活的人身，作为无常的意志现象，就像是沧海一粟似的，在消逝着，在化为乌有。[22]

的确李白的感受亦如此，“同悲万古尘”，他是从时间与空间相联系的两个方面来认识人的渺小的，因此空间上的微末感更加剧了诗人的孤旅之悲。

孤旅意识，带有甚深的士文化的理性精神。自汉末士人思想解除了汉代儒家宗教神学的束缚之后，在士人中就兴起了对人的存在价值和生命意义进行痛苦思索的理性思潮。生与死、存在与虚无，成为汉末以来文学作品中最为惊心动魄的主题。早在《古诗十九首》中，就有了人生如过客的感伤："青青陵上柏，磊磊涧中石。人生天地间，忽如远行客"〔23〕"浩浩阴阳移，年命如朝露。人生忽如寄，寿无金石固。"〔24〕此后，历经魏晋南北朝，这种无常思想与孤旅意识几乎成为文学作品中永恒的主题。曹植《箜篌引》："惊风飘白日，光景驰西流。盛时不再来，百年忽我遒。生存华屋处，零落归山丘。"〔25〕王羲之《兰亭诗》："猗与二三子，莫非齐所托。造真探玄根，涉世若过客。前识非所期，虚室是我宅。"〔26〕陶渊明《饮酒诗》其十五；"宇宙一何悠，人生少至百。岁月相催逼，鬓边早已白。"〔27〕到盛唐，陈子昂终于唱出了《登幽州台歌》：

> 前不见古人，后不见来者，
> 念天地之悠悠，独怆然而涕下。〔28〕

时间悠悠，而人生却是生不见前人、死不见来者，人的存在，只是此刻的存在，而且是瞬息即逝的存在，因此不唯人生、即人的存在从本质上说都是孤独的，人生来就是独行者。正因为如此，对于任何追寻生命本真的人来说，巨大的孤独感是其求索的必然结果。时间无限与人生有涯的巨大反差，会强烈地压迫着求索者的心理，造成心理上巨大的“空洞”，他们的作品中自然也就表露出了无常的感伤以及经过理性思索后对虚幻的认可。李白的孤旅之悲，即产生于这样的群体心理基础之上，他的孤旅之悲，是他思索生命本质的结果。这样的孤独感，是思索者的孤独，是诗人进入到哲思境界的孤独，不仅非庸人不能有，即使是常人亦不可能有，“艺术家让我们通过他的眼睛来看世界。至于艺术家有这种眼睛，他认识到事物的本质的东西，在一切关系之外的东西，这是天才的禀赋”[29]，因此李白的孤独是天才的、伟大诗人感知人生命之旅的孤独。

李白孤旅意识的生成，还有另一个原因。李白一生都不曾放弃他的功业理想，正是出自急于建功立业的心情，他把时间看得十分紧迫，岁月迁逝感亦十分敏锐。然而现实一再粉碎他的理想之梦，功业无成，岁月蹉跎，这些都必然激起诗人对生与死、存在与虚无的极大关注，使他产生深切的无常意识和人生若孤旅的悲感。这些诗所表现的无常意识和迁逝之悲，具有天地茫茫、今古悠悠的深刻历史感和惊心动魄的生命意识。无可讳言，这些诗里也流露出李白及时享乐的情绪。但是，如果不是满足于对这些诗的表面的理解，我们自然会在李白那些追求现世享乐的思想情绪之外，感受到一个哲人对生命与宇宙自然的清醒的认识；感受到一个诗人热爱生命、钟情理想，然又无力回天的无可奈何的忧愤与感伤；感受到诗人那种在天地间“此身乃毫末”的渺小与孤独。

三　报国无门的漂泊感

1

怀才不遇、生不逢时，是李白诗歌的常调。与这种常调相伴随的则是政治上的遗弃感和和在人世间的无所归依感。

李白是中国传统文化塑造成其心理结构的士人。中国古代社会的士人，无论他受的是儒家思想教育，抑或道家乃至佛学的思想教育，一生所要思考和解决的主要问题，无非是出与处的问题。或仕，或隐，或先处而后出，或先仕而后隐，或亦仕亦隐、亦隐亦仕，因之而形成了种种不同的人生观。道家“宁游戏污渎之中自快，无为有国者所羁”[30]。宁“曳尾于涂中”，“处穷闾厄巷，困窘织屦，槁项黄馘”，亦不愿为“舐痔者得车五乘”之富贵，是典型的“隐”的人生态度。儒家以修身齐家治国平天下为己任，“知其不可而为之”，是典型的入世人生哲学。和道家的彻底否定入世不同，儒家在积极主张入世的同时，也为士人找到了一条折中的道路：“天下有道则见，无道则隐”[31]。所以，孔子一生栖栖遑遑推行自己的政治主张，在鲁国行不通，就跑到齐国，在齐国碰了壁，就跑到陈、蔡、卫等小国。另一方面，却又盛赞颜回“一箪食，一瓢饮，在陋巷，人不堪其忧，回也不改其乐”那种抱道自守的人生态度。而后世士人，或仕或隐，以及像魏晋士人那种亦官亦隐的处世态度，都是从这样的思想文化中找到了他们人生的精神支柱，形成了封建士人的群体心理结构。

李白少时就有很强的功名事业心，“以当世之务自负”。这强烈的济世观念显然是来自儒家治国平天下的思想。不过，李白不是一个普通的本分的读书人，他的豪侠性格以及作为浪漫诗人所特有的非凡的气质，即丰富的想象力和脱离实际的异想天开，使来自儒家的济世思想融入了诗人自身的主体精神，令其英雄心态自然地膨胀为天下舍我其谁的自大、自负与功名唾手可得的狂妄：“白上探玄古，中观人世，下察交道。海内豪俊，相识如浮云。自谓德参夷、颜，才亚孔、墨”[32]，欲“申管晏之谈，谋帝王之术，奋其智能，愿为辅弼，使寰区大定，海县清一”。天宝初，玄宗征召李白赴京，李白以为一展平生鸿鹄之志的机会已经到来，踌躇满志，《南陵别儿童入京》写道：

白酒新熟山中归，黄鸡啄黍秋正肥。
呼童烹鸡酌白酒，儿女嬉笑牵人衣。
高歌取醉欲自慰，起舞落日争光辉。
游说万乘苦不早，著鞭跨马涉远道。
会稽愚妇轻买臣，余亦辞家西入秦。
仰天大笑出门去，我辈岂是蓬蒿人！

因为是别内人入京，故李白用了朱买臣故事。《汉书·朱买臣传》：

"家贫，好读书，不治产业，常艾薪樵，卖以给食，担束薪，行且诵书。其妻亦负戴相随，数止买臣毋歌呕道中。买臣愈益疾歌，妻羞之，求去。买臣笑曰：'我年五十当富贵，今已四十余矣。女苦日久，待我富贵报女功。'妻恚怒曰：'如公等，终饿死沟中耳，何能富贵？'买臣不能留，即听去。"〔33〕后朱买臣任会稽太守，遇其妻至太守舍，妻自径死。李白诗中引此故事，一般认为是斥责其妻识见浅薄，不能与诗人共同甘苦。甚至有人推测，此人就是李白与之分手的刘氏。其实此诗并非真的责备其妻子如朱买臣之妻，不能了解丈夫的才能，因此不能与其同甘共苦。此时的李白不过是忍不住开开玩笑调侃一下妻子而已，说明他此时的心情如此之好，以为功名唾手可待。无独有偶，天宝十五载（756），李白避安史之乱，与其家人一起隐居庐山，永王璘召李白入其幕府，李白以为建立功业的机会又一次降临，写了《别内赴征三首》，其二云：

> 出门妻子强牵衣，问我西行几日归。
> 来时倘佩黄金印，莫见苏秦不下机。〔34〕

此次所别之妻，乃宗氏，二人感情甚好。但这一次，李白又幽默了。《战国策·秦一》：苏秦"说秦王，书十上而不行。……归至家，妻不下纫，嫂不为炊，父母不与言"〔35〕。功业未见踪影时，你不下机，如我不存在；如今我佩带黄金印而归，你还不理我否？可见李白是个幽默的人，但他的玩笑常常开在心情极好的时候。李白的精神世界是诗人化的世界，在他那里，古与今、理想与现实常常处于混沌如一的状态，所以当他应征之时，飘飘然以为自己就是“并相六国”的苏秦了。然而对现实愈是期望过高，失望也就愈大，更何况李白是以理想、假想来期许现实！所以李白的自大与自负，常常与现实相忤，使诗人陷于政治前途无依无托的孤独心境。

2

李白政治上无所归依的孤独感，表现在天宝初入朝前与离开宫廷后，有很大的不同。

李白从出川到应诏入翰林前，是政治上寻找出路与机会的时期，他跟从赵蕤学《长短经》以掌握纵横之术；他仗剑任侠，广交豪雄；他出川漫游，在扬州散金三十万；他西入长安，在离皇帝最近的地方寻找机遇；他上书并拜谒荆州大都督府长使兼夔州刺史韩朝宗，都是在蓄积名声，努力谋求政治机会。但是李白积二十余载的积极努力，都没有取得成功，反映到他的诗中，就是经常出现的没有出路的无助感。李白写于开元二十五年的《赠范金乡二首》其一：

君子枉清眄，不知东走迷。
离家未几月，络纬鸣中闺。
桃李君不言，攀花愿成蹊。
那能吐芳信，惠好相招携。

我有结绿珍，久藏浊水泥。
时人弃此物，乃与燕珉齐。
拂拭欲赠之，申眉路无梯。
辽东惭白豕，楚客羞山鸡。
徒有献芹心，终流泣玉啼。
只应自索漠，留舌示山妻。[36]

此诗虽因金乡令之邀请而有自荐之意，但诗中却真实地表露出诗人怀才不遇的寂寞。他的才具如价值连城的美玉埋在污泥浊水之中，不被人所识，欲贡献给世人，却无引荐之路，只能怀宝而自作寂寞。作于开元间的《赠从兄襄阳少府皓》亦充满路穷之叹：

结发未识事，所交尽豪雄。
却秦不受赏，击晋宁为功！
托身白刃里，杀人红尘中。
当朝揖高义，举世钦英风。
小节岂足言，退耕舂陵东。
归来无产业，生事如转蓬。
一朝狐裘蔽，百镒黄金空。
弹剑徒激昂，出门悲路穷。
吾兄青云士，然诺闻诸公。
所以陈片言，片言贵情通。

棣华倘不接，甘与秋草同。[37]

此诗詹锳先生《李白诗文系年》系于开元二十七年。开元二十六年到二十七年，李白有一次漫游，他离开鲁中去洛阳，又从洛阳到淮南、巴陵，再北游襄阳，此诗即写于襄阳。从此诗看，李白之漫游，之结交豪雄，之任侠，都是为了实现他胸中大志。但是此次漫游又没有任何结果，虽然人们钦慕他的高义英风，却丝毫未能改变他的现状，迫于生计人如飘蓬不定，而更苦闷的则是"弹剑徒激昂，出门悲路穷"，政治上寻找不到出路。此外，《门有车马客行》："叹我万里游，飘摇三十春。空谈霸王略，紫绶不挂身。雄剑藏玉匣，阴符生素尘。廓落无所合，流离湘水滨。"[38]《淮南卧病书怀寄蜀中赵征君蕤》："古琴藏虚匣，长剑挂空壁。"《寄淮南友人》："不待金门诏，空持宝剑游。海云迷驿道，江月隐乡楼。"[39]《邺中王大劝入高凤石门山幽居》："一身竟无托，远与孤蓬征。千里失所依，复将落叶并。"《酬崔五郎中》："幸遭圣明时，功业犹未成。奈何怀良图，郁悒独愁坐。"[40]也都表现出同样的情感。

李白入朝前的孤独感，主要是怀才不遇所致。长安受挫后，李白的孤独不仅表现为遭世遗弃的落单感，更表现为对朝廷失望、理想再也无法实现的落寞。未见玄宗时，李白寻找建功立业的机会，虽然常常遭到挫折，无功而返，但是前途毕竟还是未知的，因此也是充满期望的。即使是一入长安寻找政治出路未果之后，他的作品多了激愤之辞，但追求理想的激情却更加强烈。《梁园吟》：

我浮黄河去京关，挂席欲进波连山。
天长水阔厌远涉，访古始及平台间。
平台为客忧思多，对酒遂作梁园歌。
却忆蓬池阮公咏，因吟渌水扬洪波。
洪波浩荡迷旧国，路远西归安可得！
人生达命岂暇愁，且饮美酒登高楼。
平头奴子摇大扇，五月不热疑清秋。
玉盘杨梅为君设，吴盐如花皎白雪。
持盐把酒但饮之，莫学夷齐事高洁。
昔人豪贵信陵君，今人耕种信陵坟。
荒城虚照碧山月，古木尽入苍梧云。
梁王宫阙今安在？枚马先归不相待。
舞影歌声散渌池，空余汴水东流海。
沉吟此事泪满衣，黄金买醉未能归。
连呼五白行六博，分曹赌酒酣驰晖。
酣驰晖，歌且谣，意方远。
东山高卧时起来，欲济苍生未应晚。[41]

此诗朱谏《李诗辨疑》以为诗句“无伦次”而可疑，故其《李诗选注》未收。然此诗见于敦煌写本《唐诗选》残卷和《文苑英华》，自是李白之作无疑。但作于何时却有不同系年。唐汝询《唐诗解》定为天宝三载李白离开长安之作，王琦《李太白年谱》亦系为李白离开长安游梁宋之时所作，詹锳先生《李白诗文系年》从之。而郁贤皓《李白选集》则定为开元二十一年（733）李白离开长安、舟行抵达梁园时作。王谱和詹谱均系于天宝三年离开长安后，是因为此时尚无二入长安的发现。比较李白两入长安的遭遇与心境，此篇放到一入长安离京后所作似更为合理。此次长安之行，未找到机会，徒增孤独之感，因此吟诵阮籍《咏怀》诗“渌水扬洪波，旷野莽茫茫”，不仅有四野茫茫、同时也是心绪茫然的境遇感，亦有“羁旅无俦匹，俯仰怀哀伤”的社会孤旅感。但是李白的信心未减，不想学习伯夷、叔齐做一名隐士，而是如谢安一样暂隐东山，随时准备为苍生而起。

长安受挫被遣，李白所受的打击很大，他的功名理想和受此理想驱动的热情顿时灰飞烟灭，于是乎一股强烈的遭世遗弃的孤独感汹涌如潮，淹没了诗人的情感世界。“一去麒麟阁，遂将朝市乖。故交不过门，秋草日上阶。”[42]“揽涕黄金台，呼天哭昭王。无人贵骏骨，绿耳空腾骧。乐毅倘再生，于今亦奔亡。”[43]“我如丰年玉，弃置如田草。”[44]“我本不弃世，世人自弃我。”[45]诗中多表现出遭世遗弃下的孤独感。本来，诗人的政治归依、理想的港湾是在魏阙之上，现在他不得不离此而去，如一叶不系之舟、一团离根的秋蓬，此去何方？诗人心中自是一片茫然。

李白被放还后，亦曾不断反思自己离开朝廷的原因，最终归之于个人理想抱负以及个性与常人的不同，《赠崔咨议》：“騄骥本天马，素非伏枥驹。长嘶向清风，倏忽凌九区。何言西北至，却是东南隅。世道有翻覆，前期难预图。希君一剪拂，犹可骋中衢。”〔46〕此诗中李白把自己比为与凡马不同的天马，驰骋所向瞬间九州，非伏在槽头的凡马可比。《赠崔郎中宗之》：“胡鹰拂海翼，翱翔鸣素秋。惊云辞沙朔，飘荡迷河洲。有如飞蓬人，去逐万里游。登高望浮云，仿佛如旧丘。日从海旁没，水向天边流。长啸倚孤剑，目极心悠悠。岁晏归去来，富贵安所求！仲尼七十说，历聘莫见收。鲁连逃千金，珪组岂可酬？时哉苟不会，草木为我俦。希君同携手，长往南山幽。”〔47〕此诗是李白去朝后写给好友崔宗之的。此处所说的不与时会，乃是自己的理想抱负与朝廷政治不合，因此李白说富贵不可妄求，还要看朝廷政治是否与自己所持之道相合，如不相合，宁可自求隐居，与草木为俦。

不仅思考离开朝廷的原因，此一时期李白亦曾思考过个人命运的成因，最终归之于个人与皇帝、命运及时世的不合，《与诸公送陈郎将归衡阳并序》云：“仲尼旅人，文王明夷。苟非其时，圣贤低眉。况仆之不肖者，而迁逐枯槁，固非其宜。”〔48〕认为自己被逐，是生非其时，如同孔子和文王虽是圣人，但遭乱世，也会不得其志。此之“时”，显然就是玄宗朝的政治。《酬张卿夜宿南陵见赠》云：“我昔辞林丘，云龙忽相见。客星动太微，朝去洛阳殿。”〔49〕显然说的是应诏入翰林又被放还的事，但是李白却又说：“与君各未遇，长策委蒿莱。宝刀隐玉匣，锈涩空莓苔。遂令世上愚，轻我土与灰。”〔50〕说自己“未遇”，这就话中有话，隐含着未遇明君之意。《赠从弟宣州长史昭》：“才将圣不偶，命与时俱背。独立山海间，空老圣明代。知音不易得，抚剑增感慨。”[51]这种不合，主要是大才与庸人庸政的不合，今天看来，乃是天才与凡庸的差距所造成。李白于去朝后在梁园写的《鸣皋歌送岑征君》一诗，借送岑勋归隐表现了朝廷贤愚不分、贤者被孤立的现状，极为形象地描写出朝中令李白不能容忍的政治生态：

若有人兮思鸣皋，阻积雪兮心烦劳。
洪河凌兢不可以径度，冰龙鳞兮难容舠。
邈仙山之峻极兮，闻天籁之嘈嘈。
霜崖缟皓以合沓兮，若长风扇海涌沧溟之波涛。
玄猿绿罴，舔舕岌危，咆柯振石，骇胆栗魄，群呼而相号。
峰峥嵘以路绝，挂星辰于岩嶅！
送君之归兮，动鸣皋之新作。
交鼓吹兮弹丝，觞清泠之池阁。
君不行兮何待？若返顾之黄鹤。
扫梁园之群英，振大雅于东洛。
巾征轩兮历阻折，寻幽居兮越巘崿。
盘白石兮坐素月，琴松风兮寂万壑。
望不见兮心氛氲，萝冥冥兮霰纷纷。
水横洞以下渌，波小声而上闻。
虎啸谷而生风，龙藏溪而吐云。
冥鹤清唳，饥鼯嚬呻。

块独处此幽默兮，愀空山而愁人。
鸡聚族以争食，凤孤飞而无邻。
蝘蜓嘲龙，鱼目混珍；
嫫母衣锦，西施负薪。
若使巢由桎梏于轩冕兮，亦奚异乎夔龙蹩躠于风尘！
哭何苦而救楚，笑何夸而却秦？
吾诚不能学二子沽名矫节以耀世兮，固将弃天地而遗身。
白鸥兮飞来，长与君兮相亲。〔52〕

在朝中聚集了众多的小人、庸才，而大贤却寥寥无几。其政治生态不仅如此而已，更有甚者，群小在位而得志，贤才失志而被孤立，真所谓“真伪混淆，妍媸失所”。所以如岑勋这样的贤人，只好远离朝廷而归隐。由此诗的下半部分，可知李白之所以使用了辞赋的手法描写岑勋归隐路途的艰险而难越，所去鸣皋的险峻岌危、骇胆栗魄、幽深愁人，就是为了反衬朝廷环境的更加险恶不堪。由此可知，在李白看来，自己遭弃，并非个人的原因，“徒希客星隐，弱植不足援”〔53〕，而是玄宗胸无大志，玄宗乃至这个时代都不知自己的真正才华，旷世不得知音，因此自己只能孑然特立于这个世界，孤独地老去。

读李白此一时期的诗，常常在似乎豪放并且不乏洒脱的感受之余，品味到一种孑然特立、飘泊无依、四顾茫然的孤独的悲哀。李白的诗有时看似乐观洒脱，实则在诗仙那潇洒的一笑中和飘曳的紫霞仙裳下掩藏着一颗孤独的心灵。在此一时期，李白集中写了一批独酌的诗，这些诗突出反映出李白孤独的心境。《月下独酌》其一：

花间一壶酒，独酌无相亲。
举杯邀明月，对影成三人。
月既不解饮，影徒随我身。
暂伴月将影，行乐须及春。
我歌月徘徊，我舞影零乱。
醒时同交欢，醉后各分散。
永结无情游，相期邈云汉。[54]

顾影弄舞，对月狂歌，这是李白才具有的潇洒旷放。但大千世界，无穷宇宙之中，诗人只有明月孤影作酒友舞伴，这样的潇洒旷放之中，不是有让人难堪的孤寂以及与世不相容的孤傲吗？更何况，诗人亦知道“夫月与影固身外物耳，月既不饮，影徒随身，皆与我暂相为伴”[55]，所谓的酒友舞伴亦不过是心中之幻影而已。如孙洙所评：“题本独酌，诗偏幻出三人，月影伴说，反复推勘，愈形其独。”[56]其所表现的孤独感更深。所以这些诗都表现了一种傲立宇宙之间无依无托、形只影单的孤独心境。在这种心境下，对影起舞、顾月劝饮的潇洒浪漫，更加反衬出诗人排遣孤独不去的百般无奈。《月下独酌》其三：

三月咸阳时，千花昼如锦。
谁能春独愁，对此径须饮。
穷通与修短，造化夙所禀。
一樽齐死生，万事固难审。
醉后失天地，兀然就孤枕。
不知有吾身，此乐最为甚。[57]

此诗所云，全是为了排遣“独愁”，诗人想到：人生命长短和出处穷通，皆赋自造化，又何必为此而耿介于心中？逢此春之三月，花开似锦之时，何妨对美景而饮美酒？的确，杯酒落肚，诗人既忘记了生死之虞，忘记了世间万事纷扰，也忘记了自身的存在，诗人因此而感到了最大的欢乐。然而这能说是真正的欢乐吗？“兀然就孤枕”，昏昏然而睡，又是孑然独眠，其所显示的是旷世孤独之意。由此可见，诗人所说的甚乐，即最大的快乐，是噙着痛苦眼泪的乐。若强为之说乐，那么这就是忘记孤独的欢乐，诗人愈是想获得这种欢乐，也就愈见获得解脱之前孤独的痛苦对诗人心灵折磨之深。

这样的诗例尚有许多。《独酌》：

春草如有意，罗生玉堂阴。
东风吹愁来，白发坐相侵。
独酌劝孤影，闲歌面芳林。
长松尔何知，萧瑟为谁吟？

手舞石上月，膝横花间琴。

过此一壶外，悠悠非我心。〔58〕

在人世间，所感与自己有情的是春草，青青地生长于石堂之阴；所感与自己相亲的是长松，声音萧瑟似乎为诗人而吟。没有良朋，没有知己，更没有同盟，没有伯乐，所以他只能独酌，对自己的影子举杯，伴月亮而舞，醉中忘却世间的一切，当然也包括孤独之感。《春日独酌》其一：

东风扇淑气，水木荣春晖。

白日照绿草，落花散且飞。

孤云还空山，众鸟各已归。

彼物皆有托，吾生独无依。

对此石上月，长歌醉芳菲。〔59〕

此诗显然受了陶渊明影响。陶渊明《咏贫士七首》其一：“万族各有托，孤云独无依。”〔60〕《读〈山海经〉十三首》其一：“众鸟欣有托，吾亦爱吾庐。”〔61〕在陶渊明诗里，万物皆有所托，自身亦有归宿。李白诗却不然：当春之际，绿草生，落花飞，万物皆得其时；云还山，鸟归巢，亦各有所归，唯有诗人茕然无所依藉，只好对月酌酒以自慰，诗而至此，孤独寂寥之感真可谓彻天彻地了。

李白离开朝廷后的孤独，自然有世态炎凉的原因，《东武吟》：

“一朝去金马，飘落成飞蓬。宾客日疏散，玉樽亦已空。”旧时的宾客离己而去，门前冷落车马稀。然而这不是真正的孤独之痛，痛切神髓的是诗人政治前途似飞蓬离根、落叶离本的无依无托的流浪感、失落感，而此失落与流浪感，则来自更深层的失望，即诗人曾经寄予很大希望的朝廷实则昏庸而不识才，此后希望何寄？这是真正让诗人感到希望无寄、前途渺茫的孤独与冷寂之痛。

可以说，孤独感伴随着李白一生，到其去世都不曾摆脱掉。李白作于临终前的《临路歌》云：

> 大鹏飞兮振八裔，中天摧兮力不济。
> 余风激兮万世，游扶桑兮挂左袂。
> 后人得之传此，仲尼亡兮谁为出涕？〔62〕

鲁恭公西狩获麟，孔子见了为之流涕，因感嘉瑞之无应。现在诗人如大鹏摧于中天，然时无孔子，遂无人为自己这样的奇才不遇于时而感喟了。李白青年时代曾作《大鹏遇希有鸟赋》以喻自己的大志奇才，其《上李邕》诗又有“大鹏一日同风起，抟摇直上九万里，假令风歇时下来，犹能簸却沧溟水”诗句，表现自己与众不同的“殊调”。然而，胸怀奇才大志的李白，一生未曾施展自己的才能抱负，孤寂不偶的悲哀直至暮年仍在无情地摧残着诗人。很显然，这位以背负青天、抟扶摇直上九万里的大鹏而自负的诗人，是带着终生的孤独与遗憾，离开他既憎恶然又执着地热爱着的世界的。

四　自我放逐的孤独

1

如果说政治上的遭弃感和无归依感的孤独心态，是诗人的理想、诗人的性格与环境的冲突所造成的话；那么，李白阳春白雪、和者盖寡、旷代无知音的寂寞与孤独感，则只能说来自诗人主体、诗人的性格本身。前者可称为被放逐者的孤独，后者则是诗人孤高傲世、目中无人、不愿与世同流的孤独，我们姑且称之为自我放逐的孤独。

> 我一直在寻求孤独的生活，
> 河流、田野和山林它们明白。
> 我试图逃离那些渺小、浑噩的灵魂，
> 他们已迷失了通往光明的天堂之路。[63]

这是叔本华著作中引用的彼特拉克的诗，用以说明天才总是孤独的。这种孤独既来自同时代凡夫俗子对天才的不理解，造成了他在世界上孤寂无奈的生存之苦，“因为他在这个世界中一无所有，得不到任何知音的同情”[64]，另一方面则是来自天才的自我弃世，“天才禀赋的人，总是孤僻厌世”，“天才们在这个世界上所走的，好似这样一个人走的道路. 他在夏日的清晨，迎着朝阳，独步行走在田野的小道上。他凝视天际的万道朝霞，沐浴着自然的美景和清新的空气，他全神贯注，整个身心都沉浸于其中，这乃是他唯一赖以娱悦自己的乐趣”，[65]“他就如同一个高贵的旅客，为了度过那漫漫长夜，迫于无奈不得不寄宿于一个残破粗陋的小客店，然而当清晨来临，他又将义无反顾、信心百倍地走他自己的路去了”[66]。叔本华对天才之人生命之旅的描述，正可用于李白。李白的孤独既可说是来自环境所迫，又可说是来自他个人自觉的选择——自我放逐。而自我放逐的孤独，尤其能显示出诗人性格的力量与光辉。

首先是自视甚高，不屑于与常人为伍。

李白具有十分强烈的自我意识。豪侠、浪漫的个性，加之天赋才华、良好的教育，使他常常有自命不凡的特异感和优越性，耻于与常人为伍。其《代寿山答孟少府移文书》：“尔其天为容，道为貌，不屈己，不干人。”《为宋中丞自荐表》：“怀经济之才，抗巢由之节，文可以变风俗，学可以究天人。”范传正《唐左拾遗翰林学士李公新墓碑并序》亦云：“常欲一鸣惊人，一飞冲天。”这种自命不凡的自我意识，使诗人从思想意识上把自己从芸芸众生中分离出来，游离于一般士人之外，卓然特立于社会之表。他睥睨万乘，蔑视王侯，如苏轼《李太白碑阴记》所说：“戏万乘如僚友，视俦列如草芥。”李白自己的诗里也常常表现出他对权贵的傲视态度，《忆旧游寄谯郡元参军》诗云：“黄金白璧买歌笑，一醉累月轻王侯。”《玉壶吟》：“揄扬九重万乘主，谑浪赤墀青琐贤。”《宣城九日闻崔四侍御与宇文太守游敬亭余时登响山不同此赏醉后寄崔侍御二首》

其一："手持一枝菊，调笑二千石。"至于那些靠斗鸡走马邀宠皇帝而获得荣华富贵的权贵们，更是李白耻于为伍的，《行路难》其二："羞逐长安社中儿，赤鸡白狗赌梨栗。"李白对于传统的读书人亦持轻视的态度，《赠何七判官昌浩》："羞作济南生，九十诵古文。"他瞧不上一般士人所走的科举取士的道路，更看不起一生老死于章句之学的儒生，《嘲鲁儒》：

鲁叟谈五经，白发死章句。
问以经济策，茫如坠烟雾。
足著远游履，首戴方头巾。
缓步从直道，未行先起尘。
秦家丞相府，不重褒衣人。
君非叔孙通，与我本殊伦。
时世且未达，归耕汶水滨。〔67〕

李白这种目空一切的自我意识，事实上已经从精神上使自身处于孤立于社会之外的境地，必将给其带来"一生傲岸苦不谐，恩疏媒劳志多乖"的境遇。李白的诗中形象地描写了自己的境遇，《答王十二寒夜独酌有怀》："鱼目亦笑我，谓与明月同。骅骝拳局不能食，蹇驴得志鸣春风。折杨皇华合流俗，晋君听琴枉清角。巴人谁肯和阳春？楚地由来贱奇璞。黄金散尽交不成，白首为儒身被轻。一谈一笑失颜色，苍蝇贝锦喧谤声。曾参岂是杀人者？谗言三及慈母惊。”[68]《鸣皋歌送岑征君》：“鸡聚族以争食，凤孤飞而无邻。蝘蜓嘲龙，鱼目混珍。嫫母衣锦，西施负薪。”[69]《鞠歌行》：“玉不自言如桃李，鱼目笑之卞和耻。楚国青蝇何太多，连城白璧遭谗毁。”[70]高自标持，不与人同流，所遭遇的就是被孤立甚至是诽谤。上面几首诗虽然不是正面描写个人的遭遇，多为比喻，但仍可以就此知道朝中庸才对待李白的态度和所采用的手段：首先是不识才，谓与常人没有什么两样；其次是贬损，谓其出身微贱，疏于礼法，使其陷于孤立的境地；最后就是诽谤和诋毁，“丑正同列，害能成谤”[71]，以达到中伤奇才的目的。李白因此而不得不离开朝廷。李白的离开既是被迫，也是自愿。所谓被迫，乃是小人的谗毁使昏聩的玄宗失去了对李白的信任，在此恶劣的政治环境中，李白已经不可能再有机会施展其政治抱负，不得不离去。所谓自愿，乃是因为李白看透了朝廷中的这些小人，再也不愿与之为伍。如魏颢《李翰林集序》所言：“禄位拘常人，横海鲲，负天鹏，岂池笼荣之！”[72]爵禄可以限制常人，却不能囚住李白这样的奇才。

李白自我放逐，还表现为走上疏离朝廷、游离政治的归隐之路。“道不行，乘桴浮于海”，“无道则隐”，孔子曾经如是说。穷则独善其身，这是自孔子以来士人于政治之外所选择的另一条道路，也是其退路。李白亦以归隐作为他人生的目标之一，当然那是在圆了他政治梦之后，像范蠡、鲁仲连、张良那样，实现了治国平天下的抱负，然后潇洒归山。“却秦振英声，后世仰末照。意轻千金赠，顾向平原笑”，鲁仲连就是诗人的榜样。然而功成身退的理想安排不过是诗人一厢情愿而已，在现实中却难以实现。赐金放还不是在功成之后，而是在“管晏之谈”未及申、“帝王之术”未及谋之前，这时诗人的归隐就不完全是出自本心，所以他有所不甘。但是既然诗人看透了玄宗朝充满小人，玄宗的政治已经昏庸腐败，他便毅然选择了离开朝廷、疏离政治的道路，“公以为千钧之弩，一发不中，则当摧橦折牙，而永息机用，安能效碌碌者苏而复上哉！脱屣轩冕，释羁缰锁，因肆情性，大放于宇宙间”[73]，远走高飞，归隐山林，去过一种孤独的、却又“沐浴着自然的美景和清新的空气”的生活。

李白长安失意后，远离世事，悠游于山水之间，“俄属戎马生郊，远身海上，往来于斗牛之分，优游没身。偶乘扁舟，一日千里；或遇胜境，终年不移。时长江远山，一泉一石，无往而不自得也”[74]。他的诗中亦常常表达出高飞远引的意志，《酬崔侍御》：“严陵不从万乘游，归卧空山钓碧流。自是客星辞帝坐，元非太白醉扬州。”[75]《赠参寥子》：“余亦去金马，藤萝同所欢。相思在何处？桂树青云端。”[76]《江西送友人之罗浮》：“君王纵疏散，云壑借巢夷。”[77]《答高山人兼呈权顾二侯》：“谬挥紫泥诏，献纳青云际。谗惑英主心，恩疏佞臣计。彷徨庭阙下，叹息光阴逝。未作仲宣诗，先流贾生涕。挂帆秋江上，不为云罗制。山海向东倾，百川无尽势。我于鸱夷子，相去千余岁。运阔英达稀，同风遥执袂。登舻望远水，忽见沧浪枻。”[78]其《答杜秀才五松山见赠》详细描写了离开长安后的隐居生活及其心态：

昔献长扬赋，天开云雨欢。
当时待诏承明里，皆道扬雄才可观。
敕赐飞龙二天马，黄金络头白玉鞍。
浮云蔽日去不返，总为秋风摧紫兰。
角巾东出商山道，采秀行歌咏芝草。
路逢园绮笑向人，两君解来一何好。
闻道金陵龙虎盘，还同谢朓望长安。
千峰夹水向秋浦，五松名山当夏寒。
铜井炎炉歊九天，赫如铸鼎荆山前。
陶公攫铄呵赤电，回禄睢盱扬紫烟。
此中岂是久留处？便欲烧丹从列仙。
爱听松风且高卧，飕飗吹尽炎氛过。
登崖独立望九州，阳春欲奏谁相和？
闻君往年游锦城，章仇尚书倒屐迎。
飞笺络绎奏明主，天书降问回恩荣。
肮脏不能就珪组，至今空扬高道名。
夫子工文绝世奇，五松新作天下推。
吾非谢尚邀彦伯，异代风流各一时。
一时相逢乐在今，袖拂白云开素琴，弹为三峡流泉音。
从兹一别武陵去，去后桃花春水深。〔79〕

从诗中可知，李白离开长安，经商州而出关，游金陵，然后到了安徽的五松山。然此为概说，实则是李白由商州到了洛阳，与杜甫、高适相偕游梁宋，其后到山东，再经淮南游会稽，寓居金陵，在此期间游秋浦与五松山。可见他的所谓隐居，实则就是开始了新的漫游生活。而此时他的心态就是远离尘世，过一种世外桃源的生活。

在此期间，李白亦曾有寻仙访道之举，白放还后，“遂就从祖陈留采访大使彦允，请北海高天师授道箓于齐州紫极宫”〔80〕。他的诗里或表达求仙之思，或写炼丹、学仙生活。《寄王屋山人孟大融》：“中年谒汉主，不惬还归家。朱颜谢春晖，白发见生涯。所期就金液，飞步登云车。”〔81〕《留别曹南群官之江南》诗云：“我昔钓白龙，放龙溪水傍。道成本欲去，挥手凌苍苍。时来不关人，谈笑游轩皇。献纳少成事，归休辞建章。十年罢西笑，览镜如秋霜。闭剑琉璃匣，炼丹紫翠房。身佩豁落图，腰垂虎盘囊。仙人驾彩凤，志在穷遐荒。”〔82〕《留别广陵诸公》：“中回圣明顾，挥翰凌云烟。骑虎不敢下，攀龙忽堕天。还家守清真，孤洁励秋蝉。炼丹费火石，采药穷山川。卧海不关人，租税辽东田。”〔83〕李白的游仙诗，多写于这个时期，说明李白并不满足于离开人群的隐居生活，还要进一步追求离开人世的仙人生活。归隐也好，学仙也罢，都是要远离朝廷，甚至远离人群，游离世外，去过一种孤独的然而也是精神自足、自在的生活。

2

出于李白主体精神的自我放逐，固然是诗人自觉的行为选择；然而这种选择所要付出的将是孤独的代价。《古风五十九首》其四十：

凤饥不啄粟，所食唯琅玕。
焉能与群鸡，蹙促争一餐！
朝鸣昆丘树，夕饮砥柱湍。
归飞海路远，独宿天霜寒。[84]

诗中的凤凰，出于它高贵的本性，羞于与群鸡同类，为此它不得不忍受“独宿”的孤寒。这孤独高傲的凤凰，就是李白心灵的化身。李白的许多诗中都表现了诗人自我放逐带来的茕茕孑立、不被人理解的感叹。《古风五十九首》其二十一：“郢客吟《白雪》，遗响飞青天。徒劳歌此曲，举世谁为传？试为《巴人》唱，和者乃数千。吞声何足道，叹息空凄然！”[85]《赠王判官时余归隐居庐山屏风叠》：“苦笑我夸诞，知音安在哉？”[86]《赠薛校书》：“我有吴趋曲，无人知此音。”[87]《南都行》：“谁识卧龙客？长吟愁鬓斑。”[88]《古风五十九首》其二十六：“秀色空绝世，馨香谁为传？”才大标高，竟然被人视为夸诞，曲高和寡，陷于孤立，这实际上就是自择弃世、自寻孤独。知音安在的感叹，反映了世无同类的孤独之感，当然也流露出阳春白雪的骄傲。

一方面是孤独之悲，一方面又从这孤独中品尝到自我优异的骄傲，这或许是李白从自我放逐中得到的两种心理体验。

如前所言，李白诗中常常活跃着一些历史上著名的政治家、纵横家、谋臣、策士，如吕望、管仲、苏秦、张仪、范蠡、鲁仲连、侯嬴、冯谖、郦食其、张良、韩信、诸葛亮、谢安等等。这些历史人物反复出现在李白诗中，一方面反映了李白的英雄意识，从心理学的角度看，也未尝不是孤独感的一种心理补偿。《冬夜于随州紫阳先生餐霞楼送烟子元演隐仙城山序》："出则以平交王侯，遁则以俯视巢许。"〔89〕《江夏送倩公归汉东序》："昔谢安四十，卧白云于东山。桓公累征，为苍生而一起。……大人君子，神冥契合，正可乃尔。"〔90〕《答王十二寒夜独酌有怀》："严陵高揖汉天子，何必长剑拄颐事玉阶！"虽与王侯交，却保持自己独立的人格，天马行空，独往独来。在李白心中他自己就是这样与众不同的英雄豪士。所以，诗人先是感受了孤独之痛，尔后又在自我放逐的孤高傲岸中体验到了他人无法体验到的卓然特立的愉悦。

总之，李白因强烈的自我意识而导致了阳春白雪、和者盖寡、不被人理解的孤独，反之，又以其特异感和骄傲感取得了他孤独意识的心理补偿；甚至连他政治上遭弃而引起的孤独感，也因这种特异与骄傲感而抵消，因而获得暂时的心理平衡。"君平既弃世，世亦弃君平"〔91〕，不仅仅是世弃君平而不任，也是君平弃世而不仕，这是来自个人与社会的双向弃置。李白遭世放逐的心理失落，因为自己不愿摧眉折腰、与世同流合污的自我放逐的孤傲而得到了慰藉。

五　孤独意识与崇高感

现在，再来返视李白的孤独意识对其诗歌的影响。

1

首先，李白的孤独意识赋予他的诗歌以崇高感。

以往的美学著作，往往把崇高感的产生，视为外在的物质世界的力量，诸如对象体积之巨大、力量之强大、灾难之可怕等作用于审美主体而产生的一种审美体验。其实崇高感的产生，既可以源于物质世界对审美主体的作用，亦可以来自人的精神力量对审美主体的作用。英国美学家李斯托威尔说：

> 崇高存在于精神上或物质上令人震撼的宏伟里面，它是确定的，而不是捉摸不定的。它既包括我们赋之以崇高感的外界事物的庄严宏伟，也包括灵魂的高尚伟大。没有灵魂的高尚伟大，最高贵的艺术作品和自然都必定会永远黯淡无光。〔92〕

叔本华论述天才时也说：

> 他们的创造性是如此的伟大绝伦，以至于这不仅表现在他们与常人的显著差别上，而且还表现在这样一种极具个性的非

> 凡力量上，那些历史上的天才都曾展示过他们的这种力量，他们中的每个人都各自具有鲜明的品格特征和心灵特征。这就使得，除了天才之外，整个人类没有任何人能够替代他创造这样伟大的巨作，来作为敬献世界的礼品。[93]

李斯托威尔和叔本华的论述都说明，灵魂高尚、人格力量，也会造成作品的崇高感。李白的孤独意识赋予其作品的崇高感，即来自诗人精神的力量。

同是孤独感，其心理机制却并不相同。有的是出于先驱者超前的意识，即世人常说的“伟大的孤独”；有的却由于性格的卑微、怯懦与颓唐；有的则因为性格的孤傲不群。李白的孤独大致近于第三种。他的孤独感，虽然也有思想意志不同于同时代人的心理寂寞，但还不能说是超前意识而造成的不被人理解的心理寂寞，如先行者鲁迅所咀嚼到的“吾行太远，孑然失其侣”的苦果；当然更不是弱小者缺乏自信的逃离、失败的颓唐、消极的自暴自弃。李白孤独意识的产生，在很大程度上是源于他那傲岸自负、尘视一切以及不为天地间一切所束缚的桀骜不驯的性格。这种性格造成了他精神和行为上与社会的脱节，酿成了孤独的醇酒。

就实质而言，李白的孤独意识是基于自我肯定心理机制的一种孤独意识。这种孤独意识，带给他的诗歌以卓然特立、矫然不群的性格力量，使我们感受到来自诗人孤傲的性格力量的崇高。“这种崇高感不是来自我们目睹的各种情境，而是来自我们想象到的力量”[94]。《将进酒》是李白诗中的名篇，一向以气势豪放名世。诗人以“长醉不复醒”的狂饮来排遣的“万古愁”，就是“古来圣贤皆寂寞”的孤独苦闷，也就是诗人政治上遭放逐、奇才大志不为人理解的孤独之悲。诗中类似“黄河之水天上来，奔流到海不复回”的巨大情感冲击力，从根本上说，是来自诗人“天生我材必有用”的自负与自信，以及敝屣富贵、尘视一切的性格力量。正是这种性格力量与蔑视人才、忽视人之个性的社会现实的激烈撞击，才产生了此诗河泻千里的情感冲击力。所以读此诗，我们会感受到一种开阔、宏大、强烈的审美体验。这种审美体验，就是诗人孤傲的性格力量带给读者的崇高体验。这样的崇高感，在《梁甫吟》《襄阳歌》《答王十二寒夜独酌有怀》等名篇中都会感受到。

不唯长篇诗作，李白的一些小诗，也同样具有孤独带给作品的崇高感。《独坐敬亭山》是李白天宝十二载漫游宣城时所作：

众鸟高飞尽，孤云独去闲。
相看两不厌，只有敬亭山。[95]

初读此诗，有一种“胸中无事”[96]的逸然之感。然深味之，众鸟飞尽，孤云飘逝，茫茫大地之中唯有敬亭山与诗人默默厮守，相互欣赏不已，此情境中自有一份孤独的情感在，自有卓然兀立的孤傲与矫然不群的性格力量在。如果说“众鸟高飞尽，孤云独去闲”反映了诗人被世抛弃的悲凉处境的话，那么“相看两不厌，只有敬亭山”“乃太白愤世之深，愿遗世独立，索知音于无情之物也”[97]，表现的是诗人精神上自我放逐的孤傲。在诗的深层意象中，有诗人与敬亭双峰并峙于天地之间的崇高境界，于飘逸中暗蕴着孤崛超拔的精神力量。而这可以说是李白诗独有的特点。

2

其次，李白的孤独意识，给他的诗歌带来深沉的悲感。

李白是一个具有豪侠性格的浪漫诗人。他因自己理想与现实的矛盾，往往要从孤芳自赏的自我陶醉中取得心理上的补偿，从纵酒狂歌、放浪山水、游仙服丹中追求精神上的解脱，这使李白的一些诗具有虽悲痛而不抑郁、虽感伤而又极雄放骏快的特点。应该说这也是李白诗歌所以会有豪放飘逸风格的原因之一。这种现象极容易造成错觉，以为李白诗只是充满了青春和欢乐。其实并非如此，李白作品常有极为深沉的悲感。

造成悲感的原因有许多，孤独意识即是原因之一。诗人怀才不遇、政治上遭放逐的悲愤，曲高和寡、不被人理解的悲哀，以及人生若孤旅的感伤，时时浸入其诗中，给其诗带来深沉的悲感。上举《月下独酌》《春日独酌》《东武吟》《将进酒》诸诗，无不具有这种悲感。

李白的代表作《蜀道难》所具有的崇高感，已成定论。谢榛评云：“虽用古题，体格变化，若疾雷破山，颠风簸海，非神于诗者不能道也。”[98]胡应麟云：“无首无尾，变幻错综，窈冥昏默，非其才力学之，立见颠踣。”[99]沈德潜云：“笔阵纵横，如虬飞蠖动，起雷霆于指顾之间，任华、卢仝辈仿之，适得其怪耳，太白所以为仙才也。”又言：“太白七古，想落天外，局自变生。大江无风，波浪自涌，白云从空，随风变灭，此殆天授，非人可及。”[100]此诗给人的美感不完全是奇幻，而且还有如雷霆般的震撼，即美学所说的崇高。而此崇高之感，不仅来自诗歌的表现手法，从根本上说是来自诗歌思想与情感的力量。此诗究竟缘何而作？诗之主旨是什么？古往今来，诸解纷纷，几如聚讼。诗如下：

噫吁嚱，危乎高哉！
蜀道之难，难于上青天！
蚕丛及鱼凫，开国何茫然。
尔来四万八千岁，不与秦塞通人烟。
西当太白有鸟道，可以横绝峨眉巅。
地崩山摧壮士死，然后天梯石栈相钩连。
上有六龙回日之高标，下有冲波逆折之回川。
黄鹤之飞尚不得过，猿猱欲度愁攀援。
青泥何盘盘，百步九折萦岩峦。
扪参历井仰胁息，以手抚膺坐长叹。
问君西游何时还？畏途巉岩不可攀。
但见悲鸟号古木，雄飞雌从绕林间。

又闻子规啼夜月，愁空山。
蜀道之难，难于上青天，使人听此凋朱颜！
连峰去天不盈尺，枯松倒挂倚绝壁。
飞湍暴流争喧豗，砯崖转石万壑雷。
其险也如此，嗟尔远道之人胡为乎来哉？
剑阁峥嵘而崔嵬，一夫当关，万夫莫开。
所守或匪亲，化为狼与豺。
朝避猛虎，夕避长蛇；
磨牙吮血，杀人如麻。
锦城虽云乐，不如早还家。
蜀道之难，难于上青天，侧身西望长咨嗟！[101]

笔者认为：此篇确是诗人有感于友人入蜀之作，未必真有什么政治本事。然而，李白自开元十二年前后出蜀，遍干诸侯，历抵卿相，追求其功名理想，其“南徒莫从，北游失路”，多受挫折，这一时期诗歌中时有知音难求、孤剑谁托之叹。开元十四年，李白在扬州写的《淮南卧病书怀寄蜀中赵征君蕤》一诗云：“吴会一浮云，飘如远行客。功业莫从就，岁光屡奔迫。良图俄弃捐，衰疾乃绵剧。古琴藏虚匣，长剑挂空壁。”表达了诗人功业无成、怀才不遇、岁月蹉跎的悲慨。因此，不能排除李白在创作《蜀道难》时有意无意注入诗中孤旅的艰险与悲伤。事实上，诗中之“长叹”云云，“但见”云云，“又闻”“使人听此”云云，都是对孤独旅人的有意识的提示。诗中不仅写出了蜀道的荒僻空寂、雄奇绝险，也刻画出了一个跋涉于荒凉险境中的独行者，并且有一种孤立无援的悲感，随“蜀道之难，难于上青天”的主旋律流贯于诗之字里行间。而这孤独的旅人，与其说是李白的友人，毋宁说是李白自己，他在创作幻境中体验到的孤独跋涉于蜀道之间的悲感，则是诗人在现实生活中执着功业，然又怀才不遇、屡受挫折的悲感的反映。

综上分析，李白虽为诗仙，却非一味地飘逸，他的内心深处，常有无法排遣的孤独意识。这种孤独意识，直接影响到他的诗歌，给他的诗带来崇高感和悲感。还应指出：李白诗风格豪放已成定论，然而，孤独意识给其作品带来的崇高感和悲感，使其相当一部分诗具有了豪中见孤崛、豪中见悲的风格特点，这是研究李白诗的风格时不能忽略的。

第七章　且须酣畅万古情

心灵的逃逸与解脱

在对待生命的问题上，无论中外，无论古今，最难也是最深刻的问题，乃是如何安顿心灵、解脱灵魂困顿的问题。“那剧烈地压抑着我的东西，到底是我的灵魂挣扎着要离去，还是那世界之灵魂要闯将进来，而敲击我的心？”〔1〕泰戈尔的诗句生动地描写出不得安宁的灵魂给诗人带来的不安。这是因为在人的一生中，其灵魂要受到诸多困扰。“人生而自由，却又无往不在枷锁之中。”〔2〕李白就是如此，他的一生中，困扰其灵魂的问题有很多，其中最为重要的乃是前面章节所论述的生命苦短问题、高远的功名理想与现实的矛盾问题、热爱自由的个性与现实制度及习俗的冲突问题。关心内在的灵魂，解除心灵的苦闷，使灵魂获得解脱，是李白追求生命自由的本质表现，也是考察李白生命意识的一个重要视点。

一 功业的社会制约与个人的超越

1

享受现世之功名富贵，固然实现了生命的快乐目的，如《庄子》中的无足所言："且夫声色滋味权势之于人，心不待学而乐之，体不待象而安之。夫欲恶避就，固不待师，此人之性也。"[3]通过功名富贵，实现生命之快乐，固然是出自人的本性。但是这样的感官享受真是快乐吗？庄子认为，非也。功名富贵从表面看，可以给人带来生命的快乐，但又是物累，也会给灵魂带来沉重的负担。而这种负担反过来又增加了人的痛苦：

> 今富人，耳营钟鼓管籥之声，口嗛于刍豢醪醴之味，以感其意，遗忘其业，可谓乱矣；侅溺于冯气，若负重行而上坂，可谓苦矣；贪财而取慰，贪权而取竭，静居则溺，体泽则冯，可谓疾矣；为欲富就利，故满若堵耳而不知避，且冯而不舍，可谓辱矣；财积而无用，服膺而不舍，满心戚醮，求益而不止，可谓忧矣；内则疑劫请之贼，外则畏寇盗之害，内周楼疏，外不敢独行，可谓畏矣。此六者，天下之至害也，皆遗忘而不知察，及其患至，求尽性竭财，单以反一日之无故而不可得也。故观之名则不见，求之利则不得，缭意绝体而争此，不亦惑乎！[4]

所以现世的享乐给人带来的实在是快乐和痛苦之两面。尤为重要的是，现世的功名富贵，并不决定于自己，要受外界条件的限制。

追求现世的享乐，乃是一种实现生命目的和生命价值的社会性行为。换句话说，建功立业也好，享受荣华富贵也好，这些追求个人生命价值的努力，是必得通过社会，即一定的政治、一定的人与人的关系而实现的。离开了社会，功名富贵也就无从谈起。这是因为，人从本质上是具有社会属性的，人也自然是社会的人。因此，德国古典哲学家费希特把“理性生物的关系叫做社会”〔5〕。谋求功业，既是满足个人生命目的的行为，也是为社会而实现生命意义的行为，所以他只能投身社会、依托社会、当然也是受制于社会而发展其自身的理想，在此方面他别无选择。

然而我们知道，尽管李白所处的开元、天宝时期是唐代社会的繁盛期，也是所谓人尽其才、物尽其用的士人实现个人生命价值比较理想的时期，但是，封建社会权力集中于帝王的固有政治特点决定了个人生命价值的实现必须悬之于帝王，悬之于帝王的开明与昏庸，悬之于帝王的好恶与取舍。因此，所谓的人尽其才也就有了极大的限度，有了极大的可缩性。李白通过功业实现生命价值的谋划，必然不会一厢情愿的顺畅。

玄宗前期励精图治，整饬吏治，选贤任能。开元三年（715）八月十七日敕：“官不滥升，才不虚授，惟名与器，不可以假人。”〔6〕至于选拔重用有才识之人，朝中不乏名士，名相就有历史上著名的“姚、宋”和“二张”。姚崇素有“救时宰相”之称。开元元年（713）十月，召回京师，任命为兵部尚书、同平章事，进拜中书令，封梁国公。《旧唐书·姚崇传》："是时，上初即位，务修德政，军国庶务，多访于崇，同时宰相卢怀慎、源乾曜等，但唯诺而已。崇独当重任，明于吏道，断割不滞。"[7]玄宗初即位时，"承权戚干政之后，纲纪大坏，先天末，宰相至十七人，台省要职不可数"。姚崇实行新政，革故鼎新，"常先有司罢冗职，修制度，择百官各当其材，请无广释道，无数移吏，由是天子责成于下，而权归于上矣"[8]，是被杜牧称赞为"首佐玄宗起中兴业"的宰相。玄宗朝的另一位宰相宋璟史称贤相，开元初召拜刑部尚书，四年，迁吏部尚书，不久代姚崇为相。宋璟居相位，务清政刑，择人以能，随材授任，使百官各称其职。刑赏无私，敢犯颜直谏，玄宗云："所进之言，书之座右，出入观省，以诫终身。"[9]甚受玄宗钦重。宋璟与姚崇并称贤相，号"姚、宋"。《新唐书·姚崇宋璟传赞》曰："姚崇以十事要说天子而后辅政，顾不伟哉，而旧史不传。观开元初皆已施行，信不诬已。宋璟刚正又过于崇，玄宗素所尊惮，常屈意听纳。故唐史臣称崇善应变以成天下之务，璟善守文以持天下之正。二人道不同，同归于治，此天所以佐唐使中兴也。"[10]司马光评价说："姚、宋相继为相，崇善应变成务，璟善守法持正。二人志操不同，然协心辅佐，使赋役宽平，刑罚清省，百姓富庶。唐代贤相，前称房、杜，后称姚、宋，他人莫得比焉。"[11]玄宗朝之名相还有张说，前后三次为相，进用文儒名士，有助玄宗以成文治之功。欧阳修评述云："说于玄宗最有德，及太平用事，纳忠惓惓，又图封禅，发明典章，开元文物彬彬，说力居多。”〔12〕又云：“说敦气节，立然许，喜推藉后进，于君臣朋友大义甚笃。帝在东宫，所与秘谋密计甚众，后卒为宗臣。朝廷大述作多出其手，帝好文辞，有所为必使视草。善用人之长，多引天下知名士，以佐佑王化，粉泽典章，成一王法。天子尊尚经术，开馆置学士，修太宗之政，皆说倡之。”〔13〕张九龄继张说为相，不避利害，敢于谏诤，当然如《新唐书》所言：“人之立事，无不锐始而工于初，至其半则稍怠，卒而漫澶不振也。观玄宗开元时，厉精求治，元老魁旧，动所尊惮，故姚元崇、宋璟言听计行，力不难而功已成。及太平久，左右大臣皆帝自识擢，狎而易之，志满意骄，而张九龄争愈切，言益不听。夫志满则忽其所谋，意骄则乐软熟、憎鲠切，较力虽多，课所效不及姚、宋远矣。”〔14〕其效果虽不如前相，但张九龄贤明正直的为相品质，还是受到历代称赞。司马光对玄宗开元时期所任用的宰相评论说：“姚崇尚通，宋璟尚法，张嘉贞尚吏，张说尚文，李元纮、杜暹尚俭，韩休、张九龄尚直，各其所长也。”〔15〕柳芳：“玄宗以雄武之才，再开唐统，贤臣左右，威至在已。姚崇、宋璟、苏颋等，皆以骨鲠大臣，镇以清静，朝有著定，下无觊觎。四夷来寇，驱之而已；百姓富饶，税之而已。继以张嘉贞、张说，守而勿失。”〔16〕这样的皇帝与宰辅，确实给有济世经国之才的士人实现功业之理想提供了可能，故李白《古风五十九首》其一云：“圣代复元古，垂衣贵清真。群才属休明，乘运共跃鳞。文质相炳焕，众星罗秋旻。”〔17〕李白此诗对“圣代”即当朝的颂赞，不是阿谀，不是无良知的颂圣，证之以上面所说的史实，李白所说的“群才属休明，乘运共跃鳞”，是有其现实根据的。逢盛世清明，群才乘运而兴，所以作为出身微贱的布衣李白，二十四五岁时就“仗剑去国，辞亲远游”，要去“申管晏之谈，谋帝王之术，奋其智能，愿为辅弼，使寰区大定，海县清一”，谋求“事君之道”了。

然而，到了玄宗后期，朝廷大权拱手让给奸相李林甫和杨国忠，朝廷政治渐趋腐败。《旧唐书》记李林甫：“自无学术，仅能秉笔，有才名于时者尤忌之。”[18]司马光评李林甫：“李林甫为相，凡才望功业出己右及为上所厚、势位将逼己者，必百计去之；尤忌文学之士，或阳与之善，啖以甘言而阴陷之。世谓李林甫‘口有蜜，腹有剑’。”[19]《旧唐书》记杨国忠：“国忠无学术拘检，能饮酒，蒱博无行，为宗党所鄙。”[20]“国忠本性疏躁，强力有口辩，既以便佞得宰相，剖决机务，居之不疑。立朝之际，或攘袂扼腕，自公卿已下，皆颐指气使，无不詟惮。”[21]不学无行，气焰嚣张，还只是个人素质品行问题，而其一旦掌管士人的铨选，遭殃者必在士人，“国忠既以宰臣典选，奏请铨日便定留放，不用长名。先天已前，诸司官知政事，午后归本司决事，兵部尚书、侍郎亦分铨注拟。开元已后，宰臣数少，始崇其任，不归本司。故事，吏部三铨，三注三唱，自春及夏，才终其事。国忠使胥吏于私第暗定官员，集百僚于尚书省对注唱，一日令毕，以夸神速，资格差谬，无复伦序。明年注拟，又于私第大集选人，令诸女弟垂帘观之，笑语之声，朗闻于外”[22]。史臣评价李、杨二人：

> 李林甫以谄佞进身，位极台辅，不惧盈满，蔽主聪明，生既唯务陷人，死亦为人所陷，得非彼苍假手，以示祸淫者乎！杨国忠禀性奸回，才薄行秽，领四十余使，恣弄威权，天子莫见其非，群臣由之杜口，致禄山叛逆，銮辂播迁，枭首覆宗，莫救艰步。以玄宗之睿哲，而惑于二人者，盖巧言令色，先意承旨，财利诱之，迷而不悟也。开元任姚崇、宋璟而治，幸林甫、国忠而乱，与夫齐桓任管仲、隰朋，幸竖刁、易牙，亦何异哉！〔23〕

而李白谋求功名的时期，正是李、杨当政之时。当其时，李白虽有玄宗的征召，于天宝初供奉翰林，但此时的李白不过是玄宗御前的“花瓶”而已。即使是这种倡优畜之的供奉翰林也仍然不能见容于当权者，还要谗言相加，以至最终被排挤出朝廷。

所以，追求生命价值的社会性行为，因社会的黑暗而遭到了毫不留情的阻遏，社会放逐了李白。此时，李白也从社会的放逐中认识到了社会的虚伪和黑暗，因此他不再坚守儒家治国平天下以实现个人生命价值的生命观，从儒家的生命观中逃离出来，投入庄子的怀抱。当然，这种逃离与投入，并非始于长安受挫之后。李白一生，思想极为自由与灵活，既不是儒家思想的信徒，也不是道家思想的仆人，即使在其追求功名最为投入的前期，他也会时时从孔子的面前转过身来，对庄子露出微笑。

2

李白疏离社会，暂时放弃建功立业的理想，转而求助庄子，就是由实现生命目的和价值的社会性行为转向个人性行为，追求精神的自由放旷，以此来达到一种快乐的生命状态。

人有其社会性和自我性，即詹姆士所说的社会自我和精神自我，社会性自我活在与其他对象共存的关系中，而精神性自我则活在个人的内心和主观的存在中。追求生命目的与价值的行为，也分为社会性行为和个人性行为。所谓追求生命目的和价值的个人性行为，就是不再把生命目的与价值的实现系之于社会、系之于朝廷、系之于政治，而是回到自我，把心灵的自得、精神的放旷、灵魂的解脱，作为生命的目的与生命的意义。

实现生命目的和价值的个人性行为，首先就是写诗为文以求身后之名。身后名自然属于精神层面的追求，肉体之身可以消灭，身后的声名却能够代替肉体之身，传之百年千年，使人获得精神的满足。当然是现时当世的满足，因为诗文是否传世，决定于后世，而非当世，所以所谓“不朽”云云，皆是一种对于未来的推测，带来的是想象的快乐。因此可以这样说：身后名是通过想象来解决生命短暂苦闷、安顿心灵的一种十分重要的形式。如果说现世乐是生命目的的物质实现形式，身后名则是延长人的生命形态、张扬人之生命意义的精神形式。而且这种形式无须依赖于社会，所谓“不假良史之辞，不托飞驰之势，而声名自传于后”，所以说“盖文章，经国之大业，不朽之盛事。年寿有时而尽，荣乐止乎其身，二者必至之常期，未若文章之无穷。是以古之作者，寄身于翰墨，见意于篇籍”。借文章而不朽，来自《左传》“三不朽”的观念，是儒家的生命观。立言于身后与立德、立功于身前，同样都是儒家实现生命价值的重要形式。

在唐代诗人那里，身后名常常与身前的功业和身前酒对照来写，如高适《哭单父梁九少府》：

> 妻子在远道，弟兄无一人。
> 十上多苦辛，一官常自哂。
> 青云将可致，白日忽先尽。
> 唯有身后名，空留无远近。[24]

功名或可成就，但生命无常，唯有身后名可以传之久远。此是把身后名与功业对照。高适《留别郑三、韦九兼洛下诸公》：

> 忆昨相逢论久要，顾君哂我轻常调。
> 羁旅虽同白社游，诗书已作青云料。
> 蹇质蹉跎竟不成，年过四十尚躬耕。
> 长歌达者杯中物，大笑前人身后名。
> 幸逢明盛多招隐，高山大泽征求尽。
> 此时亦得辞渔樵，青袍裹身荷圣朝。[25]

当诗人蹉跎岁月、功名无成之时，饮酒以作旷达，哂笑身后名之无用。此是把身后名与即时一杯酒对立。权德舆《广陵诗》：

曲士守文墨，达人随性情。
茫茫竟同尽，冉冉将何营。
且申今日欢，莫务身后名。
肯学诸儒辈，书窗误一生。[26]

与高适的诗同义，也是把即时之欢作为达人之举，以及时行乐否定身后之名。此种情况，到白居易那里有了改变。一方面，他还是把二者对立起来，《郊陶潜体诗十六首》其十三：

楚王疑忠臣，江南放屈平。
晋朝轻高士，林下弃刘伶。
一人常独醉，一人常独醒。
醒者多苦志，醉者多欢情。
欢情信独善，苦志竟何成？
兀傲瓮间卧，憔悴泽畔行。
彼忧而此乐，道理甚分明。
愿君且饮酒，勿思身后名。[27]

众人皆醉我独醒，带来的是屈原精神上的痛苦，而刘伶“唯酒是务，焉知其余”，“奉罂承槽，衔杯漱醪；奋髯箕踞，枕曲藉糟”，“兀尔而醉，豁尔而醒。静听不闻雷霆之声，熟视不见太山之形。不觉寒暑之切肌，利欲之感情”〔28〕，得到的则是“无思无虑，其乐陶陶”的欢情。由此诗人得出一个道理：“愿君且饮酒，勿思身后名。”但在另外的诗里，白居易却把二者和谐在一起了，《初授秘监拜赐金紫闲吟小酌偶写所怀》：

紫袍新秘监，白首旧书生。
鬓雪人间寿，腰金世上荣。
子孙无可念，产业不能营。
酒引眼前兴，诗留身后名。
闲倾三数酌，醉咏十余声。
便是羲皇代，先从心太平。〔29〕

酒兴不可少，身后名不可缺，二者皆是生命中所需的。感官的愉悦与精神的快乐终于统一在一起，不再对立与分开了。

不过身后名这种实现生命价值的形式，准确地说应该是心灵的寄托，而非解脱。寄托源自于人的精神需求，它确实可以疏解人的情绪，缓解生命苦短给人带来的内心不安，就这一点而言，寄托与解脱一样具有安顿心灵的作用。但寄托是情感转移的精神药剂，带来的只是想象的快乐。身后名既然是未来的事情，而且是身死之后的事情，那么它给诗人带来的快乐并非实在的快乐，而是预设的快乐，可以比喻为虚拟的快乐。

如果说寄托在于情感的转移而带来的灵魂有所托付，解脱则是直接解除烦恼、摆脱束缚，从而获得身心的自由。李白对束缚生命、困扰心灵的重要的——今天看来也更能体现李白个性的——解脱方式，就是追求超越现实束缚的精神自由，以取得精神上的大快乐。反映了这种解脱和超越意识的主要有游仙诗、山水诗和饮酒诗。尤其是李白离开长安后，写了大量的饮酒诗，游仙诗和山水诗也骤然增多，就是李白追求生命价值的社会性行为遭到挫折后，转而追求生命目的的个人性行为的结果。下面即分析其游仙诗和饮酒诗，山水诗则留在第八章讨论。

二　游仙诗之飘逸

1

如《安陆白兆山桃花岩寄刘侍御绾》所云，李白“云卧三十年，好闲复爱仙”，一生写了大量游仙诗。李白的游仙，其心理基础依旧是建立在生命苦短的体验之上的，并且成为解脱这种痛苦体验的一种行为方式。《落日忆山中》诗云：

雨后烟景绿，晴天散余霞。
东风随春归，发我枝上花。

花落时欲暮，见此令人嗟。

愿游名山去，学道飞丹砂。[30]

见花落春残，感受到了迁逝的触目惊心，于是乃有游浪山川、学道炼丹之想。“东风随春归”四句诗写得不露声色，但颇为惊心动魄。春天归来了，春风吹开了“我”身边的花，也让“我”感受到了青春的魅力。诗中加一“我”字，当有深意。但转瞬所见就是花落，而且又是在日暮时所见，由此，诗人不仅感受到了花期之短，亦深刻领会到人之将暮的悲凉，于是而生名山访道以求不死的愿望。下面的诗亦可看出诗人求仙缘自生命苦短的苦闷，《古风五十九首》其十云：

黄河走东溟，白日落西海。

逝川与流光，飘忽不相待。

春容舍我去，秋发已衰改。

人生非寒松，年貌岂长在？

吾当乘云螭，吸景驻光彩。

《杂诗》云：

白日与明月，昼夜尚不闲。

况尔悠悠人，安得久世间？

传闻海水上，乃有蓬莱山。
玉树生绿叶，灵仙每登攀。
一食驻玄发，再食留红颜。
吾欲从此去，去之无时还。〔31〕

有的则是李白功名理想受挫之后所产生的遗落风尘之思，如《赠饶阳张司户燧》所言："功业嗟落日，容华弃徂川。一语已道意，三山期著鞭。蹉跎人间世，寥落壶中天。独见游物祖，探元穷化先。何当共携手，相与排冥筌。"〔32〕功业落魄无成，相期与人离尘绝俗，同游于仙山。《古风五十九首》其四：

凤飞九千仞，五章备彩珍。
衔书且虚归，空入周与秦。
横绝历四海，所居未得邻。
吾营紫河车，千载落风尘。
药物秘海岳，采铅青溪滨。
时登大楼山，举首望仙真。
羽驾灭去影，飙车绝回轮。
尚恐丹液迟，志愿不及申。
徒霜镜中发。羞彼鹤上人。
桃李何处开？此花非我春。
唯应清都境，长与韩众亲。〔33〕

《古风五十九首》这组诗多是寄寓之作，故抽象掉实境，此诗又是游仙诗，凤之所喻，解释颇多。徐祯卿以为凤凰指至人："此以凤喻至人也。言凤飞则凌千仞，身则备五色，虽来仪于周秦之郊，而不可羁挂。以比至人能全身远害也。"[34]但朱谏以为是李白自喻："此白托物以自比也。言凤飞于千仞之上，身备五彩之章，口衔丹书，欲呈祥于王者。入周秦之郊，无有所遇而空归矣。归又无所栖息，乃横绝于四海，翻飞遨游，而又孑然无与为邻者。是犹我之抱艺浪迹四方，而不得一有所遇也。较之于凤，夫何所异乎！"[35]朱说是有依据的，此诗应是李白长安未遇之后所作。李白自谓有济世之才，到长安求取功名，却并未得到知遇，空手而归，因此而以为自己并非这个世界之人，与其追求功名、蹉跎了岁月，不如登名山，寻仙踪，以求羽化飞升。这样的诗还有更为隐晦的《来日大难》。

当然李白的游仙，并非如此简单，李白一生对于神仙之术都是采取一种既信且疑的态度。李白在蜀中时写有《登峨眉山》诗：

蜀国多仙山，峨眉邈难匹。
周流试登览，绝怪安可悉？
青冥倚天开，彩错疑画出。
泠然紫霞赏，果得锦囊术。
云间吟琼箫，石上弄宝瑟。
平生有微尚，欢笑自此毕。
烟容如在颜，尘累忽相失。

倘逢骑羊子，携手凌白日。[36]

此诗作于开元八年（720）李白游成都后。锦囊术，即成仙之术。《李诗直解》："此咏峨眉之景而有游仙之思也。"[37]朱谏《李白诗选》解云："言我登乎峨眉之山，果得锦囊之术，则吹箫于云中，鼓瑟于石上，平生之志自喜于此而得遂矣。烟谷在吾面前，尘事绝无相关。或遇骑羊之仙人，则当与之携手同飞升也。"[38]两则理解都得此诗之要义。对一般文人来说，登幽山，览胜境，由此而联想到仙人，也是常有之事，听之者未必当真。但李白却不能作此理解。因为游仙访道，是李白自青年就有的一种好尚，"十五游神仙，仙游未曾歇"[39]，"观奇迹无倪，好道心不歇"[40]，他所交结的友人中，司马承祯、吴筠、元丹丘都是当时著名的道士。天宝三载长安放还后，李白请北海高天师授道箓于齐州紫极宫，正式加入道籍。又曾访道安陆，由道士盖寰授其符箓，有《访道安陆遇盖寰为予造真箓临别留赠》诗："为我草真箓，天人惭妙工。七元洞豁落，八角辉星虹。三灾荡璇玑，蛟龙翼微躬。举手谢天地，虚无齐始终。黄金满高堂，答荷难克充。下笑世上士，沉魂北罗酆。"[41]所以"携手凌白云"的游仙之想，并不是随便说说而已。李白的许多游仙诗看似虚无缥缈，实则都有诗人寻仙访道、采药炼丹的生活影子在。《感兴》其五：

十五游神仙，仙游未曾歇。

吹笙吟松风，泛瑟窥海月。
西山玉童子，使我炼金骨。
欲逐黄鹤飞，相呼向蓬阙。[42]

他相信学道游仙可以使人留住青春，长生不死。这样的诗还有《古诗五十九首》其五：

太白何苍苍，星辰上森列。
去天三百里，邈尔与世绝。
中有绿发翁，披云卧松雪。
不笑亦不语，冥栖在岩穴。
我来逢真人，长跪问宝诀。
粲然忽自哂，授以炼药说。
铭骨传其语，竦身已电灭。
仰望不可及，苍然五情热。
吾将营丹砂，永与世人别。[43]

李白写于开元二十三年间的《冬夜于随州紫阳先生餐霞楼送烟子元演隐仙城山序》说："胡公身揭日月，心飞蓬莱，起餐霞之孤楼，炼吸景之精气。延我数子，高谈混元，金书玉诀，尽在此矣。"[44]说明他曾向胡紫阳学过炼丹之术。高天师授道箓于齐州紫极宫前后，他还亲自炼丹，并写下《草创大还赠柳官迪》诗，记下了他炼丹的独特经历和渴望弃俗求仙的感受：

天地为橐籥，周流行太易。
造化合元符，交构腾精魄。
自然成妙用，孰知其指的？
罗络四季间，绵微一无隙。
日月更出没，双光岂云只。
姹女乘河车，黄金充辕轭。
执枢相管辖，摧伏伤羽翮。
朱鸟张炎威，白虎守本宅。
相煎成苦老，消铄凝津液。
仿佛明窗尘，死灰同至寂。
铸冶入赤色，十二周律历。
赫然称大还，与道本无隔。
白日可抚弄，清都在咫尺。
北酆落死名，南斗上生籍。
抑予是何者？身在方士格。
才术信纵横，世途自轻掷。
吾求仙弃俗，君晓损胜益。
不向金阙游，思为玉皇客。
鸾车速风电，龙骑无鞭策。
一举上九天，相携同所适。[45]

这是一首十分难懂的诗，难就难在它所描写的炼丹过程。此处引了这首长诗，意在说明，李白此处所说的炼丹，并非想象，而是亲自实践了的。诗中所说的“姹女”是炼外丹所用的药物汞，“河车”是指炼外丹的原料铅。在诗里，李白把炼丹时如何以汞合铅，如何掌握火候，使其老嫩适中，说得头头是道，可见他是亲自操作了的。①而且李白自豪地称自己是方术之士：“抑予是何者？身在方士格。”有了这方术，就可以纵横驰骋，轻弃世俗生活，一举飞天。这说明李白游仙学道是认真的。

但李白游仙的动机，从其诗看有很大矛盾。一方面，相信神仙的存在，所以他真心讨教方外之术；另一方面，李白对神仙之道又不是全然信服、没有任何怀疑。有的诗又对神仙的存在及其方术提出怀疑和否定。《拟古》其三云：“仙人殊恍惚，未若醉中真。”《古风五十九首》其二十：“在世复几时？倏如飘风度。空闻紫金经，白首愁相误。”《秋猎孟诸夜归置酒单父东楼观妓》云：“冀餐圆丘草，欲以还颓年。此事不可得，微生若浮烟。”[46]《郢门秋怀》：“百龄何荡漾，万化相推迁。空谒苍梧帝，徒寻溟海仙。”[47]明确表示，服药炼丹，不能使人免于老死。仙人之事，殊为恍惚，相信这些，只能被其所误。这种矛盾说明，李白一生都摇摆于仙人有无之间。

① 据罗宗强先生考证，李白此诗所写的炼丹，当是炼内丹。详见《中国李白研究》1991年集。

2

李白之写游仙诗，其真正的意义在于超越现实世界，获得心灵的自由。“我们也必须承认比较复杂的，用以体验宗教的方法，都是产生快乐的新方式；在自然的生活的第一次赠赐是不快的（第一次的自然生活的经验实际很常是如此）之时，这些方法是奇妙的，内心的，引人达到一种超自然的快乐之途径。”[48]无论相信神仙也好，不相信神仙也好，从游仙诗里都可以看到李白面对生命苦短的人生所产生的迷惘，看到他试图超越有限生命的努力，以及他获得心灵解脱的飘逸。

李白写于天宝元年（742）的《游太山六首》是典型的游仙诗：其一：

四月上太山，石平御道开。
六龙过万壑，涧谷随萦回。
马迹绕碧峰，于今满青苔。
飞流洒绝巘，水急松声哀。
北眺崿嶂奇，倾崖向东摧。
洞门闭石扇，地底兴云雷。
登高望蓬瀛，想象金银台。
天门一长啸，万里清风来。
玉女四五人，飘飖下九垓。

含笑引素手，遗我流霞杯。
稽首再拜之，自愧非仙才。
旷然小宇宙，弃世何悠哉。[49]

其二：

清晓骑白鹿，直上天门山。
山际逢羽人，方瞳好容颜。
扪萝欲就语，却掩青云关。
遗我鸟迹书，飘然落岩间。
其字乃上古，读之了不闲。
感此三叹息，从师方未还。[50]

其三：

平明登日观，举手开云关。
精神四飞扬，如出天地间。
黄河从西来，窈窕入远山。
凭崖览八极，目尽长空闲。
偶然值青童，绿发双云鬟。
笑我晚学仙，蹉跎凋朱颜。
踌躇忽不见，浩荡难追攀。[51]

其四：

清斋三千日，裂素写道经。
吟诵有所得，众神卫我形。
云行信长风，飒若羽翼生。
攀崖上日观，伏槛窥东溟。
海色动远山，天鸡已先鸣。
银台出倒景，白浪翻长鲸。
安得不死药，高飞向蓬瀛。[52]

其五：

日观东北倾，两崖夹双石。
海水落眼前，天光遥空碧。
千峰争攒聚，万壑绝凌历。
缅彼鹤上仙，去无云中迹。
长松入霄汉，远望不盈尺。
山花异人间，五月雪中白。
终当遇安期，于此炼玉液。[53]

其六：

朝饮王母池，暝投天门阙。
独抱绿绮琴，夜行青山月。
山明月露白，夜静松风歇。
仙人游碧峰，处处笙歌发。
寂听娱清辉，玉真连翠微。
想象鸾凤舞，飘摇龙虎衣。
扪天摘匏瓜，恍惚不忆归。
举手弄清浅，误攀织女机。
明晨坐相失，但见五云飞。[54]

“五岳寻仙不辞远，一生好入名山游”，李白的游仙诗多写于登临名山之时。登山本身就是心灵逃逸尘世之累的行动，而登泰山、庐山、华山等名山，更容易生成超凡脱世的境界。如《庐山谣寄卢侍御虚舟》：

我本楚狂人，凤歌笑孔丘。
手持绿玉杖，朝别黄鹤楼。
五岳寻仙不辞远，一生好入名山游。
庐山秀出南斗傍，屏风九叠云锦张，影落明湖青黛光。
金阙前开二峰长，银河倒挂三石梁。
香炉瀑布遥相望，回崖沓嶂崚苍苍。
翠影红霞映朝日，鸟飞不到吴天长。

登高壮观天地间，大江茫茫去不还。
黄云万里动风色，白波九道流雪山。
好为庐山谣，兴因庐山发。
闲窥石镜清我心，谢公行处苍苔没。
早服还丹无世情，琴心三叠道初成。
遥见仙人彩云里，手把芙蓉朝玉京。
先期汗漫九垓上，愿接卢敖游太清。[55]

李白登庐山，庐山的壮丽景象，激发了他的寻仙之兴，与其登泰山而发游仙之思一样，都是很自然的。“登高望蓬瀛，想象金银台”，“想象鸾凤舞，飘摇龙虎衣”，诗里说得很清楚，仙境与遇仙多为想象之辞。然想象所构造的仙境，天光空碧，清风万里；千岩竞秀，万壑萦回；奇花异草，处处笙歌；八极虽远，可以手揽；长空闲旷，可以目穷。想象所描写的仙人，着龙虎之衣，或黄发方瞳，或绿发云鬟，飘然云中，来去无迹。临此仙境，与此仙人游，诗人精神上得到的是超然于尘世之上的审美享受。

从诗中看，诗人从所描写的仙境中获得的心境，首先是没有情欲搅扰，心灵得到净化，心态平静，寂然淡然。《庐山谣寄卢侍御虚舟》亦云“闲窥石镜清我心”。但这种寂静不是消极的绝对静止，如同死亡的情景。思想没有人间约制的枷锁，生命获得了最大的解放，“精神四飞扬，如出天地间”，精神处于积极的发散的状态之中，俨然人在天地之上，“攀崖上日观，伏槛窥东溟”，“凭崖览八极，目尽长空闲”，一切均纳入自由的审美观照。此时诗人的心境旷然无限，“旷然小宇宙，弃世何悠哉”，视天地为稊米、宇宙为小舟，而尘世又何足道哉！已然是超然自得、心旷神怡了。

胡震亨说：“今考《古风五十九首》为篇六十，言仙者十有二。”〔56〕除上所言其四、其五和第十首外，尚有第七、第二十和第四十一首，这几首诗直接写安期生、赤松子等仙人，如其七：

客有鹤上仙，飞飞凌太清。
扬言碧云里，自道安期名。
两两白玉童，双吹紫鸾笙。
去影忽不见，回风送天声。
举首远望之，飘然若流星。
愿餐金光草，寿与天齐倾。〔57〕

此诗一作：

五鹤西北来，飞飞凌太清。
仙人绿云上，自道安期名。
两两白玉童，双吹紫鸾笙。
飘然下倒影，倏忽无留行。
遗我金光草，服之四体轻。
将随赤松去，对博坐蓬瀛。

上诗集中写安期生，一作既写安期生，又突然说与赤松对博于蓬瀛，不如前首诗境集中。李白另有《寄王屋山人孟大融》诗曰："我昔东海上，劳山餐紫霞。亲见安期公，食枣大如瓜。中年谒汉主，不惬还归家。朱颜谢春晖，白发见生涯。所期就金液，飞步登云车。愿随夫子天坛上，闲与仙人扫落花。"〔58〕也是写见安期生事，所谓与安期生相遇，自是其想象之辞。《史记·封禅书》：李少君对汉武帝说，"臣尝游海上，见安期生。安期生食巨枣，大如瓜。安期生仙者，通蓬莱中，合则见人，不合则隐"〔59〕。刘向《列仙传·安期先生》："安期先生者，琅琊阜乡人也。卖药于东海边，时人皆言千岁翁。秦始皇东游，请见，与语三日三夜，赐金璧度数千万。出，于阜乡亭皆置去，留书，以赤玉舄一双为报，曰：'后数年求我于蓬莱山。'始皇即遣使者徐市、卢生等数百人入海，未至蓬莱山，辄逢风波而还。立祠阜乡亭海边十数处云。"〔60〕《史记》及《列仙传》记载的安期生，传为千岁翁，可来往于仙境蓬莱，其与常人特异者，仅为食大枣如瓜而已。在李白的笔下，安期生驾云鹤，凭凌于太清，有仙童相伴，奏仙乐相随。来去飘然，若流星之速，无影无形。李白这样写，就是要凸显仙人不受人间约束的自由自在的生活。"将随赤松去，对博坐蓬瀛"，"愿随夫子天坛上，闲与仙人扫落花"，着眼点在一个无拘无束的"闲"字。《古风五十九首》其十八写见赤松子：

昔我游齐都，登华不注峰。

兹山何峻秀，绿翠如芙蓉。
萧飒古仙人，了知是赤松。
借予一白鹿，自挟两青龙。
含笑凌倒景，欣然愿相从。[61]

刘向《列仙传·赤松子》："赤松子者，神农时雨师也。服水玉以教神农，能入火自烧。往往至昆仑山上，常止西王母石室中，随风雨上下。炎帝少女追之，亦得仙，俱去。至高辛时，复为雨师。今之雨师本是焉。"[62]而此诗中诗人所见自称赤松子之古仙人，"自挟两青龙"，下视日月，借诗人以白鹿，一同飞升。再看其四十一：

朝弄紫泥海，夕披丹霞裳。
挥手折若木，拂此西日光。
云卧游八极，玉颜已千霜。
飘飘入无倪，稽首祈上皇。
呼我游太素，玉杯赐琼浆。
一餐历万岁，何用还故乡。
永随长风去，天外恣飘扬。[63]

此首未言仙人为谁，但是他朝弄紫泥海之水，夕披丹霞之裳，折昆仑西灰野之若木，以拂落日之光，云游八极，出入无倪之乡，得见上皇。比起安期生和赤松子，更加神通广大，因而也更加自由自在地飞行于天地之间。葛立方《韵语阳秋》卷十一云：“李太白《古风五十九首》两卷近七十篇，身欲为神仙者，殆十三四。或欲把芙蓉而蹑太清，或欲挟两龙而凌倒影，或欲留玉舄而上蓬山，或欲折若木而游八极，或欲结交王子晋，或欲高揖卫叔卿，或欲借白鹿于赤松子，或欲餐金光于安期生，岂非因贺季真有谪仙之目，而固为是以信其说耶？抑身不用，郁郁不得志而思高举远引耶？”[64]只是因为贺知章说李白是谪仙人，李白就想要坐实它，这样解释李白的游仙行为和游仙诗，都太浮于表面。李白的游仙诗，其直接的目的，一是欲摆脱生命短暂的苦闷，一是挥斥才不见用的忧愤，而其更深刻的心理原因，乃是借游仙诗而获得心灵的解脱。请留意下面诗句：“举首远望之，飘然若流星。”“飘然下倒影，倏忽无留形。”“永随长风去，天外恣飘扬。”不受肉身的局限，不受世事的困扰，飘然若仙，这就是李白游仙诗给诗人带来的超越，给诗人心灵带来的解放。

李白有《赠嵩山焦炼师》一诗，序云：“嵩丘有神人焦炼师者，不知何许妇人也。又云生于齐梁时，其年貌可称五六十。常胎息绝谷，居少室庐，游行若飞，倏忽万里。世或传其入东海，登蓬莱，竟不能测其往也。余访道少室，尽登三十六峰，闻风有寄，洒翰遥赠。”[65]焦炼师是所传活在当世的神仙，李白虽然游遍了嵩山，却未见到这个活神仙，此诗是“闻风而寄”，所以诗中所描写的焦炼师，全为诗人想象之辞：

二室凌青天，三花含紫烟。
中有蓬海客，宛疑麻姑仙。
道在喧莫染，迹高想已绵。
时餐金鹅药，屡读青苔篇。
八极恣游憩，九垓长周旋。
下瓢酌颍水，舞鹤来伊川。
还归空山上，独拂秋霞眠。
萝月挂朝镜，松风鸣夜弦。
潜光隐嵩岳，炼魄栖云幄。
霓衣何飘飘，凤吹转绵邈。
愿同西王母，下顾东方朔。
紫书倘可传，铭骨誓相学。

有意思的是，诗中焦炼师的修道之功，不仅在餐金鹅之药、读修道之书，还在其远离尘世、神思高远，强调的是精神的高举。而得道之后的焦炼师，不同于凡人之处，则在其随心所欲，八极任其憩息，九垓任其周旋，眠霞对月，静听松风。不仅肉体摆脱了束缚，往来于天地之间，而且精神亦超越了尘世所扰，由宁静而达超远。

李白的《梦游天姥吟留别》一直被视为经典的游仙诗。但自郭璞《游仙诗》，或径写仙境、仙人，或游名山而遇到仙人，乃为游仙的常调，此诗是写梦游天姥山而遇仙之事，应该是游仙诗的变格：

海客谈瀛洲，烟涛微茫信难求。
越人语天姥，云霓明灭或可睹。
天姥连天向天横，势拔五岳掩赤城。
天台四万八千丈，对此欲倒东南倾。
我欲因之梦吴越，一夜飞度镜湖月。
湖月照我影，送我至剡溪。
谢公宿处今尚在，渌水荡漾清猿啼。
脚著谢公屐，身登青云梯。
半壁见海日，空中闻天鸡。
千岩万转路不定，迷花倚石忽已暝。
熊咆龙吟殷岩泉，慄深林兮惊层巅。
云青青兮欲雨，水澹澹兮生烟。
列缺霹雳，丘峦崩摧。
洞天石扉①，訇然中开。
青冥浩荡不见底，日月照耀金银台。
霓为衣兮风为马②，云之君兮纷纷而来下。
虎鼓瑟兮鸾回车，仙之人兮列如麻。
忽魂悸以魄动，恍惊起而长嗟。
惟觉时之枕席，失向来之烟霞。
世间行乐亦如此，古来万事东流水。

① “石扉”宋蜀本作“石扇”，此依咸淳本。
② “风为马”，宋蜀本为“凤为马”，此据咸淳本。

别君去兮何时还？且放白鹿青崖间，须行即骑访名山。

安能摧眉折腰事权贵，使我不得开心颜！[66]

因为是梦境，所以写来恍恍惚惚，奇奇幻幻，现实与梦境，梦境与仙境惝恍莫辨。但此诗的基调就是“以奇笔写梦境，吐字皆仙”[67]，要用仙境的自由来对抗现实的压抑。诗之最后几句，“别君去兮何时还？且放白鹿青崖间，须行即骑访名山。安能摧眉折腰事权贵，使我不得开心颜！”吐露了诗人真实的心情。即在现实社会中，诗人不得不面对等级制度，不得不面对鸡狗一样猥琐却又傲慢的权贵，而这些都直接影响了诗人的心情，使其不能开心快乐。由此可见，此诗写梦中奇幻之仙境：青天浩荡无垠，日月照耀琼楼玉宇，仙人云霓为衣，鸾凤挽车，纷纷飞临；写梦游天姥山所见的瑰丽奇险之景：海日初升，天鸡报晓，龙吟熊咆，云青欲雨，水澹生烟；写梦中飞度之奇妙经历：一夜恍然，飞度镜湖，月照人影，送至剡溪，都是在释放自己压抑的心情，从精神上求得解脱。

三　饮酒诗之精神释放与释然

王安石评李白说：“太白词语迅快，无疏脱处，然其识污下，诗词十句九句言妇人、酒耳。”[68]说李白诗篇中多妇人，似言过其实，但说其诗中尽酒，却是实情。李白生不离酒，自出川到离世，或独酌，或聚饮，成为生活常态，文集多有饮酒诗。李白之纵酒，主要是为了挥斥政治失志之忧愤，实则就是他追求生命价值与意义所遭受的打击，以饮酒作为失志后情感的一种释放。也有以酒来舒缓对生命、对生活、对人世间许多矛盾纠结不得其解心绪的意图。在诸多饮酒诗中，李白自觉地融入了庄子的遗情和外物思想，并把它生动地表现在诗的境界中，以至于他的饮酒诗对醉态的描写，已经超越了对酒的感官享受，上升到了审美的态度，形象地描写出精神出离世外的自由与自在，表现出了一种心灵无拘无束、陶然忘机的境界，即审美的境界。

1

饮酒诗，在李白年轻时本不多见。白出川到金陵后，开始见饮酒诗，如《金陵酒肆留别》："白门柳花满店香，吴姬压酒唤客尝。金陵子弟来相送，欲行不行各尽觞。请君问取东流水，别意与之谁短长？"〔69〕多是逢场作戏。如魏颢《李翰林集序》所写："所适二千石郊迎，饮数斗，醉则奴丹砂抚《青海波》。满堂不乐，白宰酒则乐。"〔70〕也是有意学谢安的生活作风，故作风流。但是，李白长期客游他乡，久之也有了独酌排遣苦闷的习惯。如詹锳先生《李白诗文系年》系于开元十四年的《秋夜板桥浦泛月独酌怀谢朓》，诗中云"独酌板桥浦，古人谁可征？玄晖难再得，洒酒气填膺"〔71〕，就是李白月夜独酌于江宁的板桥浦、怀念谢朓之作。此后，李白的诗中多有独酌为题者，如《独酌》《月下独酌四首》《北山独酌寄韦六》《春日独酌二首》《自遣》《独酌清溪江石上寄权昭夷》，诗中有时也提到“独酌”，如《玉真公主别馆苦雨赠卫尉张卿二首》其一：“秋坐金张馆，繁阴昼不开。空烟迷雨色，萧飒望中来。翳翳昏垫苦，沉沉忧恨催。清秋何以慰？白酒盈吾杯。吟咏思管乐，此人已成灰。独酌聊自勉，谁贵经纶才？弹剑谢公子，无鱼良可哀。”〔72〕可见独自喝酒，“倾壶事幽酌，顾影还独尽”，已经成为李白喝酒的习惯。

李白之纵酒，多以为是在长安放还后，[①]其实他“酒隐安陆”的十年，喝酒已经成为他生活的常态，他所说的“酒隐安陆”，不是虚言。他写给内人许夫人的诗云：“三百六十日，日日醉如泥。虽为李白妇，何异太常妻？”〔73〕《后汉书·周泽传》：“复为太常，清洁循行。尽敬宗庙，常卧病斋宫。其妻哀泽老病，窥问所苦。泽大怒，以妻干犯斋禁，遂收送诏狱谢罪。当世疑其诡激，时人为之语曰：‘生世不谐，作太常妻。一岁三百六十日，三百五十九日斋。’”〔74〕解说此诗者，都以为是李白与夫人戏谑之语，[②]其实是写实。李白有他的天下抱负，并不满足于家庭生活，十年蹉跎，其内心应该极为苦闷，饮酒因此成为他排遣苦闷的生活方式。

开元十八或十九年间，李白有一次京城之行，然寻求政治机会

---

① 李阳冰《草堂集序》言白在翰林遭玄宗疏远：“公乃浪迹纵酒，以自昏秽。”（詹锳主编《李白全集校注汇释集评》，第1页）刘全白《唐故翰林学士李君碣记》：“同列者所谤，诏令归山，遂浪迹天下，以诗酒自适。”（同上书，第9页）

② 詹锳《李白诗文系年》系此诗于开元十五年：“疑是初婚后与其妻戏谑之词。”人民文学出版社1984年版，第9页。郁贤皓、倪培翔：“自嘲醉酒之甚，戏谑安慰许氏夫人。”（郁贤皓主编《李白大辞典》，广西教育出版社1995年版，第162页）

未果，失意而返。这十年间，李白漫游于河南的嵩山和洛阳、湖北襄阳、山西太原，最后移家山东兖州。这一时期，李白“黄金白璧买歌笑，一醉累月轻王侯”，是其纵酒放歌的第一个高峰期。独酌仍是他喝酒的日常状态，如开元二十二年，白与元丹丘偕隐嵩山颍阳时写的《北山独酌寄韦六》：“巢父将许由，未闻买山隐。道存迹自高，何惮去人近。纷吾下兹岭，地闲喧亦泯。门横群岫开，水凿众泉引。屏高而在云，窦深莫能准。川光昼昏凝，林气夕凄紧。于焉摘朱果，兼得养玄牝。坐月观宝书，拂霜弄瑶轸。倾壶事幽酌，顾影还独尽。念君风尘游，傲尔令自哂。”[75]写其隐居深山的闲适生活，其中就有顾影自酌。然而更多的是呼朋唤侣的豪饮，开元二十二年的《襄阳歌》：

落日欲没岘山西，倒著接䍦花下迷。
襄阳小儿齐拍手，拦街争唱《白铜鞮》。
旁人借问笑何事，笑杀山公醉似泥。
鸬鹚杓，鹦鹉杯。
百年三万六千日，一日须倾三百杯。
遥看汉水鸭头绿，恰似葡萄初酦醅。
此江若变作春酒，垒麹便筑糟丘台。
千金骏马换少妾，醉坐雕鞍歌《落梅》。
车旁侧挂一壶酒，凤笙龙管行相催。
咸阳市中叹黄犬，何如月下倾金罍？

君不见晋朝羊公一片古碑材，龟头剥落生莓苔！

泪亦不能为之堕，心亦不能为之哀。

谁能忧彼身后事，金凫银鸭葬死灰。

清风朗月不用一钱买，玉山自倒非人推。

舒州杓，力士铛，李白与尔同死生。

襄王云雨今安在？江水东流猿夜声。〔76〕

《晋书·山简传》：“永嘉三年，出为征南将军、都督荆湘交广四州诸军事、假节，镇襄阳。于时四方寇乱，天下分崩，王威不振，朝野危惧。简优游卒岁，唯酒是耽。诸习氏，荆土豪族，有佳园池，简每出嬉游，多之池上，置酒辄醉，名之曰高阳池。时有童儿歌曰：‘山公出何许，往至高阳池。日夕倒载归，酩酊无所知。时时能骑马，倒著白接䍦。举鞭问葛疆：何如并州儿？。’”〔77〕此故事亦见《世说新语·任诞》。①山简为晋代名士，李白游襄阳，有感山公故事发为此诗。如朱谏所言：“此即襄阳旧事以寓感慨之意。”〔78〕此诗虽然是演绎山公饮酒故事，但诗之主旨却值得注意，《李诗直解》说：“此白负才不偶，故纵饮放旷。言万事皆虚，独酒为真也。”〔79〕权力如秦之丞相李斯如何？临东市而叹黄犬，岂能比月下的一杯酒！百姓为其立了遗泪碑的羊公又如何？其碑之龟头剥落霉苔生

① “山季伦为荆州，时出酣畅。人为之歌曰：‘山公时一醉，径造高阳池。日莫倒载归，茗艼无所知。复能乘骏马，倒著白接䍦。’”（刘义庆撰、余嘉锡笺疏《世说新语笺疏》，中华书局2013年版，下册，第866页）

矣。唯清风明月与自己同在，醉如玉山自倒的身体是真，所以当百年与酒同生死耳！此诗有人生的三重否定，否定了权力，即否定了功名；否定了身后声名，即否定了不朽；否定了巫山云梦，即否定了男女情爱。对于人的生命而言，这些都是虚假的，真实的生命，就是山公那样的烂醉如泥、醉生梦死。显然这是李白功名受挫后一时的愤激之语。天宝初李白再入京城，也说明功名对于他来说，仍然是人生最重要的目标，而且一生都未放弃。但此诗也不能仅仅视为李白的假想，借酒浇愁，应是他真实生活之一部分。此后李白所作的饮酒诗篇，主题大都类此。

天宝初，李白被玄宗召入翰林，出入宫中，陪侍玄宗左右，但饮酒的生活习惯没有改变。不过此时李白交往的多为朝中名士，他此时喝的是名士酒。他的第一个酒友应是太子宾客、银青光禄大夫兼正授秘书监的贺知章。《本事诗·高逸第三》："李太白初自蜀至京师，舍于逆旅。贺监知章闻其名，首访之。既奇其姿，复请所为文。出《蜀道难》以示之。读未竟，称叹者数四，号为'谪仙'，解金龟换酒，与倾尽醉。"〔80〕天宝六载，贺知章已经辞世，李白《对酒忆贺监二首并序》忆及此事说："太子宾客贺公，于长安紫极宫一见余，呼余为'谪仙人'，因解金龟，换酒为乐。没后对酒，怅然有怀，而作是诗。"〔81〕诗之一："四明有狂客，风流贺季真。长安一相见，呼我谪仙人。昔好杯中物，翻为松下尘。金龟换酒处，却忆泪沾巾。"〔82〕可见贺知章不唯是酒友，亦是知己，因此李白的怀念充满深情。《流夜郎赠辛判官》也记载了李白在长安的饮酒圈子：

“昔在长安醉花柳，五侯七贵同杯酒。气岸遥凌豪士前，风流肯落他人后！夫子红颜我少年，章台走马著金鞭。文章献纳麒麟殿，歌舞淹留玳瑁筵。”[83]酒友是五侯七贵的贵族，并与贺知章、李琎、李适之、崔宗之、苏晋、张旭、焦遂等结为“八仙”之游。此时的李白一洗独饮的落寞和江湖纵饮的放浪不羁，虽然还是纵酒狂饮，却注意了士人的气度，显示出士人的风流。当然醉酒也误事，但在当时士人看来，这才是名士风流。魏颢《李翰林集序》：“上皇豫游，召白，白时为贵门邀饮，比至，半醉，令制出师诏，不草而成。”[84]杜甫的《饮中八仙歌》：“李白一斗诗百篇，长安市上酒家眠。天子呼来不上船，自称臣是酒中仙。”[85]就是把李白醉酒作为名士风流来写的。就是玄宗也如此对待之，并给予包容。所以关于李白在宫中的传说，醉使高力士脱靴、贵妃斟酒、醉草吓蛮书等，当非无稽之谈，都应有真实生活的影子。

天宝三载，李白被玄宗赐金放还。从离开长安，到天宝十四载安禄山之乱，是李白又一个十年漫游时期。李白一入京城，未能寻找到政治机会，离开时虽然不免有政治理想不得实现的寂寞与失落，但毕竟对未来还充满希望。而此次长安的遭遇，则是进了朝廷，有了实现理想的机遇，却得而复失；而且此次离开，既是自己无奈的放弃，也是玄宗的决定，李白面对的可能是永远地远离长安，永远地远离朝廷，永远地远离政治，功业之抱负、人生之理想，可能永远不得机会实现，所以李白此次的政治挫折感，远远超过了他一入京城之不遇。这一时期，纵酒以排遣政治苦闷，是李白的重要生活方式，如写于天宝十二载的《赠宣城宇文太守兼呈崔侍御》：

蹉跎复来归，忧恨坐相煎。
无风难破浪，失计长江边。
危苦惜颓光，金波忽三圆。
时游敬亭上，闲听松风眠。
或弄宛溪月，虚舟信洄沿。
颜公三十万，尽付酒家钱。
兴发每取之，聊向醉中仙。
过此无一事，静谈《秋水篇》。[86]

这是李白北上燕蓟回到宣城所作，略见此一时期李白的心理与生活。在心理上，他既为国家面临的危机而忧心如焚，又为自己无力参与政治而憾恨。而其生活则是百无聊赖，只有靠饮酒打发日月，“或眠敬亭而听松风，或泛宛溪而弄水月，尽沽酒之钱以罄醉乡之趣，读《秋水》之篇以求养生之术而已矣，此外无所为也”[87]。

李白的饮酒诗此时也达到一个新的高峰。从此时的作品看，多见李白独酌或与友朋纵饮，而且醉酒似乎成为常态。因此，此时期的诗中，多有以“醉”为题者，亦多有醉态的生动描写。《月下独酌四首》其四：“且须饮美酒，乘月醉高台。”[88]《携妓登梁王栖霞山孟氏桃园中》：“分明感激眼前事，莫惜醉卧桃园东。”[89]这两首诗都是写要醉的愿望。《醉后赠从甥高镇》：“匣中盘剑装鳍鱼，闲在腰间未用渠。且将换酒与君醉，醉归记宿吴专诸。”〔90〕已经半醉，兴如奔马，所以，以剑换酒，一醉方休。当然更多的是酒酣而歌舞。饮酒而歌，酒酣而舞，应是唐人聚会习见的场面。《月下独酌四首》其一“我歌月徘徊，我舞影零乱”，这是诗人举杯对月而舞。《梁园吟》“沉吟此事泪满衣，黄金买醉未能归。连呼五白行六博，分曹赌酒酣驰晖。歌且谣，意方远。东山高卧时起来，欲济苍生未应晚”，既有分曹赌酒，又有对酒而歌。《携妓登梁王栖霞山孟氏桃园中》：“白发对绿酒，强歌心已摧。”《玩月金陵城西孙楚酒楼达曙歌吹日晚乘醉著紫绮裘乌纱巾与酒客数人棹歌秦淮往石头访崔四侍御》：“兴发歌《渌水》，秦客为之摇。”〔91〕《五松山送殷淑》：“载酒五松山，颓然《白云歌》。”〔92〕《忆崔郎中宗之游南阳遗吾孔子琴抚之潸然感旧》：“昔在南阳城，唯餐独山蕨。忆与崔宗之，白水弄素月。时过菊潭上，纵酒无休歇。泛此黄金花，颓然清歌发。”〔93〕已然醉意朦胧，勉强而歌，聊抒郁闷罢了。此为醉酒而歌，还有醉后而舞。《忆旧游寄谯郡元参军》“袖长管催欲轻举，汉中太守醉起舞”〔94〕，此为太守醉后起舞。《过汪氏别业二首》其二“永夜达五更，吴歈送琼杯。酒酣欲起舞，四座歌相催”〔95〕，此是诗人酒酣起舞。而《鲁中都东楼醉起作》“昨日东楼醉，还应倒接䍦。阿谁扶上马？不省下楼时”〔96〕，则写诗人已经醉得不省人事了，“还应”乃是诗人醉醒后的回忆，是否如山简倒戴头巾，谁扶着上的马，如何下的东楼，都不得而知了。《月下独酌四首》其三：“醉后失天地，兀然就孤枕。不知有吾身，此乐最为甚。”〔97〕同样醉得不知天地，不知自己。《冬夜醉宿龙门觉起言志》："醉来脱宝剑，旅憩高堂眠。中夜忽惊觉，起立明灯前。"[98]此为醉后醒来之状。也有醉后的走马，如《自广平乘醉走马六十里至邯郸登城楼览古书怀》："醉骑白花骆，西走邯郸城。扬鞭动柳色，写鞚春风生。"[99]可谓醉酒后的春风得意。还有醉后的失态，《玩月金陵城西孙楚酒楼达曙歌吹日晚乘醉著紫绮裘乌纱巾与酒客数人棹歌秦淮往石头访崔四侍御》："草裹乌纱巾，倒披紫绮裘。两岸拍手笑，疑是王子猷。酒客十数公，崩腾醉中流。谑浪棹海客，喧呼傲阳侯。半道逢吴姬，卷帘出揶揄。"[100]诗人乌纱帽不整，紫绮裘倒披，十余个酒徒手舞足蹈，喧呼笑闹，惹得岸上人拍手嘲笑，指点揶揄。真如《鲁郡尧祠送窦明府薄华还西京》所言"高阳小饮真琐琐，山公酩酊何如我"[101]，醉后放浪之态的确堪比高阳酒徒山简。

此一时期的饮酒诗，不同以往之处，就在不仅借酒宣泄政治苦闷，生动描摹醉态，而且写酒趣。如《月下独酌四首》其二："三杯通大道，一斗合自然。但得酒中趣，勿为醒者传。"[102]其三："穷通与修短，造化夙所禀。一樽齐死生，万事固难审。醉后失天地，兀然就孤枕。不知有吾身，此乐最为甚。"[103]他的酒中之趣是什么？是喝酒可通大道，喝酒可合自然。而此之自然，就是一死生，齐穷通，实则把生死穷达置之度外，可见饮酒之后诗人精神的释然之状态。

至德二载，李白坐永王璘罪系狱浔阳，乾元元年（758）流放夜郎，二年获释，往来于江夏、浔阳、豫章、金陵、宣城一带，直到去世。李白获囹圄之罪，幸得遇赦而归，打击之大可想而知，故写有《万愤词投魏郎中》：

南冠君子，呼天而啼。
恋高堂而掩泣，泪血地而成泥。
狱户春而不草，独幽怨而沉迷。
兄九江兮弟三峡，悲羽化之难齐。
穆陵关北愁爱子，豫章天南隔老妻。
一门骨肉散百草，遇难不复相提携。
树榛拔桂，囚鸾宠鸡。
舜昔授禹，伯成耕犁。
德自此衰，吾将安栖？[104]

可谓呼天抢地，泣血成泥。但是李白饮酒、醉酒依然如故，没有改变。乾元元年流夜郎初离浔阳时所作《流夜郎永华寺寄浔阳群官》云：“朝别凌烟楼，贤豪满行舟。暝投永华寺，宾散予独醉。”[105]从诗意看，当是从凌烟楼上船，与“贤豪”们一路饮酒，到了永华寺，李白已经酩酊大醉。上元二年，李白流放夜郎回到宣城时所作《赠刘都使》中写道：“而我谢明主，衔哀投夜郎。归家酒债多，门客粲成行。高谈满四座，一日倾千觞。所求竟无绪，裘马欲摧藏。”[106]李白举债虽然未必真是酒债，但负债在身、生活困窘当为事实，故有求于刘都使，却没有结果。但此时的李白仍然多有喝酒的宾朋，一日而倾千觞。他不仅饮酒如故，酒间歌舞亦如故。《对酒醉题屈突明府厅》是上元元年李白寓家豫章时所作，诗人访建昌县衙，然故人建昌县宰不在，醉题其诗于厅中，故有“陶令八十日，长歌《归去来》。故人建昌宰，借问几时回”之句。从诗中也可看到李白的醉态：“风落吴江雪，纷纷入酒杯。山翁今已醉，舞袖为君开。”〔107〕是一个人对雪饮酒以怀故人，醉后又对雪而舞。写于上元二年的《对雪醉后赠王历阳》：

有身莫犯飞龙鳞，有手莫辨猛虎须。
君看昔日汝南市，白头仙人隐玉壶。
子猷闻风动窗竹，相邀共醉杯中渌。
历阳何异山阴时，白雪飞花乱人目。
君家有酒我何愁，客多乐酣秉烛游。
谢尚自能鸲鹆舞，相如免脱鹔鹴裘。
清晨兴罢过江去，他日西看却月楼。〔108〕

谢尚、相如二句用典，是用二人比喻主人和客人，以司马相如所穿之鹔鹴裘贯酒，比王历阳待客饮酒之豪爽，而以谢尚能作鸲鹆舞，写自己醉后之舞。同是上元二年作的《送殷淑三首》其一：

海水不可解，连江夜为潮。
俄然浦屿阔，岸去酒船遥。

惜别耐取醉，鸣根且长谣。
天明尔当去，应便有风飘。

其二：

白鹭洲前月，天明送客回。
青龙山后日，早出海云来。
流水无情去，征帆逐吹开。
相看不忍别，更进手中杯。

其三：

痛饮龙筇下，灯青月复寒。
醉歌惊白鹭，半夜起沙滩。〔109〕

则是喝了一夜送别酒，醉后而歌，惊起一滩白鹭。醉而歌舞，此种喝酒习惯一直保持到李白去世前，宝应元年（762）所写的《九日龙山饮》云："九日龙山饮，黄花笑逐臣。醉看风落帽，舞爱月留人。"〔110〕又《九日》："今日云景好，水绿秋山明。携壶酌流霞，搴菊泛寒荣。地远松石古，风扬弦管清。窥觞照欢颜，独笑还自倾。落帽醉山月，空歌怀友生。"〔111〕虽为罪臣，依旧是自斟自饮，对月而歌而舞。

李白不仅喝酒如故，纵酒时的万丈豪情亦丝毫不减，如写于乾元二年的《自汉阳病酒归寄王明府》：

去岁左迁夜郎道，琉璃砚水长枯槁。
今年敕放巫山阳，蛟龙笔翰生辉光。
圣主还听子虚赋，相如却欲论文章。
愿扫鹦鹉洲，与君醉百场。
啸起白云飞七泽，歌吟绿水动三湘。
莫惜连船沽美酒，千金一掷买春芳。[112]

《江夏赠韦南陵冰》：

胡骄马惊沙尘起，胡雏饮马天津水。
君为张掖近酒泉，我窜三巴九千里。
天地再新法令宽，夜郎迁客带霜寒。
西忆故人不可见，东风吹梦到长安。
宁期此地忽相遇，惊喜茫如堕烟雾。
玉箫金管喧四筵，苦心不得申长句。
昨日绣衣倾绿樽，病如桃李竟何言！
昔骑天子大宛马，今乘款段诸侯门。
赖遇南平豁方寸，复兼夫子持清论。
有似山开万里云，四望青天解人闷。

人闷还心闷，苦辛长苦辛。
愁来饮酒二千石，寒灰重暖生阳春。
山公醉后能骑马，别是风流贤主人。
头陀云月多僧气，山水何曾称人意。
不然鸣笳按鼓戏沧流，呼取江南女儿歌棹讴。
我且为君捶碎黄鹤楼，君亦为吾倒却鹦鹉洲。
赤壁争雄如梦里，且须歌舞宽离忧。〔113〕

《陪侍郎叔游洞庭醉后三首》其三：

刬却君山好，平铺湘水流。
巴陵无限酒，醉杀洞庭秋。〔114〕

《陪族叔刑部侍郎晔及中书贾舍人至游洞庭五首》其二：

南湖秋水夜无烟，耐可乘流直上天。
且就洞庭赊月色，将船买酒白云边。〔115〕

《醉后答丁十八以诗讥余捶碎黄鹤楼》：

黄鹤高楼已捶碎，黄鹤仙人无所依。
黄鹤上天诉玉帝，却放黄鹤江南归。

神明太守再雕饰，新图粉壁还芳菲。
一州笑我为狂客，少年往往来相讥。
君平帘下谁家子？云是辽东丁令威。
作诗调我惊逸兴，白云绕笔窗前飞。
待取明朝酒醒罢，与君烂漫寻春晖。〔116〕

《送韩侍御之广德》：

昔日绣衣何足荣？今宵贳酒与君倾。
暂就东山赊月色，酣歌一夜送泉明。〔117〕

将李白写于此一时期的几首诗放在一起，意在表明，李白流放后的饮酒诗多呈狂态，动辄扫平鹦鹉洲，捶碎黄鹤楼，铲去君山，借洞庭赊取月色，借东山赊取月色，醉杀洞庭秋色，极尽夸饰之能事，看似酒兴豪情不减当年，甚至胜过当年，实则还是可以读出一个年近花甲、年过花甲的老者鼓其余勇夸其酒胆的意态，已经有了“佯狂殊可哀”〔118〕的意味。

2

李白纵酒，首先是为了挥斥政治失志之忧愤，这一点，诸多文章已经揭示。李白一生矢志不移追求功业，源自对生命本质的认识：生命不仅要自然归于死亡，而且在世的时间亦十分短暂，生命的意义即在于济天下、得荣名、享不朽。所以他政治上所遭受的挫折，实则就是他追求生命价值与意义所遭受的打击，饮酒挥斥忧愤就是拆斥生命之苦闷。

玄宗召入翰林之前，李白苦于寻找不到晋身的政治机会，苦于时光虚掷，荒废年华。进入朝廷之后，又为玄宗对待自己以“倡优畜之”而苦恼，“乃浪迹纵酒，以自昏秽。咏歌之际，屡称东山”〔119〕。赐金放还，更使其失去实现理想抱负的信心。“弃我去者昨日之日不可留；乱我心者今日之日多烦忧”〔120〕，可以说，李白一生都在为政治抱负不得施展、生命价值不得实现而忧虑苦闷，因此饮酒成为李白排遣苦闷的一种生活方式。《月下独酌四首》其四即反映出李白借酒浇愁的心理：“穷愁千万端，美酒三百杯。愁多酒虽少，酒倾愁不来。所以知酒圣，酒酣心自开。辞粟卧首阳，屡空饥颜回。当代不乐饮，虚名安用哉？蟹螯即金液，糟丘是蓬莱。且须饮美酒，乘月醉高台。”〔121〕之所以乐饮，就是因为心中愁绪万端，只能借酒浇熄，使心情变得开朗，醉酒之境就是万事不扰的仙境。李白所为何愁？《冬夜醉宿龙门觉起言志》写道：

醉来脱宝剑，旅憩高堂眠。
中夜忽惊觉，起立明灯前。
开轩聊直望，晓雪河冰壮。
哀哀歌苦寒，郁郁独惆怅。

傅说板筑臣，李斯鹰犬人。
飙起匡社稷，宁复长艰辛！
而我胡为者？叹息龙门下。
富贵未可期，殷忧向谁写？
去去泪满襟，举声梁甫吟。
青云当自致，何必求知音。〔122〕

傅说乃负土筑墙之人，李斯亦传为牵黄犬、驾猎鹰之人，二人皆贫贱而起为重臣者，而李白自己却未遇知音，功名无就，富贵无期，故心中充满深深的忧虑，醉酒以排遣心中之惆怅。又写于天宝八载的《醉后赠从甥高镇》：

马上相逢揖马鞭，客中相见客中怜。
欲邀击筑悲歌饮，正值倾家无酒钱。
江东风光不借人，枉杀落花空自春。
黄金逐手快意尽，昨日破产今朝贫。
丈夫何事空啸傲？不如烧却头上巾。
君为进士不得进，我被秋霜生旅鬓。
时清不及英豪人，三尺童儿唾廉蔺。
匣中盘剑装鳝鱼，闲在腰间未用渠。
且将换酒与君醉，醉归托宿吴专诸。〔123〕

此诗依旧是光阴不等人、人生易老而英才不得其用之意，所以诗人要倾家以换酒钱，与友人悲歌酣饮以求一醉。“时清不及英豪人，三尺童儿唾廉蔺”，真乃一肚皮的牢骚！连三尺儿童都要唾弃廉颇和蔺相如这样的将相之才，可见今日之“清明盛世”，真是无须人才了，故有多少英才埋没民间啊！反话正说，对朝廷的用人之道，极为不满。

李白以酒挥斥忧愤的诗中，常常纠结着生命存在的诸多矛盾，如具有代表性的诗篇《将进酒》：

君不见黄河之水天上来，奔流到海不复回。
君不见高堂明镜悲白发，朝如青丝暮成雪。
人生得意须尽欢，莫使金樽空对月。
天生我材必有用，千金散尽还复来。
烹羊宰牛且为乐，会须一饮三百杯。
岑夫子，丹丘生，进酒杯莫停。
与君歌一曲，请君为我倾耳听。
钟鼓馔玉不足贵，但愿长醉不用醒。
古来圣贤皆寂寞，惟有饮者留其名。
陈王昔时宴平乐，斗酒十千恣欢谑。
主人何为言少钱，径须沽取对君酌。
五花马，千金裘，
呼儿将出换美酒，与尔同销万古愁。〔124〕

此诗或以为作于开元二十三年，或以为作于天宝元年，[①]然玩其诗意，显然是李白长安放还后为释放其苦闷而作，因此诗中充满了情感与思想上的矛盾。

首先，美好的生命与生命苦短、人生易老之间的矛盾要用酒来缓解。生命是美好的，然而镜子中的黑发转瞬即白、不复再青，人生岁月之一去不回，若黄河东流向海，没有回波。生命易逝如此，安得不及时行乐、饮酒为欢！这样的诗，在李白集中有很多，如乐府《对酒》："松子栖金华，安期入蓬海。此人古之仙，羽化竟何在？浮生速流电，倏忽变光彩。天地无凋换，容颜有迁改。对酒不肯饮，含情欲谁待？"〔125〕《对酒》："劝君莫拒杯，春风笑人来。桃李如旧识，倾花向我开。流莺啼碧树，明月窥金罍。昨日朱颜子，今日白发催。棘生石虎殿，鹿走姑苏台。自古帝王宅，城阙闭黄埃。君若不饮酒，昔人安在哉？"〔126〕前诗，由宇宙的永恒强烈地感受到浮生若电，不变与速变的巨大反差，逼迫出对酒以求开解心绪的无奈。后诗，朱颜与白发的人生速变，生发了诗人深沉而又悲凉的历史虚幻感；宫阙丘墟之变，又无可怀疑地证明着生的虚幻不居，因此要以饮酒来解脱这种生命体验的痛苦了。《携妓登梁王栖霞山孟氏桃园中》："碧草已满地，柳与梅争春。谢公自有东山妓，

---

① 安旗系于开元二十四年："系于开元二十四年：此种特点之诗，求之开元前期不可得，求之天宝年间亦不可得，实非此期莫属。"（见《李白全集编年注释》，第299页）郁贤皓《李白选集》系于开元二十三年。（见《李白选集》，第125页）王运熙、杨明《关于李白〈蜀道难〉〈将进酒〉〈梁甫吟〉〈远别离〉的写作年代》以为天宝初作于梁宋。（《李白研究论丛》第一辑，巴蜀书社1987年版）

金屏笑坐如花人。今日非昨日，明日还复来。白发对绿酒，强歌心已摧。君不见梁王池上月，昔照梁王樽酒中。梁王已去明月在，黄鹂愁醉啼春风。分明感激眼前事，莫惜醉卧桃园东。”[127]时间长河的特点是日复一日，既不为物、亦不为人而暂停，所以当一位白发之人面对碧草如茵、柳梅争俏、黄鹂鸣春之景，暮年之悲感自会十分强烈，所以要惜此春光，莫辞一醉。《待酒不至》：“玉壶系青丝，沽酒来何迟？山花向我笑，正好衔杯时。晚酌东窗下，流莺复在兹。春风与醉客，今日乃相宜。”[128]抒发的是同样的情感。为何山花向我笑时，正好是喝酒之时？为何春风与醉客两相宜？就是莫辜负春光，不使山花徒笑，不使春风空度，趁此春光及时为欢之意。

在此类诗中，如《春江花月夜》那样最有宇宙意识也最唯美的诗当数《把酒问月·故人贾淳令余问之》：

> 青天有月来几时？我今停杯一问之。
> 人攀明月不可得，月行却与人相随。
> 皎如飞镜临丹阙，绿烟灭尽清晖发。
> 但见宵从海上来，宁知晓向云间没。
> 白兔捣药秋复春，姮娥孤栖与谁邻？
> 今人不见古时月，今月曾经照古人。
> 古人今人若流水，共看明月皆如此。
> 唯愿当歌对酒时，月光长照金樽里。[129]

闻一多评价《春江花月夜》说："更夐绝的宇宙意识！一个更深沉、更寥廓、更宁静的境界！在神奇的永恒前面，作者只有错愕，没有憧憬，没有悲伤。从前卢照邻指点出'昔时金阶白玉堂，即今唯见青松在'时，或另一个初唐诗人——寒山子更尖酸地吟着'未必长如此，芙蓉不耐寒'时，那都是站在本体旁边凌视现实。那态度我以为太冷酷、太傲慢，或者如果你愿意，也可以带点狐假虎威的神气。在相反的方向，刘希夷又一味凝视着'以有涯随无涯'的徒劳，而徒劳地为它哀毁着，那又未免太萎靡，太怯懦了。只张若虚这态度不亢不卑，冲融和易才是最纯正的，'有限'与'无限'，'有情'与'无情'——诗人与'永恒'猝然相遇，一见如故，于是谈开了——'江畔何人初见月？江月何年初照人？……江月年年只相似，不知江月待何人？'对每一问题，他得到的仿佛是一个更神秘的更渊默的微笑，他更迷惘了，然而也满足了。"[130]闻一多的评价可挪于李白此首饮酒诗。"青天有月来几时？我今停杯一问之"，只此一问就是深沉而又寥廓的宇宙之问。不过在永恒的穹空与明月面前，李白没有《春江花月夜》的错愕，因为诗人对月亮之永恒的认识是清醒的，他此问乃是明知故问。他此问的归宿在人，在不识古时月亮的今人，在不识今时月亮的古人，在于似流水一样来而复去、不停逝去的人流。在月亮面前，人是如此之易逝，人生是如此之匆促！而此时的月亮则似宇宙老人，悲悯地看着可怜无助的人。的确，诗人也没有憧憬，没有悲伤，因为他知道这无法改变，他唯一能做的就是旷达地面对这一切，对月饮酒，快乐地度过此生。

如前所言，李白生命苦短之叹，皆与其功业理想未能实现相关，因此人生易老、及时行乐，所反映的是李白生命短促而功名理想迟迟未能实现的矛盾。

其次，自恃为天纵奇才与玄宗倡优畜之的愤懑，要用酒来消解。李白被玄宗召入翰林，而且颇受礼遇，对于布衣之士李白而言，其追求功名的愿望自可说获得了实现。不过，玄宗对李白的认识和使用，前后有很大变化。李白初入朝廷时，玄宗对其甚为器重，“降辇步迎，如见绮、皓”，“出入翰林中，问以国政，潜草诏告”，且欲委以“纶诰之任”，即中书舍人之职。然而，或因为同列者的谗言，或由于李白经常醉酒承诏，玄宗非但未委以重任，而且故意疏远之。事实上，李白在宫中的事迹，也仅是陪侍玄宗、承诏以写歌诗百篇的生活。然而这样的待遇，与李白的政治抱负差之甚远，虽然得入朝中，其才却不得施展。但李白坚信“天生我材必有用”①，自信个人为天生的俊才，终会得到重用，酒资之钱何须虑也，尽情纵酒为乐而已。

其三，“钟鼓馔玉”生活的虚幻给诗人带来的幻灭感，要用酒来充填。李白出身寒素，出于其快乐主义的生命观，他对钟鸣鼎食的富贵生活还是充满向往的。但长安三年，出入宫廷，陪侍皇帝左右，多与豪贵交，耳濡目染，体验并熟悉了王侯贵族的豪奢生活之后，李白认识到了这种表面的奢华所掩盖的空虚。尤其是遭到玄宗

---

① 此句一作“天生我身必有财”，又作“天生吾徒有俊材”，敦煌残卷作“天生吾徒有俊才”，可见李白修改诗句的痕迹。（见詹锳主编《李白全集校注汇释集评》，第360页）

体面的黜退后，李白更增加了玉帛钟鼎生活不过一时的幻灭感，酒即成为他忘却这一切的麻醉剂。

其四，圣贤的寂寞与纵乐者留名的矛盾，要用酒来开释。本来，历史上留名者多为圣贤，多为英雄，或建功立业，或著书立说，皆可不朽。李白对此不是不知，他的诗中，对此歌颂甚多，这在第五章已有较详论述。李白此处说“古来圣贤皆寂寞”，可能有两个含义，要么是圣者贤人生前皆寂寞，如果是这个意思，则李白是为圣贤的命运鸣不平；要么是死后寂寞，而此显然不符合历史实际，圣贤的实际情况是生前寂寞而身后有名，身后并不寂寞。如果是后一个意思，则李白是在说愤激语，说反话。即圣贤建立了不朽功业，立言传世，又有何用？反不如饮酒作乐者既享乐于现世，又留下了身后之名，如“斗酒十千恣欢谑”的陈王曹植。这种反语就是玩世不恭了，充满了对现实的不满和批判。

写于天宝九载的《答王十二寒夜独酌有怀》，可视为《将进酒》的注脚。萧士赟注以为此诗“造语用事，错乱颠倒，绝无伦理，董龙一事，尤为可笑，决非太白之作，乃元儒所谓五季间学太白者所为耳”[131]。朱谏亦赞同之。①其实，只有把《答王十二寒夜独酌有怀》和《将进酒》放在一起，才会看到二诗在情感、思想基调上的一致性：

① 朱谏《李诗辨疑》卷下：“士赟此论大概得之。”明隆庆六年刊本。

昨夜吴中雪，子猷佳兴发。

万里浮云卷碧山，青天中道流孤月。

孤月沧浪河汉清，北斗错落长庚明。

怀余对酒夜霜白，玉床金井冰峥嵘。

人生飘忽百年内，且须酣畅万古情。

君不能狸膏金距学斗鸡，坐令鼻息吹虹霓。

君不能学哥舒，横行青海夜带刀，西屠石堡取紫袍。

吟诗作赋北窗里，万言不值一杯水。

世人闻此皆掉头，有如东风射马耳。

鱼目亦笑我，请与明月同。

骅骝拳跼不能食，蹇驴得志鸣春风。

折杨、皇华合流俗，晋君听琴枉清角。

巴人谁肯和阳春？楚地由来贱奇璞。

黄金散尽交不成，白首为儒身被轻。

一谈一笑失颜色，苍蝇贝锦喧谤声。

曾参岂是杀人者？谗言三及慈母惊。

与君论心握君手，荣辱于余亦何有！

孔圣犹闻伤凤麟，董龙更是何鸡狗！

一生傲岸苦不谐，恩疏媒劳志多乖。

严陵高揖汉天子，何必长剑拄颐事玉阶？

达亦不足贵，穷亦不足悲。

韩信羞将绛灌比，祢衡耻逐屠沽儿。

> 君不见李北海，英风豪气今何在？
> 君不见裴尚书，土坟三尺蒿棘居？
> 少年早欲五湖去，见此弥将钟鼎疏。[132]

“人生飘忽百年内，且须酣畅万古情”，就是《将进酒》“君不见高堂明镜悲白发，朝如青丝暮成雪。人生得意须尽欢，莫使金樽空对月”的压缩版，不用分析，即可看出其思想情感的相同之处。《答王十二寒夜独酌有怀》之“君不见李北海，英风豪气今何在？君不见裴尚书，土坟三尺蒿棘居？少年早欲五湖去，见此弥将钟鼎疏”，就是《将进酒》“钟鼓馔玉不足贵，但愿长醉不用醒”的补注。荣华富贵之不足据，不仅表现在此种生活之空虚，还表现在政治之不公平，仕途之险恶，世事之无常。李邕本为玄宗朝之名士，历任括、淄、滑州刺史，后入朝，“后生望风内谒，门巷填隘”[133]，可谓一时之盛，但为人嫉妒谗毁，不得留于朝中，出为北海太守，后被李林甫附会罪名而仗杀。诗中所言“裴尚书”，当为裴敦复，玄宗朝曾为刑部尚书，为李林甫所嫉，贬淄川太守，与李邕皆坐刘勣事被杖杀。二人贵为刺史、尚书，然终不免一死。李白自身遭遇之变化无端，虽然不能与李邕、裴敦复命运之惨烈相比，但从玄宗以特例召入翰林，备受恩宠，到遭人谗言毁谤，以致玄宗故意疏远，放还江湖，亦与李、裴二人颇为相近。因此，与其汲汲于功名、留恋于官场，不如远离权力的绞杀场，饮酒去也。《答王十二寒夜独酌有怀》诗中的“吟诗作赋北窗里，万言不值一杯水”，“巴人谁肯和阳春？楚地由来贱奇璞”，“孔圣犹闻伤凤麟”，就是《将进酒》“古来圣贤皆寂寞，惟有饮者留其名”的详细注解。

总之，李白饮酒，首先是为了抒发政治抱负不得施展、生命价值不得实现的苦闷，从积极意义上说，他的饮酒诗是对黑暗政治的一种抗议与批判。如林庚所言：

> 他说：“钟鼓馔玉不足贵”“一日须饮三百杯”“一醉累月轻王侯”！这里尽管是强调了饮酒，而它的实质却正在于那“轻王侯”的歌唱上。后来朱敦儒的《鹧鸪天》说：“诗万首，酒千觞，几曾着眼看侯王！”这些诗句在封建时代中之所以被广泛流传，正因为人民欢迎它动摇了统治阶级的威势，增加了人民的对抗性的气派，这就都属于人民的骄傲。〔134〕

正因为如此，他的这一类饮酒诗任达放荡，其激愤之情感常以放达之语出之，如“人生得意须尽欢，莫使金樽空对月”，“钟鼓馔玉不足贵，但愿长醉不用醒”，“古来圣贤皆寂寞，惟有饮者留其名”，“吟诗作赋北窗里，万言不值一杯水”，“丈夫何事空啸傲，不如烧却头上巾”，带有强烈的情感色彩，情感之抒发性、冲击性都很强。当然，李白之饮酒，不仅仅是借酒浇愁、释放其政治苦闷而已，也有以酒来舒缓对生命、对生活、对人世间许多矛盾纠结不得其解心绪的意图，这样的饮酒诗，是考察李白丰富的内心世界的重要通道。

3

李白饮酒是借酒浇愁、释放其心中的苦闷，其饮酒诗于是成为抒发牢骚苦闷的工具。李白以饮酒作为失志后情感的一种释放，这是从积极的情绪上来解释其饮酒诗的。从积极的情绪上来看，饮酒也好，山水也好，仙道也好，都是对生命易逝、功名理想难于实现这一痛苦事实的一种抗争，因而其情感基调是愤激而不平的。上引诸诗，都具有这种情感特点。

李白的饮酒，就其消极的情绪而言还是为了忘却烦恼，即借酒醉麻痹自己的神经，暂时忘掉政治理想不得实现、生命苦短等愁烦。如《友人会宿》所说："涤荡千古愁，留连百壶饮。良宵宜清谈，皓月未能寝。醉来卧空山，天地即衾枕。"〔135〕他流连饮酒，是为了消除万古愁，醉酒之后，方有"天地即衾枕"的大自在。《拟古十二首》其八亦言："月色不可扫，客愁不可道。玉露生秋衣，流萤飞百草。日月终销毁，天地同枯槁。蟪蛄啼青松，安见此树老？金丹宁误俗，昧者难精讨。尔非千岁翁，多恨去世早。饮酒入玉壶，藏身以为宝。"〔136〕诗人说，客愁似月色一样不可扫除，亦不可言说。但他还是说了，他所愁者，乃在天地日月终有尽时，渺小如人者更何以堪！所以他要藏身玉壶，即藏身酒乡，委身于大化。《拟古十二首》其三"长绳难系日，自古多悲辛……仙人殊恍惚，未若醉中真"，诗意与此相同。

这虽然是李白对待现实的一种消极的行为，但反映到其饮酒诗中，却呈现出诗人通过饮酒达到精神自在、心灵自由的积极意义。这些作品所体现的精神状态恰与庄子的坐忘之境相契合，超越了感官享受，创造出了审美的境界。

庄子尚自然，讲“人的自然化”，“讲人必须舍弃其社会性，使其自然性不受污染，并扩而与宇宙同构才能成为真正的人。庄子认为只有这种人才是自由的人、快乐的人”。〔137〕怎样才能成为这种快乐的、自由的人？方法很多，其中最重要的是“外物”“坐忘”与“遗情”。《庄子·大宗师》：

> 颜回曰：“回益矣。”仲尼曰：“何谓也？”曰：“回忘仁义矣。”曰：“可矣，犹未也。”他日复见，曰：“回益矣。”曰：“何谓也？”曰：“回忘礼乐矣！”曰：“可矣，犹未也。”他日复见，曰：“回益矣！”曰：“何谓也？”曰：“回坐忘矣。”仲尼蹴然曰：“何谓坐忘？”颜回曰：“堕肢体，黜聪明，离形去知，同于大通，此谓坐忘。”仲尼曰：“同则无好也，化则无常也。而果其贤乎！丘也请从而后也。”〔138〕

所谓“坐忘”就是不知有身体，不知有精神，不知有外物，“既忘其迹，又忘其所以迹者，内不觉其一身，外不识有天地，然后旷然与变化为体而无不通也”〔139〕。

李白饮酒，所要寻找的正是此等不知有我、不知有外物之妙境。《春日独酌二首》其二：

我有紫霞想，缅怀沧洲间。
且对一壶酒，澹然万事闲。
横琴倚高松，把酒望远山。
长空去鸟没，落日孤云还。
但悲光景晚，宿昔成秋颜。〔140〕

《独酌》：

春草如有意，罗生玉堂阴。
东风吹愁来，白发坐相侵。
独酌劝孤影，闲歌面芳林。
长松尔何知，萧瑟为谁吟？
手舞石上月，膝横花间琴。
过此一壶外，悠悠非我心。〔141〕

此处，李白所愁者，依旧是光阴催逼人老，依旧是孤独于人世的悲伤。但是作为对待生命的快乐主义者，李白要寻找解脱之道，因此而有世外之思、升仙之想。但既然一时无法成为神仙，姑且饮酒以达到神仙境界。于是在月下松间，弹琴饮酒，看落日于云中而没、飞鸟于长空而渺，怡情于美酒、美景与音乐之间，淡然而忘掉世间一切矣。《自遣》："对酒不觉暝，落花盈我衣。醉起步溪月，鸟还人亦稀。"〔142〕写的亦是酒后远离人间、与自然一体的境界。这种境界还见于不是饮酒诗的《山中答俗人》："问余何事栖碧山，笑而不答心自闲。桃花流水窅然去，别有天地非人间。"[143]这个与纷扰的人间有别的天地，就是花自发、水自流、心自闲的天地。是一个物我同在、物我同样自在天然的天地。在这样的世界里，人的生命目的体现为个性与心灵最大限度的自由。所以有人问他为何栖隐碧山，他只微笑而不回答，若答，就已为外物所累了。这正是写主体心境之闲的神来之笔。而在《山中与幽人对酌》中，不仅仅是人与物的天地了，也有了人与人的关系："两人对酌山花开，一杯一杯复一杯。我醉欲眠卿且去，明朝有意抱琴来。""我醉欲眠卿且去"，用的是陶渊明故事。据《宋书·陶渊明传》，陶渊明喜喝酒，"贵贱造之者，有酒辄设。潜若先醉，便语客：'我醉欲眠，卿可去。'其真率如此"[144]。李白用此故事，是写人我之间的真淳关系。诚如《唐诗真趣编》所云："'我醉欲眠卿且去'固是醉中语，亦是幽人对幽人，天真烂漫，全忘却行迹周旋耳。"[145]这里的人与人是没有机心、没有任何利害、没有丝毫矫饰的淳朴自然关系。我醉了，你可离去；你若有意，明日可随兴再来。仍然如上诗，纯任个性与精神之所往。酒后的人与人之间，变得更加真纯，宛如天籁。

值得注意的是，李白的饮酒诗，有诸多作品同其山水诗、游仙诗一样，都表现出一种心灵摆脱约束、获得自由、陶然忘机的境界，即审美的境界。《月下独酌》其二：

天若不爱酒，酒星不在天。

地若不爱酒，地应无酒泉。
天地既爱酒，爱酒不愧天。
已闻清比圣，复道浊如贤。
贤圣既已饮，何必求神仙？
三杯通大道，一斗合自然。
但得醉中趣，勿为醒者传。[146]

“天若不爱酒”，为何天上有酒星？“地若不爱酒”，为何地上有酒泉？由此可见天地都是爱酒的。李白这样讲就是要证明人所以之爱酒，是符合天性的。正因为如此，人们往往用清比喻圣人，用浊比喻贤人。醉中之趣、或曰酒之秘密，在于喝上三杯可通大道，喝了一斗合于自然。这个自然，就是庄子所说的道。庄子以坐忘而达于自然，而李白却是以醉酒达于自然，此之自然，就是心灵摆脱了一切束缚，获得了释放，获得了解放，获得了自由。在《月下独酌》其三中，李白把一斗合于自然的状态做了具体描述：

三月咸阳时，千花昼如锦。
谁能春独愁？对此径须饮。
穷通与修短，造化夙所禀。
一樽齐死生，万事固难审。
醉后失天地，兀然就孤枕。
不知有吾身，此乐最为甚。[147]

三月里的独酌，固然是孤独所引起的，这有《月下独酌四首》之一可证。而千花似锦的春天，更加剧了诗人的寂寞愁烦，只有一醉，才会解此孤独与寂寞。醉中世界，是一个齐死生、失天地、物我同忘的世界。在这样的世界里，死与生、人与天地、穷窘与通达，都是无判别的。穷通与修短的人生苦恼，都在醉中消释、化解，所剩的是无情无欲、无我无物的空灵天地，心灵于是而获得解放，得到无拘无束自在逍遥的自由。这样的醉中世界就是庄子“吾忘我”的境界，与庄子坐忘、心斋所达到的境界颇为一致。《春日醉起言志》把这样的醉态写得更是逼真：

处世若大梦，胡为劳其生？
所以终日醉，颓然卧前楹。
觉来眄庭前，一鸟花间鸣。
借问此何时？春风语流莺。
感之欲叹息，对酒还自倾。
浩歌待明月，曲尽已忘情。〔148〕

说是言志，但与一般的言志诗很不同。诗人并没有直接写志，而是描写他的醉态和醉中生活。诗人因为感到人生如一场大梦，所以整日沉醉酒中，如一摊烂泥卧在厅前。偶一醒来，忽闻有一只鸟儿在花间飞鸣。这就颇有意趣。不知是鸟儿惊醒诗人之梦，还是诗人梦醒惊觉了鸟儿。于是诗人作清醒之问，此是何时？回答更妙，也更令人不堪：已是春风中流莺声声了。不知诗人何时醉去，醉了几时？读者不知，诗人或许也不知。但他知道又是恼人的春天到了。春天之所以恼人，就在于它是生命勃发的季节，又是勃发的生命凋零的季节，而且这一生命的转换是那么的短暂与突然！这使诗人又要叹息人生若梦了吧？但他欲叹息而没有叹息，因为叹息是无用的，而是再对酒自斟自饮以求一醉了。此后的浩歌已是醉中之歌了，所以一曲终了就进入了陶然忘情的中圣境界。由此看，李白之志，就是以醉中之梦应对人生之梦，释放精神，争取精神的自由。

这样一种陶然忘机的超越虽然是精神的，毫无疑问也是短暂的，但是很显然是对生命有限的一种抗拒和超越，其目的在于取得最佳的生存状态。这种超然于现实世界之上的情感和态度，就其本质来看，乃是一种审美的态度。“因为超出眼前狭隘的功利，肯定个体的自由的价值，正是人对现实的审美感受的一个极其重要的本质特征。”〔149〕此种对于生存状态的审美的态度，起自物质，达于精神；缘自现实之苦闷，却进入超越现实的快乐和适意，是士人的个体生命意识高度觉悟后而产生的对于生命目的的更深层次的追求，是典型的中国士人的生命意识。

再进一步深究，这是一种什么性质的美感？崇高。是心力战胜人世欲念与利害关系所产生的崇高感。一般认为，带给人震撼的崇高美来自自然的巨大或事件的奇伟，然而亦如叔本华所说，事实上崇高之美也来自人心灵的力量，①这里面就包括对生活中利害关系的全然超脱而达到的心灵自由。乔治·桑塔耶纳论美感说："如果我们因为意识到这个世界的苦难而要求自我解脱称为禁欲主义（斯多葛式）的崇高，那么我们也可以说有一种通过维持心理平衡而求得自我解脱的享乐主义（伊壁鸠鲁式）的崇高。"[150]又云："崇高感本质上是神秘的，它超越一切清晰的知觉并催生出统一感和包容感。道德领域内同样如此，我们胸中的各种感情互相抵消，最后这些感情在包容中平静下来。这是享乐主义者达到超脱和完美境界的方法，它刻意吸取一切本能欲望达到禁欲主义者和遁世苦修者故意舍弃一切本能欲望所达到的同样目的。因此，即使对象没有对不幸的表现，也有可能被感动而取得构成崇高感的自我解放。"[151]乔治·桑塔耶纳的话用来分析李白饮酒诗所产生的美感，再恰切不过。在中国古代，酒与色往往连在一起同为人的欲望的代名词，如上文所引王安石评价李白，说其诗十之八九不离妇人与酒，就是从人的欲望的角度评价李白诗歌，并从道德的高度给予批评。李白饮酒自然亦从欲望出发，但是最终却升华到脱离欲望、摆落利害、全然进入遗物忘我的境界，酒在其中自然发挥了的催化剂的作用，正是酒激发了诗人精神的力量，使之战胜了个人的得失欲望，战胜了人世的苦闷、烦恼，达到了内心的平衡，而使灵魂归于平静和熨

① 叔本华："如果是壮美则与此相反，那种纯粹认识的状况要先通过有意地，强力地挣脱该客体对意志那些被认为不利的关系，通过自由的，有意识相伴的超脱于意志以及意志攸关的认识之上，才能获得。"（《作为意志和表象的世界》，第280—281页）

贴。此类饮酒诗所产生的崇高感，即来自平静、超然的诗之境界中所蕴含的诗人强大的精神力量。

4

把饮酒上升到审美的态度，这在唐代饮酒诗中，实为罕见。唐之饮酒诗，一类是宴乐酒，魏元忠《修书院学士奉敕宴梁王宅》："大君敦宴赏，万乘下梁园。酒助闲平乐，人沾雨露恩。荣光开帐殿，佳气满旌门。愿陪南岳寿，长奉北宸樽。"〔152〕张九龄《奉和圣制登封礼毕洛城酺宴》："大君毕能事，端扆乐成功。运与千龄合，欢将万国同。汉酺歌圣酒，韶乐舞薰风。河洛荣光遍，云烟喜气通。春华顿觉早，天泽倍知崇。草木皆沾被，犹言不在躬。"〔153〕宋之问《麟趾殿侍宴应制》："北阙层城峻，西宫复道悬。乘舆历万户，置酒望三川。花柳含丹日，山河入绮筵。欲知陪赏处，空外有飞烟。"〔154〕李峤《甘露殿侍宴应制》："月宇临丹地，云窗网碧纱。御筵陈桂醑，天酒酌榴花。水向浮桥直，城连禁苑斜。承恩恣欢赏，归路满烟霞。"〔155〕这一类的饮酒诗，多谀颂之作，并无可观之处。一类是饯别酒，杜甫《王阆州筵奉酬十一舅惜别之作》："万壑树声满，千崖秋气高。浮舟出郡郭，别酒寄江涛。良会不复久，此生何太劳？穷愁但有骨，群盗尚如毛。吾舅惜分手，使君寒赠袍。沙头暮黄鹤，失侣自哀号。"〔156〕李端《冬夜与故友聚送吉校书》："途穷别则怨，何必天涯去。共作出门人，不见归乡路。殷勤执杯酒，怅望送亲故。”[157]刘禹锡《送河南皇甫少尹赴绛州》：“祖帐临周道，前旌指晋城。午桥群吏散，亥字老人迎。诗酒同行乐，别离方见情。从此洛阳社，吟咏属书生。”[158]所见多别离真情。一类是排忧酒。唐武元衡《秋日对酒》：“行年过始衰，秋至独先悲。事往怜神魄，感深滋涕洟。百忧纷在虑，一醉兀无思。”[159]此是心怀百忧，一醉而遣之。孟郊的《劝酒》：“白日无定影，清江无定波。人无百年寿，百年复如何。堂上陈美酒，堂下列清歌。劝君金曲卮，勿谓朱颜酡。松柏岁岁茂，丘陵日日多。君看终南山，千古青峨峨。”[160]亦是有感于人生易老、岁月难留，劝人以酒解除苦闷。在写以酒排忧的诗中，最有代表性的是杜甫《醉时歌》：

诸公衮衮登台省，广文先生官独冷。
甲第纷纷厌粱肉，广文先生饭不足。
先生有道出羲皇，先生有才过屈宋。
德尊一代常坎坷，名垂万古知何用！
杜陵野客人更嗤，被褐短窄鬓如丝。
日籴太仓五升米，时赴郑老同襟期。
得钱即相觅，沽酒不复疑。
忘形到尔汝，痛饮真吾师。
清夜沉沉动春酌，灯前细雨檐花落。
但觉高歌有鬼神，焉知饿死填沟壑。
相如逸才亲涤器，子云识字终投阁。

先生早赋归去来，石田茅屋荒苍苔。
儒术于我何有哉？孔丘盗跖俱尘埃。
不须闻此意惨怆，生前相遇且衔杯！[161]

作品原注："赠广文馆博士郑虔。"这首诗作于天宝十三载春。郑虔见赏于宰相苏颋，被颋推荐为著作郎，后遭人诬告"私撰国史"，因罪外贬十年。开元二十五年，唐玄宗因爱其才，为之更置广文馆，任虔为博士。虔与李白、杜甫皆为好友，颇具才华，其诗、书、画被玄宗称为"三绝"，但其生平穷饥坎坷，如杜诗所言"坐客寒无毡"。关于此诗，王嗣奭《杜臆》的解释最为近之："此篇总是不平之鸣，无可奈何之词，非真谓垂名无用，非真薄儒术，非真齐孔、跖，亦非真以酒为乐也。杜诗'沉醉聊自遣，放歌破愁绝'，即此诗之解，而他诗可以旁通。自发苦情，故以《醉时歌》命题。"[162]《杜诗言志》亦云；"读先生此诗，几疑其为好饮者也，然而非先生也。又或谓先生托此而逃焉者，亦非也。盖好饮止可加于嵇、阮，而托而逃焉者，第可施之于靖节。而先生则以经世之才，急用世之志，所遭不偶，与郑虔负'三绝'之望，徒就广文之冷署者略同。故一腔牢落不平之气，聊寄于曲蘖以自遣。"[163]诗中写自己与郑虔"得钱即相觅，沽酒不复疑。忘形到尔汝，痛饮真吾师"。虽然经常喝到忘形，忘掉你我的程度，但从此诗看，他们一起纵酒，就是为排遣"相如逸才亲涤器，子云识字终投阁"穷愁不得志的苦闷。杜甫《苏端薛复筵简薛华醉歌》"如渑之酒常快意，亦知穷愁安在哉”，亦属此类。

亦有闲酒。在中唐诗人中，元稹和白居易的饮酒诗最多，而白居易的饮酒诗，多为闲酒类。《适意二首》其一：“十年为旅客，常有饥寒愁。三年作谏官，复多尸素羞。有酒不暇饮，有山不得游。岂无平生志，拘牵不自由。一朝归渭上，泛如不系舟。置心世事外，无喜亦无忧。终日一蔬食，终年一布裘。寒来弥懒放，数日一梳头。朝睡足始起，夜酌醉即休。人心不过适，适外复何求？”〔164〕《池上篇》：“十亩之宅，五亩之园。有水一池，有竹千竿。勿谓土狭，勿谓地偏。足以容膝，足以息肩。有堂有亭，有桥有船。有书有酒，有歌有弦。有叟在中，白须飘然。识分知足，外无求焉。如鸟择木，姑务巢安。如龟居坎，不知海宽。灵鹤怪石，紫菱白莲。皆吾所好，尽在我前。时引一杯，或吟一篇。妻孥熙熙，鸡犬闲闲。优哉游哉，吾将终老乎其间。”〔165〕《赠梦得》：“心中万事不思量，坐倚屏风卧向阳。渐觉咏诗犹老丑，岂宜凭酒更粗狂。头垂白发我思退，脚蹋青云君欲忙。只有今春相伴在，花前剩醉两三场。”〔166〕《感樱桃花因招饮客》：“樱桃昨夜开如雪，鬓发今年白似霜。渐觉花前成老丑，何曾酒后更颠狂。谁能闻此来相劝，共泥春风醉一场。”〔167〕置身世外，知足无求，或临花而醉，或夜酌而眠，皆是闲适生活之写照。可称之为闲酒的还有麹信陵《移居洞庭》：“重林将叠嶂，此处可逃秦。水隔人间世，花开洞里春。荷锄分地利，纵酒乐天真。万事更何有，吾今已外身。”〔168〕藏身洞庭，湖水隔开了人世，喝酒不过是这种闲适生活的一种点缀。皮日休

《闲夜酒醒》："醒来山月高，孤枕群书里。酒渴漫思茶，山童呼不起。"[169]写的也是醉酒醒来后的闲适之感。这类饮酒诗很容易与表现了超然境界的饮酒诗相混，而实则是有区别的。闲酒，喝的是闲适酒，饮酒是其闲适生活之一种情状，并非如超然酒那样在醉酒中全然忘却了世界，忘却了自我。

细数唐代的饮酒诗大致不出以上四类，而像李白直接描写饮酒并进入陶然忘机境界的作品并不多见。李白的此类饮酒诗，在唐代很难找到知音，上溯到晋宋时期，从陶渊明的饮酒诗中，发现了同类作品。从深层次看，李白吟咏生命意识的诗歌，多有陶渊明的影子在，尤其是陶渊明的《杂诗十二首》。李白的饮酒诗更是如此，其遗情舍物的情怀与陶渊明《饮酒诗》颇为相近。陶渊明《饮酒诗》其七：

秋菊有佳色，裛露掇其英。
泛此忘忧物，远我遗世情。
一觞聊独进，杯尽壶自倾。
日入群动息，归鸟趋林鸣。
啸傲东轩下，聊复得此生。[170]

本来陶渊明息交绝游，就已经是遗忘俗世了。而酒为忘忧之物，"今持菊饮酒，则连我遗忘俗世之情亦忘之矣"[171]。此诗不写饮酒已醉，但只一句"杯尽壶自倾"，似乎就写尽了独酌醉酒时杯空壶倒之状。而日落西山，万籁俱寂，只闻归鸟飞回林中的鸣叫，已经是醉中心灵与自然合为一体的精神状态了。“壶自倾”，多解释为自斟自饮，似未得“壶自倾”之意。方祖燊《陶潜诗笺注校证论评》未注此句，但其评论云：“又写他一个人独饮，饮到‘杯尽壶自倾’，到今天仍可使我们想到他的酩酊醉态。”[172]理解为以“杯尽壶自倾”写诗人的醉态，似为得之。其十四写醉后之状：

故人赏我趣，挈壶相与至。
班荆坐松下，数斟已复醉。
父老杂乱言，觞酌失行次。
不觉知有我，安知物为贵？
悠悠迷所留，酒中有深味。[173]

相与挈壶而至、来请诗人喝酒的父老们，醉酒之后已经言行不能自主了，而诗人则进入了悠悠然不知有我、不知有物、不知身在何处的精神境界。所谓的酒中深味、酒中真趣，就是此种悠然忘我的自由情状。这种精神境界，与李白“醉后失天地”“曲尽已忘情”的精神境界完全相同，是一般饮者亦会获得、而只有深谙庄子逍遥之理的人才会在诗中表现出来的审美诗境。

第八章　万物兴歇皆自然

李白顺其自然的生活态度

一　“自然”的哲学命题

在西方，对“自然”有两种解释。一种解释为“与生物（有机）和非生物（无机）现象有关的、非人为地存在或发展着的一切，即各种形式的物质”；另一种解释为“地球表面或没有人或很少有人居住、没有被人或极少被人改造过的一定区域内的植物、动物、水流和山岩的总和”[1]。第一种解释是把“自然”解作客观物质，即自然界，第二种则主要指自然物。

而在中国古代，所谓“自然”，本不指有形的具体存在的事物，主要指自然而然的存在状态和无为、无施的态度。对于独立于人之外的自然物而言，“自然”一般讲的是它的客观运行法则，即所谓自然而然的存在状态，如《庄子·田子方》中所讲的“水之于汋”“天之自高、地之自厚、日月之自明”的自然，[2]《淮南子·原道训》所讲的“员者常转，窾者主浮”的自然之势。[3]《庄子·天道》云：“天地固有常矣，日月固有明矣，星辰固有列矣，禽兽固有群矣，树木固有立矣。”[4]这就是庄子所说的自然物的自然。对于人及其所组成的人类社会来说，“自然”，既指人的天性，同时还讲的是人对待事物的态度。

1

先秦道家哲学，被称为自然的哲学。“自然”在道家的哲学中是一个基本的概念，亦是其理论的核心。“自然”是道家哲学研究问题的出发点，也是其解决问题的归依，更是其人性观的理论基础。

老子之所以被称为道家，就在于他首先论“道”。然而，“道”只是统贯老子哲学的名，其哲学的实质则是“自然”。《老子》朱谦之注说得好：

> 黄、老宗自然，《论衡》引《击壤歌》：“日出而作，日入而息，凿井而饮，耕田而食，帝力何有于我哉。”此即自然之谓也，而老子宗之。二十五章：“人法地，地法天，天法道，道法自然。”五十一章：“夫莫之命而常自然。”二十三章：“希言自然。”六十四章：“以辅万物之自然而不敢为。”观此知老子之学，其最后之归宿乃自然也。故《论衡·寒温篇》曰：“夫天道自然，自然无为。”〔5〕

老子使用“自然”这个概念，主要用来解释“道”。他认为，“自然”是道的核心内涵，道的本质即是自然，所以《老子》第二十五章云："人法地，地法天，天法道，道法自然。"[6]这里所说的"自然"，既不是指现代意义上的自然界、自然物，也不是指所谓的自然规律，而是指"道"的状态，一种非人力所为的自然而然的状态。"道"的本质即是这种自然无为的状态。故河上公注说："道性自然，无所法也。"[7]吴澄《道德真经注》："道之所以大，以其自然，故曰'法自然'。非道之外，别有自然也。自然者，无有无名是也。"[8]《老子》第五十一章云："道之尊，德之贵，夫莫之命而常自然。"[9]道之所以受尊崇，就在于它不对万物加以干涉，而是一任万物在自然无为的状态中生长，"以辅万物之自然而不敢为"[10]。

《老子》全书谈到"自然"的地方有五处，除上引的三处外，还有第十七章："功成事遂，百姓皆谓我自然。"[11]吴澄《道德真经注》："然，如此也。""百姓皆谓我自如此"[12]。又，第二十三章："希言自然。"[13]车载《论老子》说："《老子》全书谈及'自然'一辞的文字，计有五处……《老子》书提出'自然'一辞，在各方面加以运用，从来没有把它看成是客观存在的自然界，而是运用自然一语，说明莫知其然而然的不加人为任其自然的状态，仅为《老子》全书中心思想'无为'一语的写状而已。"[14]其说颇有道理。老子的哲学被称为"自然"的哲学。所谓"自然"，就是不施以外力，事物按照自身的性质、状态存在和发展，尤其是不加以人为的干预。自然界是如此，对待社会事物也是如此。第二十三章所说的"希言"，主要是主张政令的清静无为。蒋锡昌《老子校诂》解此语曰："'多言'者，多声教法令之治；'希言'者，少声教法令之治。故一即有为，一即无为也。”[15]由此可见，“希言自然”，就是不以苛政扰民。不仅如此，更进一步说，甚至连礼义等社会规范也不需要，使人民回到远古时代素朴的生活中去。所以，与自然相关的是无为、虚静。第五十七章：“我无为而民自化，我好静而民自正，我无事而民自富，我无欲而民自朴。”[16]第十六章：“夫物芸芸，各复归其根，归根曰静，是谓复命。”[17]第三十七章：“不欲以静，天下将自定。”[18]无为、无事、无欲，就是清静，消解外在的意志对事物的干扰，让事物自然存在和发展。归根则是回到事物之始，即回归于道，而道的性质就是无为，无为曰静。

2

庄子的哲学是自然主义的哲学，“自然”是庄子思考问题的理论出发点，也是庄子思想的核心。《庄子》一书中提到“自然”一词不过十条，如《德充符》篇中的“常因自然而不益生”[19],《应帝王》篇中“顺物自然而无容私焉”[20],《田子方》篇“无为而才自然矣”[21]。并不像《老子》一书对“自然”有专门的描述。但是,《庄子》一书的核心理论就是建立在他的自然观基础之上的，所以庄子对于老子的自然说有了延展与深化。如果说老子的自然之说着眼于对道的一般属性的解说，并把重点放在对社会政治的考察上，那么，庄子的自然之说则在此基础之上对道的自然属性给以深化，并且加之以物与人的自然之性和人应体法自然而行的人生及处世态度。

庄子论道，首先明确道的不可把握性。《庄子·知北游》说："道不可闻，闻而非也；道不可见，见而非也；道不可言，言而非也。知形形之不形乎？道不当名。"[22]《天道》篇说："夫道，于大不终，于小不遗，故万物备，广广乎其无不容也，渊渊乎其不可测也。"[23]正因为道不可道，所以庄子着力描述道的形态，核心在于揭示道本自然的属性。《齐物论》篇云：

道行之而成，物谓之而然。恶乎然？然于然；恶乎不然？不然于不然。物固有所然，物固有所可。无物不然，无物不可。故为是举莛与楹，厉与西施，恢诡谲怪，道通为一。其分也，成也；其成也，毁也。凡物无成与毁，复通为一。唯达者知通为一，为是不用而寓诸庸。庸也者，用也；用也者，通也；通也者，得也；适得而几矣。因是已。已而不知其然，谓之道。[24]

物之可与不可，然与不然，皆其"自"也，即为自然如此，从道的自然属性来看，物之分别，皆为自然。在《德充符》篇里说："自其异者视之，肝胆楚越也；自其同者视之，万物皆一也。"[25]所谓"同"者，也是在讲从物的自然而然的属性而视之。在《大宗师》篇里，庄子重点揭示道的"自本自根"性：

夫道，有情有信，无为无形；可传而不可受，可得而不可见；自本自根，未有天地，自古以固存；神鬼神帝，生天生地；

在太极之先而不为高，在六极之下而不为深，先天地生而不为久，长于上古而不为老。[26]

这个“自本自根”，就是自己如此，没有第二个力量或原因使然，并且是由来如此。诚如《知北游》篇所说：“天不得不高，地不得不广，日月不得不行，万物不得不昌，此其道与！”[27]而所谓“不为”，仍然强调的是道的自然性，因为是自然如此，所以，在高不自以为高，在低不自以为低，在久而不自以为久，在老而不自以为老。亦犹此篇前段所讲，“天地有大美而不言，四时有明法而不议，万物有成理而不说”[28]。之所以天地有大美而不言，就是因为它不自以为美，美是自美；四时有明法而不议，也是因为它不自以为法，法是自然的存在；万物有成理而不说，其道理也是如此。而在人之视道，亦应如是看。实则就是不知其所以然，“已而不知其然谓之道”。在《知北游》篇，也有类似的表述：

今彼神明至精，与彼百化，物已死生方圆，莫知其根也，扁然而万物自古以固存。六合为巨，未离其内；秋毫为小，待之成体。天下莫不沉浮，终身不故；阴阳四时运行，各得其序。惽然若亡而存，油然不形而神，万物畜而不知。此之谓本根，可以观于天矣。[29]

事物小大的由来，四时运行的秩序，皆不自知，皆本然如是，这就是本根。又，《在宥》篇曰："万物云云，各复其根。各复其根而不知；浑浑沌沌，终身不离；若彼知之，乃是离之。无问其名，无窥其情，物固自生。"[30]所谓"复其根"，即是复其本然，回到"物固自生"的原初状态。老子谓之"复命"："夫物芸芸，各复归其根。归根曰静，是曰复命。复命曰常，知常曰明。"[31]王弼注认为，"归根"就是"各返其所始也"[32]，即回到它的原初；而"复命"就是"得性命之常"[33]，也就是得其自然本性，即静而无为的本然状态。这个本然，就是庄子说的"自生"，所以不自知。由此观之，方可以知天道。可见，本根近于自根，都是讲物的自然之性。

在《庄子》中，谈得最多的是物的自然之性、人的自然之性，以及人顺应自然的态度。

庄子谈物的自然之性，主要还是针对人的活动及其对物性的改变。所以，他讲物性，集中讲物的自然之性，就是它不为人类所改变的本然之性、必然之性。《天道》篇云："天尊，地卑，神明之位也；春夏先，秋冬后，四时之序也；万物化作，萌区有状，盛衰之杀，变化之流也。"[34]"天地固有常矣，日月固有明矣，星辰固有列矣，禽兽固有群矣，树木固有立矣"[35]。这就是天下的自然状态，也是它的自然之性。《齐物论》篇讲什么是天籁："夫吹万不同，而使其自已也，咸其自取，怒者其谁邪？"[36]物性都是自己形成的，如同大大小小孔窍发出的不同声音，非由外力，是自己如此，"风窍不同，形声乃异"[37]（成玄英疏），故曰天然。又，《秋水》篇云："牛马四足，是谓天。落马首，穿牛鼻，是谓人。"[38]何谓"天"？

《天地》篇云："无为为之之谓天。"[39]郭象注："不为此为，而此为自为，乃天道。"[40]"此为自为"，是物的自然之性；而"不为此为"，就是顺从物的自然性。

物的各种存在，都是天然的，它们有自己的"性""命"。《天运》篇借老子之口说：

> 夫白鶂之相视，眸子不运而风化；虫，雄鸣于上风，雌应于下风而风化。类自为雌雄，故风化。性不可易，命不可变，时不可止，道不可壅。苟得于道，无自而不可。失焉者，无自而可。[41]

这个"性""命"，就是物的自然之性。当然，"性"与"命"又有不同，《庄子·天地》云："未形者有分，且然无间，谓之命。"[42]可见，"命"似为物将形未形之前，对物的属性有着决定意义的先天性的存在条件。什么是"性"呢？《庚桑楚》篇云："性者，生之质也。"[43]性，即自然之性，它决定了物的本质。《天地》篇说："形体保神，各有仪则，谓之性。"[44]此处所说的仪则，应该指形体和精神的天然禀赋。

物的这种自然之性，庄子又把它称为"真"。《渔父》篇说："真者，所以受之于天也，自然不可易也。"[45]在庄子那里，天不是一种有意志的神，而是一种必然的存在，因此，物的无为的自然属性应该是必然的存在。在《秋水》篇中，庄子把不改变牛马的天性称为返真："故曰，无以人灭天，无以故灭命，无以得殉名，谨守而勿失，是谓反其真。"〔46〕在《天道》篇中，对物的自然之性还有过一句最为简洁的表述："夫虚静恬淡寂寞无为者，万物之本也。"〔47〕虚静、恬淡、寂寞、无为，其实都是物的自然之性的一种表达形式。虚静、寂寞、恬淡，就是在描述物的本然状态。当然，天地万物也是有秩序的，但是这种秩序不是由一种来自于天地万物之外的外力安排或改变的，而是自然生成的。"天无为以之清，地无为以之宁，故两无为相合，万物皆化。……万物职职，皆从无为殖。故曰天地无为也而无不为也。"〔48〕一切皆为自然。

正因为物的自然属性是一种天然也是必然的存在，所以庄子主张"无以人灭天"，反对人干预自然。《知北游》篇云："圣人处物不伤物，不伤物者，物亦不能伤也。唯无所伤者，为能与人相将迎。"〔49〕所谓不伤物，就是不改变物的自然之性。与物无为相处，万物会自司其职，因此，人以无为为贵。这里最为关键的是，与物相处时，要尊重物各有差异的自然之性，而不是以人为本，自作主张地试图改变物性。《至乐》篇借孔子的话说：

> 且如独不闻邪？昔者海鸟止于鲁郊，鲁侯御而觞之于庙，奏《九韶》以为乐，具太牢以为膳。鸟乃眩视忧悲，不敢食一脔，不敢饮一杯，三日而死。此以己养养鸟也，非以鸟养养鸟也。夫以鸟养养鸟者，宜栖之深林，游之坛陆，浮之江湖，食之鳅鲦，随行列而止，委蛇而处。彼唯人言之恶闻，奚以夫譊

诶为乎！《咸池》《九韶》之乐，张之洞庭之野，鸟闻之而飞，兽闻之而走，鱼闻之而下入，人卒闻之，相与还而观之。鱼处水而生，人处水而死，彼必相与异，其好恶故异也。故先圣不一其能，不同其事。[50]

物各有其自然之性，这是其生存之本，因此，人不能主观地认为人之性就是物之性，而应以物之性对待物之性。

庄子强调物的自然本性，落脚点在于讨论人的自然性，这可以从庄子所描写的“至德之世”窥其内涵。《马蹄》篇说：“夫至德之世，同与禽兽居，族与万物并，恶乎知君子小人哉？同乎无知，其德不离。同乎无欲，是谓素朴。素朴而民性得矣。”[51]素朴之性，就是自然人性，即人的天性。它没有知性，没有欲望；同时，不知有君子小人之分，甚至不知与群兽分。《天地》篇云：“至德之世，不尚贤，不使能；上如标枝，民如野鹿；端正而不知以为义，相爱而不知以为仁，实而不知以为忠，当而不知以为信，蠢动而相使，不以为赐。是故行而无迹，事而无传。”[52]至德之世的人行仁义忠信之实，却不知仁义忠信之义；上如高枝恬淡无为，下如野鹿淳朴，一切皆按其本性而动。《盗跖》篇说：“神农之世，卧则居居，起则于于，民知其母，不知其父。与麋鹿共处，耕而食，织而衣，无有相害之心，此至德之隆也。”[53]从上面的描述可知，至德之世仍是一个未被开化的淳朴世界。这个世界里的人民，仍保留着人的自然天性。而这样的人性，是不分君臣、不知仁义道德的人性。概括说来，就是未被道德伦理化、未被贪欲机心所污染的人性。

《庄子》一书，一个最基本的倾向，就是反对改变自然人性。《天地》篇除了讨论“性”，又曾论述“失性”：“且夫失性有五：一曰五色乱目，使目不明；二曰五声乱耳，使耳不聪；三曰五臭薰鼻，困惾中颡；四曰五味浊口，使口厉爽；五曰趣舍滑心，使性飞扬。此五者，皆生之害也。”〔54〕目之视物，耳之听声，鼻之嗅气，口之品味，以及心之精神活动，皆是人先天带来的自然属性；然而，人类的过度文明化，使社会失去了自然的声色，充斥着人为的诱惑，造成了对人的自然天性的损害。因此，庄子主张要限制人的行为，人要顺应自然，无所作为。那么，人如何才能做到保性？《庄子》一书中多有讨论。如《德充符》篇借孔子语讲“才全”：

> 死生存亡，穷达贫富，贤与不肖毁誉，饥渴寒暑，是事之变、命之行也。日夜相代乎前，而知不能规乎其始者也。故不足以滑和，不可入于灵府。使之和豫，通而不失于兑；使日夜无隙，而与物为春，是接而生时于心者也，是之谓才全。〔55〕

陈鼓应注引释德清语：“才全者，谓不以外物伤戕其性，乃天性全然未坏，故曰全。”〔56〕才全，就是保住天性。人的一生，既有生死存亡和穷达贫富的命运，也有是非毁誉和饥渴寒暑的际遇。这是改变人的天性的外在条件。而才全之人，则淡然面对这一切，随变任化，不因此而乱了本性。《德充符》篇曾用一句话概括：“吾所谓无情者，言人之不以好恶内伤其身，常因自然而不益生也。”[57]《马蹄》篇云：“同乎无知，其德不离；同乎无欲，是谓素朴；素朴而民性得矣。”也正是由于这个原因，庄子主张不要干预他人或改变他人的天性，对社会实施无为而治。对此，《庄子》一书多有论述。《在囿》篇说：“君子不得已而临莅天下，莫若无为。无为也而后安其性命之情。”[58]《天道》篇里有更详细的讨论：

> 夫帝王之德，以天地为宗，以道德为主，以无为为常。无为也，则用天下而有余；有为也，则为天下用而不足。故古之人贵夫无为也。上无为也，下亦无为也，是下与上同德，下与上同德则不臣。下有为也，上亦有为也，是上与下同道，上与下同道则不主。上必无为而用天下，下必有为为天下用，此不易之道也。[59]

无为而治的基本出发点，就是“安其性命之情”，即保住人的天性。

出于保护人的天性，庄子反对人独立于自然。庄子认为，人与万物同为一体，“天地与我并生，而万物与我为一”[60]。因此，人不应独立于物之外。《大宗师》篇讲了一个故事：“今一犯人之形，而曰‘人耳，人耳’，夫造化者必以为不祥之人。今一以天地为大炉，以造化为大冶，恶乎往而不可哉。”[61]这里所讲的就是反对人有独立于大自然的人的意识。“吾在天地之间，犹小石小木之在大山也。”[62]“号物之数谓之万，人处一焉。”[63]人只是万物之一而已，所以人应回归自然，作为自然的一个组成部分，这才能不失去其自然之性。

3

在魏晋南北朝时期，玄学家所说的“自然”，就字义上说仍指自然而然、天然无为之意。王弼注《老子》第二十五章云：“道不违自然，乃得其性。法自然者，在方而法方，在圆而法圆，于自然无所违也。自然者，无称之言，穷极之辞也。”[64]又，注《老子》第五章：“天地任自然，无为无造。”[65]《老子》第二十五章提出了宇宙“四大”，即人、地、天、道，而在“四大”之中，人取法地，地取法天，天取法道，道的本质即为自然。自然是极点，是不可名称的。王弼认为：法自然，就是不违背自然，只有如此，才保全了道的本性。可见，自然是道的本体。正因为如此，魏晋人径言：“自然者，道也。”[66]“故不通于自然者不足以言道。”[67]即把“道”与“自然”合二为一。而所谓“自然”，就是在方为方，在圆为圆，无为，无造，即任自然而行，保存其天然的状态。诚如王弼注《老子》第二十九章所云：“万物以自然为性，故可因而不可为也。”“圣人达自然之性，畅万物之情，故因而不为，顺而不施。”[68]即顺其自然，不加以主观意志，不人为地去改变事物。

郭象注《庄子》，也常谈及“自然”。在他那里，“自然”仍皆自然、无为的意思。其注《逍遥游》篇说：“天地者，万物之总名也。天地以万物为体，而万物必以自然为正。自然者，不为而自然者也。”[69]万物体现了自然，万物以自然为归依，自然就是万物自然存在的状态。又，注《齐物论》篇说：“自己而然，则谓之天然。”[70]“物各自然，不知所以然而然。”[71]郭象所说的“自然”，既有自然无为的意思，又有自然如此的意思。阮籍《达庄论》亦云：“天地生于自然，万物生于天地。自然者无外，故天地名焉。天地者有内，故万物生焉。”[72]万物生于天地，天地生于自然，则天地、万物同在自然之内，处于自然而然的状态。由此可见，自然不是处于天地、万物之外，而是就在天地、万物之中的。可见，魏晋玄学家对天地自然的认识，基本上本于庄子的自然观。

情况虽然如此，然而在魏晋玄学家那里，用“自然”来解释人性却发生了分歧。

一些人仍坚持以“自然”指人的天性。东晋著名诗人陶渊明的《归园田居》有“久在樊笼里，复得返自然”句，今人对“自然”或不注，或解为“大自然”；然而，陶渊明此诗所说的“自然”，实为自然天性之意。闻人倓《古诗笺》注此句诗，引《老子》第二十五章“道法自然”解“自然”，是很有道理的。查慎行《初白庵诗评》卷上云：“返自然，道尽归田之乐，可知尘网牵率，事事俱违本性。”[73]“本性”解为“自然”，也符合诗的本义。陶渊明《归去来兮辞·序》云：“彭泽去家百里，公田之秫，过足为润，故便求之。及少日，眷然有归欤之情。何则？质性自然，非矫励所得；饥冻虽切，违己交病。”[74]因本性自然，不能造作勉强以违本性，因此，陶渊明宁弃彭泽令之职，忍饥受冻，以归田园。这里的“自然”，显然是指人的本性。此例也足以证明，“久在樊笼里，复得返自然”的“自然”，就是诗人重新获得的自然本性。

其实，用“自然”解释人性并非始于陶渊明，魏晋的玄学家早就论及自然天性的问题。嵇康提出著名的“越名教而任自然”思想，所主张的就是任自然之性、任自然之心，其《释私论》云：“夫气静神虚者，心不存于矜尚；体亮心达者，情不系于所欲。矜尚不存乎心，故能越名教而任自然；情不系于所欲，故能审贵贱而通物情。物情顺通，故大道无违；越名任心，故是非无措也。”〔75〕嵇康所说的“任自然”，就是指超越名教的束缚，摆脱情欲矜尚的牵累，使心性回到气静神虚的自然状态。所以，很明显，“任自然”就是任自然之本性、自然之心态。

就人的自然之性来说，“自然”又可称为“真”或“本”。东晋张湛注《列子·黄帝》：“至真至纯，即我之性分，非求之于外。”〔76〕注《列子·仲尼》：“夫心，寂然无想者也，若横生意虑，则失心之本矣。”〔77〕前条注是说：人一生下来就赋得了至真至纯的本性，而后条注则由“我”的性分扩展到人的思想性情。张湛认为：人心本来就是寂然无想的，因此，要保持这种本然之心，最好就是“顺心”，即保持心之本然状态。由此可见，这仍然是庄子任自然思想的一种反映。

其次，“自然”与万物有了密切的联系。万物生于天地，天地生于自然，则天地、万物同在自然之内，自然亦非在天地、万物之外，而是就在天地、万物之中的。郭象注《庄子·逍遥游》“天地以万物为体，而万物必以自然为正”，也说的同是样的道理，即万物体现了自然，万物以自然为归依，自然就是万物自然存在的状态。而这里所说的“万物”，则主要指自然界，当然也包括山水景物在内。

“自然者，道也”。“道即自然”，万物以自然为体的观念再往前发展一步，就必然会建立起自然（道）与山水景物的联系。因此，到了刘宋时期，宗炳在其《画山水序》中提出了“山水以形媚道”的理论，认为山水亦体现了自然之道。正因为如此，士人也就把纵情山水作为体道适性的最佳形式之一。王羲之《答许询诗》：“取欢仁智乐，寄畅山水阴。”〔78〕王肃之《兰亭诗》：“嘉会欣时游，豁尔畅心神。”〔79〕王徽之《兰亭诗》：“散怀山水，萧然忘羁。”〔80〕谢灵运《游名山志》：“山水，性之所适。”〔81〕山水也就成为士人摆脱社会生活烦扰、寻找回自然本性、体任自然的生活方式。陶渊明“复得返自然”，寻找的是“园田”“丘山”之乐。谢灵运则放浪山水，《宋书·谢灵运传》：“郡有名山水，灵运素所爱好，出守既不得志，遂肆意游遨，遍历诸县，动逾旬朔。”〔82〕“寻山陟岭，必造幽峻，岩嶂千重，莫不备尽。”〔83〕以体验“恬如”之性。东晋以后，士人纵情山水成为一时风气。王羲之与东土人士尽山水之游；许询好泉石，隐于永兴西山；孙绰游放会稽山水十余年；谢鲲放情山水，不改其乐。士人不仅自己游山水，还要相邀同赏，晋穆帝永和九年三月三日，有王羲之、谢安、支遁等四十二人的山阴兰亭之会；晋安帝隆安四年（400）仲春，又有僧门三十余人的石门之游。与此同时，山水进入诗、画，形成一种新的诗体与画材。而这些，对李白的纵情山水以及创作山水诗，都有很大影响。

二　李白诗中的“自然”

1

李白诗中有多处提到“自然”，从诗的上下文看，“自然”的含义仍是传统的，主要指非人为的、天然的意思，有的地方“自然”与“道”同义。可以看出，李白思想深受道家思想影响，并试图用老庄的自然之道来认识天地万物、指导人生。《月下独酌四首》其二诗云：“三杯通大道，一斗合自然。但得醉中趣，勿为醒者传。”〔84〕诗中所说的“自然”与“大道”可互置。诗义谓：人之爱酒，与天地相通，饮酒既合于自然，又与道相通。李白《草创大还赠柳官迪》也出现了“自然”一词：“天地为橐籥，周流行太易。造化合元符，交构腾精魄。自然成妙用，孰知其指的？”〔85〕此处所说的“自然”，即自然而然之意。这几句诗是说天地造化有它奇妙的功用，它是自然的，无目的的。上二例说明，李白使用“自然”一词时，仍用的是唐前“自然”的含义。

在李白使用“自然”的诗里，《日出入行》一诗最应引起我们的注意，此诗反映出李白十分重要的自然观。诗如下：

日出东方隈，似从地底来。
历天又复入西海，六龙所舍安在哉？
其始与终古不息，人非元气，安得与之久徘徊？
草不谢荣于春风，木不怨落于秋天。
谁挥鞭策驱四运？万物兴歇皆自然。
羲和羲和，汝奚汩没于荒淫之波？
鲁阳何德？驻景挥戈。
逆道违天，矫诬实多。
吾将囊括大块，浩然与溟涬同科。〔86〕

此诗首言天地，次言万物，贯穿了天地万物以自然运行的思想。古人对日出东方、西沉入海的天象有过种种解释。《淮南子·天文训》云："爰止羲和，爰息六螭，是谓悬车。"①高诱注："日乘车，驾以六龙，羲和御之，日至此而薄于虞渊，羲和至此而回。"〔87〕此说亦见于屈原《离骚》："吾令羲和弭节兮，望崦嵫而勿迫。"〔88〕王逸注："羲和，日御也。"可见羲和御日是古代关于太阳运行的较早的神话传说。《庄子》则认为，日月运行乃自然之道，《知北游》篇云：

天不得不高，地不得不广，日月不得不行，万物不得不昌，此其道与！〔89〕

① 原作"至于悲泉，爰止其女，爰息其马，是谓悬车"，此据《太平御览》引文。

这种理论以自然之道否定了自然界还有任何超自然的神力的存在。李白此诗深受庄子思想影响，在描绘了日出日落、终古不息的天象之后，对六龙载日的传说提出了质疑：所谓六龙载日的传说，不过是妄语而已，哪里有什么六龙停留的地方？

诗的第二段由天体运行而及自然界的四时变化。“草不谢荣于春风，木不怨落于秋天”，是互文。此段意谓：花草树木，每当春风吹来，就会生长，就会繁荣；每逢秋天降临，就会凋落，就会枯萎。它们自生自衰，并非外力，既无须因新生而感谢春风，亦不应衰落而怨恨秋天。这是因为时序的变迁而有了草木的荣歇，非由某超自然的外力主宰，它们与天体运行一样，皆乃自然之道，即“万物兴歇皆自然”也。

李白此诗由天道而推及人道，主张人亦应顺应自然而行。《淮南子·览冥训》载：“鲁阳公与韩构难，战酣，日暮，援戈而㧑之，日为之反三舍。”[90]李白以近乎嘲弄的口吻诘问道：羲和呀羲和，你不是驾驶六龙载着太阳行驶于天空的神吗？却又为何沉没到浩瀚无涯的大海里了呢？楚国的鲁阳公，你又有何德何能？举戈一挥，竟想叫太阳停止运行呢？日月运行，四季轮转，草木荣枯，既然皆出于自然，那么，所谓天道，就是自然。只有顺应自然，才合于天道。鲁阳公的传说，就在于妄想改变天宇运行的自然之道，“逆道违天”，是妄言而不足以取信的。人的生命亦如此，既非化育万物的一元之气，也不能与太阳同寿，它自然而生，自然而死。人就是如此生生运转，以至无期。因此，人的最佳选择不是改变自然，而是顺应自然。正因为如此，李白在此诗的最后充满激情地高唱道："吾将囊括大块，浩然与溟涬同科。"何谓"大块"?《庄子·齐物论》："夫大块噫气，其名为风。"成玄英疏："大块者，造物之名，自然之称也。"[91]"溟涬"即庄子所说的"涬溟"。《庄子·在宥》：

> 意！心养。汝徒处无为，而物自化。堕尔形体，吐尔聪明，伦与物忘，大同乎涬溟，解心释神，莫然无魂。万物云云，各复其根，各复其根而不知；浑浑沌沌，终身不离；若彼知之，乃是离之。[92]

成玄英疏："涬溟，自然气也。"可见"大块"与"溟涬"均为自然。当然，庄子之意在于说明人的"心养"，要人黜退聪明，消解神明，在人与物的关系上，处于无知状态，这样才能达到人无为而自化。李白要囊括大块，与溟涬同科，不是要与宇宙同生死，也不是要掌握什么自然规律，其意亦在与自然融为一体。

2

李白与自然为一的思想仍来自庄子。《庄子·齐物论》云："天地与我并生，而万物与我为一。"[93]又《德充符》云："与物为春。"[94]庄子之意，并非真要与天地并生共存，而是主张从精神上打通人与宇宙、有限与无限的分界，以人的自然合于宇宙天地万物的自然，即以天合天之意。李白高唱“囊括大块，浩然与溟涬同科”，与庄子意思相近，就是要使主体的精神与自然相合，即心任自然。

李白《日出入行》反映出的自然思想，论者多把其作为宇宙观看。这种认识固有道理，但似不全面。《日出入行》不仅反映出了李白的宇宙观，也表现出了他的生命观，亦可作为他的部分人生观来看。《日出入行》反映出的李白的生命观，就是任自然。任自然的实质是追求个人身心的最大自由，不受羁约，不受束缚，自由适意，保持个人的本性。李白早在出川后写的《代寿山答孟少府移文书》中，就这样描述自己：

> 近者逸人李白自峨眉而来，尔其天为容，道为貌，不屈己，不干人，巢、由以来，一人而已。[95]

这段描述，实际上表达了李白早年就已经形成的自然为人的品格。“天为容，道为貌”是化用了《庄子·德充符》“道与之貌，天与之形，恶得不谓之人”语。但此处李白意在说明他是天地自然之子，所以秉承了自然的本性。在其人生中，无论是追求功名，在长安供奉翰林，还是浪迹天下，“浮五湖，戏沧洲”，他都保持并坚守了自己自然为人的品格。

三 “自然”与功名

李白极重功名，及早建功立业，清宁社稷，大济苍生，是他一生的奋斗目标，也是他的诗中反复出现的主题，不断咏叹的一个情结。而李白之求取功名，是其个体生命意识觉醒后为实现个人生命价值而生成的自然要求。李白《将进酒》云“天生我材必有用”，生命之来，必有其用，功名即其用之一。取得了功名，就是实现了个人的生命价值。因此，功名不是自身之外的力量强加的，功名也就成为个人生命的一种自然需要，而非生命之外的什么尘累。就此而言，功名和山林之志并无实质性的冲突，诚如李白《对雪奉饯任城六父秩满归京》诗写的那样：

> 独用天地心，浮云乃吾身。
> 虽将簪组狎，若与烟霞亲。〔96〕

他的心是天地自然之心，行迹亦如浮云，自由来去于功名与山林之间。求取功名是为了满足诗人实现生命价值的本然需要，栖隐山林也是为了满足生命快感的本然需要。正因为这样，求取功名和栖隐山林构成了李白人生理想的两个阶段。对这两个阶段，李白一生从不掩饰，并形成了功成身退这一一以贯之的生命理想模式：

> 申管晏之谈，谋帝王之术，奋其智能，愿为辅弼。使寰区

大定，海县清一。事君之道成，荣亲之义毕，然后与陶朱留侯，浮五湖，戏沧洲，不足为难矣。[97]

又《留别王司马嵩》："愿一佐明主，功成还旧林。"[98]《翰林读书言怀呈集贤院内诸学士》："功成谢人间，从此一投钓。"[99]《商山四皓》："功成身不居，舒卷在胸臆。"[100]本来儒家的出与处是与人生境遇有关的，"达则兼济天下，穷则独善其身"，出与处决定于遇与不遇。然而到了李白这里，却改造成了理想人生的两个阶段，这两个阶段的出与处不在境遇，而在于个人的主观性情，"舒卷在胸臆"，"卷舒固在我，何事空摧残"，[101]舒卷出处决定于个人主观的需要与适意。这样，李白就用道家的自然观囊括并改造了儒家"兼济天下"与"独善其身"的政治理想，使其成为个人生命的自然需要。

李白用自然与适意泯灭了士人出与处的差异：

留侯将绮季，出处未云殊。
终与安社稷，功成去五湖。[102]

吾不滞于物，与时推移。出则以平交王侯，遁则以俯视巢、许。朱绂狎我，绿萝未归。恨不得同栖烟林，对坐松月。[103]

"物"指相对于诗人主观性情的入世与出世，"不凝滞于物，与时推移”，就是任自然。但是，这里所说的任自然不是指顺物之自然，而是顺性情之自然。顺性情之自然，就是“舒卷在胸臆”，即人们常说的任性与适意。李白认为，如果不违背自己的本性，如果与自身的情意相合，出世与入世本没有差异，只要合于性情之自然，出世亦可，入世亦可，因此不必拘执于出与处之间。

当然，从道理上来说是如此。而事实上，一旦入世建功立业，就必然要与社会发生这样那样的关系，离不开君主，离不开臣僚，离不开制度，也离不开世风。所以，功业理想的实现不可能不与任自然的性情产生抵牾冲突。而一旦冲突，李白会义无反顾地选择后者，抛弃前者：“功名富贵若长在，汉水亦应西北流。”〔104〕“安能摧眉折腰事权贵，使我不得开心颜！”这也许就是李白辞京还山的主观原因吧？因此，长安放还后，李白写诗道：

松柏本孤直，难为桃李颜。
昭昭严子陵，垂钓沧波间。
身将客星隐，心与浮云闲。
长揖万乘君，还归富春山。
清风洒六合，邈然不可攀。
使我长叹息，冥栖岩石间。〔105〕

严陵不从万乘游，归卧空山钓碧流。
自是客星辞帝座，元非太白醉扬州。〔106〕

严光，字子陵，会稽余姚人。据《后汉书·严光传》：

> 少有高名，与光武同游学。及光武即位，乃变名姓，隐身不见。帝思其贤，乃令以物色访之。后齐国上言，有一男子，披羊裘钓泽中。帝疑其光，乃备安车玄纁，遣使聘之。三反而后至。……车驾即日幸其馆，光卧不起。……于是升舆叹息而去。复引光入，论道旧故，相对累日。……因共偃卧，光以足加帝腹上。明日，太史奏客星犯御坐甚急。帝笑曰："朕故人严子陵共卧耳。"除为谏议大夫，不屈，乃耕于富春山。[107]

以上二诗由衷赞叹严子陵事迹，且以严子陵自况，可见李白供奉翰林，是以玄宗朋友身份自居的，他并不想改变自己孤直的本性，似桃李一样投人所好。当他一旦发现自己所期望的严子陵与汉光武帝的关系不过是自己的一厢情愿时，他就长揖万乘之君，遗弃功名，离开长安，去寻找自己"心与浮云闲"的生活了。

2

正因为李白的功名思想带有很强的自然意识，所以，李白的求仕、入仕就走了一条与常人不相同的道路。

唐代以科举取士，科举是一般士子的进身之阶，《唐摭言》卷九说："殊不知三百年来，科第之设，草泽望之起家，簪绂望之继世。

孤寒失之，其族馁矣；世禄失之，其族绝矣。”[108]科举是庶族寒门士子取得政治地位的重要途径，也成为世袭士族保其门第的重要手段。故唐代士子趋之若鹜。唐代科举制的实行，是封建社会铨选官员制度的一大改革与进步，它结束了南北朝时期的门阀世袭制度，使庶族寒门出身的士子与士族子弟，有了平等竞争的机会，极大地解放了人才。但是，科举制也有其戕害士人心灵、扭曲其人格的弊端。据《通典·选举》：“开元以后，四海晏清，士无贤不肖，耻不以文章达。其应诏而举者，多则二千人，少犹不减千人，所收百才有一。”[109]据傅璇琮先生《唐代科举与文学》介绍：

> 唐代进士科所取的人数，前后期有所不同，但大致在三十人左右。据唐宋人的统计，录取的名额约占考试人数的百分之二三。明经科较多，约一百人到二百人之间。进士、明经录取人数加起来，也不过占考试者总人数的十分之一。可以想见，风尘仆仆奔波于长安道上的，绝大部分是落第者。[110]

这些失意落第的士子尝尽了科举的苦辛与落第的悲哀。而那些一旦金榜题名，“春风得意马蹄疾，一日看遍长安花”的士人，举前亦潜隐着人所不知的辛酸和人性的扭曲与压抑。《唐摭言》卷一云：

> 进士科始于隋大业中，盛于贞观、永徽之际；缙绅虽位极人臣，不由进士者，终不为美，以至岁贡常不减八九百人。其

推重谓之“白衣公卿”，又曰“一品白衫”；其艰难谓之“三十老明经，五十少进士”；其负倜傥之才，变通之术，苏张之辨说，荆聂之胆气，仲由之武勇，子房之筹画，宏羊之书计，方朔之诙谐，咸以是而晦之。修身慎行，虽处子之不若；其有老死于文场者，亦所无恨。故有诗曰：“太宗皇帝真长策，赚得英雄尽白头！”〔111〕

士人为金榜题名，不得不潜晦本性与文才武略，修养慎行赛过处子，科举使得多少英雄白发死于章句！更有一些人行比优伶，阿趋时好，“揣摩主词之好尚，迎合君上之意旨”〔112〕，“工于语言，识形势，善候人主意，故天下靡靡，日入于衰坏”〔113〕，许多士人为了科举丧失了“性情之真境”〔114〕，严重地扭曲了人的本性，看主上之颜色行事，阿谀逢迎，一副奴才相，败坏了社会风气。

对于应科举试这一普遍的入仕道路，李白是不屑择取的。李白未走科举之路，自有其客观原因，此已有研究论之甚详。就主观来说，李白是不屑于科举的，主要有两个原因。其一，他认为自己有超乎常人的才能，不屑于走一般士子的科举之路，要像吕尚、张良、诸葛亮、谢安等历史名人一样，受帝王礼遇，起于东山，为帝王师佐，以建不朽的功业。其二，李白对科举戕害人性情的弊病有清醒的认识，他写有著名的《嘲鲁叟》一诗：

鲁叟谈五经，白发死章句。

问以经济策，茫如坠烟雾。
足著远游履，首戴方头巾。
缓步从直道，未行先起尘。
秦家丞相府，不重褒衣人。
君非叔孙通，与我本殊伦。
时事且未达，归耕汶水滨。[115]

此诗写儒生之态刻薄尖锐，旧说多把其视为李白对待儒家的态度。其实，此诗所反映的恰恰是李白对待科举的认识。唐代科举，作为常贡之科有六科，即秀才、明经、进士、明法、明字、明算，但主要是明经和进士二科。“明经者，仕进之多数也。”[116]而明经考试的主要特点是要求应举士人精熟儒家经典，关键是要记诵经书及其注疏文字。因此才造成了应试经生只知经文，不通经义，更不知治国之术的迂腐。这样的人是与李白格格不入的，而造成这种迂腐之人的考试制度与李白的性格也是格格不入的。他不愿潜晦自己的辅弼之志、帝王之术，去“修养慎行，虽处子之不若”；也不会似鲁生一样褒衣博带，循规蹈矩，徒务章句之学。总之，他不愿违背自己的自然之性，让科举束缚了个人的自由，或改变了个人的性情。

因此，李白虽是唐代人，却坚定不移地效法吕尚、诸葛亮、谢安等古代名臣贤相，走上一条很古老的入仕道路：蓄其高名，以达明主，通过征召，致身卿相。李白晋身朝廷，正是走了这样一条非常之路。如李阳冰《草堂集序》所记：

天宝中，皇祖下诏，征就金马，降辇步迎，如见绮、皓。以七宝床赐食，御手调羹以饭之。谓曰："卿是布衣，名为朕知，非素畜道义，何以及此？"置于金銮殿，出入翰林中，问以国政，潜草诏诰，人无知者。〔117〕

李白《为宋中丞自荐表》亦言：

天宝初，五府交辟，不求闻达，亦由子真谷口，名动京师。上皇闻而悦之，召入禁掖。既润色于鸿业，亦间草于王言。雍容揄扬，特见褒赏。〔118〕

对于这样的入仕之经历，李白是十分得意的，离开长安前后，他还常常动情地回忆这段不同寻常的经历，还要津津乐道于玄宗对他的礼遇。如《玉壶吟》：

凤凰初下紫泥诏，谒帝称觞登御筵。
揄扬九重万乘主，谑浪赤墀青琐贤。
朝天数换飞龙马，敕赐珊瑚白玉鞭。
世人不识东方朔，大隐金门是谪仙。〔119〕

《走笔赠独孤驸马》：

是时仆在金门里，待诏公车谒天子。
长揖蒙垂国士恩，壮心剖出酬知己。[120]

又《赠崔司户文昆季》：

惟昔不自媒，担簦西入秦。
攀龙九天上，别忝岁星臣。
布衣侍丹墀，密勿草丝纶。[121]

《赠从弟南平太守之遥二首》其一：

汉家天子驰驷马，赤车蜀道迎相如。
天门九重谒圣人，龙颜一解四海春。
彤庭左右呼万岁，拜贺明主收沉沦。
翰林秉笔回英眄，麟阁峥嵘谁可见？
承恩初入银台门，著书独在金銮殿。
龙驹雕镫白玉鞍，象床绮席黄金盘。
当时笑我微贱者，却来请谒为交欢。[122]

对于这些诗，有些学者颇有微词，认为李白虽自视甚高，仍不免以长安之生活自我标榜。其实李白之所以把这一段生活看得如此重要，自吹自擂，并不是因为浅薄，一提起长安待诏，就不无得意；

是因为李白如吕尚、诸葛亮一样，以高名而获皇帝的征召与恩遇，这是一种布衣之傲。他不屈己，不干人，既不曾屈就自己的傲性，又未曾改变或潜隐自己的天然之性，更不似一般士子那样“三十老明经，五十少进士”，就走进了朝中。他得意的是自己的入仕之路，得意的是舒卷在自己的主动与自由，说到底，还是李白的自然意识在起作用。

四　“自然”与山水

研究李白的自然意识，我们不能不把主要注意力集中到李白的山水诗。这不仅仅是因为李白“一生好入名山游”，“久卧名山云，遂为名山客”〔123〕，对山水情有独钟，纵浪于山水之中，写下大量名垂千古的山水诗，使山水成为其诗歌题材的重要组成部分；更为重要的是，李白的自然意识在他的山水诗中有比较集中的体现。

1

李白为什么热爱山水？为什么投身大自然，写下大量优秀的山水诗？今之论者有种种解释，概括起来，不外有四种：其一，李白生性热爱山水；其二，李白政治抱负不得实现，山水成为他挥斥幽愤的所在；其三，李白“云卧三十年，好闲复爱仙”〔124〕，“五岳寻仙不辞远，一生好入名山游”，游览山水，是为道教的神仙信仰所趋动；其四，笔者提出，山水是李白排遣生命苦闷、解脱和安顿灵魂的一种形式。此外，李白山水之游，亦来自他的自然意识。

李白自青少年时就喜登临，钟情山水。开元间在蜀中时，就写有《访戴天山道士不遇》《登锦城散花楼》《登峨眉山》等诗。出蜀途中，又写有《峨眉山月歌》《渡荆门送别》《秋下荆门》等脍炙人口的山水诗。出川后，李白漫游了洞庭、苍梧、金陵、会稽等地。此后寓居安陆，又以安陆为中心，漫游了嵩山、洛阳和太原等地。出川后，李白目不暇接的是与川内完全不同的俊秀山水。尤其是吴越之地，素为风景奥区，更加激发了诗人纵览山川的豪兴。在饱览了祖国的壮丽河山后，李白写下了《望天门山》《金陵城西楼月下吟》《夜下征虏亭》《别储邕之剡中》《望庐山瀑布》等名篇。这些诗多实写山川风景，清新俊朗，表现出诗人对山林的热爱。李白天宝初入长安，此时他写下了《蜀道难》这篇著名的诗。据詹锳先生《李白诗文系年》考证，此诗与《送友人入蜀》为同时之作，当是天宝初李白在长安送友人王炎入蜀而作。此诗一改此前山水诗的写实特点，运神思于山水，融神话、传说为一体，想象雄奇，气势磅礴，意气豪纵，开创了山水诗新的一体。

长安放还后，李白又开始了他人生的第二次漫游，足迹遍及梁宋、齐鲁，然流连之处，仍在江南，集中在金陵、秋浦、宣城诸地。安史之乱中，李白因从永王璘而获罪流放夜郎，中途遇赦，回到江夏，后又重游宣城等地。《西岳云台歌送丹丘子》《梦游天姥吟留别》《秋登宣城谢朓北楼》《清溪行》《庐山谣寄卢侍御虚舟》等山水名篇即写于这两个时期。这些山水诗仍分二体：一类诗如《清溪行》《秋登宣城谢朓北楼》，仍为实写山水；一类诗则似《梦游天姥吟留别》《庐山谣寄卢侍御虚舟》《西岳云台歌送丹丘子》，体同《蜀道难》，并不拘泥于山水实境，而是虚实结合，大胆想象，创造山水诗境，别开山水生面。

李白浪游山水，主要是出自对山水的兴致。他的《秋下荆门》诗云“此行不为鲈鱼鲙，自爱名山入剡中”〔125〕，《金陵江上遇蓬池隐者》亦云“心爱名山游，身随名山远”〔126〕，游赏山水，是出自他对山水的热爱，山水对李白有不可遏止的吸引力，他一见山水便兴致勃勃，产生感发和冲动。他的山水诗中经常谈到“兴”和“兴趣”。《庐山谣寄卢侍御虚舟》云：“好为庐山谣，兴因庐山发。”〔127〕《下寻阳城泛彭蠡寄黄判官》云：“名山发佳兴，清赏亦何穷？”〔128〕《江上寄元六林宗》云：“幽赏颇自得，兴远与谁豁？”〔129〕《秋夜宿龙门香山寺奉寄王方城十七丈奉国莹上人从弟幼成令问》云：“兴在趣方逸，欢余情未终。”〔130〕《送杨山人归天台》云：“兴引登山屐，情催泛海船。”〔131〕《送韩准裴政孔巢父还山》云：“时时或乘兴，往往云无心。”〔132〕诗中所说的“兴”，实际上就是李白对待山水的一种审美的冲动。正是这种审美的冲动，使李白完全进入审美的境界。而李白这种审美态度产生的基础，则是诗人审美主体与山水审美客体的契合，更具体些说，是李白尚自然的性情在山水中找到了对应，山水的自然之态因此而与李白热爱自由的性情实现了同构与融合。

审美的境界，实质上就是心灵的自由得到最大释放所获得的生理和心理体验。前已言之，李白的山水诗中，有一类是不拘于实境、飞驰艺术想象创造出的山水诗境。这样的山水诗境多为雄奇的诗境，而此雄奇的诗境就是李白豪放超逸自由天性的释放。《西岳云台歌送丹丘子》描写山水的诗句：

西岳峥嵘何壮哉！黄河如丝天际来。
黄河万里触山动，盘涡毂转秦地雷。
荣光休气纷五彩，千年一清圣人在。
巨灵咆哮擘两山，洪波喷流射东海。
三峰却立如欲摧，翠崖丹谷高掌开。
白帝金精运元气，石作莲花云作台。[133]

《庐山谣寄卢侍御虚舟》：

庐山秀出南斗傍，屏风九叠云锦张，影落明湖青黛光。
金阙前开二峰长，银河倒挂三石梁。
香炉瀑布遥相望，回崖沓嶂凌苍苍。
翠影红霞映朝日，鸟飞不到吴天长。
登高壮观天地间，大江茫茫去不还。
黄河万里动风色，白波九道流雪山。[134]

华山和庐山自然高峻，但诗中突出的是二山的超拔和峥嵘，即华山和庐山不受天宇掩压的摧天凌云之势。自然界的黄河自有其汹涌流长的特点，但诗中强调的则是黄河擘山喷流、一泻千里，即黄河不受阻约的撼地之威。李白这样写华山、庐山和黄河，无论为潜意识还是显意识，都是要释放他不受束缚和约制的自由天性。华山、庐山和黄河等山川不为一切所迫压的自由之态和纵逸之势，使李白豪放纵任的天性找到了可以释放、可以表现、可以宣泄的载体。《庐山谣寄卢侍御虚舟》写于李白流放夜郎中途遇赦、返回江夏、重游庐山之时。至德二载夏秋之间，李白坐从永王璘罪系寻阳狱，幸得宋若思营救出狱，乾元元年流放夜郎，次年遇赦得还。这二年间，李白过的是“独幽怨而沉迷”的生活，豪纵自由的天性受到了无情的压抑。因此，一旦来到庐山，李白纵任狂放的性情遂被雄奇的山水所唤醒，并借描写山水得到了尽情的释放。同样，李白的另一名篇《梦游天姥吟留别》既是游仙诗，同时亦可视为山水诗，是李白自由的天性遭到屈曲而复得解放后所作。此诗穷极笔力，创造出奇山幻境。梦中天姥，势拔五岳压倒赤城与天台。因是借梦写山，实写不足，继之以仙，山林变幻奇景，仙境瑰丽神奇。而从诗人梦醒后长嗟的“安能摧眉折腰事权贵，使我不得开心颜！”看，李白创造超拔宏伟的天姥之境，是有意识的。他写天姥，正是要释放他曾经在长安遭到压抑的自由天性。“天姥连天向天横，势拔五岳掩赤城。天台四万八千丈，对此欲倒东南倾。”天姥的横天之势，是否可以看作李白目空一切、为所欲为性格的象征？而梦中见到的奇幻之山水，遇到的飘然来去之仙人，全是与羁缚人的自由、屈曲人的天性的世间生活相对照的意象，显然是李白尚自然的性情与理想的一种形象反映。

李白尚自然的性情既有其豪放不羁的一面，又有自在天然的一面。李白的心态有时如西岳险峰凌凌然峥嵘崛起，冲破一切束缚；有时则似天际的白云飘飘然舒卷随意，“闲云随舒卷，安识身有无”[135]，追求精神的自由与追求心灵的自在构成李白尚自然性情的两个方面。与此相对应，李白的山水诗，除雄奇一类外，又有澄明清秀之境。这一类山水诗多为写实境实景，《清溪行》：

清溪清我心，水色异诸水。
借问新安江，见底何如此？
人行明镜中，鸟度屏风里。
向晚猩猩啼，空悲远游子。[136]

此写清溪水色之清若澄明之镜，可使临之者心清气静。《望终南山寄紫阁隐者》：

出门见南山，引领意无限。
秀色难为名，苍翠日在眼。
有时白云起，天际自舒卷。
心中与之然，托兴每不浅。

何当造幽人，灭迹栖绝巘。[137]

在苍翠清幽景色之底板上，见白云舒卷，使诗人心与俱化，“率其自然，颇近渊明”[138]。《秋登宣城谢朓北楼》：

江城如画里，山晚望晴空。
两水夹明镜，双桥落采虹。
人烟寒橘柚，秋色老梧桐。
谁念北楼上，临风怀谢公。[139]

雨后之江城明净如画，秋高气清，宛溪、句溪两水绕城，清如明镜；双桥卧水，如落彩虹。写秋雨新霁之绝境，明净而寓绚烂，读之令人“风神散朗”[140]。虽“人烟寒橘柚，秋色老梧桐”二句写景苍老，但不影响整首诗的格调。《过崔八丈水亭》：

高阁横秀气，清幽并在君。
檐飞宛溪水，窗落敬亭云。
猿啸风中断，渔歌月里闻。
闲随白鸥去，沙上自为群。[141]

这几首诗中的景色，白云舒卷，水明如镜，秀色满眼，诗境一片澄明，一片秀丽，一片清虚，大自然充满了自在与天机。我们可说这是自然界的自在，亦可说是李白的自在，“心中与之然”，山水中有李白心态的自在与天然，反映出李白性情的另一面。虽然这方面的心态，不是其主要方面。所以可以这样说，无论是雄奇山水，还是清秀山水，都反映了李白尚自然的性情。不受羁约的豪纵狂放是任自然，心灵的自在无拘也是任自然，在对不同山水的审美观照中，李白任自然的天性都得到了释放。

2

热爱山水、任自然的天性在山水诗中自然而然地得到了释放，这样的山水诗仅是李白山水诗之一部分。在其大部分山水诗中，李白则明确表达了他投身山林的动机：澡雪心灵，涤除机心，追求并保持素心。如果说前一类山水诗中的自然意识，除《梦游天姥吟留别》等个别诗外，大部分还是一种非自觉的流露与释放的话，此类山水诗则表现出鲜明的尚自然的自觉意识。《与周刚清溪玉镜潭宴别》：

> 回作玉镜潭，澄明洗心魂。
> 此中有佳境，可以绝嚣喧。[142]

《古风五十九首》其四十二：

> 吾亦洗心者，忘机从尔游。[143]

《送裴十八图南归嵩山二首》其二：

归时莫洗耳，为我洗其心。
洗心得真情，洗耳徒买名。[144]

《望黄鹤山》：

蹇余羡攀跻，因欲保闲逸。
观奇遍诸岳，兹岭不可匹。
结心寄青松，永悟客情毕。[145]

再看心闲诗句。《游南阳白水登石激作》：

岛屿佳境色，江天涵清虚。
目送去海云，心闲游川鱼。[146]

《同族侄评事黯游昌禅师山池二首》其一：

花将色不染，水与心俱闲。
一坐度小劫，观空天地间。[147]

《望庐山瀑布二首》其二：

而我游名山，对之心益闲。
无论漱琼液，还得洗尘颜。
且谐宿所好，永愿辞人间。[148]

《下途归石门旧居》：

灵神闭气昔登攀，恬然但觉心绪闲。[149]

最后，看无心、真心、化心、互心。《日夕山中忽然有怀》：

久卧名山云，遂为名山客。
山深云更好，赏弄终日夕。
月衔楼间峰，泉漱阶下石。
素心自此得，真趣非外借。[150]

《送韩准裴政孔巢父还山》：

时时或乘兴，往往云无心。[151]

《同王昌龄送族弟襄归桂阳二首》其一：

终然无心云，海上同飞翻。[152]

《送李青归华阳川》：

日月秘灵洞，云霞辞世人。
化心养精魄，隐机窅天真。[153]

《金门答苏秀才》：

月出石镜间，松鸣风琴里。
得心自虚妙，外物空颓靡。
身世如两忘，从君老烟水。[154]

《莹禅师房观山海图》：

杳与真心冥，遂谐静者玩。[155]

《题嵩山逸人元丹丘山居》：

灭迹遗纷嚣，终言本峰壑。
自矜林湍好，不羡市朝乐。
偶与真意并，顿觉世情薄。[156]

为了说明这个问题，我们不妨做了一些赘引。首先看洗心的系列：

洗心，就是涤除世俗之心、尘累之心。李白的入世与功业理想是建立在自然意识基础之上的。入世，但不能放弃自由；建功立业，但不应以违背本性为代价，他不愿用自己的自然性情去换取荣华富贵。而在世风浇薄的名利场中，心很可能会迷失了本性，走失在喧嚣的利益之中。人疏离了自然，也丧失了自我。一旦如此，李白毅然走向山林草野，以保持他的自然本性：一方澄清的潭水，一片瑟瑟青松，一群沙上的白鸥，荡涤了人世的尘浊，找回了内心的自由，找回了人世间的真我。“然而还有什么时候，我会比和世界合而为一之时更真、更剔透呢？”〔157〕在山林中，诗人甚至不仅忘掉了尘世，也忘掉了我之为我，我与物化为一体。荡涤尘累，去掉名利之心，是洗心；忘却了机心，忘却了是非，心由嚣喧之界重归自然，目送游鱼，心与水俱，自由自在，是心闲；人而心闲，不求外饰，回归到赤子状态，即回到了素心状态。素心，即真心，《庄子·渔父》：“真者，所以受于天也，自然不可易也。”〔158〕又《庄子·秋水》：“无以人灭天，无以故灭命，无以得殉名，谨守而勿失，是谓反其真。”〔159〕真心即人的自然本性。当然，如果心与物冥，身世两忘，不知自然之为我、我之为自然，那可能就达到了化心的境界了吧！山水可以洗心、闲心，亦可化心，山水成为心性回归自然的诗意栖居之地了。

3

中国古代山水诗，自产生之日的东晋时起，就与士人的自然意识纠缠到了一起。中国古代人的所谓自然意识，不是把山水作为客体，纯粹地观照它的风景美。这样的诗不是没有，但数量不多，也不典型——而主要是指山水把人的思想、意识引向自由或适意，引向内心的自我解脱或愉悦。当然，山水同为士人心灵的栖居之地，带给人的心理活动又有所不同。以晋末宋初的两位田园山水诗人陶渊明、谢灵运来说，二人都与大自然相亲，以大自然为心灵的栖居之地，但心理、心态却有很大不同。陶渊明是把自然融入血肉气质之中的人，真正达到了心物一体、纵浪大化中的人生境界，"俯仰终宇宙，不乐复何如"，他在与大自然的和谐共处中，真正感受到了陶然自得的欢乐。谢灵运则是既纵情山水又萦怀禄位之人。"遗情舍尘物，贞观丘壑美"，山水是他体悟玄理、排遣尘世情感苦闷的地方。他人虽披林钻深，心却未与自然合一。诗中处处见山水自然之态，而其要表达的自然思想却要靠玄言的尾巴说出，山水与自然思想两张皮。山水并未使谢灵运的心灵归于宁静。所以，可以这样说，谢灵运的诗虽表达了自然思想，而其人却并未真正做到自然恬如。

唐代的田园山水诗人王维和孟浩然心尚自然，诗近陶渊明。当然，王维半官半隐，孟浩然隐不忘仕，与陶渊明的真隐相去甚远。但他们高卧林园，体验栖隐的闲适淡泊，真心地感受自然之乐，则是与陶渊明异代相通的。尤其是王维，深受禅宗思想影响，他的田园山水诗于空寂中表现出大自然的自在和个人心灵的静穆恬如，如《酬张少府》：

晚年惟好静，万事不关心。
自顾无长策，空知返旧林。
松风吹解带，山月照弹琴。
君问穷通理，渔歌入浦深。[160]

松风自吹，山月自照，是大自然的自性与自在。而人之巾带任风吹解，人之弹琴随月来照，是人亦处于自性与自在之中，山水与诗人表现出了自然的境界。由此可见，王维、孟浩然的田园山水有着较强的自然意识，都表现了他们尚自然的人格理想。

对于孟浩然的自然人格，李白怀着深深的敬意，在《赠孟浩然》诗中写道：

吾爱孟夫子，风流天下闻。
红颜弃轩冕，白首卧松云。
醉月频中圣，迷花不事君。
高山安可仰，徒此揖清芬。

认为孟浩然的人格高山仰止。但是，李白的自然人格与王、孟二人不同，自然意识也有区别。王、孟以闲适恬淡为自然人格，而李白的性情并非人淡如菊、心如止水。李白的性情中不能排除闲适的一面，但这恐怕不是其主要的方面。李白的性情就是豪放，换言之，就是酷爱自由，不喜约束，不愿屈曲这种本性。所以他所说的心闲，与王、孟的心闲不同，是指心灵挣脱了世俗的枷锁，回归自然本性的心闲，即心灵获得了自由的无拘无束的状态。王、孟栖止山林，追求的是心灵的宁静；李白虽也有短暂的栖隐，但大部分时间却是在浪游山林，在浪游山林中体验无拘无束的自由的快乐。追求自由，构成了李白自然意识的本质方面。而李白的山水诗，虽然实写的澄明清秀山水与运用想象创造的雄奇山水，都表现了李白的自然意识，但最能反映李白自然意识、且独树旗帜于山水之林的诗，则为飞驰艺术想象创造出的雄奇山水诗。

五　存亡任大钧

李白对生命的体验无疑是出于诗人敏锐的直觉、痛切的感受，是经验的、具体的，但诗中体现出的对时间与生命的清醒认识，又的确使诗人的直觉体验闪射出理性的光辉，具有了哲人的深刻与睿智。

李白对待时间与生命，不唯感受惊心动魄，认识也十分清醒。如前所举之《日出入行》就充满了理性的质疑精神。日出东方，坠于西海；草逢春而荣，遭秋而衰，这是一种永恒的自然规律。人与万物无异，不可能像元气一样终古不息，生老病死，亦是自然。所以人要顺乎自然，不做逆道违天之举。《淮南子·览冥训》记载，鲁阳公与韩构战酣，日暮，援戈而抣之，日为之反三舍。李白用这一典故，意在说明：所谓的挥戈回日，是有违自然的，因而也是不可信的。由此也可以认识到李白的时间观。他认为，时间是无法倒转的，所以这就决定了人的生死命运的不可违背。

汉《郊庙歌辞》有《日出入》古辞："日出入安穷？时世不与人同。故春非我春，夏非我夏，秋非我秋，冬非我冬。泊如四海之池，遍观是邪谓何？吾知所乐，独乐六龙。六龙之调，使我心若。訾黄其何不徕下！"〔161〕日出入无穷，人命独短，所以作者希望能够乘龙而升天，以求长生永驻。相比之下，李白对生命的认识是极为清醒、极为理性的。他认为，时间的不可逆转决定了人的生命的有限性，对此人是徒奈其何的。不过人是有精神的，人可以追求精神上的自主。所以李白要从精神上实现与天地自然同体，与天地自然同在。"吾将囊括大块，浩然与溟涬同科"，不是追求道教或神话传说所说的长生不死，而是强调精神的自由。胡震亨云："汉郊祀歌《日出入》，言日出入无穷，人命独短，愿乘六龙，仙而升天。太白反其意，言人安能如日月不息？不当违天矫诬，贵放心自然，与溟涬同科也。"〔162〕这样的理解是对的。溟涬是什么？前文已言，《庄子·在宥》谈心养时有"大同乎涬溟，解心释神，莫然无魂"语，据成玄英疏，是指自然之气。与自然之气同类的不是别的，是不受生命肉身限制的自由的精神。李白此处所说的"与溟涬同科"，就是庄子所说的"大同乎涬溟"。后面的"解心释神"可以说明，此句诗强调的是心神的解放，精神要与自然之气一样自由自在。

在《门有车马客行》一诗中，李白也有同样的认识：

门有车马宾，金鞍曜朱轮。
谓从丹霄落，乃是故乡亲。
呼儿扫中堂，坐客论悲辛。
对酒两不饮，停觞泪盈巾。
叹我万里游，飘摇三十春。
空谈霸王略，紫绶不挂身。
雄剑藏玉匣，阴符生素尘。
廓落无所合，流离湘水滨。
借问宗党间，多为泉下人。
生苦百战役，死托万鬼邻。
北风扬胡沙，埋翳周与秦。
大运且如此，苍穹宁匪仁？
恻怆竟何道？存亡任大钧。[163]

这首诗中的“我”既可视为李白自己，亦可作泛指解。《乐府解题》云：“曹植等《门有车马客行》，皆言问讯其客，或得故旧乡里，或驾自京师，备叙市朝迁谢、亲友凋丧之意也。”[164]李白的诗与此亦同。主要是抒写一种沧桑之感。诗中所写的是一个背井离乡数十年以求功名的人。他漂泊异地，欲献王霸之略。然而却落落寡合，时不我与，空怀异志，不得伸展。而故乡的亲友，在此期间，也因战乱等原因而多成黄泉下之鬼了。由此诗人感慨：生命系乎大运，存亡凭任大钧。这个“大运”和“大钧”既指天命，也指天地自然，就是不可人为抗拒的自然规律和社会运行规律。其思想显然是来自于庄子“死生，命也”的观念。庄子的死生为命的思想，是要人们听任命运的安排，顺乎天命。而李白此处所表现的情感比较复杂，一方面从情感上流露出对命运的万般无奈，可见出李白对命运安排的不平；另一方面又不能不承认天命，从理性上主张要顺应自然，这与陶渊明主张人之生死顺乎自然，以一种顺化的生死观对待生死，其思想是一致的。

总之，李白自然意识的实质是追求个人身心的最大自由，不受任何束缚，自由适意，保持个人的自然本性。这种意识，影响到他的功名思想，形成了他功成身退、舒卷在我的思想；反映到他的诗作中，山水诗则成为他释放豪纵天性、摆脱尘累、保持素心的所在。

余论

前面各章讨论了李白诗文所呈现的生命意识。完成书的主旨之余，再粗略考察生命意识对李白诗歌风格的影响。

此书勾勒李白之前诗文的生命主题，未及初唐。这是因为李白的生命意识直接承继了魏晋诗文的生命意识，李白的诗风亦如是。初唐诗亦有生命之歌，但是并未延续魏晋南北朝士人面对生命瞬间存在的本质所发出的生死之悲，而是进入到超远的理思，由生命苦短升华为宁静的宇宙之思。李白的诗恰恰打破了这种青春的欢乐和理思的宁静。他的诗并没有沿承初盛唐之交表现生命意识的诗风，把宇宙人生的宁静理思融入精心营造的美丽的诗境，创造纯美的境界，而是与汉末魏晋表现生命意识的诗作相近，呈现出相似的风貌。

首先，李白的诗恢复了魏晋诗文宣泄人生苦闷的特点，诗中涌荡着巨大的迁逝之悲。刘希夷、张若虚等景云年间诗人是以充满诗意的眼光俯视人类，品味领悟生命的有限和宇宙的悠远，并将其化为纯美的、宁静的咏叹。如刘希夷的《白头吟》:

洛阳城东桃李花，飞来飞去落谁家。
洛阳女儿惜颜色，行逢落花长叹息。
今年花落颜色改，明年花开复谁在？
已见松柏摧为薪，更闻桑田变成海。
古人无复洛城东，今人还对落花风。
年年岁岁花相似，岁岁年年人不同。
寄言全盛红颜子，应怜半死白头翁。[1]

沧海桑田的变化，人生短促，红颜白发的流动，完全似哲人的感悟，诗中的丝丝怅惘是在对所感悟到的生命意识和宇宙意识的描写中流露出来、表现出来的。更何况这一切又是由“洛阳女儿”的眼中写出，因此即使是感悟和怅惘之情，也成为诗中描写的人物形象的感悟和怅惘了。与其相似的还有《春江花月夜》。这种诗固然是抒情诗，但诗人的思想感情是由诗人苦心经营的诗境表现出来，而不是诗人对胸臆的直接抒发。迁逝之感尚在，而迁逝之悲却为诗人哲人式的感悟冲淡，又为诗境的营造所化解。

李白的诗则不然。他对生命的体验是深刻的、清醒的，对生命本质、生命目的、生命价值及人生的意义有高度的自觉。他自然也会以一种形而上的超然态度去省识生命、领悟人生。但是更多的时候，李白是沉浸于形而下的情感之中：“东风吹愁来，白发坐相侵”，“今日非昨日，明日还复来。白发对绿酒，强歌心已摧”。他是以自己日渐消解的生命从生理到心理去体验人生的。因此他投入的不只是理智，更是全部的感情。“君不见，黄河之水天上来，奔流到海不复回；君不见，高堂明镜悲白发，朝如青丝暮成雪。人生得意须尽欢，莫使金樽空对月！”在巨大的迁逝之悲的催动下，诗人胸中之情滔滔涌涌，形成了与景云诗人迥然不同的抒情特点——直抒胸臆，宣泄人生的苦闷。

李白的渲泄，表现为两种形式。一是直接表达他对人生苦短的切肤之痛：或悲白发相侵，或对秋而叹逝，或怀古而伤陵墟之变。诗中虽变幻古今，笼括宇宙，在阔大的宇宙之思和悠悠的历史之感中流贯着哲人的理思，但是这些无不与李白个人体验生命的悲伤融为一体。“黄河走东溟，白日落西海。逝川与流光，飘忽不相待。春容舍我去，秋发已衰改。人生非寒松，年貌岂长在？”“生者为过客，死者为归人。天地一逆旅，同悲万古尘。”阔大的宇宙之思和悠悠的历史之感并未似张若虚诗那样升华提纯为一种永恒江山、无限风月的超乎个人情感之上的意境，反而使诗中的生命之悲更加浓郁、巨大、强烈，更加撼人心魄。

第二种表现形式是把自己宣泄人生苦闷的行为真实地描写出来。李白追求现世享受、饮酒、游侠等行为多直接入诗进行描写，这些行为在作品中往往成为诗人宣泄人生苦闷的极具感染力的形式。如《将进酒》中所描写“五花马，千金裘，呼儿将出换美酒，与尔同销万古愁”的千金换饮生活；《襄阳歌》中描写的“舒州杓、力士铛，李白与尔同死生”的豪饮；《宴郑参卿山池》中描写的“歌声送落日，舞影回清池”的竟夕歌乐生活；等等。这些诗中所表现的纵情豪饮享乐的生活，在现实生活中是因为处世若梦的“万古愁”而生，反映到诗中，毫无疑问也成为诗人宣泄人生苦闷的表现形式。诗中潜隐的情感之流就是诗人面对人生无法回避的永恒的悲剧命运而产生的巨大悲感。试看《梁园吟》：

昔人豪贵信陵君，今人耕种信陵坟。
荒城虚照碧山月，古木尽入苍梧云。
梁王宫阙今安在？枚马先归不相待。
舞影歌声散渌池，空余汴水东流海。
沉吟此事泪满衣，黄金买醉未能归。

有感于历史轮转、人世无常和功名宝贵的终归虚幻，诗人借酒浇愁，排遣人生的苦闷。黄金买醉的豪纵放达，毫无疑问是一种摆脱悲哀心绪的努力。但是，事实上饮酒有时可达到《拟古》其五、《春日醉起言志》所描写的忘情的境界；有时又常常起到欲抑实扬的效果。就如此诗一样，纵酒放歌非但不能消释悲哀，反而成为人生苦闷与悲情的痛快淋漓的宣泄，更增加了诗的悲慨特点。就宣泄人生苦闷、直抒胸臆这一特点而言，李白的诗直接上承《古诗十九首》、建安及正始诗风。而在与其相近的初唐诗人中，则与陈子昂的诗风相仿。这里需要补充一两句：初唐诗表现士人的生命意识，虽然有一种营造纯美诗境的总体倾向，但也有似陈子昂《感遇》诗这种无意营造诗境、直抒人生苦闷的个例。

当然，巨大的迁逝之悲，只是李白诗的特点之一。李白的诗的确含有无限的悲凉，甚至有时还表现出抑郁无奈之情。然而，凡读李白诗的人都会感受到：李白的诗沉重但不灰冷，悲凉但不哀婉，就是在其动人心魄的巨大悲感中，亦时时透出一股令人惊警的奇崛超拔之气，形成了李白诗特有的悲慨中见豪逸的特点。如果效法古人的经验性思维，把李白的诗比作一阕乐章的话，那巨大的悲感就如同一片沉重浑厚的鼓声，而其奇崛超拔之气，则似激楚嘹亮的号角。在李白超越人的悲剧命运的努力中，诗人对于功业的“身没期不朽，荣名在麟阁”的执着追求，对于个人才具“天生我材必有用”的坚定的自信，以及诗人“安能摧眉折腰事权贵，使我不得开心颜！”的布衣之傲与热爱自由的精神，得到了充分的表现，使诗具有了豪放的风格特点。同时我们还要看到：所有这一切超越的行为，都是追求个人的生命价值和生命意义的表现。痛切地体验到生命不永的悲剧命运，却要抗拒这种命运，用实现个人的生命价值和生命意义来达到对命运的超越，这种行为充分地反映出诗人性格的强横旷放。当然，个人强横旷放的性格之力与不可逾越的人生悲剧的对抗，也使诗具有了激昂奋发的情感色彩和纵逸超拔的风貌。裴斐先生说李白的作品：“悲感至极而以豪语出之，此太白本色。”〔2〕所谓豪语，在我们看来，就是那些表现了诗人超越人生悲剧命运的诗语。正是这些诗语，使李白的诗具有了奇崛超拔之气，形成了李白诗悲中见豪的风格特色。

李白一生以追求生命快乐为目的，奉行快乐主义的生命观。这种生命观，使其直面瞬间存在而又归于虚无的生命本质，抗拒生命之悲剧，追求生命不朽的价值，进而在其作品中表现出抗拒人生命运、超越人生悲剧的种种努力。同时也正是李白快乐主义的生命观，又使其亲庄近老，用自然之道解释生命、指导人生；寻求心灵解脱、逃逸之径，或纵放山水，或服药求仙，或豪饮宴乐，使精神得到释放，灵魂得到解脱，从而进入自由自在的审美境界。“穷通与修短，造化夙所禀。一樽齐死生，万事固难审。醉后失天地，兀然就孤枕。不知有吾身，此乐最为甚。”“目送去海云，心闲游川鱼。”“花将色不染，心与水俱闲。”这也影响到李白的诗风，使其诗不仅具有超拔奇崛的豪放，又有了清远绝尘的飘逸。

李白的思想杂而爱奇，不主一家，也没有什么体系而言，具有伟大诗人开阔的胸襟气概和眼光，所以可见儒、道、释、纵横各学说都对他产生了重要的影响。李白的这种思想特点，决定了他对人生的认识既有儒家的执着，又有道家的旷达。而他对人生悲剧命运的超越也不拘一格。或追求功业以期不朽，或纵情任性以求自由，豪逸的风格中含蕴着极为丰富的内容。追求功名以期不朽，超过了汉末无奈以求现世享乐的悲婉，也不同于阮籍的浮世和陶潜的委运任化的冲漠；纵情任性以求自由，使其又不同于建安诗歌拘执于功业的沉郁悲慨。总之，李白创造了只有他自己才具备的风格特征。

注 释

引 言

〔1〕 段德智:《西方死亡哲学》,北京大学出版社2006年版,第7—8页。

〔2〕 谢利·卡根著:《死亡哲学》,贝小戎等译,北京联合出版公司2016年版,第1页。

〔3〕 费迪南·费尔曼:《生命哲学》,李建鸣译,华夏出版社2000年版,第15页。

〔4〕 费迪南·费尔曼:《生命哲学》,第16页。

〔5〕《论语·先进》,朱熹集注《四书章句集注》,中华书局2018年版,第126页。

〔6〕 钱穆:《灵魂与心》,九州出版社2011年版,第30页。

〔7〕 钱穆:《灵魂与心》,第27页。

〔8〕 卡西尔:《人论》,唐译编译,吉林出版集团有限责任公司2014年版,第17页。

〔9〕 袁行霈:《陶渊明研究》,北京大学出版社1997年版,第120页。

〔10〕 袁行霈:《陶渊明研究》,第15页。

〔11〕 袁行霈:《陶渊明研究》,第15页。

〔12〕 李长之:《道教徒的诗人李白及其痛苦》,生活·读书·新知三联书店2013年版,第139页。

〔13〕 李长之:《道教徒的诗人李白及其痛苦》,第143页。

〔14〕 李长之：《道教徒的诗人李白及其痛苦》，第144页。
〔15〕 罗宗强：《李杜论略》，内蒙古人民出版社1980年版，第64页。
〔16〕 罗宗强：《李杜论略》，第72—73页。
〔17〕 罗宗强：《李杜论略》，第77页。
〔18〕 松浦友久：《李白——诗歌及其内在心象》，张守惠译，陕西人民出版社1983年版，第89页。
〔19〕 松浦友久：《李白——诗歌及其内在心象》，第88页。
〔20〕 松浦友久：《李白——诗歌及其内在心象》，第88页。
〔21〕 杨义：《李杜诗学》，北京出版社2001年版，第106页。
〔22〕 杨义：《李杜诗学》，第108页。
〔23〕 杨义：《李杜诗学》，第113页。
〔24〕 杨义：《李杜诗学》，第115页。
〔25〕 杨义：《李杜诗学》，第132页。
〔26〕 载于《东方丛刊》1997年第3期。
〔27〕 载于《唐代文学研究》1994年刊。
〔28〕 载于茆家培、李子龙主编《谢朓与李白研究》，人民文学出版社1995年版。
〔29〕 载于《文艺研究》1999年第6期。
〔30〕 詹锳主编《李白全集校注汇释集评》，百花文艺出版社1996年版，第一册，第71—72页。
〔31〕 詹锳主编《李白全集校注汇释集评》，第二册，第951页。
〔32〕 詹锳主编《李白全集校注汇释集评》，第七册，第3412页。
〔33〕《拟古十二首》其七，詹锳主编《李白全集校注汇释集评》，第七册，第3420页。
〔34〕《拟古十二首》其七，詹锳主编《李白全集校注汇释集评》，第七册，第3420页。
〔35〕《送梁四归东平》，詹锳主编《李白全集校注汇释集评》，第五册，第2547页。
〔36〕 詹锳主编《李白全集校注汇释集评》，第六册，第3298页。
〔37〕《拟古十二首》其九，詹锳主编《李白全集校注汇释集评》，第七册，第

3425页。

〔38〕 詹锳主编《李白全集校注汇释集评》，第二册，第663页。

〔39〕 詹锳主编《李白全集校注汇释集评》，第一册，第193—195页。

〔40〕《江上吟》，詹锳主编《李白全集校注汇释集评》，第二册，第990页。

〔41〕《春日独酌二首》其二，詹锳主编《李白全集校注汇释集评》，第六册，第3300页。

〔42〕《望庐山瀑布二首》其二，詹锳主编《李白全集校注汇释集评》，第六册，第3025页。

〔43〕 刘运好：《陆士衡文集校注》，凤凰出版社2007年版，上册，第667页。

〔44〕《古风五十九首》其十，詹锳主编《李白全集校注汇释集评》，第一册，第72页。

〔45〕《短歌行》，《曹操集》，中华书局2012年版，第5页。

〔46〕 陈琳：《游览诗》其二，俞绍初辑校《建安七子集》，中华书局2005年版，第34页。

〔47〕 尼采：《作为教育家的叔本华》，《叔本华哲言录》，韦启昌译，上海人民出版社2018年版，第5页。

第一章 死生亦大矣

唐前生命哲学

〔1〕 弗洛伊德：《超越唯乐原则》，《弗洛伊德后期著作选》，林尘等译，上海译文出版社1986年版，第48页。

〔2〕 罗振玉：《增订殷墟书契考释》，台湾艺文印书馆1969年版，第53页。

〔3〕 王弼撰、楼宇烈校释《周易注校释》，中华书局2016年版，第66页。

〔4〕 皮锡瑞：《今文尚书考证》，中华书局2004年版，第472页。

〔5〕 洪亮吉：《春秋左传诂》，中华书局1987年版，第378页。

〔6〕 洪亮吉：《春秋左传诂》，第648页。

〔7〕 朱熹：《四书章句集注》，中华书局2018年版，第135页。

〔8〕 王先谦：《荀子集解》，中华书局2012年版，第508—509页。

〔9〕 王先谦：《荀子集解》，第285页。

〔10〕 许维遹：《吕氏春秋集释》，中华书局2009年版，上册，第220页。
〔11〕 许维遹：《吕氏春秋集释》，上册，第224页。
〔12〕《杨王孙传》，《汉书》，中华书局2011年版，第九册，第2908页。
〔13〕 汪荣宝：《法言义疏》，中华书局1987年版，第521页。
〔14〕 朱谦之：《新辑本桓谭新论》，中华书局2009年版，第34页。
〔15〕《赵咨传》，《后汉书》，中华书局2011年版，第五册，第1314页。
〔16〕 黄晖：《论衡校释》，中华书局1990年版，第二册，第338页。
〔17〕 黄晖：《论衡校释》，第三册，第877页。
〔18〕 黄晖：《论衡校释》，第四册，第1184页。
〔19〕 黄晖：《论衡校释》，第三册，第871页。
〔20〕《杨王孙传》，《汉书》，中华书局2011年版，第九册，第2908页。
〔21〕 叔本华：《悲情人生》，任立、潘宇编译，华龄出版社1997年版，第8页。
〔22〕 许维遹：《韩诗外传集释》，中华书局1980年版，第350页。
〔23〕 洪亮吉：《春秋左传诂》，第766页。
〔24〕 黄怀信：《鹖冠子汇校集注》，中华书局2004年版，第350页。
〔25〕 许维遹：《吕氏春秋集释》，中华书局2009年版，上册，第179页。
〔26〕 苗力田：《古希腊哲学》，中国人民大学出版社1989年版，第647页。
〔27〕 何宁：《淮南子集释》，中华书局1998年版，上册，第98页。
〔28〕 郭庆藩：《庄子集释》，中华书局2013年版，第98页。
〔29〕 何宁：《淮南子集释》，中册，第978页。
〔30〕 朱熹：《四书章句集注》，中华书局2018年版，第126页。
〔31〕 朱熹：《四书章句集注》，第126页。
〔32〕《论语·子罕》，朱熹集注《四书章句集注》，第113页。
〔33〕《三国志·魏书·钟会传》裴松之注引何劭《王弼传》，中华书局1997年版，第三册，第796页。
〔34〕 郭庆藩：《庄子集释》，中华书局2013年版，第642页。
〔35〕 郭庆藩：《庄子集释》，第220页。
〔36〕 郭庆藩：《庄子集释》，第505—506页。
〔37〕 郭庆藩：《庄子集释》，第119页。
〔38〕 郭庆藩：《庄子集释》，第237页。

〔39〕 郭庆藩:《庄子集释》,第647页。
〔40〕 郭庆藩:《庄子集释》,第546页。
〔41〕 郭庆藩:《庄子集释》,第238—239页。
〔42〕 苏舆:《春秋繁露义证·王道通三》,中华书局1992年版,第329页。
〔43〕 苏舆:《春秋繁露义证·王道通三》,第330页。
〔44〕 苏舆:《春秋繁露义证·王道通三》,第330—331页。
〔45〕 王充:《命义》,黄晖校释《论衡校释》,中华书局1990年版,第一册,第46页。
〔46〕 王充撰、黄晖校释《论衡校释》,第一册,第59页。
〔47〕 王充撰、黄晖校释《论衡校释》,第一册,第28页。
〔48〕 王充撰、黄晖校释《论衡校释》,第一册,第46—47页。
〔49〕 杨伯峻:《列子集释》,中华书局2012年版,第20页。
〔50〕 杨伯峻:《列子集释》,第194页。
〔51〕 杨伯峻:《列子集释》,第22页。
〔52〕 叔本华:《悲情人生》,任立、潘宇编译,华龄出版社1997年版,第2页。
〔53〕 洛克:《人类理解论》,关文运译,商务印书馆2015年版,第167页。
〔54〕 许慎撰、段玉裁注《说文解字注》,凤凰出版社2015年版,第210页。
〔55〕 参见刘文英:《中国古代的时空观念》,南开大学出版社2000年版,第4页。本节内容对此书多有参考。
〔56〕《春秋穀梁传注疏》,《十三经注疏》本,北京大学出版社2000年版,第46页。
〔57〕 李定生、徐慧君:《文子校释》,上海古籍出版社2004年版,第305页。
〔58〕 汪继培辑《尸子》,中华书局1991年版,第27页。
〔59〕 王弼撰、楼宇烈校释《周易注校释》,中华书局2016年版,第74页。
〔60〕 吴毓江:《墨子校注》,中华书局2006年版,第530页。
〔61〕 郭庆藩:《庄子集释》,第505页。
〔62〕 郭庆藩:《庄子集释》,第76页。
〔63〕 郭庆藩:《庄子集释》,第704页。
〔64〕 郭庆藩:《庄子集释》,第704页。

〔65〕 郭庆藩:《庄子集释》，第705页。
〔66〕 李善注《宋尤袤刻本文选》，国家图书馆出版社2018年版，第六册，第179页。
〔67〕 郭庆藩:《庄子集释》，第877页。
〔68〕 郭庆藩:《庄子集释》，第658页。
〔69〕 洪兴祖:《楚辞补注》卷三，上海商务印书馆《四部丛刊》初编，第52页。
〔70〕 洪兴祖:《楚辞补注》，第62页。
〔71〕 洪兴祖:《楚辞补注》，第48页。
〔72〕 洪兴祖:《楚辞补注》，第48页。
〔73〕《离骚》，洪兴祖撰《楚辞补注》，第5页。
〔74〕《离骚》，洪兴祖撰《楚辞补注》，第22页。
〔75〕《九章·悲回风》，洪兴祖撰《楚辞补注》，第83—84页。
〔76〕《离骚》，洪兴祖撰《楚辞补注》，第4页。
〔77〕 洪亮吉:《春秋左传诂》，第567页。
〔78〕 朱熹:《四书章句集注》，第71页。
〔79〕 朱熹:《四书章句集注》，第164页，
〔80〕 洪亮吉:《春秋左传诂》，第381页。
〔81〕 洪亮吉:《春秋左传诂》，第398页。
〔82〕 焦循:《孟子正义》，中华书局1987年版，下册，第339页。
〔83〕 吴毓江:《墨子校注》，中华书局2006年版，第294页。
〔84〕 谢利·卡根:《死亡哲学》，第279页。
〔85〕 朱谦之:《老子校释》，中华书局1984年版，第198—202页。
〔86〕 陈鼓应:《老子今注今译》，商务印书馆2003年版，第258页。
〔87〕 朱谦之:《老子校释》，第287页。
〔88〕 朱谦之:《老子校释》，第293页。
〔89〕 河上公注、严遵指归、王弼注《老子》，上海古籍出版社2013年版，第198页。
〔90〕 朱谦之:《老子校释》，第218—226页。
〔91〕 郭庆藩:《庄子集释》，第407页。

〔92〕 郭庆藩:《庄子集释》，第293—294页。
〔93〕 郭庆藩:《庄子集释》，第712—713。
〔94〕 郭庆藩:《庄子集释》，第479页。
〔95〕 郭庆藩:《庄子集释》，第411页。
〔96〕 郭庆藩:《庄子集释》，第158—159页。
〔97〕 郭庆藩:《庄子集释》，第162页。
〔98〕 郭庆藩:《庄子集释》，第171页。
〔99〕 郭庆藩:《庄子集释》，第202页。
〔100〕郭庆藩:《庄子集释》，第393页。
〔101〕郭庆藩:《庄子集释》，第210页。
〔102〕郭庆藩:《庄子集释》，第259页。
〔103〕郭庆藩:《庄子集释》，第354—355页。
〔104〕郭庆藩:《庄子集释》，第385页。
〔105〕郭庆藩:《庄子集释》，第347页。
〔106〕杨伯峻:《列子集释》，第194页。
〔107〕杨伯峻:《列子集释》，第211页。
〔108〕杨伯峻:《列子集释》，第225页。
〔109〕杨伯峻:《列子集释》，第211—212页。
〔110〕杨伯峻:《列子集释》，第210—211页。
〔111〕杨伯峻:《列子集释》，第222页。
〔112〕杨伯峻:《列子集释》，第216页。
〔113〕杨伯峻:《列子集释》，第209页。
〔114〕杨伯峻:《列子集释》，第209—210页。
〔115〕杨伯峻:《列子集释》，第212—213页。
〔116〕郭庆藩:《庄子集释》，第291—292页。
〔117〕郭庆藩:《庄子集释》，第293页。
〔118〕郭庆藩:《庄子集释》，第311页。
〔119〕朋霍费尔:《伦理学》，胡其鼎译，商务印书馆2012年版，第140页。
〔120〕朋霍费尔:《伦理学》，第141页。
〔121〕《典论·论部俭等事》，《全三国文》，严可均辑《全上古三代秦汉三国六

朝文》，第三册，河北教育出版社1997年版，第87页。
〔122〕戴名扬:《嵇康集校注》，中华书局2014年版，第284—285页。
〔123〕戴名扬:《嵇康集校注》，第285—286页。

第二章　纵浪大化中
魏晋南北朝诗文中的生命意识

〔1〕 王瑶:《中古文学史论》，北京大学出版社1998年版，第139页。
〔2〕《离骚》，洪兴祖撰《楚辞补注》，第4页。
〔3〕 洪兴祖:《楚辞补注》，第5页。
〔4〕 李泽厚:《美的历程》，生活·读书·新知三联书店2018年版，第90页。
〔5〕 李泽厚:《美的历程》，第91—92页。
〔6〕 李善注《宋尤袤刻本文选》，国家图书馆出版社2018年版，第八册，第10页。
〔7〕 郭庆藩:《庄子集释》，第106页。
〔8〕 李善注《宋尤袤刻本文选》，第八册，第10—11页。
〔9〕 李善注《宋尤袤刻本文选》，第八册，第11—12页。
〔10〕 隋树森:《古诗十九首集释》，中华书局1957年版，第39页。
〔11〕 李善注《宋尤袤刻本文选》，第八册，第12页。
〔12〕 郭茂倩编《乐府诗集》，中华书局2018年版，第二册，第581页。
〔13〕 郭茂倩编《乐府诗集》，第二册，第578页。
〔14〕 郭茂倩编《乐府诗集》，第二册，第578页。
〔15〕《曹操集》，第5页。
〔16〕《曹操集》，第2页。
〔17〕《曹操集》，第3页。
〔18〕《曹操集》，第8页。
〔19〕 俞绍初辑校《建安七子集》，第2页。
〔20〕 俞绍初辑校《建安七子集》，第50页。
〔21〕 俞绍初辑校《建安七子集》，第34页。
〔22〕 俞绍初辑校《建安七子集》，第145页。

〔23〕《全三国文》，严可均辑《全上古三代秦汉三国六朝文》，第三册，第89页。
〔24〕《全三国文》，严可均辑《全上古三代秦汉三国六朝文》，第三册，第48页。
〔25〕《全三国文》，严可均辑《全上古三代秦汉三国六朝文》，第三册，第78页。
〔26〕《全三国文》，严可均辑《全上古三代秦汉三国六朝文》，第三册，第76—77页。
〔27〕《全三国文》，严可均辑《全上古三代秦汉三国六朝文》，第三册，第77页。
〔28〕俞绍初辑校《建安七子集》，第195页。
〔29〕俞绍初辑校《建安七子集》，第162页。
〔30〕俞绍初辑校《建安七子集》，第162页。
〔31〕俞绍初辑校《建安七子集》，第160页。
〔32〕赵幼文：《曹植集校注》，中华书局2016年版，上册，第62页。
〔33〕赵幼文：《曹植集校注》，下册，第686页。
〔34〕赵幼文：《曹植集校注》，下册，第721页。
〔35〕赵幼文：《曹植集校注》，上册，第5页。
〔36〕赵幼文：《曹植集校注》，上册，第193页。
〔37〕《文帝诔》，赵幼文撰《曹植集校注》，下册，第511页。
〔38〕《卞太后诔》，赵幼文撰《曹植集校注》，下册，第622页。
〔39〕《任城王诔序》，赵幼文撰《曹植集校注》，下册，第415页。
〔40〕《行女哀辞》，赵幼文撰《曹植集校注》，上册，第269页。
〔41〕赵幼文：《曹植集校注》，下册，第443页。
〔42〕赵幼文：《曹植集校注》，下册，第437页。
〔43〕陈寿：《三国志》，中华书局2011年版，第二册，第555页。
〔44〕刘义庆撰、余嘉锡笺疏《世说新语笺疏》，中华书局1983年版，下册，第1047—1048页。
〔45〕《曹操集》，第2页。
〔46〕《典论·论郤俭等事》，《全三国文》，严可均辑《全上古三代秦汉三国六

朝文》，第三册，第87页。
〔47〕 赵幼文：《曹植集校注》，上册，第277—278页。
〔48〕 赵幼文：《曹植集校注》，下册，第779—780页。
〔49〕 郭庆藩：《庄子集释》，第548—550页。
〔50〕 张衡：《髑髅赋》，陈元龙辑《历代赋汇》，北京图书馆出版社1999年版，第十一册，第124—125页。
〔51〕 马积高：《赋史》，上海古籍出版社1987年版，第121页。
〔52〕 郭庆藩：《庄子集释》，第550页。
〔53〕 王仲荦：《魏晋南北朝史》，上海人民出版社2003年版，第125页。
〔54〕 戴明扬：《嵇康集校注》，中华书局2014年版，上册，第14页。
〔55〕 陈伯君：《阮籍集校注》，中华书局1987年版，第437页。
〔56〕 陈伯君：《阮籍集校注》，第437—438页。
〔57〕 陈伯君：《阮籍集校注》，第439页。
〔58〕 陈伯君：《阮籍集校注》，第439页。
〔59〕 陈伯君：《阮籍集校注》，第219页。
〔60〕 陈伯君：《阮籍集校注》，第276—277页。
〔61〕 陈伯君：《阮籍集校注》，第279页。
〔62〕 陈伯君：《阮籍集校注》，第310页。
〔63〕 陈伯君：《阮籍集校注》，第384—385页。
〔64〕《兄秀才公穆入军赠诗十九首》其一，戴明扬撰《嵇康集校注》，上册，第5页。
〔65〕《咏怀诗》其三十五，陈伯君撰《阮籍集校注》，第315页。
〔66〕《咏怀诗》其四十一，陈伯君撰《阮籍集校注》，第326页。
〔67〕 刘义庆撰、余嘉锡笺疏《世说新语笺疏·栖逸》引《魏氏春秋》，中华书局2013年版，中册，第762页。
〔68〕 李善注《宋尤袤刻本文选》，第六册，110页。
〔69〕 陈伯君：《阮籍集校注》，第211页。
〔70〕 陈伯君：《阮籍集校注》，第396—397页。
〔71〕 陈伯君：《阮籍集校注》，第263—264页。
〔72〕 陈伯君：《阮籍集校注》，第265页。

〔73〕《咏怀诗》其七，陈伯君撰《阮籍集校注》，第233页。
〔74〕《咏怀诗》其二十四，陈伯君撰《阮籍集校注》，第291页。
〔75〕《咏怀诗》其三十七，陈伯君撰《阮籍集校注》，第318页。
〔76〕陈伯君：《阮籍集校注》，第274—275页。
〔77〕陈伯君：《阮籍集校注》，第312页。
〔78〕陈伯君：《阮籍集校注》，第313—314页。
〔79〕陈伯君：《阮籍集校注》，第313页。
〔80〕《与山巨源绝交书》，戴明扬撰《嵇康集校注》，上册，第198页。
〔81〕黄省曾：《嵇中散集序》，戴明扬撰《嵇康集校注》，下册，第580页。
〔82〕刘义庆撰、余嘉锡笺疏《世说新语笺疏》，上册，第29页。
〔83〕《阮籍传》，《晋书》，中华书局2011年版，第五册，第1360页。
〔84〕《历代名贤确论》卷五十八，影印文津阁《四库全书》本，商务印书馆2005年版，第228册，第861页。
〔85〕《阮籍传》，《晋书》，第五册，第1360—1361页。
〔86〕刘义庆撰、余嘉锡笺疏《世说新语笺疏》，上册，第290页。
〔87〕《咏怀诗》其四十八，陈伯君撰《阮籍集校注》，第341页。
〔88〕陈伯君：《阮籍集校注》，第170页。
〔89〕陈伯君：《阮籍集校注》，第172页。
〔90〕陈伯君：《阮籍集校注》，第190页。
〔91〕曹旭：《诗品集注》（增订本），上海古籍出版社2011年版，第151页。
〔92〕鲁迅：《魏晋风度及文章与药及酒之关系》，《鲁迅全集》，人民文学出版社1998年版，第三卷，第511页。
〔93〕陈伯君：《阮籍集校注》，第251页。
〔94〕陈伯君：《阮籍集校注》，第306页。
〔95〕陈伯君：《阮籍集校注》，第356页。
〔96〕《咏怀诗》其十三，陈伯君撰《阮籍集校注》，第260页。
〔97〕《咏怀诗》其二十，陈伯君撰《阮籍集校注》，第282页。
〔98〕《咏怀诗》其七十，陈伯君撰《阮籍集校注》，第383页。
〔99〕《咏怀诗》其七十六，陈伯君撰《阮籍集校注》，第394页。
〔100〕《咏怀诗》其四十一，陈伯君撰《阮籍集校注》，第326页。

〔101〕戴明扬:《嵇康集校注》，上册，第5页。
〔102〕戴明扬:《嵇康集校注》，下册，第591页。
〔103〕郭庆藩:《庄子集释》，第561页。
〔104〕戴明扬:《嵇康集校注》，上册，第42页。
〔105〕戴明扬:《嵇康集校注》，上册，第254页。
〔106〕戴明扬:《嵇康集校注》，上册，第304页。
〔107〕戴明扬:《嵇康集校注》，上册，第70页。
〔108〕戴明扬:《嵇康集校注》，上册，第71页。
〔109〕戴明扬:《嵇康集校注》，上册，第78页。
〔110〕戴明扬:《嵇康集校注》，上册，第80页。
〔111〕戴明扬:《嵇康集校注》，上册，第113页。
〔112〕戴明扬:《嵇康集校注》，上册，第137页。
〔113〕戴明扬:《嵇康集校注》，上册，第197—198页。
〔114〕戴明扬:《嵇康集校注》，上册，第31—32页。
〔115〕陈伯君:《阮籍集校注》，第151—152页。
〔116〕陈伯君:《阮籍集校注》，第235页。
〔117〕陈伯君:《阮籍集校注》，第237页。
〔118〕陈伯君:《阮籍集校注》，第350页。
〔119〕陈伯君:《阮籍集校注》，第386页。
〔120〕《咏怀诗》其二十九，陈伯君撰《阮籍集校注》，第301页。
〔121〕《咏怀诗》其五十九，陈伯君撰《阮籍集校注》，第361页。
〔122〕陈伯君:《阮籍集校注》，第299页。
〔123〕陈伯君:《阮籍集校注》，第351页。
〔124〕《咏怀诗》其四十一，陈伯君撰《阮籍集校注》，第327页。
〔125〕《咏怀诗》其六，陈伯君撰《阮籍集校注》，第229页。
〔126〕《大人先生传》，陈伯君撰《阮籍集校注》，第161页
〔127〕陈伯君:《阮籍集校注》，第165页。
〔128〕叔本华:《叔本华论说文集》，范进、柯锦华等译，商务印书馆2017年版，第197页。
〔129〕逯钦立辑校《先秦汉魏晋南北朝诗》，中华书局1983年版，上册，第

611页。

〔130〕逯钦立辑校《先秦汉魏晋南北朝诗》，上册，第557页。

〔131〕逯钦立辑校《先秦汉魏晋南北朝诗》，上册，第745页。

〔132〕逯钦立辑校《先秦汉魏晋南北朝诗》，中册，第1148页。

〔133〕逯钦立辑校《先秦汉魏晋南北朝诗》，中册，第1149页。

〔134〕《陆机陆云传》，《晋书》，第五册，第1487页。

〔135〕刘运好：《陆士衡文集校注》，凤凰出版社2007年版，上册，第6页。

〔136〕《陆机陆云传》，《晋书》，第五册，第1488页。

〔137〕刘运好：《陆士衡文集校注》，上册，第675页。后文所引《百年歌》皆出此书，页数不复出注。

〔138〕叔本华：《叔本华论说文集》，第206页。

〔139〕叔本华：《叔本华论说文集》，第226页。

〔140〕叔本华：《叔本华论说文集》，第228页。

〔141〕刘运好：《陆士衡文集校注》，上册，第197页。

〔142〕刘运好：《陆士衡文集校注》，上册，第198页。

〔143〕刘运好：《陆士衡文集校注》，上册，第181—184页。

〔144〕刘运好：《陆士衡文集校注》，上册，第606页。

〔145〕刘运好：《陆士衡文集校注》，上册，第579页。

〔146〕刘运好：《陆士衡文集校注》，上册，第514页。

〔147〕郝立权：《陆士衡诗注》，台湾艺文印书馆1976年版，第35页。

〔148〕刘运好：《陆士衡文集校注》，上册，第613—614页。

〔149〕刘运好：《陆士衡文集校注》，上册，第701—702页。

〔150〕郝立权：《陆士衡诗注》，第24页。

〔151〕刘运好：《陆士衡文集校注》，上册，第540页。

〔152〕刘运好：《陆士衡文集校注》，上册，第546页。

〔153〕吴淇：《六朝选诗定论》，广陵书社2009年版，第264页。

〔154〕刘运好：《陆士衡文集校注》，上册，第206页。

〔155〕刘运好：《陆士衡文集校注》，上册，第206—207页。

〔156〕《挽歌诗》其一，刘运好《陆士衡文集校注》，上册，第656页。

〔157〕《挽歌诗》其二，刘运好《陆士衡文集校注》，上册，第664页。

〔158〕《庶人挽歌辞》，逯钦立辑校《先秦汉魏晋南北朝诗》，上册，第654—655页。

〔159〕《春秋左氏传注疏》，《十三经注疏》本，北京大学出版社1999年版，第1658页。

〔160〕陶澍集注《陶渊明全集》，上海古籍出版社2015年，第127页。

〔161〕丁福保辑《全汉三国晋南北朝诗》，中华书局1959年版，上册，第193页。

〔162〕《楼护传》，《汉书》，第十一册，第3707页。

〔163〕《孔光传》，《汉书》，第十册，第3364页。

〔164〕《陈寔传》，《后汉书》，第七册，第2067页。

〔165〕刘运好：《陆士衡文集校注》，上册，第202页。

〔166〕刘运好：《陆士衡文集校注》，上册，第667页。

〔167〕王利器：《颜氏家训集解》，中华书局1993年版，第285页。

〔168〕吴淇：《六朝选诗定论》，第266页。

〔169〕《五行志》，《后汉书》，第十一册，第3273页。

〔170〕李泽厚：《美的历程》，第92页。

〔171〕《杂诗十二首》其七，袁行霈撰《陶渊明集笺注》，中华书局2003年版，第352页。

〔172〕邱嘉穗评注《东山草堂陶诗笺》卷四，《四库全书存目丛书补编·集三》，齐鲁书社1997年版，第266页。

〔173〕袁行霈：《陶渊明集笺注》，第420页。

〔174〕袁行霈：《陶渊明集笺注》，第423页。

〔175〕袁行霈：《陶渊明集笺注》，第424—425页。

〔176〕袁行霈：《陶渊明集笺注》，第59页。

〔177〕袁行霈：《陶渊明集笺注》，第64页。

〔178〕袁行霈：《陶渊明集笺注》，第67页。

〔179〕《读山海经十三首》其五，袁行霈撰《陶渊明集笺注》，第403页。

〔180〕逯钦立：《〈形影神〉诗与东晋之佛道思想》，《逯钦立文存》，中华书局2010年版，第271页。

〔181〕袁行霈：《陶渊明集笺注》，第556页。

〔182〕钱仲联：《鲍参军集注》，上海古籍出版社1980年版，第10页。

〔183〕钱仲联:《鲍参军集注》,第237页。
〔184〕钱仲联:《鲍参军集注》,第237—238页。
〔185〕钱仲联:《鲍参军集注》,第242页。
〔186〕钱仲联:《鲍参军集注》,第142页。
〔187〕钱仲联:《鲍参军集注》,第178页。
〔188〕钱仲联:《鲍参军集注》,第178—179页。
〔189〕《曹操集》,第8页。
〔190〕《曹操集》,第11页。
〔191〕赵幼文:《曹植集校注》,下册,第552页。
〔192〕赵幼文:《曹植集校注》,下册,第645页。
〔193〕赵幼文:《曹植集校注》,下册,第570页。
〔194〕赵幼文:《曹植集校注》,下册,第568页。
〔195〕赵幼文:《曹植集校注》,上册,第97页。
〔196〕俞绍初辑校《建安七子集》,第2页。
〔197〕方东树:《昭昧詹言》,人民文学出版社2006年版,第66页。
〔198〕俞绍初辑校《建安七子集》,第34页。
〔199〕郁贤皓:《建安七子诗笺注》,巴蜀书社1990年版,第164页。
〔200〕《全三国文》,严可均辑《全上古三代秦汉三国六朝文》,第三册,第91页。
〔201〕逯钦立辑校《先秦汉魏晋南北朝诗》,上册,第611页。
〔202〕逯钦立辑校《先秦汉魏晋南北朝诗》,上册,第613页。
〔203〕逯钦立辑校《先秦汉魏晋南北朝诗》,上册,第615页。
〔204〕刘运好:《陆士衡文集校注》,上册,第653页。
〔205〕刘运好:《陆士衡文集校注》,上册,第649页。
〔206〕刘运好:《陆士衡文集校注》,上册,第579页。
〔207〕刘运好:《陆士衡文集校注》,上册,第279页。
〔208〕钱仲联:《鲍参军集注》,第230页。
〔209〕钱仲联:《鲍参军集注》,第242页。
〔210〕《拟行路难十八首》其五,钱仲联撰《鲍参军集注》,第230页。
〔211〕钱仲联:《鲍参军集注》,第242页。

〔212〕钱仲联：《鲍参军集注》，第243页。
〔213〕钱仲联：《鲍参军集注》，第231页。
〔214〕钱仲联：《鲍参军集注》，第232页。
〔215〕钱仲联：《鲍参军集注》，第283—284页。
〔216〕李泽厚：《美的历程》，第92页。
〔217〕李善注《宋尤袤刻本文选》，第八册，第5页。
〔218〕李善注《宋尤袤刻本文选》，第八册，第13页。
〔219〕逯钦立辑校《先秦汉魏晋南北朝诗》，上册，第396—397页。
〔220〕《善哉行二首》，逯钦立辑校《先秦汉魏晋南北朝诗》，上册，第393页。
〔221〕《善哉行二首》，逯钦立辑校《先秦汉魏晋南北朝诗》，上册，第391页。
〔222〕赵幼文：《曹植集校注》，下册，第685—686页。
〔223〕丁晏：《曹集诠评》，《万有文库》，商务印书馆1935年版，第796册，第39页。
〔224〕曹丕：《善哉行》，郭茂倩编《乐府诗集》，第二册，第784页。
〔225〕向秀：《养生论》，戴明扬撰《嵇康集校注》，上册，第255页。
〔226〕向秀：《难养生论》，戴明扬撰《嵇康集校注》，上册，第285页。
〔227〕刘运好：《陆士衡文集校注》，上册，第693页。
〔228〕刘运好：《陆士衡文集校注》，上册，第606页。
〔229〕刘运好：《陆士衡文集校注》，上册，第641—647页。
〔230〕钱仲联：《鲍参军集注》，第198页。
〔231〕丁福林、丛玲玲：《鲍照集校注》，中华书局2016年版，上册，第220页。
〔232〕钱仲联：《鲍参军集注》，第4页。
〔233〕钱仲联：《鲍参军集注》，第202页。
〔234〕钱仲联：《鲍参军集注》，第357页。
〔235〕郭茂倩编《乐府诗集》，第四册，第1716页。
〔236〕《武帝纪》，《汉书》，第一册，第184页。
〔237〕《武帝纪》，《汉书》，第一册，第202页。
〔238〕逯钦立辑校《先秦汉魏晋南北朝诗》，上册，第151页。
〔239〕逯钦立辑校《先秦汉魏晋南北朝诗》，上册，第262页。
〔240〕逯钦立辑校《先秦汉魏晋南北朝诗》，上册，第264页。

〔241〕逯钦立辑校《先秦汉魏晋南北朝诗》，上册，第261—262页。

〔242〕《全三国文》，严可均辑《全上古三代秦汉三国六朝文》，第三册，第88页。

〔243〕赵幼文:《曹植集校注》，上册，第278页。

〔244〕《全三国文》，严可均辑《全上古三代秦汉三国六朝文》，第三册，第33页。

〔245〕《文选》李善注曹植《赠白马王彪》引曹操《善哉行》诗句，《宋尤袤刻本文选》，第六册，第185页。

〔246〕《曹操集》，第1页。

〔247〕《曹操集》，第2页。

〔248〕《曹操集》，第7页。

〔249〕《曹操集》，第8页。

〔250〕赵幼文:《曹植集校注》，上册，第277页。

〔251〕赵幼文:《曹植集校注》，上册，第279页。

〔252〕逯钦立辑校《先秦汉魏晋南北朝诗》，上册，第393—394页。

〔253〕《全三国文》，严可均辑《全上古三代秦汉三国六朝文》，第三册，第87页。

〔254〕赵幼文:《曹植集校注》，下册，第592页。

〔255〕赵幼文:《曹植集校注》，下册，第594页。

〔256〕赵幼文:《曹植集校注》，下册，第597页。

〔257〕赵幼文:《曹植集校注》，下册，第395页。

〔258〕赵幼文:《曹植集校注》，下册，第396页。

〔259〕赵幼文:《曹植集校注》，下册，第390页。

〔260〕赵幼文:《曹植集校注》，下册，第393页。

〔261〕赵幼文:《曹植集校注》，下册，第598—599页。

〔262〕赵幼文:《曹植集校注》，下册，第600页。

〔263〕赵幼文:《曹植集校注》，下册，第600页。

〔264〕赵幼文:《曹植集校注》，下册，第698页。

〔265〕赵幼文:《曹植集校注》，下册，第393—394页。

〔266〕戴明扬:《嵇康集校注》，上册，第252—253页。

〔267〕嵇康:《答难养生论》，戴明扬撰《嵇康集校注》，上册，第302页。

〔268〕戴明扬:《嵇康集校注》，上册，第302页。

〔269〕葛洪：《论仙》，金毅撰《抱朴子内外篇校注》，上海古籍出版社2018年版，上册，第76页。
〔270〕葛洪撰：《仙药》，金毅撰《抱朴子内外篇校注》，上册，第433页。
〔271〕戴明扬：《嵇康集校注》，上册，第255页。
〔272〕戴明扬：《嵇康集校注》，上册，第14页。
〔273〕戴明扬：《嵇康集校注》，上册，第84页。
〔274〕戴明扬：《嵇康集校注》，上册，第29页。
〔275〕嵇康：《答二郭三首》其三，戴明扬撰《嵇康集校注》，上册，第109页。
〔276〕戴明扬：《嵇康集校注》，上册，第64—65页。
〔277〕戴明扬：《嵇康集校注》，上册，第67页。
〔278〕戴明扬：《嵇康集校注》，上册，第67页。
〔279〕陈伯君：《阮籍集校注》，第219页。
〔280〕陈伯君：《阮籍集校注》，第247页。
〔281〕陈伯君：《阮籍集校注》，第266页。
〔282〕陈伯君：《阮籍集校注》，第287页。
〔283〕陈伯君：《阮籍集校注》，第310页。
〔284〕陈伯君：《阮籍集校注》，第324页。
〔285〕陈伯君：《阮籍集校注》，第360页。
〔286〕陈伯君：《阮籍集校注》，第394页。
〔287〕鲁迅：《魏晋风度及文章与药及酒之关系》，《鲁迅全集》，第三卷，第390页。
〔288〕《咏怀》其四十一，陈伯君撰《阮籍集校注》，第326页。
〔289〕陈伯君：《阮籍集校注》，第353页。
〔290〕陈伯君：《阮籍集校注》，第355页。
〔291〕陈伯君：《阮籍集校注》，第355页。
〔292〕陈伯君：《阮籍集校注》，第398页。
〔293〕陈伯君：《阮籍集校注》，第371页。
〔294〕陈伯君：《阮籍集校注》，第372页。
〔295〕陈伯君：《阮籍集校注》，第372页。
〔296〕陈伯君：《阮籍集校注》，第403页。

〔297〕陈伯君:《阮籍集校注》，第12页。
〔298〕陈伯君:《阮籍集校注》，第310页。
〔299〕李善注《宋尤袤刻本文选》，第六册，第49页。
〔300〕李善注《宋尤袤刻本文选》，第六册，第50页。
〔301〕李善注《宋尤袤刻本文选》，第六册，第53—54页。
〔302〕逯钦立辑校《先秦汉魏晋南北朝诗》，中册，第866页。
〔303〕李善注《宋尤袤刻本文选》，第六册，第51—52页。
〔304〕逯钦立辑校《先秦汉魏晋南北朝诗》，中册，第866页。
〔305〕李善注《宋尤袤刻本文选》，第六册，第45—46页
〔306〕李善注《宋尤袤刻本文选》，第六册，第46—47页。
〔307〕李善注《宋尤袤刻本文选》，第六册，第47—48页。
〔308〕李善注《宋尤袤刻本文选》，第六册，第45页。
〔309〕刘义庆撰、余嘉锡:《世说新语笺疏·任诞》，下册，第869页。
〔310〕刘义庆撰、余嘉锡:《世说新语笺疏·任诞》，下册，第869页。
〔311〕《全晋文》，严可均辑《全上古三代秦汉三国六朝文》，第四册，第273页。
〔312〕逯钦立辑校《先秦汉魏晋南北朝诗》，中册，第895页。
〔313〕逯钦立辑校《先秦汉魏晋南北朝诗》，中册，第900页。
〔314〕逯钦立辑校《先秦汉魏晋南北朝诗》，中册，第913页。
〔315〕《感士不遇赋》，袁行霈撰《陶渊明集笺注》，第431页。
〔316〕袁行霈:《陶渊明集笺注》，第8页。
〔317〕袁行霈:《陶渊明集笺注》，第203页。
〔318〕何汶:《竹庄诗话》，中华书局1984年版，第76页。
〔319〕逯钦立辑校《先秦汉魏晋南北朝诗》，中册，第1174页。
〔320〕逯钦立辑校《先秦汉魏晋南北朝诗》，中册，第1167页。
〔321〕逯钦立辑校《先秦汉魏晋南北朝诗》，上册，第1165页。
〔322〕曹融南:《谢宣城集校注》，上海古籍出版社1991年版，第233页。
〔323〕曹融南:《谢宣城集校注》，第250页。
〔324〕闻一多:《唐诗杂论》，吉林出版集团有限责任公司2017年版，第18页。
〔325〕李泽厚:《美的历程》，第133页。

第三章　逝川与流光
李白诗文中光阴意象所表现的生命本质

〔1〕　尼采：《教育家叔本华》，《叔本华哲言录》，第1页。
〔2〕　叔本华：《人生的智慧》，韦启昌译，上海人民出版社2018年版，第205页。
〔3〕　海德格尔：《尼采》（上册），孙周兴、王庆节主编《海德格尔文集》，商务印书馆2015年版，第376页。
〔4〕　刘小枫：《诗化哲学》（重订本），华东师范大学出版社2011年版，第132—133页。
〔5〕　郭庆藩：《庄子集释》，第658页。
〔6〕　丰子恺：《渐》，《生命的路　谈生命》，人民文学出版社2017年版，第16页。
〔7〕　詹锳主编《李白全集校注汇释集评》，第七册，第3925页。
〔8〕　詹锳主编《李白全集校注汇释集评》，第五册，第2787页。
〔9〕　詹锳主编《李白全集校注汇释集评》，第三册，第1393页。
〔10〕　詹锳主编《李白全集校注汇释集评》，第六册，第3049页。
〔11〕　詹锳主编《李白全集校注汇释集评》，第一册，第97页。
〔12〕　詹锳主编《李白全集校注汇释集评》，第一册，第121页。
〔13〕　詹锳主编《李白全集校注汇释集评》，第一册，第234页。
〔14〕　詹锳主编《李白全集校注汇释集评》，第一册，第71—72页。
〔15〕　叔本华：《人生的智慧》，第204页。
〔16〕　詹锳主编《李白全集校注汇释集评》，第一册，第358页。
〔17〕　詹锳主编《李白全集校注汇释集评》，第七册，第3407页。
〔18〕《关尹子》，《四部丛刊》三编景明本，中卷，第11页
〔19〕　郭茂倩编《乐府诗集》，第二册，第926页。
〔20〕　郭茂倩编《乐府诗集》，第二册，第927页。
〔21〕　葛洪：《勤求》，金毅撰《抱朴子内外篇校注》，上册，第533页。
〔22〕　赵幼文：《曹植集校注》，下册，第747页。
〔23〕　谢思炜：《白居易诗集校注》，中华书局2006年版，第一册，第195页。

〔24〕 谢思炜:《白居易诗集校注》,第二册,第762页。

〔25〕 谢思炜:《白居易诗集校注》,第三册,第1353页。

〔26〕 谢思炜:《白居易诗集校注》,第五册,第2090页。

〔27〕 詹锳主编《李白全集校注汇释集评》,第五册,第2787—2789页。

〔28〕 詹锳主编《李白全集校注汇释集评》,第一册,第115页。

〔29〕 詹锳主编《李白全集校注汇释集评》,第一册,第142页。

〔30〕 詹锳主编《李白全集校注汇释集评》,第二册,第944—945页。

〔31〕 逯钦立辑校《先秦汉魏晋南北朝诗》,中册,第1148页。

〔32〕 袁行霈:《陶渊明集笺注》,第243页。

〔33〕 詹锳主编《李白全集校注汇释集评》,第四册,第1717页。

〔34〕《宋本毛诗诂训传》,国家图书馆出版社2017年版,第三册,第64页。

〔35〕《雨从箕山来》,彭定求等编《全唐诗》,中华书局1999年版,第一册,第623页。

〔36〕 刘运好:《陆士衡文集校注》,上册,第6页。

〔37〕 詹锳:《文心雕龙义证》,上海古籍出版社1989年版,中册,第1728—1732页。

〔38〕 曹旭:《诗品集注》(增订本),第56页。

〔39〕 詹锳主编《李白全集校注汇释集评》,第七册,第3929—3931页。

〔40〕 詹锳主编《李白全集校注汇释集评》,第七册,第3921—3925页。

〔41〕 祝尧:《古赋辨体》卷七,《文渊阁四库全书》,上海古籍出版社1987年版,第1366册,第811页。

〔42〕 詹锳主编《李白全集校注汇释集评》,第七册,第3938页。

〔43〕 詹锳主编《李白全集校注汇释集评》,第一册,第136—137页。

〔44〕 杨齐贤、萧士赟:《分类补注李太白诗》卷二,日本汲古书院影印尊经阁文库本,第一册,第198页。

〔45〕 洪兴祖:《楚辞补注》,第10页。

〔46〕 逯钦立辑校《先秦汉魏晋南北朝诗》,上册,第622页。

〔47〕 詹锳主编《李白全集校注汇释集评》,第五册,第2620页。

〔48〕 詹锳主编《李白全集校注汇释集评》,第一册,第185页。

〔49〕 詹锳主编《李白全集校注汇释集评》,第七册,第3448页。

〔50〕 杨齐贤、萧士赟：《分类补注李太白诗》卷二十四，日本汲古书院影印尊经阁文库本，第三册，第280页。
〔51〕 詹锳主编《李白全集校注汇释集评》，第七册，第3462页。
〔52〕 杨齐贤、萧士赟：《分类补注李太白诗》卷二十四，第三册，第284页。
〔53〕 朱谏：《李诗选注》卷十三，隆庆六年刊本。
〔54〕 詹锳主编《李白全集校注汇释集评》，第一册，第139—140页。
〔55〕 杨齐贤、萧士赟：《分类补注李太白诗》卷二，第一册，第198页。
〔56〕 安旗主编《李白全集编年注释》，巴蜀书社1990年版，上册，第131页。
〔57〕 詹锳主编《李白全集校注汇释集评》，第七册，第3458页。
〔58〕 詹锳主编《李白全集校注汇释集评》，第六册，第3101页。
〔59〕 詹锳主编《李白全集校注汇释集评》，第四册，第2050页。
〔60〕 詹锳主编《李白全集校注汇释集评》，第四册，第2067页。
〔61〕《游敬亭寄崔侍御》，詹锳主编《李白全集校注汇释集评》，第四册，第2080页。
〔62〕 詹锳主编《李白全集校注汇释集评》，第一册，第425—426页。
〔63〕 朱谏：《李诗选注》卷一，隆庆六年刊本。
〔64〕 朱谏：《李诗选注》卷一，隆庆六年刊本。
〔65〕 詹锳主编《李白全集校注汇释集评》，第四册，第1833页。
〔66〕 詹锳主编《李白全集校注汇释集评》，第五册，第2811页。
〔67〕 叔本华：《悲情人生》，第19页。
〔68〕 詹锳主编《李白全集校注汇释集评》，第二册，第814页。
〔69〕 詹锳主编《李白全集校注汇释集评》，第三册，第1277页。
〔70〕 詹锳主编《李白全集校注汇释集评》，第二册，第848页。
〔71〕 詹锳主编《李白全集校注汇释集评》，第一册，第157—158页。
〔72〕 詹锳主编《李白全集校注汇释集评》，第一册，第234—235页。
〔73〕 朱谏：《李诗选注》卷一，隆庆六年刊本。
〔74〕 朱谏：《李诗选注》卷一，隆庆六年刊本。
〔75〕 詹锳主编《李白全集校注汇释集评》，第六册，第3113页。
〔76〕 詹锳主编《李白全集校注汇释集评》，第一册，第123—125页。
〔77〕 张纯一：《晏子春秋校注》，中华书局2014年版，第44页。

〔78〕 詹锳主编《李白全集校注汇释集评》，第三册，第1121页。
〔79〕 詹锳主编《李白全集校注汇释集评》，第三册，第1453—1455页。
〔80〕 詹锳主编《李白全集校注汇释集评》，第四册，第1729—1733页。
〔81〕《书怀赠南陵常赞府》，詹锳主编《李白全集校注汇释集评》，第四册，第1787页。
〔82〕《东武吟》，詹锳主编《李白全集校注汇释集评》，第二册，第794页。
〔83〕 钱仲联：《鲍参军集注》，第239页。
〔84〕 北京大学哲学系外国哲学史教研室编译《古希腊罗马哲学》，商务印书馆1982年版，第27页。
〔85〕 詹锳主编《李白全集校注汇释集评》，第八册，第4139页。
〔86〕 叔本华：《叔本华论说文集》，第432页。
〔87〕 詹锳主编《李白全集校注汇释集评》，第七册，第3425页。
〔88〕 李善注《宋尤袤刻本文选》卷二十九，第八册，第4页。
〔89〕 许维遹：《吕氏春秋集释》，第220页。
〔90〕 何宁：《淮南子集释》，中册，第534页。
〔91〕 杨伯峻：《列子集释》，第26页。
〔92〕 郭庆藩：《庄子集释》，第618页。
〔93〕《后汉书·儒林传》，第2559页。
〔94〕 郭庆藩：《庄子集释》，第674页。
〔95〕 杨伯峻：《列子集释》，第123页。
〔96〕《全宋文》，严可均辑《全上古三代秦汉三国六朝文》第六册，第213页。
〔97〕《全宋文》，严可均辑《全上古三代秦汉三国六朝文》，第六册，第537页。
〔98〕《全宋文》，严可均辑《全上古三代秦汉三国六朝文》，第六册，第539页。
〔99〕《全宋文》，严可均辑《全上古三代秦汉三国六朝文》，第六册，第606页。
〔100〕《全梁文》，严可均辑《全上古三代秦汉三国六朝文》，第七册，第583页。
〔101〕《全晋文》，严可均辑《全上古三代秦汉三国六朝文》，第五册，第1663页。
〔102〕袁行霈：《陶渊明集笺注》，第352页。
〔103〕袁行霈：《陶渊明集笺注》，第555页。
〔104〕方祖燊：《陶潜诗笺注校证论评》，兰台书局1971年版，第62页。

〔105〕《全梁文》，严可均辑《全上古三代秦汉三国六朝文》，第七册，第214页。
〔106〕《搜神记》，中华书局2012年版，第320页。
〔107〕《宋本山海经》，国家图书馆出版社2017年版，第183页。
〔108〕洪兴祖：《楚辞补注》卷二，第41页。
〔109〕卢梭：《一个孤独漫步者的遐想》，袁筱一译，上海人民出版社2007年版，第80页。
〔110〕詹锳主编《李白全集校注汇释集评》，第六册，第3298页。
〔111〕詹锳主编《李白全集校注汇释集评》，第六册，第3300页。
〔112〕袁行霈：《陶渊明集笺注》，第393页。
〔113〕王尧衢：《唐诗合解笺注》，河北大学出版社、贵州人民出版社2010年版，第13页。
〔114〕钱穆：《灵魂与心》，第20—21页。
〔115〕《为窦氏小师祭璿和尚文》，詹锳主编《李白全集校注汇释集评》，第八册，第4389页。
〔116〕叔本华：《人生的智慧》，第121页。
〔117〕狄尔泰：《精神科学中历史世界的建构》，安延明译，中国人民大学出版社2010年版，第232页。
〔118〕狄尔泰：《精神科学中历史世界的建构》，第229页。
〔119〕文德尔班：《哲学史教程》上卷，罗达仁译，商务印书馆1987年版，第53页。
〔120〕詹锳主编《李白全集校注汇释集评》，第一册，第62—63页。
〔121〕郭庆藩：《庄子集释》，第106页。
〔122〕郭庆藩：《庄子集释》，第259页。
〔123〕郭庆藩：《庄子集释》，第107页。
〔124〕郭庆藩：《庄子集释》，第107页。
〔125〕葛洪撰、胡守为校释《神仙传校释》，中华书局2010年版，第94页。
〔126〕詹锳主编《李白全集校注汇释集评》，第六册，第3159页。
〔127〕《李诗直解》，詹锳主编《李白全集校注汇释集评》，第六册，第3160页。
〔128〕王尧衢：《唐诗合解笺注》，第177页。
〔129〕詹锳主编《李白全集校注汇释集评》，第六册，第3156页。

〔130〕詹锳主编《李白全集校注汇释集评》，第六册，第3156页。
〔131〕唐汝询：《唐诗解》，河北大学出版社2001年版，上册，第638页。
〔132〕詹锳主编《李白全集校注汇释集评》，第六册，第3217页。
〔133〕詹锳主编《李白全集校注汇释集评》，第六册，第3187页。
〔134〕詹锳主编《李白全集校注汇释集评》，第六册，第3191页。
〔135〕詹锳主编《李白全集校注汇释集评》，第六册，第3193页。
〔136〕詹锳主编《李白全集校注汇释集评》，第三册，第1092—1096页。
〔137〕詹锳主编《李白全集校注汇释集评》，第六册，第3011页。
〔138〕叔本华：《叔本华论说文集》，第431页。
〔139〕杨齐贤、萧士赟：《分类补注李太白诗》卷二十一，日本汲古书院影印尊经阁文库本，第三册，第184页。
〔140〕彭定求等编《全唐诗》，第二册，第889页。
〔141〕彭定求等编《全唐诗》，第四册，第2715页。
〔142〕彭定求等编《全唐诗》，第九册，第6632页。
〔143〕彭定求等编《全唐诗》，第十二册，第9334页。
〔144〕狄尔泰：《精神科学中历史世界的建构》，第230页。
〔145〕罗伯特·艾伦编《哲学的盛宴》，刘华译，新世界出版社2013年版，第205页。

第四章　人生得意须尽欢
李白诗所表现出的快乐主义生命观

〔1〕钱穆：《灵魂与心》，第6页。
〔2〕《伊壁鸠鲁向墨诺伊库斯致意》，第欧根尼·拉尔修著《名哲言行录》，徐开来、溥林译，广西师范大学出版社2010年版，第十卷，第535页。
〔3〕斯宾诺莎：《简论上帝、人及其心灵健康》，顾寿观译，商务印书馆2011年版，第96页。
〔4〕《伊壁鸠鲁向墨诺伊库斯致意》，第欧根尼·拉尔修著《名哲言行录》，第十卷，第534页。
〔5〕《伊壁鸠鲁向墨诺伊库斯致意》，第欧根尼·拉尔修著《名哲言行录》，

第十卷，第536页。

〔6〕罗素：《西方哲学史》，《罗素文集》，何兆武、李约瑟译，商务印书馆2012年版，第七卷，第366页。

〔7〕《伊壁鸠鲁向墨诺伊库斯致意》，第欧根尼·拉尔修著《名哲言行录》，第十卷，第491页。

〔8〕罗素：《西方哲学史》，《罗素文集》，第七卷，第366页。

〔9〕《伊壁鸠鲁向墨诺伊库斯致意》，第欧根尼·拉尔修著《名哲言行录》，第十卷，第540页。

〔10〕尼采：《教育家叔本华》，《叔本华哲言录》，第12页。

〔11〕费迪南·费尔曼：《生命哲学》，第33页。

〔12〕叔本华：《作为意志与表象的世界》，石冲白译，商务印书馆2017年版，第272页。

〔13〕叔本华：《作为意志与表象的世界》，第273页。

〔14〕叔本华：《人生的智慧》，第12页。

〔15〕叔本华：《作为意志与表象的世界》，第274页。

〔16〕《阿里斯提珀斯》，第欧根尼·拉尔修著《名哲言行录》，第十卷，第108页。

〔17〕第欧根尼·拉尔修：《名哲言行录》，第101页。

〔18〕第欧根尼·拉尔修：《名哲言行录》，第103页。

〔19〕罗素：《西方哲学史》，《罗素文集》第七卷，第365页。

〔20〕罗素：《西方哲学史》，《罗素文集》第八卷，第385页。

〔21〕罗素：《西方哲学史》，《罗素文集》第八卷，第387页。

〔22〕威廉·詹姆士：《宗教经验之种种》，唐钺译，商务印书馆2002年版，第75页。

〔23〕罗素：《幸福人生》，吴默朗、金剑译，中央编译出版社2011年版，第186页。

〔24〕罗素：《幸福人生》，第66页。

〔25〕罗素：《幸福人生》，第186页。

〔26〕罗素：《幸福人生》，第102页。

〔27〕罗素：《幸福人生》，第12页。

〔28〕 罗素:《幸福人生》,第49页。

〔29〕 罗素:《幸福人生》,第46页。

〔30〕 罗素:《幸福人生》,第14页。

〔31〕 罗素:《幸福人生》,第184页。

〔32〕 约翰·穆勒:《功利主义》,徐大建译,上海世纪出版集团2008年版,第8页。

〔33〕 王阳明:《答陆原静书》,《王阳明全集》,上海古籍出版社2011年版,上册,第79页。

〔34〕 木野实等:《阳明先生遗言录》,《中国文哲通讯》1998年第3期。

〔35〕 王阳明:《传习录》(上),《王阳明全集》,上册,第28页。

〔36〕 陈来:《有无之境:王阳明哲学的精神》,北京大学出版社2013年版,第72页。

〔37〕《礼运》,《宋本礼记》,国家图书馆出版社2017年版,第二册,第109页。

〔38〕《告子上》,《孟子正义》,中华书局2011年版,下册,第743页。

〔39〕《论语·季氏》,朱熹撰《四书章句集注》,第173页。

〔40〕《尽心上》,《孟子正义》,下册,第905页。

〔41〕《尽心上》,《孟子正义》,下册,第882页。

〔42〕《论语·里仁》,朱熹撰《四书章句集注》,第71页。

〔43〕《论语·雍也》,朱熹撰《四书章句集注》,第87页。

〔44〕 程颢、程颐:《河南程氏遗书》,《二程集》卷一二,中华书局1981年版,第一册,第135页。

〔45〕 嵇文甫:《晚明思想史论》,东方出版社2013年版,第25页。

〔46〕 郭庆藩:《庄子集释》,第541页。

〔47〕 郭庆藩:《庄子集释》,第543—544页。

〔48〕 杨伯峻:《列子集释·杨朱篇》,第209页。

〔49〕 杨伯峻:《列子集释·杨朱篇》,第212页。

〔50〕 杨伯峻:《列子集释·杨朱篇》,第210页。

〔51〕 罗宗强:《李杜论略》,第64页。

〔52〕 罗宗强:《李杜论略》,第73页。

〔53〕 詹锳主编《李白全集校注汇释集评》,第六册,第2854页。

〔54〕 安旗主编《李白全集编年注释》，第272页。
〔55〕 詹锳主编《李白全集校注汇释集评》，第一册，第425—426页。
〔56〕 詹锳主编《李白全集校注汇释集评》，第一册，第428页。
〔57〕 王琦注《李太白全集》，第199页。
〔58〕 郭茂倩编《乐府诗集》，第三册，第1369页。
〔59〕 郭茂倩编《乐府诗集》，第三册，第1369页。
〔60〕 瞿蜕元、朱金城：《李白集校注》，上海古籍出版社2016年版，第303页。
〔61〕 詹锳主编《李白全集校注汇释集评》，第一册，第427页。
〔62〕 詹锳主编《李白全集校注汇释集评》，第六册，第2852页。
〔63〕 詹锳主编《李白全集校注汇释集评》，第六册，第2833页。
〔64〕 詹锳主编《李白全集校注汇释集评》，第七册，第3412页。
〔65〕《李诗直解》，詹锳主编《李白全集校注汇释集评》，第二册，第849页引。
〔66〕 詹锳主编《李白全集校注汇释集评》，第六册，第2894页。
〔67〕 张九成：《孟子传》卷二十七，《张九成集》，浙江古籍出版社2013年版，第四册，第1045页。
〔68〕 朋霍费尔：《伦理学》，第140页。
〔69〕 朋霍费尔：《伦理学》，第141页。
〔70〕 蒙田：《蒙田随笔全集》，马振骋译，上海书店出版社2009年版，第三卷，第317页。
〔71〕 詹锳主编《李白全集校注汇释集评》，第二册，第658页。
〔72〕 詹锳主编《李白全集校注汇释集评》，第二册，第878页。
〔73〕 詹锳主编《李白全集校注汇释集评》，第一册，第491页。
〔74〕 詹锳主编《李白全集校注汇释集评》，第二册，第879页。
〔75〕 詹锳主编《李白全集校注汇释集评》，第二册，第882页。
〔76〕 詹锳主编《李白全集校注汇释集评》，第二册，第870—871页。
〔77〕 詹锳主编《李白全集校注汇释集评》，第二册，第872页。
〔78〕 詹锳：《李白乐府集说》，《李白诗文系年》，人民文学出版社1984年版，第173页。
〔79〕 詹锳主编《李白全集校注汇释集评》，第一册，第4页。
〔80〕 詹锳主编《李白全集校注汇释集评》，第一册，第9页。

〔81〕 詹锳主编《李白全集校注汇释集评》，第一册，第11页。

〔82〕 詹锳主编《李白全集校注汇释集评》，第七册，第4032页。

〔83〕《李白传》，《新唐书》，中华书局2011年版，第十八册，第5762页。

〔84〕 詹锳主编《李白全集校注汇释集评》，第一册，第4页。

〔85〕 詹锳主编《李白全集校注汇释集评》，第三册，第1117页。

〔86〕 詹锳主编《李白全集校注汇释集评》，第七册，第3741页。

〔87〕 詹锳主编《李白全集校注汇释集评》，第七册，第3743—3745页。

〔88〕 詹锳主编《李白全集校注汇释集评》，第七册，第3687—3688页。

〔89〕 詹锳主编《李白全集校注汇释集评》，第七册，第3679页。

〔90〕 詹锳主编《李白全集校注汇释集评》，第四册，第1949—1953页。

〔91〕 詹锳主编《李白全集校注汇释集评》，第四册，第2149—2150页。

〔92〕 詹锳主编《李白全集校注汇释集评》，第二册，第990页。

〔93〕 唐汝询:《唐诗解》，第280页。

〔94〕《李诗直解》，詹锳主编《李白全集校注汇释集评》，第二册，第993页引。

〔95〕 詹锳主编《李白全集校注汇释集评》，第二册，第951页。

〔96〕《论语·述而》，朱熹撰《四书章句集注》，第96页。

〔97〕《离娄上》，《孟子正义》，上册，第524页。

〔98〕《论语·泰伯》，朱熹撰《四书章句集注》，第106页。

〔99〕《论语·宪问》，朱熹撰《四书章句集注》，第149页。

〔100〕《滕文公下》，《孟子正义》，上册，第427页。

〔101〕《万章上》，《孟子正义》，下册，第653页。

〔102〕《老子韩非列传》，《史记》，中华书局2013年版，第七册，第2597页。

〔103〕郭庆藩:《庄子集释》，第933页。

〔104〕郭庆藩:《庄子集释》，第536—537页。

〔105〕《论语·述而》，朱熹撰《四书章句集注》，第97页。

〔106〕《论语·卫灵公》，朱熹撰《四书章句集注》，第162页。

〔107〕郭庆藩:《庄子集释》，第855—856页。

〔108〕郭庆藩:《庄子集释》，第856—857页。

〔109〕朱熹:《四书章句集注》，第115页。

〔110〕《立节》,《宋本说苑》，国家图书馆出版社2017年版，第二册，第3页。子路语又见《韩诗外传》卷二。
〔111〕詹锳主编《李白全集校注汇释集评》，第二册，第687—690页。
〔112〕詹锳主编《李白全集校注汇释集评》，第二册，第871页引。
〔113〕王琦注《李太白全集》，第339页。
〔114〕詹锳主编《李白全集校注汇释集评》，第二册，第872页引。
〔115〕安旗主编《李白全集编年笺注》，第149页。
〔116〕詹锳主编《李白全集校注汇释集评》，第一册，第489—491页。
〔117〕毛姆:《作家笔记》，陈德志、陈星译，上海译文出版社2018年版，第76页。
〔118〕毛姆:《作家笔记》，第77页。
〔119〕毛姆:《作家笔记》，第75页。
〔120〕严羽:《沧浪诗话》，人民文学出版社1983年版，第226页。
〔121〕杨齐贤、萧士赟:《分类补注李太白诗》，第二册，第79页。
〔122〕詹锳主编《李白全集校注汇释集评》，第二册，第952页引。
〔123〕詹锳主编《李白全集校注汇释集评》，第五册，第2330—2334页。
〔124〕詹锳主编《李白全集校注汇释集评》，第四册，第2229页。
〔125〕詹锳主编《李白全集校注汇释集评》，第四册，第1624页。
〔126〕詹锳主编《李白全集校注汇释集评》，第三册，第1259页。
〔127〕詹锳主编《李白全集校注汇释集评》，第三册，第1313页。
〔128〕詹锳主编《李白全集校注汇释集评》，第三册，第1422—1424页。
〔129〕詹锳主编《李白全集校注汇释集评》，第七册，第3982页。
〔130〕张志烈、马德富、周裕锴主编《苏轼全集校注》，河北人民出版社2010年版，第十一册，第1092页。
〔131〕李纲:《读李白集戏用奴字韵》,《全宋诗》，北京大学出版社1998年版，第1546册，第17555页。
〔132〕李纲:《读四家诗选》,《全宋诗》，第1546册，第17375页。
〔133〕《忆旧游寄谯郡元参军》，詹锳主编《李白全集校注汇释集评》，第四册，第1943页。
〔134〕《玉壶吟》，詹锳主编《李白全集校注汇释集评》，第二册，第1003页。

〔135〕《送韩准裴政孔巢父还山》，詹锳主编《李白全集校注汇释集评》，第五册，第2314页.
〔136〕《梦游天姥吟留别》，詹锳主编《李白全集校注汇释集评》，第五册，第2109页。
〔137〕《答王十二寒夜独酌有怀》，詹锳主编《李白全集校注汇释集评》，第五册，第2707页。
〔138〕郭庆藩:《庄子集释·逍遥游》，第18页。
〔139〕詹锳主编《李白全集校注汇释集评》，第一册，第66—69页
〔140〕詹锳主编《李白全集校注汇释集评》，第三册，第1254页。
〔141〕叔本华:《叔本华论说文集》，第9页。

第五章　身没期不朽

存在的价值与生命本质的塑造

〔1〕　钱穆:《灵魂与心》，第8页。
〔2〕　《论语·子路》，朱熹撰《四书章句集注》，第145页。
〔3〕　《论语·阳货》，朱熹撰《四书章句集注》，第178页。
〔4〕　《公孙丑下》，《孟子正义》，上册，第311页。
〔5〕　《滕文公下》，《孟子正义》，上册，第419页。
〔6〕　《孟子荀卿列传》，《史记》，第七册，第2833页。
〔7〕　《孟子荀卿列传》，《史记》，第七册，第2837页。
〔8〕　《滕文公下》，《孟子正义》，上册，第420页。
〔9〕　《滕文公下》，《孟子正义》，上册，第421页。
〔10〕《滕文公下》，《孟子正义》，上册，第426页。
〔11〕《论语·宪问》，朱熹撰《四书章句集注》，第159页。
〔12〕《论语·雍也》，朱熹撰《四书章句集注》，第91页。
〔13〕《论语·泰伯》，朱熹撰《四书章句集注》，第107页。
〔14〕《论语·泰伯》，朱熹撰《四书章句集注》，第108页。
〔15〕《论语·学而》，朱熹撰《四书章句集注》，第49页。
〔16〕杨伯峻:《论语译注》，第13页。

〔17〕《梁惠王下》,《孟子正义》，上册，第119页。
〔18〕《尽心下》,《孟子正义》，下册，第891页。
〔19〕《万章上》,《孟子正义》，下册，第654页。
〔20〕《离娄下》,《孟子正义》，下册，第597页。
〔21〕 王利器:《盐铁论校注》，中华书局1992年版，第121—122页。
〔22〕《论语·公冶长》，朱熹撰《四书章句集注》，第77页。
〔23〕《尽心上》,《孟子正义》，下册，第891页。
〔24〕 朱熹:《四书章句集注》，第185页。
〔25〕 詹锳主编《李白全集校注汇释集评》，第三册，第1318—1319页。
〔26〕《陈藩传》,《后汉书》，第八册，第2159页。
〔27〕 刘义庆撰、余嘉锡笺疏《世说新语笺疏》，上册，第1页。
〔28〕《陈藩传》,《后汉书》，第八册，第2166页。
〔29〕 刘义庆撰、余嘉锡笺疏《世说新语笺疏·德行》，上册，第7页。
〔30〕《党锢列传》,《后汉书》，第八册，第2203页。
〔31〕 詹锳:《文心雕龙义证》，下册，第1694页。
〔32〕 詹锳主编《李白全集校注汇释集评》，第一册，第1页。
〔33〕《张镐传》,《旧唐书》，中华书局2011年版，第十册，第3326页。
〔34〕《萧昕传》,《旧唐书》，第十二册，第3961页。
〔35〕《张九龄传》,《旧唐书》，第九册，第3097页。
〔36〕 孙钦善:《高适集校注》(修订本)，上海古籍出版社2014年版，第4页。
〔37〕 孙钦善:《高适集校注》(修订本)，第135页。
〔38〕 孙钦善:《高适集校注》(修订本)，第259页。
〔39〕 廖立:《岑嘉州诗笺注》，中华书局2004年版，上册，第386页。
〔40〕 廖立:《岑嘉州诗笺注》，上册，第22页。
〔41〕 陈铁民:《王维集校注》，中华书局2020年版，上册，第161页。
〔42〕《送赵都督赴代州得青字》，陈铁民《王维集校注》，第206页。
〔43〕 皇甫冉:《同温丹徒登万岁楼》(一作刘长卿诗)，彭定求等编《全唐诗》，第四册，第2806页。
〔44〕《上安州裴长史书》，詹锳主编《李白全集校注汇释集评》，第七册，第4027页。

〔45〕《上安州李长史书》，詹锳主编《李白全集校注汇释集评》，第七册，第3988页。

〔46〕《赠张相镐二首》其二，詹锳主编《李白全集校注汇释集评》，第四册，第1629页。

〔47〕《论语·泰伯》，朱熹撰《四书章句集注》，第104页。

〔48〕《尽心》，《孟子正义》，下册，第890—891页。

〔49〕郭庆藩：《庄子集释》，第962页。

〔50〕詹锳主编《李白全集校注汇释集评》，第一册，第11页。

〔51〕詹锳主编《李白全集校注汇释集评》，第七册，第4018页。

〔52〕萧涤非主编《杜甫全集校注》，人民文学出版社2014年版，第二册，第668页。

〔53〕詹锳主编《李白全集校注汇释集评》，第七册，第3982页。

〔54〕詹锳主编《李白全集校注汇释集评》，第三册，第1410—1414页。

〔55〕《送梁四归东平》，詹锳主编《李白文集校注汇释集评》，第五册，第2547页。

〔56〕詹锳主编《李白全集校注汇释集评》，第四册，第2239—2240页。

〔57〕詹锳主编《李白全集校注汇释集评》，第一册，第392—394页。

〔58〕詹锳主编《李白全集校注汇释集评》，第一册，第396—397页。

〔59〕詹锳主编《李白全集校注汇释集评》，第一册，第400页。

〔60〕爱新觉罗·弘历敕编《唐宋诗醇》，上册，三峡出版社1997年版，上册，第23页。

〔61〕裴斐：《诗缘情辨》，四川文艺出版社1986年版，第145—149页。

〔62〕详见郁贤皓：《李太白全集校注》，凤凰出版社2017年版，第277、281、287页。

〔63〕安旗主编《李白全集编年笺注》，第一册，第157、207页。

〔64〕安旗主编《李白全集编年笺注》，第二册，第587页。

〔65〕郁贤皓：《李白全集校注》，第177页。

〔66〕裴斐：《李白的传奇与史实》，《文学遗产》1993年第3期。

〔67〕郭茂倩编《乐府诗集》，第三册，第1449页。

〔68〕《齐太公世家》，《史记》，中华书局2013年版，第五册，第1782页。

〔69〕《鞠歌行》，詹锳主编《李白全集校注汇释集评》，第二册，第538页。
〔70〕沈约：《符瑞上》，《宋书》，中华书局2011年版，第三册，第764页。
〔71〕刘向：《列女传》，辽宁教育出版社1998年版，第58页。
〔72〕安旗主编《李白全集编年笺注》，第208页。
〔73〕刘学锴：《唐诗选注评鉴》，中州古籍出版社2019年版，第三册，第900页。
〔74〕《燕召公世家》，《史记》，第五册，第1875页。
〔75〕《屈原贾生列传》，《史记》，第八册，第3004—3005页。
〔76〕詹锳主编《李白全集校注汇释集评》，第一册，第1—2页。
〔77〕《赠崔司户文昆季》，詹锳主编《李白全集校注汇释集评》，第三册，第1548页。
〔78〕《赠从弟南平太守之遥二首》其一，詹锳主编《李白全集校注汇释集评》，第四册，第1738页。
〔79〕《答杜秀才五松山见赠》，詹锳主编《李白全集校注汇释集评》，第五册，第2756—2757页。
〔80〕《东武吟》，詹锳主编《李白全集校注汇释集评》，第二册，第790—792页。
〔81〕《玉壶吟》，詹锳主编《李白全集校注汇释集评》，第二册，第1006页。
〔82〕《赠溧阳宋少府陟》，詹锳主编《李白全集校注汇释集评》，第三册，第1555页。
〔83〕《答高山人兼呈权顾二侯》，詹锳主编《李白全集校注汇释集评》，第五册，第2751页。
〔84〕《答杜秀才五松山见赠》，詹锳主编《李白全集校注汇释集评》，第五册，第2757页。
〔85〕詹锳主编《李白全集校注汇释集评》，第四册，第1670页。
〔86〕詹锳主编《李白全集校注汇释集评》，第五册，第2725页。
〔87〕詹锳主编《李白全集校注汇释集评》，第一册，第90—91页。
〔88〕唐汝询：《唐诗解》，河北大学出版社2001年版，上册，第54页。
〔89〕詹锳主编《李白全集校注汇释集评》，第二册，第911页。
〔90〕詹锳主编《李白全集校注汇释集评》，第四册，第2019页。
〔91〕《古风五十九首》其十四，詹锳主编《李白全集校注汇释集评》，第一

册，第91页。

〔92〕 詹锳主编《李白全集校注汇释集评》，第五册，第2700—2707页。

〔93〕 詹锳主编《李白全集校注汇释集评》，第五册，第2678页。

〔94〕 詹锳主编《李白全集校注汇释集评》，第五册，第2681页。

〔95〕《伍子胥列传》，《史记》，第七册，第2636页。

〔96〕《伍子胥列传》，《史记》，第七册，第2636—2637页。

〔97〕《屈原贾生列传》，《史记》，第八册，第2993页。

〔98〕《屈原贾生列传》，《史记》，第八册，第2998页。

〔99〕《李斯列传》，《史记》，第八册，第3068页。

〔100〕《李斯列传》，《史记》，第八册，第3091页。

〔101〕《晋书》，第五册，第1480页。

〔102〕詹锳主编《李白全集校注汇释集评》第七册，第3468—3470页。

〔103〕《晋书》，第八册，第2384页。

〔104〕《经乱离后天恩流夜郎忆旧书怀赠江夏韦太守良宰》，詹锳主编《李白全集校注汇释集评》，第四册，第1678页。

〔105〕詹锳主编《李白全集校注汇释集评》，第三册，第1601—1605页。

〔106〕胡仔《苕溪渔隐丛话》前集卷五引《蔡宽夫诗话》，《丛书集成初编》，中华书局1985年版，第2559册，第28页。

〔107〕《赠张相镐二首》其二，詹锳主编《李白全集校注汇释集评》，第四册，第1630页。

〔108〕詹锳主编《李白全集校注汇释集评》，第四册，第2227—2231页。

〔109〕《李光弼传》，《旧唐书》，第十册，第3310页。

〔110〕卡西尔：《人论》，第11页。

〔111〕《上安州裴长史书》，詹锳主编《李白全集校注汇释集评》，第七册，第4030页。

〔112〕刘全白：《唐故翰林学士李君碣记》，詹锳主编《李白全集校注汇释集评》，第一册，第9页。

〔113〕詹锳主编《李白全集校注汇释集评》，第四册，第1887—1891页。

〔114〕费迪南·费尔曼：《生命哲学》，第71页。

〔115〕詹锳主编《李白全集校注汇释集评》，第七册，第3420页。

〔116〕詹锳主编《李白全集校注汇释集评》，第三册，第1469—1471页。
〔117〕《羊祜传》，《晋书》，第四册，第1020页。
〔118〕詹锳主编《李白全集校注汇释集评》，第七册，第3380—3382页。
〔119〕《鞠歌行》，詹锳主编《李白全集校注汇释集评》，第二册，第538页。
〔120〕第欧根尼·拉尔修：《梭伦》，《名哲言行录》，第十卷，第28页。
〔121〕蒙田：《蒙田随笔全集》，第一卷，第302页。
〔122〕勃兰兑斯：《十九世纪文学主流》，张道真译，人民文学出版社1980年版，第一分册，第2页。
〔123〕裴斐：《李白与历史人物》，《文学遗产》1990年第3期。
〔124〕《谢安传》，《晋书》，第七册，第2072页。
〔125〕《谢安传》，《晋书》，第七册，第2074页。
〔126〕《谢安传》，《晋书》，第七册，第2074—2075页。
〔127〕詹锳主编《李白全集校注汇释集评》，第六册，第2991—2996页。
〔128〕詹锳主编《李白全集校注汇释集评》，第三册，第1458—1459页。
〔129〕詹锳主编《李白全集校注汇释集评》，第四册，第1661页。
〔130〕詹锳主编《李白全集校注汇释集评》，第三册，第1320页。
〔131〕詹锳主编《李白全集校注汇释集评》，第六册，第2912页。
〔132〕《酬坊州王司马与阎正字对雪见赠》，詹锳主编《李白全集校注汇释集评》，第五册，第2669页。
〔133〕《赠韦秘书子春》，詹锳主编《李白全集校注汇释集评》，第三册，第1324页。
〔134〕詹锳主编《李白全集校注汇释集评》，第六册，第3182—3184页。
〔135〕詹锳主编《李白全集校注汇释集评》，第五册，第2512—2516页。
〔136〕《张良传》，《汉书》，第七册，第2023页。
〔137〕《张良传》，《汉书》，第七册，第2029页。
〔138〕《张良传》，《汉书》，第七册，第2036页。
〔139〕《张良传》，《汉书》，第七册，第2037页。
〔140〕《越王勾践世家》，《史记》，第五册，第2101页。
〔141〕《越王勾践世家》，《史记》，第五册，第2095页。
〔142〕《留别王司马嵩》，詹锳主编《李白全集校注汇释集评》，第四册，第

2130—2131页。

〔143〕《翰林读书言怀呈集贤院内诸学士》，詹锳主编《李白全集校注汇释集评》，第七册，第3470页。

〔144〕《五月东鲁行答汶上君》，詹锳主编《李白全集校注汇释集评》，第五册，第2616页。

〔145〕詹锳主编《李白全集校注汇释集评》，第一册，第101页。

〔146〕《鲁仲连邹阳列传》，《史记》，第八册，第2967页。

〔147〕《鲁仲连邹阳列传》，《史记》，第八册，第2973—2974页。

〔148〕《鲁仲连邹阳列传》，《史记》，第八册，第2974页。

〔149〕《送张秀才从军》，詹锳主编《李白全集校注汇释集评》，第五册，第2433页。

〔150〕《三国志·蜀书·诸葛亮传》，第四册，第911页。

〔151〕《郦生陆贾列传》，《史记》，第八册，第3243页。

〔152〕《淮阴侯列传》，《史记》，第八册，第3147—3148页。

〔153〕《郦生陆贾列传》，《史记》，第八册，第3245页。

〔154〕《鞠歌行》，詹锳主编《李白全集校注汇释集评》，第二册，第538页。

〔155〕王弼撰、楼宇烈校释《周易注校释》，第184页。

〔156〕詹锳主编《李白全集校注汇释集评》，第一册，第317—320页。

〔157〕詹锳主编《李白全集校注汇释集评》，第三册，第1338—1341页。

〔158〕《赠新平少年》，詹锳主编《李白全集校注汇释集评》，第三册，第1422—1424页。

〔159〕《玉真公主别馆苦雨赠卫尉张卿二首》其一，詹锳主编《李白全集校注汇释集评》，第三册，第1310页。

〔160〕《南都行》，詹锳主编《李白全集校注汇释集评》，第二册，第988页。

〔161〕《怀仙歌》，詹锳主编《李白全集校注汇释集评》，第三册，第1216页。

〔162〕《书怀赠南陵常赞府》，詹锳主编《李白全集校注汇释集评》，第四册，第1787页。

〔163〕《还山留别金门知己》，詹锳主编《李白全集校注汇释集评》，第四册，第2138页。

〔164〕叔本华：《人生的智慧》，第56页。

〔165〕《赠从弟洌》，詹锳主编《李白全集校注汇释集评》，第四册，第1825页。
〔166〕《扶风豪士歌》，詹锳主编《李白全集校注汇释集评》，第二册，第1040页。
〔167〕《留别王司马嵩》，詹锳主编《李白全集校注汇释集评》，第四册，第2130页。
〔168〕王琦注《李太白全集》，第1533页。
〔169〕罗大经：《李杜》，《鹤林玉露》丙编卷六，中华书局1983年版，第341页。
〔170〕《经乱离后天恩流夜郎忆旧游书怀赠江夏韦太守良宰》，詹锳主编《李白全集校注汇释集评》，第四册，第1687页。
〔171〕郁贤皓选注《李白选集》，上海古籍出版社1990年版，第12页。
〔172〕《哥舒翰传》，《旧唐书》，第十册，第3213页。
〔173〕《王忠嗣传》，《新唐书》，第十五册，第4553—4554页。
〔174〕詹锳主编《李白全集校注汇释集评》，第五册，第2701页。
〔175〕詹锳主编《李白全集校注汇释集评》，第一册，第84—87页。
〔176〕詹锳主编《李白全集校注汇释集评》，第一册，第84页。
〔177〕詹锳主编《李白全集校注汇释集评》，第一册，第84页。
〔178〕爱新觉罗·弘历敕编《唐宋诗醇》，上册，第8页。
〔179〕《杨国忠传》，《旧唐书》，第十册，第3243页。
〔180〕《杨国忠传》，《旧唐书》，第十册，第3243页。
〔181〕《唐纪三十二》，《资治通鉴》卷二百一十六，中华书局2012年版，第十三册，第9088页。
〔182〕《唐纪三十二》，《资治通鉴》卷二百一十六，第十三册，第9090页。
〔183〕《唐纪三十三》，《资治通鉴》卷二百一十七，第十三册，第9114页。
〔184〕詹锳主编《李白全集校注汇释集评》，第一册，第163—169页。
〔185〕朱谏：《李诗选注》卷一，隆庆六年刊本。
〔186〕朱谏：《李诗选注》卷一，隆庆六年刊本。
〔187〕爱新觉罗·弘历敕编《唐宋诗醇》，上册，第12页。
〔188〕朱谏：《李诗选注》卷一，隆庆六年刊本。
〔189〕詹锳主编《李白全集校注汇释集评》，第一册，第10页。
〔190〕詹锳主编《李白全集校注汇释集评》，第一册，第107页。

〔191〕《经乱后将避地剡中留赠崔宣城》，詹锳主编《李白全集校注汇释集评》，第四册，第1861页。
〔192〕《扶风豪士歌》，詹锳主编《李白全集校注汇释集评》，第二册，第1036页。
〔193〕亚里士多德：《政治学》，高书文译，中国社会科学出版社2009年版，第7页。
〔194〕詹锳主编《李白全集校注汇释集评》，第一册，第228—231页。
〔195〕杨齐贤、萧士赟：《分类补注李太白诗》卷二，第一册，第230页。
〔196〕陈沆：《诗比兴笺》，中华书局1959年版，第132页。
〔197〕《唐纪三十》，《资治通鉴》卷二百一十四，第十三册，第9004页。
〔198〕复旦大学古典文学教研组编《李白诗选》，人民文学出版社1983年版，第98页。
〔199〕《唐纪三十一》，《资治通鉴》卷二百一十五，第十三册，第9042—9044页。
〔200〕《唐纪三十一》，《资治通鉴》卷二百一十五，第十三册，第9046页。
〔201〕《唐纪三十一》，《资治通鉴》卷二百一十五，第十三册，第9050页。
〔202〕《唐纪三十一》，《资治通鉴》卷二百一十五，第十三册，第9052页。
〔203〕《古风五十九首》其十四，詹锳主编《李白全集校注汇释集评》，第一册，第91页。
〔204〕詹锳主编《李白全集校注汇释集评》，第五册，第2700—2707页。
〔205〕杨齐贤、萧士赟：《分类补注李太白诗》卷十九，第二册，第123页。
〔206〕《万愤词投魏郎中》，詹锳主编《李白全集校注汇释集评》，第七册，第3508页。
〔207〕胡适：《白话文学史》，新月书店1928年版，第282页。
〔208〕胡适：《白话文学史》，第292页。
〔209〕胡适：《白话文学史》，第292—293页。
〔210〕胡适：《白话文学史》，第293页。
〔211〕胡适：《白话文学史》，第310页。
〔212〕胡适：《白话文学史》，第311页。
〔213〕詹锳主编《李白全集校注汇释集评》，第一册，第97—101页。

〔214〕爱新觉罗·弘历敕编《唐宋诗醇》，上册，第9页。
〔215〕詹锳主编《李白全集校注汇释集评》，第一册，第127—130页。
〔216〕李昉等编《太平广记》卷四百八十五，中华书局1961年版，第3992页。
〔217〕《唐纪三十》，《资治通鉴》卷二百一十四，第十三册，第8978页。
〔218〕《唐纪三十》，《资治通鉴》卷二百一十四，第十三册，第8982页。
〔219〕《唐纪三十二》，《资治通鉴》卷二百一十六，第十三册，第9080页。
〔220〕詹锳主编《李白全集校注汇释集评》，第一册，第38—40页。
〔221〕詹锳主编《李白全集校注汇释集评》，第一册，第220—221页。
〔222〕詹锳主编《李白全集校注汇释集评》，第一册，第202—204页。
〔223〕萧涤非主编《杜甫全集校注》，第一册，第136页。
〔224〕《忆旧游寄谯郡元参军》，詹锳主编《李白全集校注汇释集评》，第四册，第1943页。
〔225〕《玉壶吟》，詹锳主编《李白全集校注汇释集评》，第二册，第1003页。
〔226〕《送韩准裴政孔巢父还山》，詹锳主编《李白全集校注汇释集评》，第五册，第2314页。
〔227〕《侠客行》，詹锳主编《李白全集校注汇释集评》，第一册，第491页。
〔228〕《结袜子》，詹锳主编《李白全集校注汇释集评》，第二册，第604页。
〔229〕《塞下曲六首》其六，詹锳主编《李白全集校注汇释集评》，第二册，第713页。
〔230〕《赠何七判官昌浩》，詹锳主编《李白全集校注汇释集评》，第三册，第1335—1336页。

第六章　古来圣贤皆寂寞
天才诗人的孤独意识

〔1〕安东尼·斯托尔：《孤独：回归自我》，凌春秀译，人民邮电出版社2016年版，第36页。
〔2〕叔本华：《孤独通行证》，张宁译，江苏凤凰文艺出版社2017年版，第13页。
〔3〕叔本华：《孤独通行证》，第14页。

〔4〕 斯波六郎:《中国文学中的孤独感》,刘幸等译,《中国诗歌研究》第十六辑,社会科学文献出版社2018年5月。

〔5〕 卡西尔:《人论》,第21页。

〔6〕 卡西尔:《人论》,第20页。

〔7〕 列维-布留尔:《原始思维》,丁由译,商务印书馆1985年版,第74页。

〔8〕 罗素:《西方哲学史》,《罗素文集》,第7卷,第65—66页。

〔9〕 罗素:《西方哲学史》,《罗素文集》,第7卷,第160页。

〔10〕 罗素:《西方哲学史》,《罗素文集》,第7卷,第161页。

〔11〕 罗素:《西方哲学史》,《罗素文集》,第7卷,第164页。

〔12〕《全晋文》,严可均辑《全上古三代秦汉三国六朝文》,第五册,第1694页。

〔13〕《全梁文》,严可均辑《全上古三代秦汉三国六朝文》,第七册,第448页。

〔14〕 周天游:《后汉纪校注》,天津古籍出版社1987年版,第276页。

〔15〕 葛洪撰、周天游校注《西京杂记》,三秦出版社2005年版,第150页。

〔16〕 叔本华:《孤独通行证》,第13页。

〔17〕 詹锳主编《李白全集校注汇释集评》,第一册,第469—471页。

〔18〕 詹锳主编《李白全集校注汇释集评》,第三册,第1502页。

〔19〕 郭庆藩:《庄子集释》,第501页。

〔20〕 郭象注《庄子》,郭庆藩《庄子集释》,第503页。

〔21〕 成玄英疏《庄子》,郭庆藩《庄子集释》,第506页。

〔22〕 叔本华:《作为意志与表现的世界》,第285页。

〔23〕《古诗十九首》其三,李善注《宋尤袤刻本文选》,第八册,第4页。

〔24〕《古诗十九首》其十三,李善注《宋尤袤刻本文选》,第八册,第12页。

〔25〕 赵幼文:《曹植集校注》,下册,第686页。

〔26〕 逯钦立辑校《先秦汉魏晋南北朝诗》,中册,第896页。

〔27〕 杨勇:《陶渊明集校笺》,上海古籍出版社2007年版,第269页。

〔28〕 彭定求等编《全唐诗》,第二册,第899页。

〔29〕 叔本华:《作为意志与表现的世界》,第271页。

〔30〕《老子韩非列传》,《史记》,第七册,第2596页。

〔31〕《论语·泰伯》，朱熹撰《四书章句集注》，第106页。
〔32〕《送戴十五衡岳序》，詹锳主编《李白全集校注汇释集评》，第八册，第4150页。
〔33〕《朱买臣传》，《汉书》，第九册，第2791页。
〔34〕詹锳主编《李白全集校注汇释集评》，第七册，第3711页。
〔35〕《宋本战国策》，国家图书馆出版社2017年版，第一册，第50页。
〔36〕詹锳主编《李白全集校注汇释集评》，第三册，第1284—1287页。
〔37〕詹锳主编《李白全集校注汇释集评》，第三册，第1259—1262页。
〔38〕詹锳主编《李白全集校注汇释集评》，第二册，第663页。
〔39〕詹锳主编《李白全集校注汇释集评》，第四册，第1915页。
〔40〕詹锳主编《李白全集校注汇释集评》，第五册，第2648页。
〔41〕詹锳主编《李白全集校注汇释集评》，第三册，第1056—1061页。
〔42〕《书怀赠南陵常赞府》，詹锳主编《李白全集校注汇释集评》，第四册，第1785页。
〔43〕《经乱离后天恩流夜郎忆旧游书怀赠江夏韦太守良宰》，詹锳主编《李白全集校注汇释集评》，第四册，第1670页。
〔44〕《赠韦侍御黄裳二首》其二，詹锳主编《李白全集校注汇释集评》，第三册，第1329页。
〔45〕《送蔡山人》，詹锳主编《李白全集校注汇释集评》，第五册，第2461页。
〔46〕詹锳主编《李白全集校注汇释集评》，第三册，第1491页。
〔47〕詹锳主编《李白全集校注汇释集评》，第三册，第1486—1489页。
〔48〕詹锳主编《李白全集校注汇释集评》，第五册，第2534页。
〔49〕詹锳主编《李白全集校注汇释集评》，第五册，第2678页。
〔50〕詹锳主编《李白全集校注汇释集评》，第五册，第2681页。
〔51〕詹锳主编《李白全集校注汇释集评》，第四册，第1782页。
〔52〕詹锳主编《李白全集校注汇释集评》，第三册，第1067—1073页。
〔53〕《书情赠蔡舍人雄》，詹锳主编《李白全集校注汇释集评》，第三册，第1463页。
〔54〕詹锳主编《李白全集校注汇释集评》，第六册，第3268页。
〔55〕《李诗直解》，詹锳主编《李白全集校注汇释集评》，第六册，第3270页引。

〔56〕 孙洙编、陈婉俊补注《唐诗三百首》，中华书局1984年版，第3页。
〔57〕 詹锳主编《李白全集校注汇释集评》，第六册，第3276页。
〔58〕 詹锳主编《李白全集校注汇释集评》，第六册，第3294—3295页。
〔59〕 詹锳主编《李白全集校注汇释集评》，第六册，第3298页。
〔60〕 杨勇：《陶渊明集校笺》，第364页。
〔61〕 杨勇：《陶渊明集校笺》，第393页。
〔62〕 詹锳主编《李白全集校注汇释集评》，第三册，第1231页。
〔63〕 叔本华：《孤独通行证》，第11页。
〔64〕 叔本华：《叔本华论说文集》，第402页。
〔65〕 叔本华：《叔本华论说文集》，第403页。
〔66〕 叔本华：《叔本华论说文集》，第404页。
〔67〕 詹锳主编《李白全集校注汇释集评》，第七册，第3609—3610页。
〔68〕 詹锳主编《李白全集校注汇释集评》，第五册，第2704页。
〔69〕 詹锳主编《李白全集校注汇释集评》，第三册，第1073页。
〔70〕 詹锳主编《李白全集校注汇释集评》，第二册，第537页。
〔71〕 李阳冰：《草堂集序》，詹锳主编《李白全集校注汇释集评》，第一册，第1页。
〔72〕 詹锳主编《李白全集校注汇释集评》，第一册，第3页。
〔73〕 范传正：《唐左拾遗翰林学士李公新墓碑并序》，詹锳主编《李白全集校注汇释集评》，第一册，第11页。
〔74〕 詹锳主编《李白全集校注汇释集评》，第一册，第11页。
〔75〕 詹锳主编《李白全集校注汇释集评》，第五册，第2716页。
〔76〕 詹锳主编《李白全集校注汇释集评》，第三册，第1389页。
〔77〕 詹锳主编《李白全集校注汇释集评》，第五册，第2564页。
〔78〕 詹锳主编《李白全集校注汇释集评》，第五册，第2751—2753页。
〔79〕 詹锳主编《李白全集校注汇释集评》，第五册，第2756—2761页。
〔80〕《草堂集序》，詹锳主编《李白全集校注汇释集评》，第一册，第2页。
〔81〕 詹锳主编《李白全集校注汇释集评》，第四册，第1940页。
〔82〕 詹锳主编《李白全集校注汇释集评》，第四册，第2115—2117页。
〔83〕 詹锳主编《李白全集校注汇释集评》，第四册，2158—2159页。

〔84〕詹锳主编《李白全集校注汇释集评》，第一册，第194—195页。
〔85〕詹锳主编《李白全集校注汇释集评》，第一册，第117—118页。
〔86〕詹锳主编《李白全集校注汇释集评》，第三册，第1598页。
〔87〕詹锳主编《李白全集校注汇释集评》，第三册，第1331页。
〔88〕詹锳主编《李白全集校注汇释集评》，第二册，第988页。
〔89〕詹锳主编《李白全集校注汇释集评》，第八册，第4148页。
〔90〕詹锳主编《李白全集校注汇释集评》，第八册，第4107页。
〔91〕《古风五十九首》其十二，詹锳主编《李白全集校注汇释集评》，第一册，第78页。
〔92〕李斯托威尔：《近代美学史评述》，蒋孔阳译，安徽教育出版社2007年版，第226页。
〔93〕叔本华：《叔本华论说文集》，第407页。
〔94〕乔治·桑塔耶拿：《美感》，杨向荣译，人民出版社2013年版，第183页。
〔95〕詹锳主编《李白全集校注汇释集评》，第六册，第3336页。
〔96〕钟惺评语。钟惺、谭元春：《唐诗归》卷十六，《续修四库全书》，上海古籍出版社2002年版，第1590册，第32页。
〔97〕俞陛云：《诗境浅说正续编》，中华书局2015年版，第126页。
〔98〕谢榛：《四溟诗话》卷一，丁福保辑《历代诗话续编》，中华书局1983年版，第1132页。
〔99〕胡应麟：《诗薮》内编卷三，上海古籍出版社1979年版，第49页。
〔100〕沈德潜：《唐诗别裁集》卷六，上海古籍出版社1979年版，第184页。
〔101〕詹锳主编《李白全集校注汇释集评》，第一册，第290—300页。

第七章　且须酣畅万古情
心灵的逃逸与解脱

〔1〕泰戈尔《飞鸟集》语，引自弗雷德·艾伦·沃尔夫：《精神的宇宙》，吕捷译，商务印书馆2005年版，第22页。
〔2〕卢梭语，引自罗伯特·所罗门、凯思林·希金斯：《大问题：简明哲学

导论》，张卜天译，广西师大出版社2014年版，第284页。

〔3〕 郭庆藩：《庄子集释》，第887页。

〔4〕 郭庆藩：《庄子集释》，第889页。

〔5〕 费希特：《论学者的使命、人的使命》，梁志学、沈真译，商务印书馆2011年版，第15页。

〔6〕 王溥：《唐会要》，上海古籍出版社2006年版，第1770页。

〔7〕《姚崇传》，《旧唐书》，第九册，第3025页。

〔8〕《姚崇宋璟传》，《新唐书》，第十四册，第4387页。

〔9〕《宋璟传》，《旧唐书》，第九册，第3035页。

〔10〕《姚崇宋璟传》，《新唐书》，第十四册，第4395页。

〔11〕《唐纪三十》，《资治通鉴》卷二百一十四，第十三册，第8868页。

〔12〕《张说传》，《新唐书》，第十四册，第4412页。

〔13〕《张说传》，《新唐书》，第十四册，第4410页。

〔14〕《张九龄传》，《新唐书》，第十四册，第4440页。

〔15〕《唐纪三十》，《资治通鉴》卷二百一十四，第十三册，第9062页。

〔16〕 李浩等编《全唐文》，上海古籍出版社1990年版，第二册，第1671页。

〔17〕 詹锳主编《李白全集校注汇释集评》，第一册，第24页。

〔18〕《李林甫传》，《旧唐书》，第十册，第3240页。

〔19〕《唐纪三十一》，《资治通鉴》卷二百一十五，第十三册，第9028页。

〔20〕《杨国忠传》，《旧唐书》，第十册，第3241页。

〔21〕《杨国忠传》，《旧唐书》，第十册，第3244页。

〔22〕《杨国忠传》，《旧唐书》，第十册，第3244页。

〔23〕《杨国忠传》，《旧唐书》，第十册，第3255—3256页。

〔24〕 孙钦善：《高适集校注》（修订本），第82页。

〔25〕 孙钦善：《高适集校注》（修订本），第179—180页。

〔26〕 彭定求等编《全唐诗》，第五册，第3674页。

〔27〕 谢思炜：《白居易诗集校注》，中华书局2019年版，第二册，第513页。

〔28〕 刘伶：《酒德颂》，严可均辑《全上古三代秦汉三国六朝文》，第四册，第682页。

〔29〕 谢思炜：《白居易诗集校注》，第四册，第1962页。

〔30〕 詹锳主编《李白全集校注汇释集评》第六册，第3372页。
〔31〕 詹锳主编《李白全集校注汇释集评》，第七册，第3645页。
〔32〕 詹锳主编《李白全集校注汇释集评》，第三册，第1393页。
〔33〕 詹锳主编《李白全集校注汇释集评》，第一册，第45—48页。
〔34〕 詹锳主编《李白全集校注汇释集评》，第一册，第45—46页引。
〔35〕 朱谏：《李诗选注》卷一，隆庆六年刊本。
〔36〕 詹锳主编《李白全集校注汇释集评》，第六册，第2943—2945页。
〔37〕 詹锳主编《李白全集校注汇释集评》，第六册，第2947页。
〔38〕 朱谏：《李诗选注》卷十二，隆庆六年刊本。
〔39〕《感兴八首》其五，詹锳主编《李白全集校注汇释集评》，第七册，第3442页。
〔40〕《天台晓望》，詹锳主编《李白全集校注汇释集评》，第六册，第2956页。
〔41〕 詹锳主编《李白全集校注汇释集评》，第三册，第1477页。
〔42〕 詹锳主编《李白全集校注汇释集评》，第七册，第3442页。
〔43〕 詹锳主编《李白全集校注汇释集评》，第一册，第50—51页。
〔44〕 詹锳主编《李白全集校注汇释集评》，第八册，第4145页。
〔45〕 詹锳主编《李白全集校注汇释集评》，第三册，第1532—1543页。
〔46〕 詹锳主编《李白全集校注汇释集评》，第五册，第2787页。
〔47〕 詹锳主编《李白全集校注汇释集评》，第六册，第3113页。
〔48〕 威廉·詹姆士：《宗教经验之种种》，第75页。
〔49〕 詹锳主编《李白全集校注汇释集评》，第五册，第2791—2793页。
〔50〕 詹锳主编《李白全集校注汇释集评》，第五册，第2796—2797页。
〔51〕 詹锳主编《李白全集校注汇释集评》，第五册，第2798页。
〔52〕 詹锳主编《李白全集校注汇释集评》，第五册，第2801页。
〔53〕 詹锳主编《李白全集校注汇释集评》，第五册，第2803页。
〔54〕 詹锳主编《李白全集校注汇释集评》，第五册，第2805页。
〔55〕 詹锳主编《李白全集校注汇释集评》，第四册，第2000—2004页。
〔56〕 胡震亨：《唐音统签》，上海古籍出版社2003年版，第437页。
〔57〕 詹锳主编《李白全集校注汇释集评》，第一册，第58—60页。

〔58〕詹锳主编《李白全集校注汇释集评》，第四册，第1939—1940页。
〔59〕《封禅书》，《史记》，中华书局2013年版，第四册，第1657页。
〔60〕王叔岷：《列仙传校笺》，中华书局2007年版，第70页。
〔61〕詹锳主编《李白全集校注汇释集评》，第一册，第109—110页。
〔62〕王叔岷：《列仙传校笺》，第1页。
〔63〕詹锳主编《李白全集校注汇释集评》，第一册，第196—197页。
〔64〕葛立方：《韵语阳秋》，《丛书集成初编》，第2554册，第81页。
〔65〕詹锳主编《李白全集校注汇释集评》，第三册，第1440页。
〔66〕詹锳主编《李白全集校注汇释集评》，第四册，第2101—2109页。
〔67〕宋宗元：《网师园唐诗笺》，郁贤皓撰《李太白全集校注》，第1774页。
〔68〕惠洪：《冷斋夜话》，中华书局1988年版，第43页。
〔69〕詹锳主编《李白全集校注汇释集评》，第四册，第2184页。
〔70〕詹锳主编《李白全集校注汇释集评》，第一册，第4页。
〔71〕詹锳主编《李白全集校注汇释集评》，第六册，第3196页。
〔72〕詹锳主编《李白全集校注汇释集评》，第三册，第1308—1310页。
〔73〕《赠内》，詹锳主编《李白全集校注汇释集评》，第七册，第3728页。
〔74〕《周泽传》，《后汉书》，中华书局2011年版，第九册，第2579页。《汉官仪》此下有"一日不斋醉如泥"。
〔75〕詹锳主编《李白全集校注汇释集评》，第四册，第1978页。
〔76〕詹锳主编《李白全集校注汇释集评》，第二册，第974—979页。
〔77〕《山简传》，《晋书》，中华书局2011年版，第四册，第1229—1230页。
〔78〕朱谏：《李诗选注》卷四，隆庆六年刊本。
〔79〕詹锳主编《李白全集校注汇释集评》，第二册，第981页。
〔80〕孟棨：《本事诗》，上海古籍出版社1991年版，第17页。
〔81〕詹锳主编《李白全集校注汇释集评》，第六册，第3363页。
〔82〕詹锳主编《李白全集校注汇释集评》，第六册，第3364—3365页。
〔83〕詹锳主编《李白全集校注汇释集评》，第四册，第1652—1653页。
〔84〕詹锳主编《李白全集校注汇释集评》，第一册，第3页。
〔85〕萧涤非主编《杜甫全集校注》，第137页。
〔86〕詹锳主编《李白全集校注汇释集评》，第四册，第1757页。

〔87〕朱谏：《李诗选注》卷八，隆庆六年刊本。
〔88〕詹锳主编《李白全集校注汇释集评》，第六册，第3278页。
〔89〕詹锳主编《李白全集校注汇释集评》，第五册，第2811页。
〔90〕詹锳主编《李白全集校注汇释集评》，第三册，第1575页。
〔91〕詹锳主编《李白全集校注汇释集评》，第五册，第2721页。
〔92〕詹锳主编《李白全集校注汇释集评》，第五册，第2590页。
〔93〕詹锳主编《李白全集校注汇释集评》，第六册，第3354页。
〔94〕詹锳主编《李白全集校注汇释集评》，第四册，第1945页。
〔95〕詹锳主编《李白全集校注汇释集评》，第六册，第3291页。
〔96〕詹锳主编《李白全集校注汇释集评》，第六册，第3264页。
〔97〕詹锳主编《李白全集校注汇释集评》，第六册，第3276页。
〔98〕詹锳主编《李白全集校注汇释集评》，第六册，第3283页。
〔99〕詹锳主编《李白全集校注汇释集评》，第六册，第3171页。
〔100〕詹锳主编《李白全集校注汇释集评》，第五册，第2719页。
〔101〕詹锳主编《李白全集校注汇释集评》，第五册，第2334页。
〔102〕詹锳主编《李白全集校注汇释集评》，第六册，第3272页。
〔103〕詹锳主编《李白全集校注汇释集评》，第六册，第3276页。
〔104〕詹锳主编《李白全集校注汇释集评》，第七册，第3505—3508页。
〔105〕詹锳主编《李白全集校注汇释集评》，第四册，第2031页。
〔106〕詹锳主编《李白全集校注汇释集评》，第四册，第1657—1659页。
〔107〕詹锳主编《李白全集校注汇释集评》，第六册，第3266页。
〔108〕詹锳主编《李白全集校注汇释集评》，第四册，第1749页。
〔109〕詹锳主编《李白全集校注汇释集评》，第五册，第2470—2472页。
〔110〕詹锳主编《李白全集校注汇释集评》，第六册，第2932页。
〔111〕詹锳主编《李白全集校注汇释集评》，第六册，第2930页。
〔112〕詹锳主编《李白全集校注汇释集评》，第四册，第2037页。
〔113〕詹锳主编《李白全集校注汇释集评》，第四册，第1724—1726页。
〔114〕詹锳主编《李白全集校注汇释集评》，第六册，第2890页。
〔115〕詹锳主编《李白全集校注汇释集评》，第六册，第2902页。
〔116〕詹锳主编《李白全集校注汇释集评》，第五册，第2743—2744页。

〔117〕詹锳主编《李白全集校注汇释集评》，第五册，第2483页。

〔118〕《不见》，萧涤非主编《杜甫全集校注》，第2418页。

〔119〕李阳冰：《草堂集序》，詹锳主编《李白全集校注汇释集评》，第一册，第1页。

〔120〕《宣州谢朓北楼饯别校书叔云》，詹锳主编《李白全集校注汇释集评》，第五册，第2567页。

〔121〕詹锳主编《李白全集校注汇释集评》，第六册，第3278页。

〔122〕詹锳主编《李白全集校注汇释集评》，第六册，第3283页。

〔123〕詹锳主编《李白全集校注汇释集评》，第三册，第1575页。

〔124〕詹锳主编《李白全集校注汇释集评》，第一册，第358—363页。

〔125〕詹锳主编《李白全集校注汇释集评》，第二册，第944—946页。

〔126〕詹锳主编《李白全集校注汇释集评》，第六册，第3331页。

〔127〕詹锳主编《李白全集校注汇释集评》，第五册，第2811页。

〔128〕詹锳主编《李白全集校注汇释集评》，第六册，第3293页。

〔129〕詹锳主编《李白全集校注汇释集评》，第六册，第2858页。

〔130〕闻一多：《宫体诗的自赎》，《唐诗杂论》，第18—19页。

〔131〕詹锳主编《李白全集校注汇释集评》，第五册，第2710页。

〔132〕詹锳主编《李白全集校注汇释集评》，第五册，第2700—2707页。

〔133〕《李邕传》，《新唐书》，第十八册，第5757页。

〔134〕林庚：《诗人李白》，上海古籍出版社2000年版，第8页。

〔135〕詹锳主编《李白全集校注汇释集评》，第六册，第3297页。

〔136〕詹锳主编《李白全集校注汇释集评》，第七册，第3422页。

〔137〕李泽厚：《哲学纲要》，北京大学出版社2011年版，第329页。

〔138〕郭庆藩：《庄子集释》，第257—259页。

〔139〕郭象注语。郭庆藩：《庄子集释》，第259页。

〔140〕詹锳主编《李白全集校注汇释集评》，第六册，第3300页。

〔141〕詹锳主编《李白全集校注汇释集评》，第六册，第3294—3295页。

〔142〕詹锳主编《李白全集校注汇释集评》，第六册，第3340页。

〔143〕詹锳主编《李白全集校注汇释集评》，第五册，第2623页。

〔144〕沈约：《陶渊明传》，《宋书》，第2288页。

〔145〕郁贤皓：《李太白全集校注》，第2934页。
〔146〕詹锳主编《李白全集校注汇释集评》，第六册，第3272页。
〔147〕詹锳主编《李白全集校注汇释集评》，第六册，第3276页。
〔148〕詹锳主编《李白全集校注汇释集评》，第六册，第3315页。
〔149〕李泽厚、刘纲纪：《中国美学史》，中国社会科学出版社1994年版，第一卷，第241页。
〔150〕乔治·桑塔耶拿：《美感》，第180—181页。
〔151〕乔治·桑塔耶拿：《美感》，第182页。
〔152〕彭定求等编《全唐诗》，第一册，第559页。
〔153〕彭定求等编《全唐诗》，第一册，第598—599页。
〔154〕彭定求等编《全唐诗》，第一册，第635页。
〔155〕彭定求等编《全唐诗》，第二册，第693页。
〔156〕萧涤非主编《杜甫全集校注》，第五册，第2933页。
〔157〕彭定求等编《全唐诗》，第五册，第3232页。
〔158〕彭定求等编《全唐诗》，第六册，第4023页。
〔159〕彭定求等编《全唐诗》，第五册，第3545页。
〔160〕彭定求等编《全唐诗》，第六册，第4210页。
〔161〕萧涤非主编《杜甫全集校注》，第一册，第410页。
〔162〕萧涤非主编《杜甫全集校注》，第一册，第415页。
〔163〕萧涤非主编《杜甫全集校注》，第一册，第415页。
〔164〕谢思炜：《白居易诗集校注》，第二册，第529页。
〔165〕谢思炜：《白居易诗集校注》，第六册，第2846—2847页。
〔166〕谢思炜：《白居易诗集校注》，第五册，第2117页。
〔167〕谢思炜：《白居易诗集校注》，第三册，第1446页。
〔168〕彭定求等编《全唐诗》，第五册，第3596页。
〔169〕彭定求等编《全唐诗》，第九册，第7143页。
〔170〕袁行霈：《陶渊明集笺注》，第252页。
〔171〕方祖燊：《陶潜诗笺注校证论评》，第146页。
〔172〕方祖燊：《陶潜诗笺注校证论评》，第147页.
〔173〕杨勇：《陶渊明集校笺》，第268页。

第八章　万物兴歇皆自然
李白顺其自然的生活态度

〔1〕 W.顾彬:《中国文人的自然观》，马树德译，上海人民出版社1990年版，第5页。
〔2〕 郭庆藩:《庄子集释》，第632页。
〔3〕 何宁:《原道》,《淮南子集释》，上册，第35页。
〔4〕 郭庆藩:《庄子集释》，第429页。
〔5〕 朱谦之:《老子校释》，第71页。
〔6〕 任继愈:《老子绎读》，北京图书馆出版社2006年版，第56页。
〔7〕 王卡点校《老子道德经河上公章句》，中华书局1993年版，第103页。
〔8〕 吴澄:《道德真经吴澄注》，华东师范大学出版社2010年版，第35页。
〔9〕 任继愈:《老子绎读》，第112页。
〔10〕 任继愈:《老子绎读》，第143—144页。
〔11〕 任继愈:《老子绎读》，第38页。
〔12〕 吴澄:《道德真经吴澄注》，第22页。
〔13〕 任继愈:《老子绎读》，第50页。
〔14〕 车载:《论老子》，上海人民出版社1962年版，第2—3页。
〔15〕 蒋锡昌:《老子校诂》，成都古籍书店1988年版，第156页。
〔16〕 任继愈:《老子绎读》，第125页。
〔17〕 任继愈:《老子绎读》，第35—36页。
〔18〕 任继愈:《老子绎读》，第83页。
〔19〕 郭庆藩:《庄子集释》，第202页。
〔20〕 郭庆藩:《庄子集释》，第268页。
〔21〕 郭庆藩:《庄子集释》，第632页。
〔22〕 郭庆藩:《庄子集释》，第667页。
〔23〕 郭庆藩:《庄子集释》，第435页。
〔24〕 郭庆藩:《庄子集释》，第68页。
〔25〕 郭庆藩:《庄子集释》，第176页。
〔26〕 郭庆藩:《庄子集释》，第225页。

〔27〕 郭庆藩:《庄子集释》，第654页。
〔28〕 郭庆藩:《庄子集释》，第649页。
〔29〕 郭庆藩:《庄子集释》，第649页。
〔30〕 郭庆藩:《庄子集释》，第355页。
〔31〕 郭庆藩:《老子绎读》，第35—36页。
〔32〕 楼宇烈:《王弼集校释》，中华书局1980年版，上册，第36页。
〔33〕 楼宇烈:《王弼集校释》，上册，第36页。
〔34〕 郭庆藩:《庄子集释》，第421—422页。
〔35〕 郭庆藩:《庄子集释》，第429页。
〔36〕 郭庆藩:《庄子集释》，第50页。
〔37〕 郭庆藩:《庄子集释》，第51页。
〔38〕 郭庆藩:《庄子集释》，第524页。
〔39〕 郭庆藩:《庄子集释》，第368页。
〔40〕 郭庆藩:《庄子集释》，第369页。
〔41〕 郭庆藩:《庄子集释》，第474页。
〔42〕 郭庆藩:《庄子集释》，第382页。
〔43〕 郭庆藩:《庄子集释》，第713页。
〔44〕 郭庆藩:《庄子集释》，第382页。
〔45〕 郭庆藩:《庄子集释》，第906页。
〔46〕 郭庆藩:《庄子集释》，第524页。
〔47〕 郭庆藩:《庄子集释》，第411—412页。
〔48〕 郭庆藩:《庄子集释》，第544页。
〔49〕 郭庆藩:《庄子集释》，第674页。
〔50〕 郭庆藩:《庄子集释》，第551—552页。
〔51〕 郭庆藩:《庄子集释》，第307页。
〔52〕 郭庆藩:《庄子集释》，第400页。
〔53〕 郭庆藩:《庄子集释》，第872页。
〔54〕 郭庆藩:《庄子集释》，第407页。
〔55〕 郭庆藩:《庄子集释》，第195页。
〔56〕 陈鼓应:《庄子今注今译》，中华书局1983年版，上册，第159页。

〔57〕 郭庆藩:《庄子集释》,第202页。
〔58〕 郭庆藩:《庄子集释》,第338页。
〔59〕 郭庆藩:《庄子集释》,第417页。
〔60〕 郭庆藩:《庄子集释》,第77页。
〔61〕 郭庆藩:《庄子集释》,第239页。
〔62〕 郭庆藩:《庄子集释》,第500页。
〔63〕 郭庆藩:《庄子集释》,第501页。
〔64〕 楼宇烈:《王弼集校释》,上册,第65页。
〔65〕 楼宇烈:《王弼集校释》,上册,第13页。
〔66〕 杨伯峻:《列子集释》,第116页。张湛注引夏侯玄语。
〔67〕 阮籍:《大人先生传》,《阮籍集校注》,第171页。
〔68〕 楼宇烈:《王弼集校释》,上册,第77页。
〔69〕 郭庆藩:《庄子集释》,第21页。
〔70〕 郭庆藩:《庄子集释》,第51页。
〔71〕 郭庆藩:《庄子集释》,第55页。
〔72〕 陈伯君:《阮籍集校注》,第138页。
〔73〕 查慎行:《初白庵诗评》,清乾隆四十二年张氏涉园欢乐堂本,卷十八。
〔74〕 袁行霈:《陶渊明集笺注》,第460页。
〔75〕 戴明扬:《嵇康集校注》,下册,第402页。
〔76〕 杨伯峻:《列子集释》,第47页。
〔77〕 杨伯峻:《列子集释》,第135页
〔78〕 逯钦立辑校《先秦汉魏晋南北朝诗》,中册,第896页。
〔79〕 逯钦立辑校《先秦汉魏晋南北朝诗》,中册,第913页。
〔80〕 逯钦立辑校《先秦汉魏晋南北朝诗》,中册,第914页。
〔81〕 顾绍柏:《谢灵运集校注》,中州古籍出版社1987年版。《艺文类聚》卷七作“山水性分之所适”。
〔82〕 沈约:《谢灵运传》,《宋书》,第六册,第1753—1754页。
〔83〕 沈约:《谢灵运传》,《宋书》,第六册,第1775页。
〔84〕 詹锳主编《李白全集校注汇释集评》,第六册,第3272页。
〔85〕 詹锳主编《李白全集校注汇释集评》,第三册,第1532页。

〔86〕 詹锳主编《李白全集校注汇释集评》，第一册，第469—472页。
〔87〕 何宁：《淮南子集释》，上册，第236页。
〔88〕 洪兴祖：《楚辞补注》，卷一，第15页。
〔89〕 郭庆藩：《庄子集释》，第654页。
〔90〕 何宁：《淮南子集释》，上册，第447页。
〔91〕 郭庆藩：《庄子集释》，第47页。
〔92〕 郭庆藩：《庄子集释》，第354—355页。
〔93〕 郭庆藩：《庄子集释》，第77页。
〔94〕 郭庆藩：《庄子集释》，第195页。
〔95〕 詹锳主编《李白全集校注汇释集评》，第七册，第3982页。
〔96〕 詹锳主编《李白全集校注汇释集评》，第五册，第2324页。
〔97〕《代寿山答孟少府移文书》，詹锳主编《李白全集校注汇释集评》，第七册，第3982页。
〔98〕 詹锳主编《李白全集校注汇释集评》，第四册，第2131页。
〔99〕 詹锳主编《李白全集校注汇释集评》，第七册，第3470页。
〔100〕詹锳主编《李白全集校注汇释集评》，第六册，第3163页。
〔101〕《秋日炼药院镊白发赠元六兄林宗》，詹锳主编《李白全集校注汇释集评》，第三册，第1455页。
〔102〕《赠韦秘书子春》，詹锳主编《李白全集校注汇释集评》，第三册，第1324页。
〔103〕《冬夜于随州紫阳先生餐霞楼送烟子元演隐仙城山序》，詹锳主编《李白全集校注汇释集评》，第八册，第4148页。
〔104〕《江上吟》，詹锳主编《李白全集校注汇释集评》，第二册，第990页。
〔105〕《古风五十九首》其十一，詹锳主编《李白全集校注汇释集评》，第一册，第74—76页。
〔106〕《酬崔侍御》，詹锳主编《李白全集校注汇释集评》，第五册，第2716页。
〔107〕《严光传》，《后汉书》，第十册，第2763—2764页。
〔108〕姜汉椿：《唐摭言校注》，上海社会科学院出版社2003年版，第180—181页。
〔109〕杜佑：《通典》，中华书局1988年版，第357页。

〔110〕傅璇琮：《唐代科举与文学》，陕西人民出版社2003年版，第5页。
〔111〕姜汉椿：《唐摭言校注》，第10页。
〔112〕王宏林：《说诗晬语笺注》，人民文学出版社2011年版，第396页。
〔113〕韩愈：《答吕毉山人书》，刘真伦、岳珍撰《韩愈文集汇校笺注》，中华书局2010年版，第905页。
〔114〕王世贞：《艺苑卮言》，《历代诗话续编》，中华书局1983年版，第1015页。
〔115〕詹锳主编《李白全集校注汇释集评》，第七册，第3609—3610页。
〔116〕权德舆：《答柳福州书》，《权德舆诗文集》，上海古籍出版社2008年版，第628页。
〔117〕詹锳主编《李白全集校注汇释集评》，第一册，第1页。
〔118〕詹锳主编《李白全集校注汇释集评》，第七册，第3966页。
〔119〕詹锳主编《李白全集校注汇释集评》，第二册，第1003页。
〔120〕詹锳主编《李白全集校注汇释集评》，第三册，第1435页。
〔121〕詹锳主编《李白全集校注汇释集评》，第三册，第1548页。
〔122〕詹锳主编《李白全集校注汇释集评》，第四册，第1738页。
〔123〕《日夕山中忽然有怀》，詹锳主编《李白全集校注汇释集评》，第六册，第3310页。
〔124〕《安陆白兆山桃花岩寄刘侍御绾》，詹锳主编《李白全集校注汇释集评》，第四册，第1880页。
〔125〕詹锳主编《李白全集校注汇释集评》，第六册，第3135页。
〔126〕詹锳主编《李白全集校注汇释集评》，第六册，第3303页。
〔127〕詹锳主编《李白全集校注汇释集评》，第四册，第2004页。
〔128〕詹锳主编《李白全集校注汇释集评》，第四册，第2009页。
〔129〕詹锳主编《李白全集校注汇释集评》，第四册，第2052页。
〔130〕詹锳主编《李白全集校注汇释集评》，第四册，第1909页。
〔131〕詹锳主编《李白全集校注汇释集评》，第五册，第2300—2301页。
〔132〕詹锳主编《李白全集校注汇释集评》，第五册，第2314页。
〔133〕詹锳主编《李白全集校注汇释集评》，第二册，第1024—1026页。
〔134〕詹锳主编《李白全集校注汇释集评》，第四册，第2001页。
〔135〕《赠丹阳横山周处士惟长》，詹锳主编《李白全集校注汇释集评》，第三

册，第1302页。
〔136〕詹锳主编《李白全集校注汇释集评》，第三册，第1223页。
〔137〕詹锳主编《李白全集校注汇释集评》，第四册，第1899—1900页。
〔138〕吴昌祺：《删定唐诗解》卷二，詹锳主编《李白全集校注汇释集评》，第四册，第1901页。
〔139〕詹锳主编《李白全集校注汇释集评》第六册，第3066页。
〔140〕爱新觉罗·弘历敕编《唐宋诗醇》，第122页。
〔141〕詹锳主编《李白全集校注汇释集评》，第六册，第3078页。
〔142〕詹锳主编《李白全集校注汇释集评》，第六册，第2873页。
〔143〕詹锳主编《李白全集校注汇释集评》，第一册，第200页。
〔144〕詹锳主编《李白全集校注汇释集评》，第五册，第2405页。
〔145〕詹锳主编《李白全集校注汇释集评》，第六册，第3038页。
〔146〕詹锳主编《李白全集校注汇释集评》，第五册，第2774页。
〔147〕詹锳主编《李白全集校注汇释集评》，第六册，第2861页。
〔148〕詹锳主编《李白全集校注汇释集评》，第六册，第3025页。
〔149〕詹锳主编《李白全集校注汇释集评》，第六册，第3094页。
〔150〕詹锳主编《李白全集校注汇释集评》，第六册，第3310页。
〔151〕詹锳主编《李白全集校注汇释集评》，第五册，第2314页。
〔152〕詹锳主编《李白全集校注汇释集评》，第五册，第2408页。
〔153〕詹锳主编《李白全集校注汇释集评》，第五册，第2502页。
〔154〕詹锳主编《李白全集校注汇释集评》，第五册，第2666页。
〔155〕詹锳主编《李白全集校注汇释集评》，第七册，第3551页。
〔156〕詹锳主编《李白全集校注汇释集评》，第七册，第3593—3594页。
〔157〕阿尔贝·加缪：《加缪手记》，黄馨慧译，浙江大学出版社2016年版，第一卷，第10页。
〔158〕郭庆藩：《庄子集释》，第906页。
〔159〕郭庆藩：《庄子集释》，第524页。
〔160〕陈铁民：《王维集校注》，中华书局2020年版，中册，第519页。
〔161〕郭茂倩编《乐府诗集》，第一册，第6页。
〔162〕詹锳主编《李白全集校注汇释集评》，第一册，第469页。

〔163〕詹锳主编《李白全集校注汇释集评》，第二册，第662—665页。

〔164〕郭茂倩编《乐府诗集》，第二册，第851页。

余 论

〔1〕 彭定求等编《全唐诗》，第一册，第246—247页。

〔2〕 裴斐：《李白个性论》，《中国李白研究》1990年集，上卷。

引用书目

《十三经注疏》，中华书局影印阮刻本。

《宋本毛诗诂训传》，〔汉〕毛亨传、〔汉〕郑玄笺、〔唐〕陆德明释文，国家图书馆出版社2017年版。

《韩诗外传集释》，许维遹集释，中华书局1980年版。

《宋本礼记》，〔汉〕郑玄注、〔唐〕陆德明释文，国家图书馆出版社2017年版。

《周易注校释》，〔魏〕王弼注、楼宇烈校释，中华书局2016年版。

《春秋左传诂》，〔清〕洪亮吉撰，中华书局1987年版。

《四书章句集注》，〔宋〕朱熹集注，中华书局2018年版。

《孟子正义》，〔清〕焦循正义，中华书局1987年版。

《论语译注》，杨伯峻译注，中华书局2009年版。

《说文解字注》，〔汉〕许慎撰、〔清〕段玉裁注，凤凰出版社2015年版。

《宋本战国策》，〔汉〕高诱注、〔宋〕鲍彪校注，国家图书馆出版社2017年版。

《史记》,〔汉〕司马迁撰，中华书局2013年版。
《汉书》,〔汉〕班固撰，中华书局2011年版。
《后汉书》,〔南朝宋〕范晔撰，中华书局2011年版。
《三国志》,〔晋〕陈寿撰，中华书局1997年版。
《晋书》,〔唐〕房玄龄等撰，中华书局2011年版。
《宋书》,〔梁〕沈约撰，中华书局2011年版。
《旧唐书》,〔后晋〕刘昫撰，中华书局2011年版。
《新唐书》,〔宋〕宋祁、欧阳修撰，中华书局1997年版。
《资治通鉴》,〔宋〕司马光撰，中华书局2012年版。
《后汉纪校注》,〔晋〕袁宏撰、周天游校注，天津古籍出版社1987年版。
《通典》,〔唐〕杜佑撰，中华书局1988年版。
《唐会要》,〔宋〕王溥撰，上海古籍出版社2006年版。

《老子道德经河上公章句》，王卡点校，中华书局1993年版。
《道德真经吴澄注》,〔元〕吴澄注，华东师范大学出版社2010年版。
《老子校释》，朱谦之撰，中华书局1984年版。
《老子校诂》，蒋锡昌编著，成都古籍书店1988年版。
《老子绎读》，任继愈撰，北京图书馆出版社2006年版。
《老子今注今译》，陈鼓应注译，中华书局1983年版。
《墨子校注》，吴毓江撰，中华书局2006年版。
《荀子集解》,〔清〕王先谦集解，中华书局1988年版。
《庄子集释》,〔清〕郭庆藩集释，中华书局2013年版。

《晏子春秋校注》，张纯一校注，中华书局2014年版。

《鹖冠子汇校集注》，黄怀信校注，中华书局2004年版。

《文子校释》，李定生、徐慧君校释，上海古籍出版社2004年版。

《尸子》，汪继培辑，中华书局1991年版。

《吕氏春秋集释》，〔秦〕吕不韦等编撰、许维遹集释，中华书局2009年版。

《春秋繁露义证》，〔汉〕董仲舒撰、〔清〕苏舆义证，中华书局1992年版。

《淮南子集释》，〔汉〕刘安等撰、何宁集释，中华书局1998年版。

《盐铁论校注》，〔汉〕桓宽撰、王利器校注，中华书局1992年版。

《宋本说苑》，〔汉〕刘向撰，国家图书馆出版社2017年版。

《法言义疏》，〔汉〕扬雄撰、汪荣宝义疏，中华书局1987年版。

《新辑本桓谭新论》，〔汉〕桓谭撰、〔清〕朱谦之辑，中华书局2009年版。

《论衡校释》，〔汉〕王充撰、黄晖校释，中华书局1990年版。

《列子集释》，杨伯峻集释，中华书局2012年版。

《抱朴子内外篇校注》，〔晋〕葛洪撰、金毅校注，上海古籍出版社2018年版。

《楚辞补注》，〔宋〕洪兴祖补注，上海商务印书馆《四部丛刊》初编本，1926年版。

《古诗十九首集释》，隋树森集释，中华书局1957年版。

《宋尤袤刻本文选》，〔梁〕萧统编、〔唐〕李善注，国家图书馆出版社2018年版。

《六朝选诗定论》，〔清〕吴淇撰，广陵书社2009年版。

《太平御览》，李昉等编，中华书局1985年影印本。

《全上古三代秦汉三国六朝文》，〔清〕严可均辑，河北教育出版社1997年版。

《全汉三国晋南北朝诗》，丁福保辑，中华书局1959年版。

《先秦汉魏晋南北朝诗》，逯钦立辑校，中华书局1983年版。

《乐府诗集》，〔宋〕郭茂倩编，中华书局2018年版。

《古赋辨体》，〔元〕祝尧编，影印文渊阁《四库全书》，上海古籍出版社1987年版。

《历代赋汇》，〔清〕陈元龙辑，北京图书馆出版社1999年版。

《全唐诗》，〔清〕彭定求等编，中华书局1999年版。

《全唐文》，〔清〕董诰等编，上海古籍出版社1990年版。

《全宋诗》，傅璇琮等主编，北京大学出版社1998年版。

《唐音统签》，〔明〕胡震亨编，上海古籍出版社2003年版。

《唐诗归》，〔明〕钟惺、谭元春编，《续修四库全书》，上海古籍出版社2002年版。

《唐诗解》，〔明〕唐汝询编，河北大学出版社2001年版。

《唐诗别裁集》，〔清〕沈德潜编，上海古籍出版社1979年版。

《唐诗三百首》，〔清〕孙洙编、陈婉俊补注，中华书局1984年版。

《唐诗合解笺注》〔清〕王尧衢选注，河北大学出版社、贵州人民出版社2010年版。

《唐宋诗醇》，〔清〕爱新觉罗·弘历敕编，三峡出版社1997年版。

《李诗选注》，〔明〕朱谏撰，明隆庆六年刊本。

《李白诗选》，复旦大学古典文学教研组编，人民文学出版社1983年版。
《李白选集》，郁贤皓撰，上海古籍出版社1990年版。

《曹操集》，〔魏〕曹操撰，中华书局2012年版。
《建安七子集》，俞绍初辑校，中华书局2005年版。
《建安七子诗笺注》，郁贤皓笺注，巴蜀书社1988年版。
《曹植集校注》，赵幼文校注，中华书局2016年版。
《嵇康集校注》，戴名扬校注，中华书局2014年版。
《阮籍集校注》，陈伯君校注，中华书局1987年版。
《王弼集校释》，楼宇烈校释，中华书局1980年版。
《陆士衡诗注》，郝立权注，台湾艺文印书馆1976年版。
《陆士衡文集校注》，刘运好校注，凤凰出版社2007年版。
《陶渊明全集》，〔清〕陶澍注，上海古籍出版社2015年版。
《陶渊明集笺注》，袁行霈笺注，中华书局2003年版。
《东山草堂陶诗笺》，〔清〕邱嘉穗评注，《四库全书存目丛书·集三》，齐鲁书社1997年版。
《陶潜诗笺注校证论评》，方祖燊撰，台湾兰台书局1971年版。
《鲍参军集注》，钱仲联注，上海古籍出版社1980年版。
《鲍照集校注》，丁福林、丛玲玲校注，中华书局2016年版。
《谢灵运集校注》，顾绍柏校注，中州古籍出版社1987年版。
《谢宣城集校注》，曹融南校注，上海古籍出版社1991年版。
《颜氏家训集解》，王利器集解，中华书局1993年版。

《王维集校注》，陈铁民校注，中华书局2020年版。
《分类补注李太白诗》，〔宋〕杨齐贤、〔元〕萧士赟撰，日本汲古书院影印尊经阁文库本。
《李诗选注》，〔明〕朱谏撰，隆庆六年刊本。
《李太白全集》，〔清〕王琦注，中华书局1977年版。
《李白集校注》，瞿蜕元、朱金城校注，上海古籍出版社2016年版。
《李白全集校注汇释集评》，詹锳主编，百花文艺出版社1996年版。
《李白全集编年注释》，安旗主编，巴蜀书社1990年版。
《李太白全集校注》，郁贤皓校注，凤凰出版社2015年版。
《杜甫全集校注》，萧涤非主编，人民文学出版社2014年版。
《权德舆诗文集》，〔唐〕权德舆撰，上海古籍出版社2008年版。
《韩愈文集汇校笺注》，〔唐〕韩愈撰，刘真伦、岳珍笺注，中华书局2010年版。
《白居易诗集校注》，谢思炜校注，中华书局2006年版。
《二程集 · 河南程氏遗书》，〔宋〕程颢、程颐撰，中华书局1981年版。
《苏轼全集校注》，张志烈、马德富、周裕锴主编，河北人民出版社2010年版。
《张九成集》，〔宋〕张九成撰，浙江古籍出版社2013年版。
《王阳明全集》，〔明〕王阳明撰，上海古籍出版社2011年版。

《宋本山海经》，〔晋〕郭璞注，国家图书馆出版社2017年版。
《列女传》，〔汉〕刘向撰，辽宁教育出版社1998年版。

《列仙传校笺》,〔汉〕刘向撰、王叔岷校笺，中华书局2007年版。
《宋本说苑》,〔汉〕刘向撰，国家图书馆出版社2017年版。
《神仙传校释》,〔晋〕葛洪撰、胡守为校释，中华书局2010年版。
《西京杂记》,〔晋〕葛洪撰、周天游校注，三秦出版社2005年版。
《搜神记》,〔晋〕干宝撰、马银琴译注，中华书局2012年版。
《世说新语笺疏》,〔刘宋〕刘义庆撰、余嘉锡笺疏，中华书局1983年版。
《唐摭言校注》,〔五代〕王定保撰、姜汉椿校注，上海社会科学院出版社2003年版。
《冷斋夜话》,〔宋〕惠洪撰，中华书局1988年版。
《太平广记》,〔宋〕李昉等编，中华书局1961年版。
《苕溪渔隐丛话前后集》,〔宋〕胡仔编,《丛书集成初编》，中华书局1985年版。
《鹤林玉露》,〔宋〕罗大经撰，中华书局1983年版。

《文心雕龙义证》,〔梁〕刘勰撰、詹锳义证，上海古籍出版社1989年版。
《诗品集注》,〔梁〕钟嵘撰、曹旭集注，上海古籍出版社2011年版。
《本事诗》,〔唐〕孟棨撰，上海古籍出版社1991年版。
《竹庄诗话》,〔宋〕何汶撰，中华书局1984年版。
《韵语阳秋》,〔宋〕葛立方撰,《丛书集成初编》，中华书局1985年版。
《沧浪诗话》,〔宋〕严羽撰，人民文学出版社1983年版。
《四溟诗话》,〔明〕谢榛撰，人民文学出版社1961年版。
《艺苑卮言》,〔明〕王世贞撰,《历代诗话续编》，中华书局1983年版。

《诗薮》,〔明〕胡应麟撰，上海古籍出版社1979年版。

《初白庵诗评》,〔清〕查慎行撰，清乾隆四十二年张氏涉园欢乐堂本。

《说诗晬语笺注》,〔清〕沈德潜撰、王宏林笺注，人民文学出版社2011年版。

《昭昧詹言》,〔清〕方东树撰，人民文学出版社2006年版。

《诗比兴笺》,〔清〕陈沆撰，中华书局1959年版。

《诗境浅说续编》，俞陛云撰，中华书局2015年版。

《历代诗话续编》，丁福保辑，中华书局1983年版。

《古希腊罗马哲学》，北京大学哲学系外国哲学史教研室编译，商务印书馆1982年版。

《明哲言行录》,［罗马］第欧根尼·拉尔修著，徐开来、溥林译，广西师范大学出版社2010年版。

《政治学》,［古希腊］亚里士多德著、高书文译，中国社会科学出版社2009年版。

《蒙田随笔全集》,［法］蒙田著、马振骋译，上海书店出版社2009年版。

《简论上帝、人及其心灵健康》,［荷兰］斯宾诺莎著、顾寿观译，商务印书馆2011年版。

《人类理解论》,［英］约翰·洛克著、关文运译，商务印书馆2015年版。

《一个孤独漫步者的遐想》,［法］卢梭著、袁筱一译，上海人民出版社2007年版。

《论学者的使命 人的使命》,［德］费希特著，梁志学、沈真译，商务印书馆2011年版。

《美学》，[德]黑格尔著、朱光潜译，商务印书馆1981年版。

《作为意志与表象的世界》，[德]叔本华著、石冲白译，商务印书馆2017年版。

《叔本华哲言录》，[德]叔本华著、韦启昌译，上海人民出版社2018年版。

《叔本华论说文集》，[德]叔本华著，范进、柯锦华等译，商务印书馆2017年版。

《孤独通行证》，[德]叔本华著、张宁译，江苏凤凰文艺出版社2017年版。

《悲情人生》，[德]叔本华著，任立、潘宇编译，华龄出版社1997年版。

《人生的智慧》，[德]叔本华著、韦启昌译，上海人民出版社2018年版。

《功利主义》，[英]约翰·穆勒著、徐大建译，上海世纪出版集团2008年版。

《作家笔记》，[英]毛姆著，陈德志、陈星译，上海译文出版社2018年版。

《精神科学中历史世界的建构》，[德]狄尔泰著、安延明译，中国人民大学出版社2010年版。

《宗教经验之种种》，[美]威廉·詹姆士著、唐钺译，商务印书馆2002年版。

《十九世纪文学主流》，[丹麦]勃兰兑斯著、张道真译，人民文学出版社1980年版。

《哲学史教程》，[德]文德尔班著、罗达仁译，商务印书馆1987年版。

《弗洛伊德后期著作选》，［奥地利］弗洛伊德著、林尘等译，上海译文出版社1986年版。
《原始思维》，［法］列维布留尔著、丁由译，商务印书馆1985年版。
《美感》，［西班牙］乔治·桑塔耶拿著、杨向荣译，人民出版社2013年版。
《罗素文集》，［英］罗素著，何兆武、李约瑟译，商务印书馆2012年版。
《幸福人生》，［英］罗素著，吴默朗、金剑译，中央编译出版社2011年版。
《海德格尔文集》，孙周兴、王庆节主编，商务印书馆2015年版。
《伦理学》，［德］朋霍费尔著、胡其鼎译，商务印书馆2012年版。
《近代美学史评述》，［英］李斯托威尔著、蒋孔阳译，安徽教育出版社2007年版。
《人论》，［德］卡西尔著、唐译编译，吉林出版集团有限责任公司2014年版。
《大问题：简明哲学导论》，［美］罗伯特·所罗门、凯思林·希金斯著，张卜天译，广西师范大学出版社2014年版。
《哲学的盛宴》，［英］罗伯特·艾伦编、刘华译，新世界出版社2013年版。
《死亡哲学》，［美］谢利·卡根著、贝小戎等译，北京联合出版公司2016年版。
《生命哲学》，［德］费迪南·费尔曼著、李建鸣译，华夏出版社2001年版。
《孤独：回归自我》，［英］安东尼·斯托尔著、凌春秀译，人民邮电出版社2016年版。

《精神的宇宙》，［美］弗雷德·艾伦·沃尔夫著、吕捷译，商务印书馆2005年版。

《加缪手记》，［法］阿尔贝·加缪著、黄馨慧译，浙江大学出版社2016年版。

《李白——诗歌及其内在心象》，［日］松浦友久著、张守惠译，陕西人民出版社1983年版。

《中国文人的自然观》，［德］W. 顾彬撰，上海人民出版社1990年版。

《今文尚书考证》，〔清〕皮锡瑞撰，中华书局2004年版。

《唐诗杂论》，闻一多撰，吉林出版集团有限责任公司2017年版。

《白话文学史》，胡适撰，新月书店1928年版。

《灵魂与心》，钱穆撰，九州出版社2011年版。

《增订殷墟书契考释》，罗振玉撰，台湾艺文印书馆1969年版。

《逯钦立文存》，逯钦立撰，中华书局2010年版。

《魏晋南北朝史论丛》，唐长孺撰，中华书局2011年版。

《李白诗文系年》，詹锳撰，人民文学出版社1984年版。

《道教徒的诗人李白及其痛苦》，李长之撰，生活·读书·新知三联书店2013年版。

《魏晋南北朝史》，王仲荦撰，上海人民出版社2003年版。

《诗人李白》，林庚撰，上海古籍出版社2000年版。

《论老子》，车载撰，上海人民出版社1962年版。

《李杜论略》，罗宗强撰，内蒙古人民出版社1980年版。

《唐代科举与文学》，傅璇琮撰，陕西人民出版社2003年版。

《李杜诗学》，杨义撰，北京出版社2001年版。

《古希腊哲学》，苗力田撰，中国人民大学出版社1989年版。

《美的历程》，李泽厚撰，生活·读书·新知三联书店2018年版。

《晚明思想史论》，嵇文甫撰，东方出版社2013年版。

《哲学纲要》，李泽厚撰，北京大学出版社2011年版。

《中国美学史》，李泽厚、刘纲纪撰，中国社会科学出版社1994年版。

《诗化哲学》（重订本），刘小枫撰，华东师范大学出版社2011年版。

《有无之境：王阳明哲学的精神》，陈来撰，北京大学出版社2013年版。

《唐前生命观和文学生命主题》，钱志熙撰，东方出版社1997年版。

《谪仙李白》，孟修祥撰，湖北人民出版社1996年版。

《生命的路 谈生命》，人民文学出版社2017年版。

《死亡之思与死亡之诗》，张三夕撰，华中理工大学出版社1993年版。

《西方死亡哲学》，段德智撰，北京大学出版社2006年版。

后记

从不惑到耳顺之年，一部书竟然写了半世。

李白《将进酒》，在中国，妇孺皆可诵之。诗，情似奔马，势不可遏，宣泄不羁。无论何人读之，都会为其强烈感染。豪放者借其显示豪情，抑郁者凭其发抒郁闷，得志者以其寻欢，落寞者依其振作，影响至为深远。我也是少时即可背诵，感受与众人同。然而到了不惑之年，一日读到“君不见黄河之水天上来，奔流到海不复回。君不见高堂明镜悲白发，朝如青丝暮成雪”，竟然悲从中来，怆然泣下。未曾独上高楼，在灯火阑珊处寻找，却蓦然发现了“生命”。不，不，不是发现！是伟大诗人带着他强烈而又真实的生命感撞开了我愚钝的心扉。再读李白，哦，果然“生命”无处不在，扑面而来的正是他充盈的生命意识。因此知道，生命意识是李白诗文的重要内容，支撑起其风骨形神的是他勃郁的生命力。遂展开李白生命意识的研究，数年间，相继发表《李白诗歌的生命意识》《试论李白的孤独意识》《李白的英雄意识》《李白诗的自然意识》等论文。

但是到了90年代末，遽然中止了此项研究。自己的主要精力转向行政管理，没有充分的时间读书思考，是个理由；学识和人生阅历不够，不惑之年实未除惑，知天命之龄昧于天命，力不从心，读不懂李白，才是真正原因。由此知道孔子为何不言性与天道，生命，无论古今，无论中外，都是一个微妙的、难于勘透的问题。

古人说，死生亦大矣。生命是一切学问的本根，西方不必云，其宗教、哲学多建立在此之上。中国古代，无论儒释道，都重视生死问题，对生命之由来，探讨甚多。生命亦是文学的母题，研究文学中的生命表现，应是文学研究的基本之义。中国古代文学中，生命主题也是悠久而又重要的传统。但是，很明显，生命意识已经消失于当代熙熙攘攘的众生之中了，忙于世俗生活的人们已经麻木，谁还去关心生命为何、从何处来到何处去的问题？哲学很少研究人的终极之问，文学亦舍弃了这一重要传统，关于生命的研究内容尚未引起学术界足够的重视，只在少数著述中才见涉及。当代生命意识的研究缺乏积累，需要在中外的典籍中寻找，在自己的人生中慢慢体悟。

待到重新拾起这一话题，已经是2018年了。

这一年，我退休。搬出办公室（也是我的书房），人与书同此飘零。幸有东岭兄斡旋于首都师大学院和学校之间，主要领导特批了一间工作室，书共人有了定所。于是想到李白诗，“一身竟无托，远与孤蓬征”，领会到了何为漂泊无依。由此想到人的一生，就是寄居，根本无根，无不是过程。一日间，读叔本华《作为意志与表象的世界》关于生命的论述，终于理解了李白为何用大量的时间意象，表现生命之短促。个体生命的本质就在于瞬间的存在而终归于虚无。几十年间，身边亲友一个个丧亡所带来的虚无之痛，也证明了李白对生命本质感悟的无比深刻。

既然个体生命的本质在于虚无，无论贤愚终要撒手人寰，生命还有价值吗？生活的意义何在？李白未因生命的虚无而放弃追求，相反他一生不曾停止功业渴望，一生不曾停止对快乐的追求。他诗文中所表现出的建功立业的紧迫感，都与生命苦短紧密相随。说明李白懂得，既然人的生命是瞬间的存在而且终归虚无，就要通过功业证明生命曾经的存在，创造声名存在于后世、使生命不朽的价值。他的诗文所表现出的及时行乐思想，看似消极，也是基于他生命的紧迫感，实际上也是他追求生命意义的积极行为。我以为，找到了李白关于生命本质和价值的内在逻辑，就使李白生命意识的各个方面得到了贯通。

就诗文传统而言，李白是先唐文学传统的集大成者。他的思想和文学观念多来自先秦诸子和汉魏六朝文学，其诗文中的生命意识亦是如此。就李白说李白，无法说透李白。几十年来，我的李白研究虽然中断，但对生命意识的探索实在放不下，并未终止。尝试从哲学与文学两个层面梳理生命哲学与文学主题，寻找李白生命意识与先唐哲学与文学的关系，终于明白，生命意识是整个中国古代社会深厚的文学传统，李白不过是这一文学传统的代表而已。本来是研究李白生命意识的准备工作，可以独立成篇的，现在置于书中，以示其为李白生命意识不可分割的部分。

古代文学研究，长久以来就以还原历史为目的。梳理存世文献，描述文学生成与演变的历史事实，是一个世纪以来古代文学研究的主流形态。所以，古代文学研究最终阑入了历史研究范畴，研究方法也以历史研究方法为主。本书研究的对象是生命意识。严格说，意识也是一种存在于特定历史时期的历史事实。然而它在文学中的呈现，主要表现为感性的审美的形态，带有极强的主观性和不确定性，不同于文人的生平事迹、文本的生成与传播等固定的历史事件。本书虽未走出历史研究的模式，却从研究路径上尝试从文本细读中直接触及并阐释其生命的内涵，是非得失有待于读者评判。

研究生命意识，既要从个人的生命悟入，更要依赖于读书，尤其是西哲的书。生命，始终是欧美思想家关注的重点。而此恰恰是我读书的短板。校友也是好友何玉兴博士是我所识学者中读书最为广博之士。感谢他不时给我开列书单，给我指点。现在他身患沉疴，仍读书思考不辍，衷心祈盼他早日康复。

感谢三联书店副总编常绍民先生，继《俯仰流年》之后，又接下这部书稿。他是史学少俊、书界宿老，说他有眼光，有我敝帚自珍、老王卖瓜之嫌，实在表达的是我对他的钦佩。难得遇上方晴老师这样的编辑，既认真，又细心，对书稿字斟句酌，提出修改意见，使我心存感激。

书稿陆续发表于《哲学研究》《唐代文学研究》《文学评论》《文艺研究》《文学遗产》《北京大学学报》《清华大学学报》《国际汉

学》（法文版）等，在此再次表示谢意。

人之肉身，十八岁长成；大脑的长成，据说在十七岁；而人之精神的长成，却是一辈子的事。对生命的认识，也需要人的一生。所以对生命的感悟与揭示，也是我一生的事业，不以论文形式发布，就是其他形式。

2021年2月20日